KB162357

찬란한 우리 문화의 꽃

진경문화

진경문화

찬란한 우리 문화의 꽃

발행일 | 2014년 10월 2일

엮은이 | 한국민족미술연구소

펴낸곳 | (주)현암사 **펴낸이** | 조미현

편집 | 김현림 **사진** | 김해권 **디자인** | 김효창

등록일 | 1951년 12월 24일 · 10-126
주소 | 서울시 마포구 동교로 12안길 35
전화 | 02-365-5051~6 **팩스** | 02-313-2729
전자우편 | editor@hyeonamsa.com
홈페이지 | www.hyeonamsa.com

*도판 수록에 협조해 주신 소장자 여러분께 감사드립니다.

ISBN 978-89-323-1710-6 93900

이 도서의 국립중앙도서관 출판시도서목록(CIP)은
서지정보유통지원시스템 홈페이지(http://seoji.nl.go.kr)와
국가자료공동목록시스템(http://www.nl.go.kr/kolisnet)에서 이용하실 수 있습니다
(CIP제어번호: CIP2014027421)

찬란한 우리 문화의 꽃

진경문화

한국민족미술연구소 엮음

현암사

머리말

오늘날의 세상은 하루가 다르게 바삐 변화하며 돌아가고 있다. 한국 사회는 지난 세기 동안 계속해서 큰 곡절을 겪으면서 힘든 상황에 처했고 그때마다 수천 년 이어 온 민족의 저력은 난관을 헤쳐 나갈 길을 열어 주곤 했다. 그 터전에는 상황의 좋고 나쁨에 상관하지 않고 굳건한 전통의 생명력을 믿고 그를 탐구 보존하는 데 힘을 바쳐 온 선현들의 슬기가 있다. 지난 50년간 간송미술관에서 민족문화의 수호와 계승 발전에 평생토록 진력하신 가헌(嘉軒) 최완수(崔完秀) 선생님께서 고희를 맞으셨다. 2009년에 겸재 연구를 집대성한 대저『겸재 정선』을 완성하신 지 얼마 되지 않은 시점이지만, 선생님께서는 1976년에 처음 펴내셨던『추사집(秋史集)』을 그간의 방대한 연구 성과를 바탕으로 완전히 새로 엮어 40년 만에 펴내시게 되었다. 이에 즈음하여 문하 제자들이 그간 선생님을 모시고 연마한 글을 모아 선생님께 헌정할 책을 엮기로 하였다.

1998년에 가헌 선생님과 동문 그리고 제자들이『우리 문화의 황금기 진경시대』를 엮어 내었다. 진경시대에 대한 연구는 우리 선조들이 한 시대 문화가 노쇠해 갈 때마다 항상 새로운 외래 이념을 받아들이고 이를 주도 이념으로 하는 새로운 문화를 이룩함으로써 우리 역사를 계기적으로 발전시켜 왔던 모습을 확인할 수 있는 가장 적절한 주제이다. 그러므로 진경시대 연구는 현대 사회에서 나아가야 할 바람직한 방향을 찾는 긴 여정을 지속하고 있는 우리 모두에게 더없이 절실한 것이었다. 조선시대 역사 문화의 바른 안목을 제시한 이 책은 진지한 탐구를 지향했기 때문에 다소 전문적인 내용으로 이루어졌다. 따라서 보다 많은 사람들이 흥미롭게 접할 수 있는 내용을 담은 책을 만들 필요가 있었다.

그사이 가헌 선생님의 회갑을 맞아 겸재와 함께 조선 후기 문화의 탁월한 봉우리를 이루는 추사 김정희에 대한 연구 성과를 모아 2002년에 『추사와 그 시대』를 펴냈다. 진경시대로부터 면면히 계승된 조선 문화의 적통 계승자였던 추사는 천재적 자질을 승화시켜 추사체를 창안하고 일세의 예원을 주도하면서 이미 말폐 현상을 드러내기 시작한 조선성리학 대신 청으로부터 고증학을 새로이 받아들여 혁신적인 문화운동을 펼치고자 하였다. 이 책은 추사와 당시 조선 사회의 정치와 경제 및 사상과 문화의 다방면을 살펴봄으로써 시대의 선구자인 추사와 그 일문의 창조적 활동과 한계를 직시하고자 한 것이었다. 대내외적인 격변기에 조선 사회를 바람직한 방향으로 이끌고자 노력하던 당대 지식인들의 고뇌와 열망을 확인하기 위해서였다.

그리고 이제 진경시대 문화의 여러 면모를 살펴본 책을 다시 엮어 내게 되었다. 우선 그사이에 뜻을 같이하는 동학들이 더 많이 참여하는 진전을 이룬 것에 필자 모두는 보람을 느낀다. 진경문화와 사상 분야는 '성리학과 진경시대'를 지두환 교수가, '진경문화와 실학'을 유봉학 교수가, '선 수행과 불교 교학'을 정병삼 교수가 썼고, '진경시대 문학'을 오세현 교수가, '진경시대 대외 교류'를 정재훈 교수가, '사대부의 대외 인식'을 조명화 교수가 썼으며, '공론의 역사성'을 김정찬 선생이 썼다. 예술 분야는 '진경시대 회화의 풍격'을 강관식 교수가, '겸재의 압구정 그림'을 이세영 교수가, '사군자 그림'을 백인산 교수가, '탱화'를 탁현규 교수가, '청화백자의 미감과 양식'을 방병선 교수가, '능묘 미술'을 김민규 교수가, '서풍과 서체반정'을 이민식 선생이 썼다. 문화 생활 분야는 '조선시대 종이 이야기'를 이승철 교수가, '『승정원일기』 수리 복원'을 이상현 교수가, '진경시대 의학'을 차웅석 교수가, '사상체질'을 김종덕 선생이 썼다.

이 다양한 분야의 글을 통해 사상과 문화, 예술과 생활이 서로 얽히고 짜인 진경시대 조선의 문화와 삶을 여러 가지 관점에서 살필 수 있을 것이다. 그동안 함께 연찬을 거듭해 왔으면서도 동참하지 않았던 동학들이 이번에는 두루 참여하여 폭넓은 이해를 소개하게 되어 이 책은 더 풍성한 내용이 되었다. 그리고 보다 평이한 글로 사람들이 쉽게 접하고 이해할 수 있도록 한 데서 이 책이 갖는 의의는 더욱 의미 있게 드러나리라고 기대한다.

가헌 선생님을 모시고 보화각에서 연찬을 거듭해 온 지도 벌써 40년을 헤아린다. 오랜 기간 함께 뜻을 다지는 동안 뒤늦게 참석한 동학들도 차츰 선생님의 가르침을 똑같이 체득하는 아름다운 지경에 이르렀고 그렇게 선후배가 한마음으로 진경문화를 정리한 성과의 하나가 이 책이다.

가헌 선생님의 문하 제자들이 그동안 입은 학은을 새겨 선생님께 고희 헌수를 드리고자 하는 바람이 부디 원만 회향되어 선생님께서 앞으로도 건안하시기를 간절히 빌 뿐이다. 오늘도 제자들보다 더 열심히 책상머리에서 연구에 전념하시는 선생님을 뵈올 때마다 우리 제자들도 다시금 학자의 길을 마음에 새기며 나날이 정진을 거듭할 것을 다짐한다.

가헌 선생님의 역저와 함께 이 책을 출판해 주신 현암사 조미현 사장과 여러 가지 글을 한데 다듬어 주신 편집부에 감사드린다.

2014년 갑오년 10월 2일

보화각에서 정병삼 삼가 적음

차례

1부 사상과 문화

2부 예술과 생활

1부

사상과 문화

조선성리학과 진경시대

지두환

영 · 정조 문예부흥기

사람들이 건전한 생각을 가지면 건전한 문화를 만들고, 퇴폐적인 생각을 가지면 퇴폐적인 문화를 만들게 된다. 사람들이 합리적인 사상을 가지면 우수하고 자주적인 문화를 만들고, 비합리적인 사상을 가지면 저급하고 사대적인 문화를 만들게 된다. 모든 사람이 인간답게 사는 복지사회를 이루려고 하면 복지사회의 문화가 만들어지고, 약육강식의 경쟁사회를 이루려고 하면 경쟁사회의 문화가 만들어지게 된다. 따라서 문화를 보면 당시의 사람들이 어떻게 생각하며 무엇을 추구하고 살았는가를 알 수 있다.

그러면 우리나라에서 가장 건전하고 우수한 우리나라 전통문화를 가장 잘 표현하고 있는 시기가 어떠한 시기일까 생각해 보면, 바로 영 · 정조 문예부흥기이다. 겸재 정선의 진경산수, 관아재 조영석의 풍속화, 단원 김홍도의 풍속화, 〈춘향가〉 · 〈심청가〉 · 〈흥보가〉 등의 판소리, 봉산 탈춤 · 양주별산

대 등의 탈춤, 『구운몽』·『사씨남정기』 같은 서포 김만중의 국문소설, 사천 이병연의 진경시, 우암 송시열·동춘당 송준길의 양송체와 옥동 이서 등의 동국진체의 글씨 등을 비롯하여 음식·의복·역사·지리·의학 등 모든 분야에서 조선의 고유색을 표현해 낸 시기이다. 그리고 이러한 조선 고유문화를 진경문화라고 할 수 있다. 그러나 이러한 조선 고유문화인 진경문화를 표현하는 사상은 무엇인가에 대해서는 많은 문제가 따르고 있었다. 그동안은 주자성리학을 신봉하는 지배층들이 사대주의에 물들어 공리공담을 하고 있는 반면, 주자성리학을 반대하는 실학사상이 피지배층을 대변하며 실용적이고 독자적인 고유문화를 창출해 내었다고 인식되어 왔다.

이러한 인식은 영조 대를 문예부흥기라고도 하고 진경시대라고도 하는 데서도 명확히 드러난다. 문예부흥기라고 하면 성리학으로 침체되었던 문화가 실학으로 새로운 문화로 부흥하는 시기라는 의미이고, 진경시대라고 하면 조선성리학에 입각한 조선 고유문화가 꽃피는 시기라는 의미이다. 두 가지 상반된 입장 모두가 영조 대에 우리 전통문화가 꽃피는 시기라는 것을 공통적으로 인식하고 있다. 다만 그 기반이 되는 사상이 조선성리학인가 실학사상인가 하는 차이를 보일 뿐이다.

그러나 그동안 영·정조 대 실학사상에 대한 연구는 활발하였지만 영·정조 대 조선성리학에 대한 연구는 부진하였던 것이 사실이다. 그리고 그동안의 실학사상 연구는, 조선 후기 조선성리학을 조선 전기에 수용된 주자성리학을 고집스럽게 묵수하려는 고리타분한 사상으로 보고, 조선성리학이 조선 후기 발전을 저해하면서 조선 후기 사회를 피폐하게 하고 화이론(華夷論)을 고수하여 사대주의를 조장하는 사상으로 매도하는 역할마저도 하였다. 따라서 조선성리학이 겸재의 진경산수화, 단원 김홍도의 풍속화 등의 예술이나 서포 김만중의 국문소설, 춘향가 · 심청가 등의 판소리 같은 문학으로 대표되는 조선의 고유한 전통문화를 연출해 내는 사상이었다는 것을 생각조차도 못 하게 하였다. 이는 조선성리학에 대한 몰이해 때문이었다. 그러면 과연 조선성리학의 올바른 이해는 무엇이고 조선성리학과 영 · 정조 문예부흥은 어떤 관련을 가졌을까?

조선시대 문화의 집대성

영 · 정조 시기는 조선시대 문화를 집대성하여 놓는 문예부흥기이다. 이는 조선성리학자들이 인조반정으로 정치 개혁을 하고 대동법을 추진하면서, 임진왜란 · 병자호란을 거치면서 피폐해진 국토를 30년 만인 효종 초에 거의 복구를 끝내고, 효종 · 현종 · 숙종 · 영조 대 거의 100여 년 간 북벌론을 외치며 자주적이고 선진적인 이상사회, 즉 복지사회 건설을 추진해 이루어 놓은 결실이었다.

이러한 개혁을 위해 대내적으로는 우리 풍토에 맞는 시비법(施肥法)을 기반으로 한 농학(農學)을 발달시켜 전 국토를 퇴비 공장으로 만들어 식량을 자급자족할 수 있게 하고, 면화 재배를 전국으로 확대하여 면화 왕국으로 만들어 의복을 자급자족할 수 있게 하고, 통영 갓, 안성 유기, 한산 모시 등 명산지를 발달시켜 내적인 경제 기반을 다지면서 국가 경제를 튼튼하게 하였다. 대외적으로는 청나라에서 비단을 사다가 일본에 거의 두 배로 다시 팔아 막대한 무역 흑자를 올려 일본에서 들어오는 은이 넘쳐나는 부자 나라를 만들어 갔다. 이러한 재력을 바탕으로 북벌론을 주장하며 부국강병한 자주적이고 주체적인 문화국가로 기반을 확립했던 시기이다. 이러한 경제력을 바탕으로 노약자가 편안하게 사는 이상사회를 만들기 위하여 효도와 장유유서를 근본으로 하는 삼강오륜을 가르쳐 미풍양속을 일반화시켜 갔다.

때마침 중원에는 중화(中華)인 명나라가 멸망하고 오랑캐인 청나라가 들어섰으므로 천하에 중화인 나라는 조선밖에 남지 않았던 것이다. 당시 중화는 세계 문화의 중심지이자 가장 우수한 문화로 인식되고 있었기 때문에 조선은 마지막 남은 세계 제일의 문화국가, 즉 선진국이 되었던 것이고 우리 민족은 세계 최고의 민족이 되었던 것이다. 따라서 우리나라의 한글이나 음악 · 그림 · 글씨 · 의복 · 음식 등 모든 것이 마지막 남은 진짜 중화 문화의 진수라는 의식이 팽배해진 것이다. 그래서 우리나라의 전통적인 것을 아끼고 사랑하며 발전시켜 나가 고유색 짙은 민족문화를 이루어 나갔으니 이러한 시기를 영 · 정조 문예부흥기라고 하는 것이다.

본래 중화(中華)라는 것은 바로 무조건 중국을 가리키기보다는 중국에서도 가장 기준이 되는 이상사회를 가리키는 것이다. 이렇게 상정된 것이 패도(覇道)를 행했던 한나라 · 당나라보다는 왕도(王道)를 행했던 요순 사회처럼 가장 이상적인 사회, 즉 대동사회(大同社會) 또는 무릉도원(武陵桃源)을 표현하는 것이다. 따라서 조선중화주의는 중국사대주의라기보다는 조선이 지금 세계에서 가장 이상사회라고 생각하고 또한 이를 실현하려고 하였던 것이다.

그리고 이를 위해 우리나라가 원래 중화인 이상사회의 전통이 단군-기자-삼한-삼국-신라-고려-조선으로 중국과 대등하게 내려온다는 정통론에 입각한 역사 인식을 체계화시키며, 단군 시대가 요순 시대 같은 중화이고 기자조선이 주나라 같은 중화라는 것을 밝혀 나갔다. 이것이 조선성리학에 입각한 역사 인식이었다. 그리고 이를 집대성한 역사서가 바로 순암(順菴)

〈인곡유거(仁谷幽居)〉 | 겸재 정선, 지본담채, 27.4×27.4cm, 간송미술관 소장

〈인곡유거〉는 겸재가 관아재 조영석과 이웃해 살던 후반 생애의 생활을 그린 자화경(自畵景 : 스스로의 생활 모습을 그린 진경)이다.

안정복(安鼎福, 1712~1791)의 『동사강목(東史綱目)』이었다. 게다가 기자는 주나라 무왕에게 유교의 근본 원리인 홍범구주(洪範九疇)를 가르쳐 주었고 이를 기반으로 공자가 유교를 정리하였으니, 기자조선을 건설한 기자는 공자 같은 성인이었고, 유교의 종조국(宗祖國)은 우리나라라는 자부심마저 가졌던 것이다.

이러한 역사 인식을 가지고 조선 성리학자들이 중화라는 이상사회를 이루려 할 때, 이상사회인 주(周) 대에 실시되었다고 하는 왕도정치를 시행해야 했고 왕도정치를 하는 데 필요한 경제정책이 『맹자』에 나오는 정전제(井田制)이므로, 정전제를 실시해야 했다. 땅을 정(井)자로 9등분하여 주변에 8개는 사전(私田)으로 똑같이 나누어 주고, 가운데 하나는 공전(公田)으로 하여 공전에서 나오는 소출을 세금으로 거두어 나라를 경영하고 재난에 대비하는 곡식으로 쓰는 것이 정전제이다. 이러한 정전제를 그대로 시행하려니 시대에 맞지 않고 지형에도 맞지 않았다. 그래서 조선 전기에는 세종대왕이 이상사회를 만들기 위해 정전제를 이 시대에 맞게 고쳐서 전분 6등 · 연분 9등법이라는 10분의 1세를 거두는 공법(貢法)으로 시행하였고, 조선 후기에는 조선성리학을 완성한 율곡 이이가 전세뿐만 아니라 공물 · 요역까지 포함하여 10분의 1세를 거두어 아끼어 저축하였다가 재난을 당한 농민들을 구휼하는 대동법(大同法)을 주장하여 정전제의 이상을 실현해 갔던 것이다.

진경시대 예술을 만든 조선성리학의 이념

이렇게 조선이 중화라는 의식을 바탕으로 조선이 세계 최고라는 자부심을 가지고 우리나라를 이상사회로 만들어 나갔으므로, 자연히 이를 뒷받침하는 사상도 조선 후기 사정에 알맞게 율곡이 집대성하고 우암 송시열이 심화시킨 조선성리학이었다. 그리고 겸재 정선의 예술도 이러한 조선성리학 이념을 바탕으로 성립되었던 것이다.

성리학은 본래 우주 만물의 모든 현상과 그 법칙과의 관계를 설명하여 놓은 철학 체계이다. 우주 만물의 법칙을 천리(天理)인 태극(太極)이라 규정하고, 이러한 천리가 자연현상에서부터 사회현상은 물론 인간의 심(心)·성(性)·정(情)에 까지 일관되게 내재되어 있다고 하고, 법칙인 천리와 모든 현상과의 관계를, 주자는 이일분수(理一分殊), 율곡은 이통기국(理通氣局)이라고 설명하여 철학 체계를 세운 학문이다. 이러한 체계가 『대학(大學)』에 명명덕(明明德)·지어지선(止於至善)·신민(新民)이라는 3강(綱)과 격물(格物)·치지(致知)·성의(誠意)·정심(正心)·수신(修身)·제가(齊家)·치국(治國)·평천하(平天下)라는 8조목(條目)으로 정립되었고, 이를 실현하기 위한 원리가 과불급(過不及 : 지나치거나 모자람)이 없는 중용의 원리로 제시되었다. 모든 우주 만물은 기(氣)인 음양의 동정(動靜)으로 이루어지는데 이에 내재해 있는 원리가 이(理)인 태극이므로, 모든 우주 만물의 현상은 이러한 음양의 기(氣)와 태극인 이(理)로 설명되는 것이다. 그리고 이러한 우주 만물의 현상을 음양이라는 기의 변화인 건(乾)·곤(坤) 등 64괘로 양식화해 놓은 경전이 『주역』인 것이다.

이처럼 우주 만물의 현상을 자연현상이나 사회현상뿐만 아니라 인간의 심(心)·성(性)·정(情)에까지 일관되게 설명하려는 성리학 체계는, 13세기 주자성리학이나 16세기 양명학에서는 이루어지지 않고, 16세기 후반에 사단(四端)·칠정(七情), 인심(人心)·도심(道心) 논쟁이라는 심성(心性) 논쟁을 거치며, 이통기국(理通氣局)이라는 체계로 이를 집대성하고 나오는 율곡 성리학, 즉 조선성리학에 이르러 완성되었던 것이다.

이렇게 사단칠정, 인심도심 논쟁이라는 심성 논쟁을 거치면서 이(理)와 기(氣)의 관계를 어떻게 보는가에 따라 학파가 나뉘고 정파가 나뉘는데 남명학파인 북인은 유기론(唯氣論)을 주장하여 법칙인 이(理)가 모두 기(氣)에 따라 결정된다고 보아 절대 불변의 이(理), 즉 법칙은 없다고 보게 된다. 다음으로 남인인 퇴계학파는 이발기수지(理發氣隨之)·기발이승지(氣發理乘之)를 주장하여 성(性)이 발(發)하는 것처럼 이가 발한다고 봄으로써 이(理)가 어느 경우에는 변한다고 보아 절대 불변의 이(理), 즉 법칙은 없다고 본다. 다음으로 주로 양명학을 받아들이는 소론 계통은 심즉리(心卽理), 즉 마음이 곧 이(理)라고 보아 이(理)의 상대성을 설정하여 주관적이 된다. 이에 반해 율곡학파인 노론은 이발기수지를 부정하고 기발이승지만 인정하여 이의 절대 불변을 주장하게 된다.

그런데 우주 만물의 법칙은 절대 불변이고 이(理)는 우주 만물의 법칙이므로 이(理)를 절대 불변이라고 보는 율곡학파가 법칙인 이(理)에 대해 가장 정확하게 파악하였다. 따라서 역사가 법칙대로 움직이는 한, 학문이 법칙인 진리를 추구하는 한 율곡학파가 철학 이념 논쟁에서 승리할 수밖에 없었다. 영·정조 문예부흥기는 진리를 문화로 표현해 내는 시기이므로 당연히 율곡을 정통으로 잇는 사계 김장생 — 우암 송시열로 이어지는 율곡학파가 주도할 수밖에 없었다.

이처럼 진리를 정확하게 인식한 사상이 조선성리학이고 조선성리학을 집대성한 저술이 바로 율곡 이이가 『대학연의(大學衍義)』를 재구성한 『성학집요(聖學輯要)』였고, 이를 심학(心學)에서 보강하는 책이 우암 송시열이 『심경부주(心經附註)』를 율곡 철학을 가지고 주해해 놓은 『심경석의(心經釋疑)』였고, 모든 분야를 설명한 『주자대전(朱子大全)』을 재구성한 『절작통편(節酌通編)』이었다.

따라서 이상사회를 꿈꾸며 이를 현실에 구현하려던 사림들이 영 · 정조 시기에 이상사회를 구현하는 진경문화를 이루어 내려 할 때, 일반 가정이나 서원에서는 물론 모든 문화의 중심지가 되는 임금 경연에서 『성학집요』 · 『심경석의』 · 『절작통편』 강론을 하며 진경문화를 이루어 내는 이념적인 기반을 다지는 것은 당연하였다. 그리고 이는 붕당정치기에 붕당 간에 논쟁을 거치며 율곡이 집대성한 조선성리학을 소화하며 심화하는 과정이었다.

이 심화된 체계를 영조 대에는 경연에서 『성학집요』 · 『심경석의』 · 『절작통편』을 중심으로 강론하면서, 이상사회를 추구하는 왕도정치를 율곡의 『성학집요』에 집대성된 조선성리학에 입각하여 현실에 구현하였다고 할 수 있다. 세종 대에 집현전을 중심으로 주자성리학을 연구하며 이상사회를 구현해 가려 할 때 『대학연의』를 경연에서 강론하여 가던 것과 같았다.

이처럼 이상사회를 건설하려는 건전하고 가장 합리적인 사상이 율곡 이이에 의해 조선성리학으로 집대성되고, 우암 송시열이 심화시켜 나가, 영조 대 경연에서 공부하여 현실에서 실천해 가니, 영 · 정조 시기 문화는 자연히 건전하고 우수한 문화가 형성되었던 것이다. 가장 세계적인 것은 가장 민족적이어야 한다는 명제가 그대로 실현된 것이었다. 조선 후기의 문화가 고유한 민족문화를 형성할 수 있었던 것은 조선이 중화이고 조선 문화가 세계 최고라는 인식을 가졌기 때문이다. 따라서 화이론을 설정하고, 우리가 중화가 되려고 하였고, 최고 선진국이 되기 위하여 노력했다. 선진적인 중국식 성리학 문화를 받아들여 우리 조선식 성리학 문화를 만들어 내었던 것이다.

영 · 정조 시기는 바로 이러한 조선성리학을 바탕으로 우리 풍토에 맞는 우리 문화를 만들어 간 시기였다. 우리나라는 해양 기후와 대륙 기후가 교차하는 한반도에 위치하고 있어 봄 · 여름 · 가을 · 겨울 사계절이 뚜렷하다. 이 때문에 더위가 가고 추위가 오고, 추위가 가고 더위가 오는 음양의 원리를 저절로 체득하게 된다. 그리고 산과 강과 바위와 나무가 같이 어우러져 있으면서 온갖 자연의 변화가 현실에서 그대로 표현되고 있기 때문에 음양의 변화를 64괘로 표현한 『주역』의 원리를 저절로 체득하게 되는 것이다. 이는 음양의 대비를 적절하게 구성하여 금강산 등을 표현해 내는 겸재의 진경산수화로, 이통기국의 성리철학을 적첩 문제로 표현해 내는 서포 김만중의 문학으로, 우리나라 산천과 생활을 조선성리학 이념을 가지고 그대로 표현해 내는 사천 이병연의 진경시로, 강경명정(剛硬明正)한 우리 산천의 느낌을 그대로 표현해 내는 동국진체와 양송체의 글씨로, 자연의 순리를 그대로 표현해 내는 달항아리로 대표되는 조선백자로, 사시사철의 자연 빛깔을 그대로 사용하는 염색을 하여 만든 한복을, 음양의 조화를 이루어 만드는 한식 문화로, 사람의 성정(性情)을 자연스럽게 흥겹게 만드는 음악으로, 탈춤이나 판소리 같은 연극으로 고유하고 우수한 문화를 만들어 갔다.

이처럼 영·정조 시대에는 우주 만물의 법칙인 이(理)와 음양의 기(氣)의 관계를 이통기국으로 집대성한 조선성리학을 바탕으로, 우리나라 현실에서 재현되는 모든 현상을 가지고 토정 이지함이 토정비결을 만들어 내듯이 우리나라 전통문화로 만들어 내고 있었던 것이다.(「한국 문화사 천 년을 돌아보며」 『문화와 나』 9·10월호, 삼성문화재단, 1999)

참고 문헌

최완수 외,『우리 문화의 황금기 진경시대』1 · 2, 돌베개, 1998.

진경문화와 실학

유봉학

조선시대 문화사 연구의 주요 성과

21세기로 들어선 지 10년 여가 지난 오늘, 소용돌이쳤던 20세기 100년간의 한국 역사 전개와 그 속에서 진행된 한국사, 특히 조선시대 역사 연구를 돌이켜 본다. 역사인식은 현실을 조명하기 위한 것이기에 지난 세기 우리 사회 현실의 격동 속에서 역사 인식의 변화는 불가피하였고, 20세기의 전사(前史)로서 바로 앞 시기 조선시대사에 대한 인식도 크게 변화하여 왔다.

20세기 초, 일제 침략으로 인한 국권 상실과 식민지 경험, 그 연장선상에서 야기된 남북 분단과 동족상잔의 비극은 큰 상처로 남아 역사 인식의 왜곡과 굴절을 초래했다. 일제는 그들의 침략을 정당화하기 위해 조선 전통사회와 문화를 부정적으로 인식하는 식민사관(植民史觀)을 정립하여 한국 역사를 왜곡하였고, 해방 이후 극단적 대립 속에 각기 다른 길로 나아간 남북한은 서로 다른 한국사 인식 체계를 구축하여 현실을 제 나름대로 조명하기에 이른다.

하지만 이런 상황 가운데서도 20세기 한국사 연구는 많은 학문적 성과를 산출하였다. 특히 조선시대 사상사 문화사 분야 연구의 최대 성과로는 20세기 전반 일제강점기와 분단 이후 남북한에서 각기 진행된 '실학(實學)'에 대한 연구와, 20세기 후반, 특히 1970년대 이후 우리 학계에서 이루어진 '진경문화(眞景文化)'에 대한 연구를 들 수 있다.

20세기 한국 역사학계의 연구 성과는 격동의 시대를 맞아 현실 문제를 직시하며 그에 대한 대응을 모색하던 역사학자들의 심각한 고민과 논의의 결과였다. 우선은 일제강점기에 성립한 식민사관의 그늘에서 벗어나 주체적 역사 인식의 관점과 틀을 확보하는 것이 중요하였다. 남북 분단 이후로는 각기 사회 발전의 방안을 모색하는 가운데 전통 사상과 문화의 발전 방향을 확인하고자 했고, 아울러 현실 문제를 해결하고자 전통적 대외 관계 및 전통문화와 외래문화의 상호 관계를 설명하는 것이 역사학의 과제로 대두하였다.

국권 상실이라는 비극적 현실을 설명하고자 일제강점기 역사학자들은 조선시대 역사에서 망국(亡國)의 원인을 찾고자 했다. 일제 식민사학의 타율성론, 정체성론이 횡행하는 가운데 이들은 식민사학의 유교망국론(儒敎亡國論) 또는 주자학망국론(朱子學亡國論)에 동조하면서 조선의 전통적 지배 이념이던 유교, 특히 주자학에 망국의 책임을 돌리게 된다. 반면에 집권층의 주자학과 대립되는 것으로 인식한 '재야(在野) 지식인의 실학'은 국권 상실의 암울한 현실을 극복해 갈 수 있는 대안 사상이자 학문으로서 새롭게 부각되었다. 해방 이후 남북한 모두 전통 사상과 문화를 청산하고 신속한 사회 발전을 이루기 위한 사상적 동력으로서 실학을 더욱 중시하게 된다. 이 과정에서 조선 전통 사상의 핵심인 유교와 성리학은 청산되어야 할 퇴영적 사상과 학문으로 치부되었고, 그 위에 성립한 조선시대의 전통문화도 함께 부정적으로 인식되었다.

그러나 유교망국론에 입각한 이러한 실학론은 1970년대 이후 식민사학의 청산을 심각히 고민하던 남한 학계에서부터 극복되기 시작한다. 북한의 역사학과 주체사상이 여전히 주자학망국론의 틀 위에서 주자학을 '봉건지배층의 반동적 사상'으로 설명하는 가운데, 남한 학계에서는 주자학망국론을 반성하고 그 대안을 모색하기에 이르렀다. 주자학망국론은 일제의 침략을 정당화하기 위해 조선의 망국을 기정사실화하여 그 책임을 유교와 주자학에 전가한 이론임을 직시하게 되었고, 기존의 실학론이 그 연장선상에서 성립하였음을 명확히 인식하게 된 것이다.

기존 실학론에 대한 반성은 조선의 지도 이념이었던 유교와 주자학에 대한 부정적 연구 경향에 대한 반성으로도 연결되었다. 조선의 유교, 특히 주자학은 500년의 장구한 기간에 걸쳐 조선 사회를 이끌었고 사회와 문화 발전의 동력으로서 기능하였으며, 정몽주(鄭夢周)와 정도전(鄭道傳), 권근(權近) 이래 퇴계(退溪) 이황(李滉)과 율곡(栗谷) 이이(李珥)를 거쳐 이익(李瀷)과 정약용(丁若鏞), 홍대용(洪大容)과 박지원(朴趾源) 등에 이르기까지 수많은 학자들에 의해 역동적으로 전개되었음을 인식하게 된 것이다. 특히 조선 전기 세종 대의 문화적 발전과 조선 후기 영조 · 정조 대의 융성을 유교 문화의 발전이란 틀 안에서 인식하게 되었고, 우리 전통문화의 핵심이자 개성으로 유교와 주자학이 자리매김하게 되면서 '실학'도 새롭게 설명되기에 이른다.

1970년대 이후 우리 사회의 급속한 발전은 민족적 자신감의 회복을 통한 전통 사상과 문화의 재인식으로 이어졌다. 역사학계는 조선시대 전통문화의 성립 과정에서 오늘 우리 사회가 나아가야 할 방향성을 찾고자 했으며, 외래

문화와의 갈등을 조정하면서 개성을 확립하여 선진화의 길로 나아가고자 하는 문제의식에서 조선의 유교 문화와 주자학 사상을 재조명하게 된다. 심도 있는 사상사 연구를 통해 고려 말 이래 외래 사상으로서 '주자성리학(朱子性理學)'을 받아들여 퇴계 율곡의 단계에서 자기화함으로써 '조선성리학(朝鮮性理學)'이라는 개성적 형태로 발전시켜 가는 과정이 새롭게 밝혀졌고, 그 위에서 숙종·영조·정조 시대의 문화가 성립하였음이 드러났다. 진경산수화(眞景山水畵)로 대표되는 이 새롭고도 개성적인 문화적 흐름을 '진경문화'라 부르고, 문화사적 관점에서 이 시대를 '진경시대'로 부르게 된 것은 관련 연구 업적이 집성된 『우리 문화의 황금기, 진경시대』(최완수 외 공저, 돌베개, 1998년)라는 책이 나온 것이 계기가 되었다.

이 과정에서 영·정조 시대에 융성했던 실학도 이제는 유교와 주자학의 대척점이 아니라 그 연장선상에서 새롭게 인식되기 시작했으며, 진경문화와의 관련 속에서 설명되기 시작한다. 숙종 대 이래의 급속한 변화 양상으로 서울의 도시적 발전과 번영의 실상이 밝혀졌고, 이로 인한 서울과 지방의 사회적 분기 현상과 호락논쟁(湖洛論爭)과 같은 학문적 사상적 분기 현상이 드러났다. 조선 사회의 지도 계층인 사림도 분화하여 서울의 경화사족(京華士族)과 지방의 향유(鄕儒)로 분기하였으며, 이 가운데 경화사족이 조선의 새로운 지도층으로 대두했음도 밝혀졌다. 급변하던 조선의 현실을 직시하고 외래문화에 민감히 반응하면서 변화를 모색하던 서울 경화사족층의 주도적 역할로 18세기 실학과 진경문화의 전개가 가능했음이 드러나기에 이른 것이다.

실학과 진경문화에 대한 새로운 이해는 우리 시대의 사회적 문제를 해결하고 사상적·문화적 과제를 실현해 나가는 데 있어 많은 시사점을 제공한다. 숙종 대 이래 영·정조 시대까지의 사회 문화 발전, 그리고 문화적 개성 확립 과정은 외래문화의 적극적 수용과 전통문화와의 융합에 의한 것이었으며 오늘 우리 문화는 그 연장선상에 서 있다. 정조 시대에 연암 박지원에 의해 제시된 '법고창신(法古創新)'의 지향성은 새로운 문화 건설의 방안으로도 해석되면서 우리 사회가 추구하는 세계화와 선진화 과정에도 유효한 기준으로서 새롭게 인식되고 있다.

아울러 '실학자'로 불리는 당시 지식인들의 지도적 역할과 실천은 오늘 우리에게 의미심장하게 다가온다. 급변하던 사회 현실을 직시하고 사회의 지도적 지식인으로서 '사(士)'의 책임을 통감하며 당면한 사회적 · 사상적 문제를 극복하고자 노력했던 과정이 오늘의 지식인들에게 귀감이 되기 때문이다.

이제 20세기 한국사학이 성취한 실학과 진경문화에 대한 연구 성과를 요약하고, 그것이 21세기 오늘의 한국 사회에 제시하는 역사적 의미를 따라가 보기로 한다.

실학에 대한 연구

일제의 강권 통치가 기승을 부리던 1930년대, 암담한 민족의 시련기에 그를 넘어설 대안을 찾아 전개된 '조선학(朝鮮學)' 운동은 민족문화의 희망으로서 조선 후기 '실학'에 주목하는 계기가 되었다.

일제는 조선 침략을 정당화하기 위해 조선의 멸망을 필연적인 것으로 설명하였고, 망국의 책임을 조선의 지배층과 그들의 이념인 유교(주자학) 사상 및 정치 문화 탓으로 돌렸다. 일제 식민사학은 이른바 '유교(주자학)망국론'으로부터 시작하여 '당파싸움(黨爭)론'과 '사대주의(事大主義)론'을 전개하였고, 이는 조선의 정치와 사상을 설명하는 핵심적 개념이자 가장 유력한 조선시대 역사 이해 방식이었다.

같은 시기 일제 침략과 식민사학에 맞섰던 일군의 민족주의 역사학자들에게 있어서도 역사 연구는 일차적으로 망국의 현실을 설명하기 위한 것이었다. 이들에게도 조선 망국의 원인으로서 유교, 주자학과 당쟁, 사대주의는 가장 그럴듯한 것으로 받아들여졌고, 조선의 정치와 사상, 문화에 대한 이들의 부정적 설명 또한 기본적으로는 식민사학에서와 마찬가지였다. 다만 그들은 여기에 안주하지 않고 암담한 현실을 넘어서기 위한 방안을 모색하고 그 대안을 한국의 역사와 전통문화 내에서 찾아내려 노력했던 것이 다른 점이었다. 조선 후기의 문화적 상황 속에서 일군의 학자와 학문에 주목하여 그 계승을 표방하면서 '조선학(朝鮮學)' 운동을 일으킨 것은 그를 위한 몸부림이기도 했다.

이는 19세기 후반 사상계의 흐름을 계승한 것이었다. 서세동점(西勢東漸)의 거대한 세계사적 흐름에 직면하여 개항과 개화를 추진하던 19세기 후반, 학계와 사상계 일각으로부터 전통 사상으로서 주자학에 대한 반성이 일어났고, 영조 · 정조 대의 새로운 학풍과 학자들에 대한 재조명이 이루어진 바 있었다. 연암(燕巖) 박지원(朴趾源, 1737~1805)의 손자인 박규수(朴珪壽)는 자기 집 사랑방에 신진 학자들을 모아 놓고 북학사상을 위시한 새로운 학문과 사상을 소개하였다. 고종(高宗)과 측근 신료, 그리고 지식인들 또한 다산(茶山) 정약용(丁若鏞, 1762~1836) 등 앞 시기 학자들의 학문적 성과에 주목하였고 그들의 저작을 간행하는 사업을 벌이기도 했다.

그 연장선상에서 1936년 다산 정약용 서거 100주년을 맞아 전개된 '조선학 운동'은 망국의 원인으로 치부되었던 유교와 주자학에 대한 대안으로서 다산학(茶山學)을 위시한 조선 후기의 새로운 학풍에 주목하고 그를 '조선학'이라 명명하였다. 이는 현실 극복을 위해 계승할 만한 가치가 있는 실용적 학문으로 인식되었으므로 주자학과 구별하여 이른바 '실학'이라는 표현으로 다시 정리되었다. 유교, 특히 주자학은 현실 문제를 해결하지 못한 무능한 지배층들의 관념론으로서 성리철학과 예학(禮學)에 치우친 '공리공담(空理空談)'이므로 '허학(虛學)'이라 평가되었고, 그와 달리 '실학(實學)'은 현실을 직시하면서 백성들의 현실 문제를 해결하고자 연구한 자연과학과 경제학, 정치학 등 실제적 실용적 학문으로서 상정되었다.

이후 '실학'은 성리논쟁과 예론에 골몰하다가 망국을 이끌었던 보수적 지배층의 학문과 차별화되어 정권에서 소외된 재야(在野) 학자들의 학문, 또는 진보적 개혁론으로 설명되었다. 하지만 그것은 식민사학의 유교(주자학)망국론을 무비판적으로 받아들인 가운데 나온 결론으로서 기본적으로 흑백논리였다. '실학자'들은 당파 싸움에서 밀려나는 등의 이유로 재야학자로 전락하자 재야에서 백성들의 현실을 체험함으로써 새로운 생각을 갖게 되어 그들을 대변하기에 이르렀다는 것이었고, 이들의 현실적이며 진보적인 주장이 보수 반동적인 집권 주자학자들에 의해 받아들여지지 않음으로써 조선은 망할 수밖에 없었다는 것이기 때문이다. 실학과 주자학, 실학자와 주자학자는 이처럼 민족주의 사학자들에 의해서도 흑백논리에 따라 반대 또는 대립적인 것으로 설정됨으로써 이런 설명이 오랫동안 '정설' 또는 '통설'로 군림하며 대중의 뇌리에 깊이 각인되었다.

그러나 1970년대 이래 진행된 조선후기사, 특히 유학사상사와 실학에 대한 한 단계 진전된 연구는 이러한 이해에 대하여 반성을 촉구하였고 새로운 시각을 성립시키기에 이르렀다. 우선 조선 사회 전체를 이끌어 간 지도 이념, 사상 또는 이데올로기로서 유학과 주자학을 바라볼 때, 조선 후기 실학은 유학의 한 분과인 '경제지학(經濟之學)'의 전개로 새롭게 설명되었다. 유학은 성리철학과 예론, 곧 '의리지학(義理之學)' 분야에만 국한된 것이 아니라, 문학이 중심인 '사장지학(詞章之學)'은 물론 자연과학과 정치학, 경제학 등의 '경제지학' 분야까지 포괄하는 학문이었다. 따라서 '경제지학' 중심으로 인식된 실학은 전통 유학 또는 주자학과 대립하는 것이 아니라 그 일부로서 그 연장선상에서 성립한 것으로 설명되었던 것이다.

18세기 조선 학계가 장기간에 걸쳐 벌인 대(大)심성논쟁, 이른바 '호락(湖洛)논쟁'은 '공리공담(空理空談)'의 전형으로 치부되어 왔지만, 이 역시 당시 조선 사회가 당면한 경-향(京-鄕)의 사회적 분기 현상과 결부된 학계의 경-향 분기 양상으로 새롭게 조명되었다. 서울의 도시적 발달에 따라 서울과 지방 사회의 격차가 벌어졌고 사림(士林)이 분화하여 영 · 정조 대에는 서울 경기 지역의 경화사족(京華士族)이 조선 사회의 새로운 주도 계층으로 대두하였다. '호론(湖論)'과 '낙론(洛論)', '경남(京南 : 서울 지역 남인)'과 '영남(嶺南 : 영남 지역 남인)'으로의 분기 등 노론, 소론, 남인, 북인을 막론하고 학계와 학풍 역시 서울과 지방으로 분기하였고, 시간이 흐름에 따라 점차 서울 경화사족의 '경학(京學)'이 학계를 주도해 가게 된다.

노론의 경우, 박지원과 홍대용 등이 낙론의 핵심적 학자들이며, 인물성동론(人物性同論)의 철학적 토대에서 이른바 경제지학 연구로 나아가게 되고, 북학론(北學論)을 제기하는 등 북학사상으로 나아갔다는 연구는 전통주자학의 연장선상에서 북학사상이 형성되었음을 논증하였다. 퇴계를 계승한 '경남'(서울지역 남인)의 성호(星湖)학파에서 이익(李瀷), 이가환(李家煥), 정약용 등의 새로운 학풍이 성립한다는 연구 업적 또한 실학이 전통 주자학 위에서 성립하였음을 실증하고 있다(다음 쪽의 도표 참조).

아울러 실학자를 '재야 학자'로 설명하는 방식도 학문적 차원에서는 허구임이 드러났다. 그간 소개된 대부분의 실학자들 중 몇 사람을 제외한다면 대다수는 벼슬을 하여 정계에 진출하였고 상당수는 고위 관료로서 중요한 역할을 했던 점이 새롭게 인식되었다. 특히 정조 시대에 이르면 정조 측근에 이른바 '실학자'들이 집결하여 정조를 보좌하여 개혁을 주도했으며, '개혁의 시범 도시'인 화성(華城) 신도시 건설 과정에서는 정약용과 박지원, 박제가, 서유구 등 실학자 등의 여러 개혁 구상이 정책으로 입안되어 실현되기도 했다. 그들 중 일부와 동료들이 정조 사후에 19세기 세도정치를 이끈 핵심 세력이 되었던 점을 감안할 때, 기존 실학론의 '재야 지식인 주도론'은 이제 더

《화성성역의궤》 중 〈화성 전도〉 | 화성 신도시는 정약용이 기본적 설계를 담당했고 박지원 · 박제가 · 홍원섭 등 학자들의 구상에 따라 성곽 외부에 국영 시범 농장이 설치되었다. 오늘날 화성은 '군사 시설인 성곽'으로 인식되던 데서 벗어나 '개혁의 시범 도시', '실학의 도시'로 새롭게 인식되고 있다.

남인 학자의 학통계승

※실선 ── 사승(師承) 관계
점선 ······ 혈연(血緣) 관계

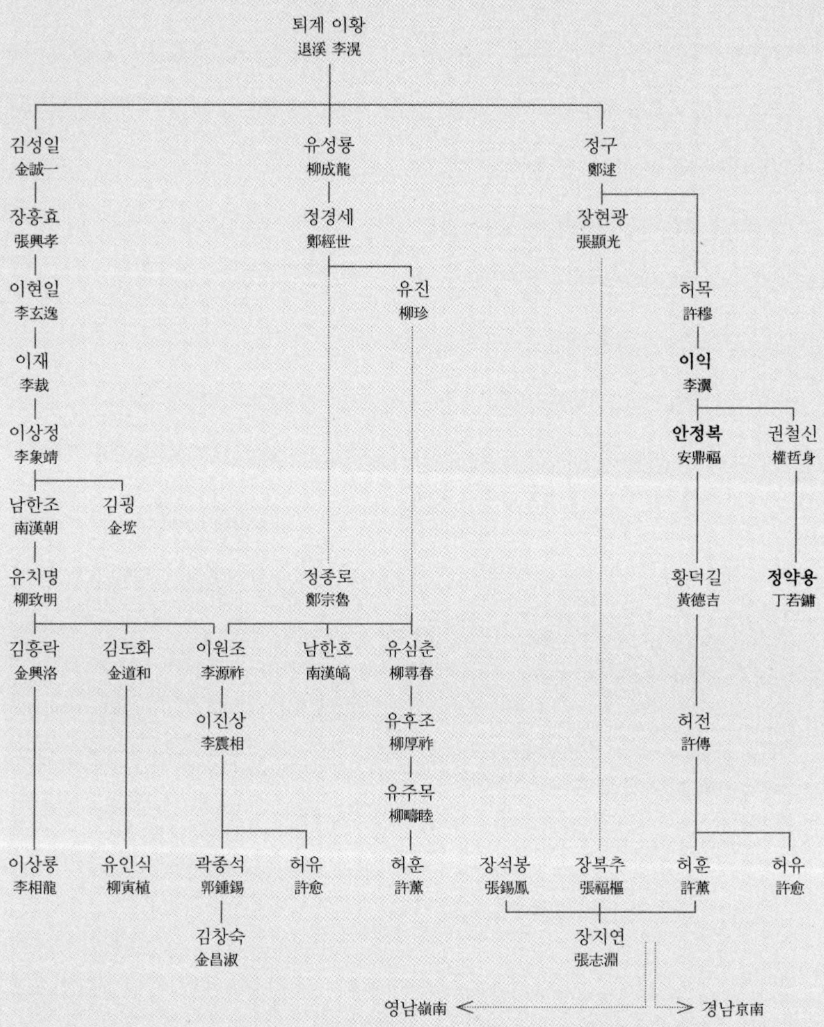

노론학자의 학통계승

※실선 — 사승(師承) 관계
점선 …… 혈연(血緣) 관계

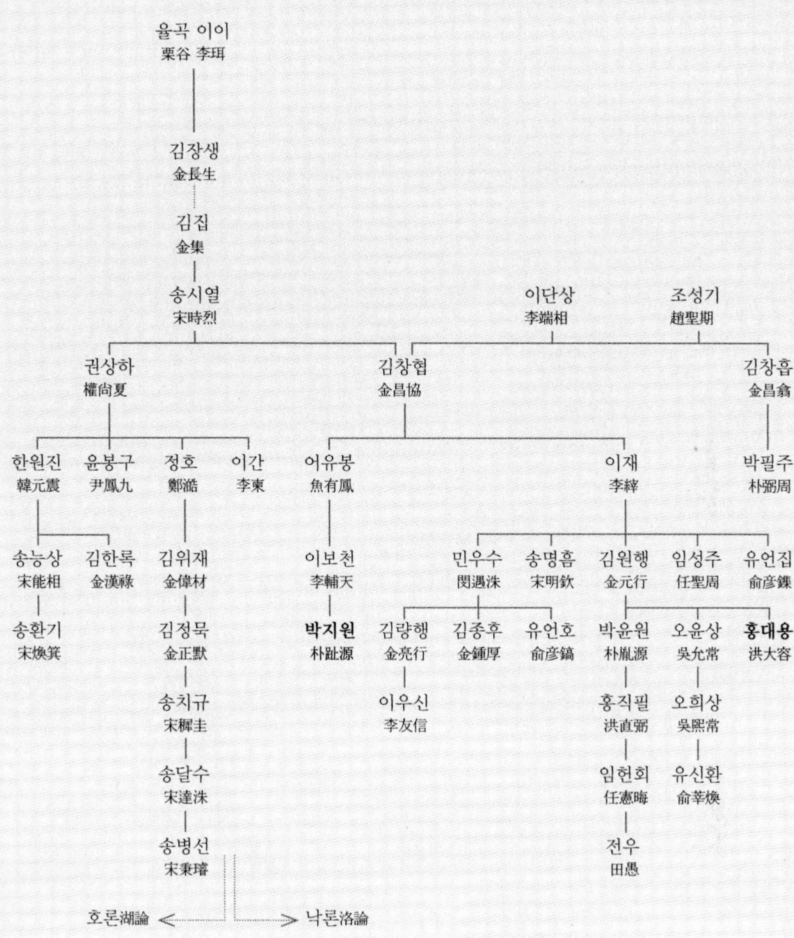
율곡 이이
栗谷 李珥
김장생
金長生
김집
金集
송시열
宋時烈
이단상
李端相
조성기
趙聖期
권상하
權尙夏
김창협
金昌協
김창흡
金昌翕
한원진
韓元震
윤봉구
尹鳳九
정호
鄭澔
이간
李柬
어유봉
魚有鳳
이재
李縡
박필주
朴弼周
송능상
宋能相
김한록
金漢祿
김위재
金偉材
이보천
李輔天
민우수
閔遇洙
송명흠
宋明欽
김원행
金元行
임성주
任聖周
유언집
兪彦鏶
송환기
宋煥箕
김정묵
金正默
박지원
朴趾源
김량행
金亮行
김종후
金鍾厚
유언호
兪彦鎬
박윤원
朴胤源
오윤상
吳允常
홍대용
洪大容
송치규
宋穉圭
이우신
李友信
홍직필
洪直弼
오희상
吳熙常
송달수
宋達洙
임헌회
任憲晦
유신환
兪莘煥
송병선
宋秉璿
전우
田愚
호론湖論
낙론洛論

이상 설 곳이 없게 되었다.

오히려 영조 · 정조 시대 실학자로 지칭된 진보적 지식인들의 정통주자학계 내에서의 위상과 그들 생각이 정책에 어떻게 반영되었는지, 이후 19세기 역사의 격동 속에서 정통주자학과 그 일각의 실학사상이 어떤 변화를 보이는지, 그리고 개항기에 가서 어떤 방식으로 개화사상에 계승되는지가 앞으로 연구의 관심사라 하겠다.

18세기 조선의 주자학자 가운데 일부는 현실의 변화를 직시하면서 경제지학 연구와 북학(北學) 및 서학(西學)의 수용을 추구하고 이를 통해 시대의 문제에 적극적으로 대응해 나갔으며, 그 후예들인 풍석(楓石) 서유구(徐有榘)와 박규수(朴珪壽), 추사(秋史) 김정희(金正喜)와 그 제자 흥선대원군(興宣大院君) 등의 활동에서 보듯이 개항기에 이르기까지 중요한 역할을 수행하였다. 이들의 고민과 대응 방식을 올바로 설명하는 역사 연구는, 역시 큰 변화에 직면한 오늘 우리 시대 지식인들의 사회적 역할과 책임을 환기시키고 있으며, 현실이 요구하는 선진적 사회질서와 문화적 개성 확립 문제에 있어서도 많은 시사점을 제공하고 있다.

진경문화에 대한 연구

식민사학에 대한 반성과 그 대안의 마련은 1970년대에 와서 본격화하였다. 세계를 휩쓴 민족주의 열풍과 함께 역사학에서도 민족의 주체적 역량과 전통문화를 새롭게 평가하기 시작했고, 식민사학의 주자학망국론에 대하여도 비판을 가하면서 그 대안을 마련하기 시작했다. 이에 따라 조선시대 유교와 주자학에 대해 그 공소성(空疎性)을 일방적으로 부각시키는 데서 벗어나 사회 이념으로서의 역할과 기능에 주목하게 되었고, 그 단계적 발전 과정을 설명할 수 있게 되었다. 외래 사상이던 '주자성리학'을 고려 말에 수용하여 200여 년에 걸친 이해와 자기화 과정을 거쳤고, 그 결과로서 퇴계와 율곡의 주자학은 이른바 '조선성리학'이라 부를 수 있는 개성적 단계로 진입하였음도 새롭게 밝혀졌다. 퇴계와 율곡 이후, 이 새로운 기준 위에서 사림(士林)들이 정권을 장악하여 국가적인 차원에서 주자학적 질서를 구축해 가게 되며, 그 결과 양란의 충격 속에서도 조선 사회는 안정을 이루어 내고 영·정조 대 문화 중흥의 계기를 마련하게 된다는 점이 새롭게 설명되기도 했다.

이러한 시각에서 조선시대 정치사 연구도 새롭게 진행되었다. 양란 이후 전개된 사림정치에 대한 새로운 이해는 그간 조선의 정치를 부정적으로만 바라본 '당쟁론'을 비판하면서 '붕당정치(朋黨政治)론'을 제기하게 되었고, 이를 붕당 간의 상호 비판과 견제에 입각한 주자학적 정치 질서로서 이해하기에 이르렀다. 아울러 당파 싸움의 전형으로서 공리공담으로 파악되던 '예송(禮訟)'을 왕권(王權)과 신권(臣權)의 상호 관계 설정을 위한 고도의 학문 정치적 논쟁으로 파악하고, 환국(換局)과 탕평(蕩平) 정치에 대하여도 실증적 연구를 통해 새로운 해석을 제시하는 등 조선 후기 정치사와 사상사, 문화사 이해는 새로운 단계로 진입하였다.

식민사관이 타율성론의 근거로 거론하던 '사대주의론'에 대해서도 새로운 해석이 제기되었다. 병자호란으로 조선은 오랑캐 후금(청)의 무력에 무릎을 꿇고 사대를 약속했지만 조선 지식인들은 오히려 반청적(反淸的) 북벌대의론(北伐大義論)을 고창하였고, 이미 망해 버린 명나라와 중화 문화의 유일한 계승자로 조선을 위치지움으로써 대명의리론(大明義理論)과 조선중화의식(朝鮮中

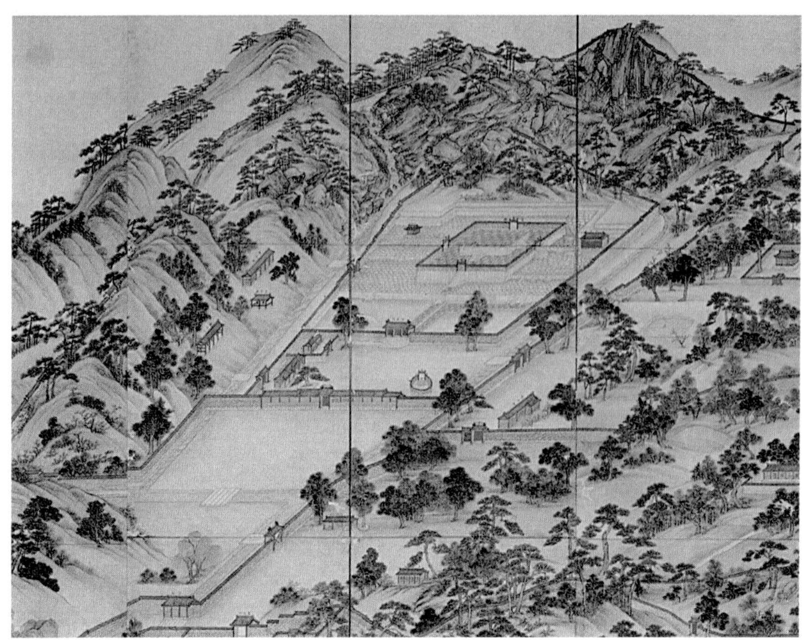

〈동궐도〉 중 대보단 부분 | 고려대학교 박물관 소장. 창덕궁 깊숙한 곳에 위치한 대보단은 비주체적인 사대주의의 상징물에서 이제는 18세기 조선 문화자존의식의 상징물로 새롭게 설명되고 있다.

華意識)이 고조되었다. 창덕궁에 대보단(大報壇)을 설치하고 조선 국왕이 명나라 황제에게 제사를 지냈던 것은 조선중화의식이 국가적 의례로 수렴되어 실천되었음을 보여 준다. 아울러 조선중화의식은 조선 지식인들이 견지했던 조선 문화에 대한 자존(自尊) 의식으로 기능하여 오랑캐(청)가 지배하는 중국 문화로부터 조선 문화를 분리하여 개성을 강조하면서 독자적 문화를 발전시켜 나가는 사상적 기조가 되었다. 중국 중심의 중화주의는 이 시대에 이르러 조선 중심의 중화주의로 변용되었던 것이다.

퇴계, 율곡 이래의 주자학, 이른바 '조선성리학'과 조선중화의식의 사상적 기조는 숙종 대 이후 진경문화가 성립하는 배경이 된다. 조선 사회는 사림 정치의 전개와 주자학적 질서의 확립 속에 양란의 충격에서 벗어나 안정

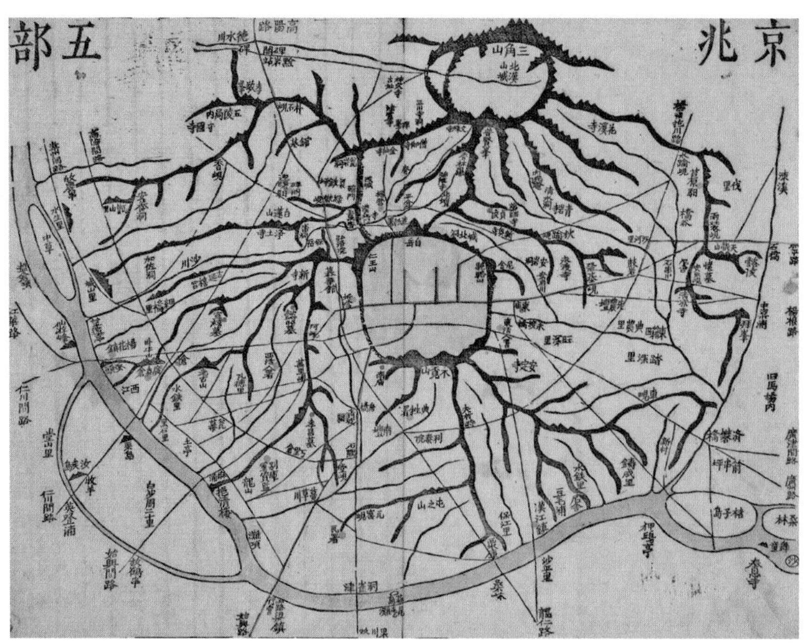

《대동여지도》 중 〈경조오부도(京兆五部圖)〉 | 국립중앙도서관 소장. 18세기 이후 서울은 도시 발전에 따라 지역 범위가 한양 성곽을 넘어 한강 유역까지로 확대되었으며, 서울에서 사방 100리까지가 1일생활권으로서 수도권이 되는 변화를 겪는다.

을 찾았으며 농업 생산력이 증대되고 국제 중개무역 등 유통경제의 발달로 번영을 구가하였다. 서울은 정치, 경제, 사회, 문화의 중심지로 발돋움하여 활기가 넘쳤으며 경-향의 사회적 분기와 함께 '귀경천향지풍(貴京賤鄕之風 : 서울을 높이고 시골을 멸시하는 풍조)'이 심화되었다. 조선 사회의 지배 계층이자 지도층으로서 사림 사이에서도 서울 지역 경화사족(京華士族) 과 지방 향유(鄕儒)로의 분기 현상이 야기되어 점차 서울의 경화사족층이 모든 영역에서 주도권을 확보하여 갔다.

이들 중 일부 경화사족들은 서울에서 나타난 새로운 변화를 직시하면서 지도층으로서의 사회적 책임을 각성하고 조선 사회가 직면한 여러 문제에 대한 해법을 강구하였다. 흔히 '실학'이라고 불리는 18세기의 이 새로운 학풍

〈독서여가도(讀書餘暇圖)〉 | 겸재 정선, 간송미술관 소장. 정선의 자화상으로 알려진 이 그림에 영조 시대 경화사족의 건실한 삶의 모습이 사실적으로 표현되어 있다.

〈**포의풍류도(布衣風流圖)**〉 | 단원 김홍도, 개인 소장. 중국 문물의 유행 속에서 여유로운 도시 생활을 추구했던 정조 시대 경화사족 지식인들의 삶의 모습이 잘 드러나 있다.

과 함께 문화 예술에서도 새로운 흐름이 나타났다. 중국 중심의 시각에서 벗어난 지식인들은 문화자존의식(文化自尊意識)을 배경으로 조선의 자연과 그 속에서 살아가는 조선 사람들의 현실을 직시하면서 그를 시서화(詩書畵)의 예술 작품 속에 사실적으로 표현해 내기에 이른다.

'동국진경(東國眞景)'이라 불린, 겸재(謙齋) 정선(鄭敾)과 관아재(觀我齋) 조영석(趙榮祏), 공재(恭齋) 윤두서(尹斗緖) 등의 진경산수화와 풍속화는 물론, 삼연(三淵) 김창흡(金昌翕)과 사천(槎川) 이병연(李秉淵)의 '진경시(眞景詩)', 옥동(玉洞) 이서(李漵)와 백하(白下) 윤순(尹淳) 등의 '동국진체(東國眞體)' 서예는 조선적 개성을 드러내며 조선의 문화 예술을 새로운 방향으로 이끌었다. 조선의 자연과 문물을 사실적으로 파악하여 진경산수화와 풍속화, 곧 '동국진경'을 그려 낸 점에 주목하여 우리는 이 시기의 문화를 문화예술사의 관점에서 '진경문화'라 명명하고 이 시대를 '진경시대'라 부르기도 한다.

진경문화의 전개는 외래문화의 수용을 바탕으로 개성적인 전통문화를 만들어 가는 과정이었다. 문화자존의식이 고조되었던 숙종 · 영조 대에도 청을 통한 중국 고전 문화 수용은 계속되었거니와, 정조 대에는 청나라를 통한 중국과 서양 외래 문물의 수용이 더욱 가속되었다. 정조 측근에 포진했던 지식인들은 북학(北學)과 서학(西學)을 통해 외래문화를 적극 수용함으로써 진경문화의 폭이 확대되고 수준도 고양되었다. 단원 김홍도(檀園 金弘道)를 위시한 많은 화가들에 의해 진경산수화와 풍속화는 다양하게 발전했으며, 서예와 문학, 음악 등 제 예술 분야도 개성적 발전을 보였다. 연암 박지원이 원래 문학의 원칙으로 제시한 '법고창신(法古創新)론'은 이 시대 문화가 추구하던 지향성이기도 했다.

그러나 이런 기조 위에 전개된 정조 시대 외래문화의 급속한 수용과 지식인들의 자유분방한 태도는 곧이어 그들 사이에 사상적 갈등을 야기하기도 한다. 서울에서 새로운 학풍과 문풍(이른바 '신학(新學)'과 '신문(新文)')이 유행하는 가운데 정학(正學), 곧 전통 주자학과 북학, 서학 등 외래의 학풍이 충돌하였다. 더욱이 순정함을 추구하던 전통적 문풍과 자유분방한 외래의 문풍이 대립하게 되자, 급기야 정조는 문체반정(文體反正)과 서체반정(書體反正), 악풍반정(樂風反正) 등의 반정책(反正策)을 통해 급진적 변화에 제동을 걸게 된다.

정조는 정통적 학문, 곧 '정학(正學 : 주자학)'을 부양하면 '사학(邪學)'은 저절로 사라진다는 '부정학(扶正學)론'을 통해 온건한 입장을 견지했지만, 일각에서 북학과 천주학 등 사학을 적극적으로 배척함으로써 '정학'을 지켜야 한다는 '척사학(斥邪學)론'이 제기되면서 조선 학계와 문화계는 전체적인 갈등 국면으로 접어들었다. 정조 사후 정치 상황이 일변하면서 '척사학론'이 대두하여 신유사옥(辛酉邪獄)과 같은 대대적 사상 억압책과 정치적 숙청이 휘몰아침으로써 정치와 사상 문화 전반이 경색 국면을 맞이하게 된다. 일부 지식인들로서는 '하고픈 말을 하지 못하는 것이 평생의 한이 될' 정도의 사상적 억압이 일상화되었으며, 이는 외척 세도의 과두(寡頭) 독재 체제에서 구조적 모순으로 자리 잡았다.

순조 초년의 혼란기를 거쳐 1806년 병인경화(丙寅更化) 이후 정조가 키운 노론 소론의 시파(時派) 계열 일부가 안동 김문의 김조순(金祖淳)을 중심으로 연대하여 벽파(僻派)를 일망타진하고 정권을 장악하게 된다. 정조 시대 북학론의 핵심이었던 일부 경화거족이 장기간에 걸쳐 세도정치를 해 나가는 가운데 급기야 북학론은 대세가 되었고, 조선 사회의 지도 이념인 정통주자학의 정치적 영향력은 급속히 약화되었다. 청나라가 이제 북벌(北伐)이 아니라 북학(北學)의 대상으로 인식되고 청나라 문물이 선진 문물로서 대거 수용되는 상황에서 조선 지식인들의 조선중화의식과 문화자존의식은 더 이상 유지되기 어려웠다.

정조 사후 19세기에 이르러 북학과 서학 등 외래문화의 수용이 본격화되자 조선 고유의 진경문화는 여운을 남기며 조락의 길로 들어섰다. 이와 함께 조선 사회의 전통적 지도 이념과 사회질서는 급속히 무너져 많은 혼란이 야기되었지만 그것이 역사의 퇴보는 아니었다. 그 이면에서 조선의 사회와 문화는 새로운 질서를 향해 힘차게 나아갔기 때문이다.

조선시대 문화사 연구의 새 지평

20세기 한국사 연구에서 두드러진 사상사와 문화사 분야의 두 주제, 곧 실학과 진경문화 연구는 조선 후기 역사상을 새롭게 설명해 냈다. 이 두 주제의 연구를 통해 조선 후기 역사의 발전적 면모가 드러났고, 외래문화의 수용을 통한 전통문화의 성립 과정과 이후의 개성적 전개 양상이 확연히 파악되었다.

실학과 진경문화의 등장은 지배 이념인 주자학의 발전과 조선 후기 사회 발전의 결과였고, 이는 시대의 문제를 직시하며 그 해결을 위해 고심했던 당대 지도적 지식인들의 세계관이나 현실인식 변화, 특히 그들이 견지하게 된 특유의 문화자존의식과 밀접히 연관되었다. 영조 대 후반에 가면 대내외의 현실을 직시하던 일부 지식인 사이에서 맹목적 문화자존의식에 대한 반성이 시작되었고, 외부 세계로 눈을 돌려 북학과 서학 등 외래문화의 수용을 통해 전통문화를 혁신하려는 움직임이 정조 대에 본격화한다. 이런 추세 위에 진경문화의 쇠퇴는 불가피한 것이었다.

정조 사후 외래문화와 새로운 사상의 급속한 유입으로 갈등이 야기되고 전통문화와 전통적 질서가 쇠퇴하던 상황은 그간 조선왕조의 붕괴 과정으로서 흔히 혼란기 내지는 침체기로 평가되곤 했다. 그러나 갈등과 침체, 혼란은 새로운 질서와 문화가 성립하는 과정에서 으레 부수되는 현상이었기에 이것조차도 새로운 시대를 향한 발전의 과정으로 이해할 필요가 있다. 조선왕조의 전통적 질서와 진경문화는 외래 사상과 문화의 유입 속에 쇠퇴하여 조선은 새로운 질서와 문화로 나아가고 있었고, 오늘 우리 시대는 이 시대의 결과물이자 귀착점으로서 그 연장선상에 위치한다. 그런 면에서 이 시대 변화의 양상은 오늘 우리 시대를 조명하는 자료로서 새로운 관점에서 주목되어야 할 것이다.

앞으로 19세기사 이해의 새로운 지평은 전환기의 사상사, 문화사 분야 연구에서 더욱 넓게 열릴 것이라 전망한다. 실학과 진경문화의 연구를 통해 주자학망국론의 미망에서 벗어난 오늘, 그간 정조 시대 이후의 역사를 세도정치(勢道政治), 삼정문란(三政紊亂) 및 민란(民亂) 등을 부각시켜 암흑시대로 서술해 왔다면, 19세기 이후 실학과 진경문화의 전개 과정 연구는 조선 사회 발전의 제 양상을 새로운 관점에서 밝혀낼 수 있을 것이다. 조선의 전통적 질서가 급속히 무너지고 신분제를 위시한 사회적 차별이 청산되었으며 정치적 · 사회경제적 영역에서 자유와 평등의 원리를 추구하기에 이른 사상적 전환 과정은 물론, 새로운 사회관계와 생활 방식, 문화가 성립하게 된 과정도 이러한 연구를 통해 드러날 것이다.

조선시대는 외래 사상과 문화의 적극적 수용과 소화 과정을 통해 주자학적 질서를 성립시키고 그 위에서 진경문화를 창출하여 개성적 전통문화를 완성했던 시기였다. 새로운 학문과 사상으로 자주적 변화를 모색했던 조선시대의 역사적 경험은 개성 있는 문화를 이룸으로써 선진화의 과제를 이루고자 하는 오늘의 현실에 좋은 귀감이 아닐 수 없다.

참고 문헌

최완수 외, 『우리 문화의 황금기 진경시대』, 1 · 2, 돌베개, 1998.

정병삼 외, 『추사와 그의 시대』, 돌베개, 2002.

유봉학, 『한국문화와 역사의식』, 신구문화사, 2005.

______, 『개혁과 갈등의 시대 – 정조와 19세기』, 신구문화사, 2009.

______, 『실학과 진경문화』, 신구문화사, 2013.

진경시대 선 수행과 교학

정병삼

성리학적 질서가 더욱 굳건해진 조선 후기 사회에서 불교는 신앙으로서 역할을 지속해 갔다. 임진왜란 때 활동한 의승군(義僧軍)의 활약을 기반으로 승려들의 신분이 인정되기 시작하였고, 이에 따라 교단 활동도 활기를 띠게 되었다. 전란으로 불탄 사원의 중수가 이루어졌고 남한산성 축조를 맡는 등 승려들의 국가적 활동도 전개되었다.

전란 후 화암사 대웅전(1606)을 필두로 법주사 대웅전(1618)과 전등사 대웅전(1621), 송광사 대웅전(1622)과 법주사 팔상전(1626), 금산사 미륵전(1635)과 화엄사 대웅전(1636), 통도사 대웅전(1641)과 범어사 대웅전(1658) 등 현존하는 사원 건축의 중심을 이루는 대다수의 사찰 건물이 현종 대까지 중건되어 현재 사원의 외형을 갖추었다. 그리고 숙종 대 이후 진경시대에는 사원의 규모가 더욱 충실해지고 사원 활동이 활발한 가운데 선운사 대웅전(1682)과 금산사 대적광전(1686)을 비롯하여 화엄사 각황전(1703)과 관룡사 대웅전(1712), 심원사 보광전(1718)과 동화사 대웅전(1732), 직지사 대웅전(1735)과 쌍계사 대웅전(1739), 불국사

대웅전(1765)과 해인사 대적광전(1769)의 중건 등 사원의 중창 사업이 지속적으로 이루어졌다.[1] 이런 불교계의 활성화와 나란히 선 위주의 선교관(禪敎觀)을 바탕으로 선 수행과 교학 연구가 활발하게 전개되었으며 일반인들의 불교신앙 활동도 꾸준히 이루어졌다.

불교 신앙과 교단

진경시대 대규모 법당의 중건은 일반인들의 후원을 중심으로 이루어졌다. 그러나 금산사 대적광전과 화엄사 각황전의 중건은 왕실의 지원에 의해 이루어졌고, 흥국사 재건은 지방 관리들의 참여에 의해 이루어졌다. 이는 왕실의 불교 신앙이 제한적이지만 지속적으로 이루어졌음을 말한다.

조선 후기 불교계는 청허(淸虛)와 부휴(浮休) 양대 문파(門派)와 청허하 4대 계파(系派) 등 문파 의식이 강조되었다. 돌아간 스승을 기리는 탑비 건립이 성행하고, 사원 중창으로 규모를 재정비한 사원의 내력과 당시의 성세를 기록하려는 사적비(事蹟碑)의 건립이 앞다투어 이루어졌다. 숙종과 영·정조 대에 건립된 40여 기의 사적비와 중수비는 이 시기 불전의 중수 중창을 비롯한 사원 융성의 면모를 반영한다. 법당의 재건은 내부 봉안 불상과 불화 등 불교 예술의 발전으로 이어져 불교문화는 난만한 발전을 보이게 되었다. 이런 사원 활황의 바탕에는 사원에 사람들이 모여들어 기원하는 신앙 활동이 있었다. 이 시기에 제작된 43개의 대형 괘불(掛佛)은 많은 사람들이 사찰에 모여 성대한 의식을 거행하는 대규모 법회가 많아졌음을 의미한다.[2] 신도들이 불사를 후원하던 보사청(補寺廳)이나 다양한 목적의 계(契) 모임이 조직되었고,

화엄사 각황전

이 시기 사원은 이들 조직을 통해 고갈된 사원 운영비를 마련하고 전답을 조성하며 승려와 신도들의 친목을 도모하고 신앙을 이끌었다.

조선 초기 이후 지속된 사찰 경제의 몰락은 사원의 존립을 불가능하게 만들었고, 이에 대한 자구책으로 사찰 유지를 위한 자산을 생성하기 시작하여 17세기에 승려의 사유재산이 형성되기에 이르렀다.[3] 승려를 다수 확보한 대찰은 미투리나 종이 등 생산에 참여하거나 토지를 개간하면서 재산을 형성하였다. 사찰의 경제활동이 활발해지면서 상당한 재화를 소유한 승려도 나타났다. 그러나 승려가 적은 사찰에서는 경제활동이 이루어질 수 없었다. 이에 승려와 다수의 신도가 함께 참여하여 계를 조직하고 사찰의 경제적 기반을 확충시키려는 노력을 보였다. 17세기 이후 사회에서 족계(族契)나 동계(洞契) 등 다양한 계 조직이 성행하면서 사원에서도 갑계(甲契), 불량계(佛糧契), 문중계, 염불계 등 계 조직이 다양한 형태로 확대되었다. 진경시대에 조직

된 사찰계로 38개의 기록이 남아 있는데, 이 수는 19세기에는 150여 개로 대폭 늘어난다. 사찰계 중에서 가장 보편적인 것은 동년배 출가승들이 수행을 독려하고 친목을 도모하기 위해 만든 갑계로서, 계금을 적립하여 전각을 보수하고 불공을 확충하는 보사 활동을 통해 사원의 유지 운영의 기본 틀이 되었다. 불량계는 사원 유지에 도움이 될 토지를 매입하여 기부하는 경제적 목적을 우선시하는 계로서 원칙적으로 승려만으로 구성되었던 갑계와 달리 계원에 제한을 두지 않아 18세기에 전국적으로 확대되었다. 염불계는 서방극락 왕생을 기원하는 모임으로서 신앙 활동을 위한 계였다. 불전의 등촉을 시주하기 위한 등촉계(燈燭契)도 여럿 조직되었다. 같은 스승 아래 동료 승들이 조직한 문중계는 스승의 장례를 모시기 위한 목적 외에도 문도 간의 결속을 강화하고 스승의 학문과 사상을 계승한다는 신앙적 의미를 함께 지닌 것이었다.[4]

신도들의 활동과 더불어 사원 활동의 한 축을 이루는 것이 왕실의 불교 신앙이었다. 불교계의 경제 기반 확대를 경계하는 조치는 계속 시행되었지만 왕실의 신앙까지 단절된 것은 아니었다. 영조 44년(1768)에 각도의 사찰 중에서 궁방의 원당(願堂)이 된 것을 혁파하도록 하였고, 정조 즉위년(1776)에는 원당의 폐단을 금지하는 조치가 내려졌다. 그러나 왕실와 연계된 원당은 완전히 없앨 수 없었다. 왕비나 후궁들은 왕자 탄생을 기도하기 위해 전국의 유명 기도처에 불단을 설치했다. 숙빈 최씨(淑嬪崔氏)는 각지에 원당을 설치하여 왕자 탄생을 발원하고 특히 파계사 주지에게 기도를 의뢰했는데, 연잉군(延礽君)이 탄생하자 숙종은 파계사에 원당을 지정하고 내탕금을 하사하였다. 화엄사의 각황전은 연잉군 탄생을 기념하여 숙종이 사액한 건물이다. 정조는 효명세자(孝明世子)가 요절하자 선암사 등 각지에 왕자 탄생을 기원하는

선암사 원통각

원당을 설치했고, 수빈 박씨(綏嬪朴氏)가 왕자를 낳자 내원암, 법주사, 화암사 등 발원 사찰에 하사하였다. 원당은 적장자로서 즉위하지 않은 국왕의 사친(私親)을 추숭하기 위해 지정되기도 하였다. 영조 32년(1756)에 송광사를 영조의 생모 숙빈 최씨를 모시는 육상궁(毓祥宮) 원당으로 지정하였고, 법주사는 1765년경에 사도세자(思悼世子)의 생모 영빈 이씨(暎嬪李氏)를 모시는 선희궁(宣禧宮) 원당으로 지정되었다. 정조는 사도세자의 묘를 화성으로 옮기고 그 원찰로 용주사를 정조 14년(1790)에 완공하였다. 이에 즈음하여 기념비적인 후불탱을 조성하고 부모은중경판을 간행하며 정조 스스로 부모의 은혜에 보답하는 복전을 지어 공양한다는 기복게(祈福偈)를 지어 신앙적인 태도를 드러냈다.

정조 11년(1787)에 내수사에서 작성한 궁방전(宮房田) 도안(都案)에는 25개 사찰이 왕실 원당으로 지정되어 346결의 토지를 보유한 것으로 기록하였다. 조선 전기의 왕실 원당은 절 안에 어실(御室)을 설치하여 위패를 봉안하고 정기적인 불공을 올렸다. 명산대찰로 손꼽히는 많은 사찰들은 왕실의 장수를 기원하는 등 순수한 왕실 기도처가 되었다. 경기도 인근과 금강산, 속리산, 오대산 등 명산에 위치한 원당들이 이런 유형이었다. 왕릉 부속 사찰은 능침사(陵寢寺)로 불렸고, 원묘(園墓) 부속 사찰은 재사(齋舍)나 원당(願堂)으로 불렸다. 후기에는 능침사는 사라지고 조포사(造泡寺)가 지정되었다. 조포사에서는 제향에 쓰이는 제수용지와 도배지, 창호지, 문서지 등의 각종 종이와 제기, 향과 향로 등의 제수용품을 제공하였다.[5]

원당은 능묘 관련 물품 납부 외에 지방 관아와 토호들의 요구까지 부담하여 사찰 경제에 큰 영향을 미쳤다. 성수(聖壽)를 비는 육상궁 원당이었던 송광사는 원당으로서의 임무 외에 관청이나 향교, 서원 등에서 부과하는 막대한 양의 잡역을 함께 담당해야 했다. 송광사가 관청에 공급한 것은 밀가루, 간장, 들기름, 새끼줄, 송화, 신발, 약초, 산나물 등 절에서 생산하는 각종 물품을 망라하였고, 심지어는 관노나 아전들의 수고비까지도 부담해야 했다.

왕실이나 조정에서는 원당 사찰을 지방 세력의 침탈로부터 보호하기 위해 완문(完文)을 내렸다. 이 시기 발급된 완문에는 당시 사찰이 부담하던 잡역 품목이 관용 식품, 향교와 서원 향청 및 아전들의 산과나 산채, 사대부와 과객들의 지팡이나 짚신, 소찬과 산채, 출장 관리나 관리 행차 시 아전의 식사와 신발 및 가마 등 다양한 명목에 이르고 있다.

사찰의 잡역뿐만 아니라 승려들은 각종 공역에도 동원되어 부담은 더욱 가중되었다. 일반민들을 동원할 경우에는 품삯을 지급해야 했지만 승려들에게는 공명첩(空名帖)을 지급해 주는 것으로 그쳐 비용 면에서도 효과적이었다. 게다가 승려들은 노동력이 일반민보다 훨씬 우수했고 농번기 등 계절에 관계없이 차출할 수 있었기 때문에 각종 역사에 승려들이 선호되었다.[6] 이와 같은 사원과 승려들의 부담은 사원 경제 피폐의 중요한 원인이 되었다.

선 수행과 선교관

조선 후기 불교는 휴정의 제자 대에서 태고(太古) 법통설을 확정하였다. 1764년에 청허계 편양파의 사암채영(獅岩采永)은 휴정 이후 법맥을 상세히 기재한 『서역중화해동불조원류(西域中華海東佛祖源流)』에서 인도와 중국의 선종 조사와 조선 전기까지의 역대 조사 계보를 기록하면서 해동 중흥조 태고보우 이후 휴정까지의 계보를 강조하였다.

태고는 임제종의 간화선(看話禪)을 강조하였다. 그러나 후기 불교에 지대한 영향을 미친 청허휴정(清虛休靜, 1520~1604)의 사상 경향은 선 우위를 강조하며 교학과 염불도 포용하는 것이었다. 휴정은 선은 부처의 마음이요 교는 부처의 말씀이라 하면서도, 교는 소승 · 중승 · 대승의 그물을 삼계 생사의 바다에 펼친 것이지만 선은 이 그물을 뛰어넘어 따로 전한 것이라고 우열을 명확히 하였다(「禪教訣」).

휴정의 문하 중 가장 번성한 계파를 이룬 편양언기(鞭羊彦機, 1581~1644)는 휴정의 사상을 계승하여 선과 교, 염불을 경절문(徑截門), 원돈문(圓頓門), 염불문(念佛門)에 배당하고 해석하였다. 언기는 경절문 공부는 조사들의 공안을 들고 의심을 일으켜 수행하는데 느리지도 급하지도 않고 혼미하거나 산란하지도 않으며 마음을 간절히 해야 한다고 하였다. 원돈문 공부는 영명한 심성이 본래 스스로 청정하며 번뇌가 없음을 돌이켜보고 분별이 일어나기 전에 이 마음이 어디로부터 일어났는가를 궁구해야 한다고 하였다. 염불문 공부는 행주좌와에 항상 서방을 향하여 존상을 바라보고 마음에 지녀 잊지 않도록 하면 임종할 때 아미타불의 내영하여 연화대에 오를 수 있다고 하였다(「禪教源流尋劍說」). 언기는 교는 중근과 하근을 위해 마련한 것이며 선은 상근기를 위해 시설한 것이라고 구분하면서, 이러한 교와 선의 구별은 법의 차이가 아니라 수행자의 근기에 의한 차별이라고 하였다. 이런 선교관은 진허팔관(振虛捌關)의 『삼문직지(三門直指)』(1769)에도 이어져, 삼문은 서로 다르지만 본질은 같다고 하는 등 조선 후기 내내 삼문을 겸수하는 전통이 지속되었다. 이것이 반영된 것이 조선 후기 총림사찰이다. 총림은 강원(講院)과 선원(禪院)과 염불당(念佛堂)을 갖춘 대찰을 일컫는 것으로 큰 절에서는 삼문 수업을 겸행하였다.

선 우위의 분위기에 따라 승려들의 선 수행은 보편적으로 시행되었다. 대체로 한 곳에 정착하여 장기간 선 수행에 몰두하지 않고 이곳저곳의 이름난 선지식을 찾아 전국의 사찰을 유력하는 것이 보다 일반적인 모습이었다. 명산대찰을 찾아 자연 속에서 심성을 연마하고 여러 부류의 사람들과 시문(詩文)을 주고받으며 이를 기록으로

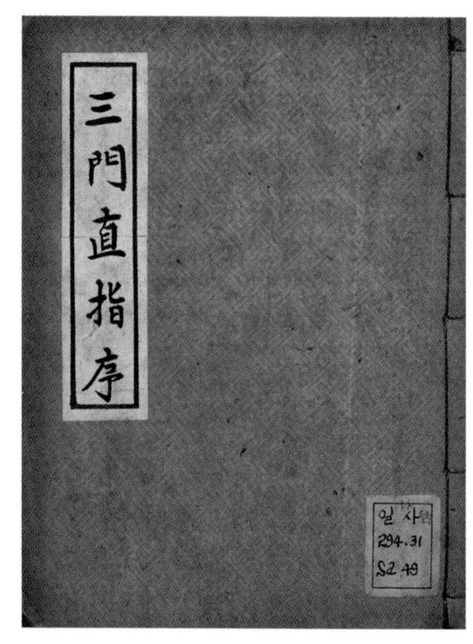

『삼문직지(三門直指)』 | 규장각한국학연구원 소장

남기는 것도 보편적인 추세였다. 이런 추세에 비해 선관이나 선 수행과 관련된 특출한 논설은 드물다.

무용수연(無用秀演, 1651~1719)은 일상적인 공부가 다만 마음을 거두고 풀어 놓는 데 있을 뿐이라(日用工夫 只在收放心而已)라고 하여 평상심 속에서 마음을 닦는 선을 지향하였다. 그를 위한 선 수행은 '뜰 앞의 잣나무(庭前栢樹子)'와 같은 전통적인 화두(話頭)를 참구하는 것이었다. 이는 『반야심경』이나 『인명론』의 의미를 강조하고 법화의 회삼귀일이나 화엄 법계연기를 권하여 선교에 두루 밝았던 수용의 선관이었다.

성리학 중심의 사상계 경향에 따라 불교계에서도 심성에 대한 관심이 나타나기도 하였다. 운봉대지(雲峯大智)는 『심성론(心性論)』(1686)에서 불교의 입장에서 심성에 대해 논하였다. 대지는 모든 중생에게 부처의 종자가 있다는 여래장(如來藏)설을 통하여 진심(眞心)과 자성(自性)이 곧 부처이며 법이라고 설파하고, 심성을 깨치는 실천 방식으로 지눌이 제시한 돈오(頓悟) 점수(漸修)를 들었다. 이는 일심의 체와 작용의 양면이 다르지 않다는 불교적 심성론이었다.

18세기에 가장 이름났던 강백(講伯) 연담유일(蓮潭有一, 1720~1799)과 묵암최눌(默庵最訥, 1717~1790) 사이에 전개되었던 심성론 토론은 유학에 대한 불교계의 관심을 보여 준다. 최눌이 제불과 중생의 마음이 각각 원만하나 동일체는 아니라고 하자, 유일은 각기 원만하기는 하지만 그 근원 자리는 동일체임을 주장하였다. 최눌은 부처와 중생의 마음이 각각 그 자체의 완결성이 있다고 보고 각 개체에 내재된 본성 자체를 중시한 반면, 유일은 부처나 중생의 마음이 모두 일심이 드러난 바이며 일심이 현상 세계의 각 개체에 나타나 각기 원만함을 이룸에 주목하였다. 이들의 관점을 알려 줄 소중한 자료는 언설에 의한 논쟁이 후학들에 의해 지속되어 불교의 본뜻을 어지럽힐까 염려하여

18세기에 활동한 주요 승려 법계

- 청허휴정 清虛休靜 1520~04
  - 송운유정 松雲惟政 1544~10 — 송월응상 松月應祥 1572~45 — 허백명조 虛白明照 1593~61 — 송파의흠 松坡義欽 — 설월계변 雪月計汴 — 영암지원 靈岩智圓 1643~93
  - 편양언기 鞭羊彦機 1581~44 — 풍담의심 楓潭義諶 1592~65
    - 상봉정원 霜峰淨源 1627~09
      - 낙암의눌 洛巖義訥 1666~37 — 호은유기 好隱有璣 1707~85
      - 낙빈홍제 落賓弘濟 — 기성쾌선 箕城快善 ?~1764 — 상월지징 霜月智澄 — 관월경수 冠月景修 — 징월정훈 澄月正訓 1751~23
      - 운암오준 雲岩五俊 — 취성명열 醉惺明悅 — 벽봉덕우 碧峰德雨 — 인악의첨 仁嶽義沾 1746~96
    - 월담설제 月潭雪霽 1632~04 — 환성지안 喚醒志安 1664~29
      - 설송연초 雪松演初 1676~48 — 태허남붕 太虛南鵬 — 도봉유문 道峰有聞
      - 호암체정 虎巖體淨 1687~48
        - 설파상언 雪坡尙彦 1701~69
        - 연담유일 蓮潭有一 1720~99 — 백련도연 白蓮禱演 1737~07 — 완호윤우 玩虎倫佑 1758~26
      - 함월해원 涵月海源 1691~70
        - 완월궤홍 玩月軌泓 1714~70 — 한암 漢巖 — 화악지탁 華嶽知濯 1750~39
        - 영파성규 影波聖奎 1728~12
      - 포월초민 抱月楚玟
        - 송매성원 松梅省遠 — 쌍운금화 雙運琴花 — 환응담숙 喚應曇淑
        - 영월응진 影月應眞 — 야운시성 野雲時聖 1710~76
      - 용암신감 龍巖信鑑 — 대암국탄 大巖國坦 — 송계나식 松桂懶湜 1684~65 — 영곡천학 英谷遷學
    - 월저도안 月渚道安 1638~15 — 설암추붕 雪巖秋鵬 1651~06 — 벽허원조 碧虛圓照 1658~35 — 영허성준 靈虛性俊 — 금파행우 錦波幸祐 — 사암채영 獅巖采永 ?~1764~?

						남월희원 南月希遠	진허팔관 振虛捌關 ?~1769~?	진해성화 振海性花
				명진수일 冥眞守一 ?~1743	일암정색 日菴精賾	용암체조 龍岩體照 1717~79		
					허정법종 虛靜法宗 1670~33			
			풍계명찰 楓溪明察 1640~08		남악태우 南岳泰宇 ?~1732			
					상월새봉 霜月璽篈 1687~67	용담조관 龍潭慥冠 1700~62	규암낭성 圭岩朗成	서월거함 瑞月巨艦
	소요태능 逍遙太能 1562~49	해운경열 海運敬悅 1580~46	취여삼우 醉如三愚 1622~84	화악문신 華岳文信 1629~07	설봉회정 雪峰懷淨 1677~38	송파각훤 松坡覺暄	정암즉원 晶巖卽圓 1738~94	아암혜장 兒庵慧藏 1772~11
		제월수일 霽月守一	화월현옥 華月玄玉	모은지훈 暮隱智薰 ?~1736	설담자우 雪潭自優 1709~70	운담정일 雲潭鼎日 1741~04		
	정관일선 靜觀一禪 1533~08	임성충언 任性忠彦 1567~38	원응지근 圓應志勤	추계유문 秋溪有文 1614~89	무경자수 無竟子秀 1664~37	형계설영 荊溪雪瑛	서악청민 西岳淸敏	
	중관해안 中觀海眼 1567~?	능허청간 凌虛淸侃	형곡복환 荊谷復還	월화탄천 月華坦天	명진여식 明眞呂湜	태허극초 太虛極初	월성비은 月城費隱 ?~1778	
부휴선수 浮休善修 1543~15	벽암각성 碧岩覺性 1575~60	취미수초 翠微守初 1590~68	백암성총 栢庵性聰 1631~00	무용수연 無用秀演 1651~19	영해약탄 影海若坦 1668~54	풍암세찰 楓巖世察 1688~58	묵암최눌 默菴最訥 1717~90	봉암낙현 鳳巖樂賢 ?~1794
	고한희언 孤閑希彦 1581~47	백곡처능 白谷處能 ?~1680	식영진명 息影眞明	석실명안 石室明眼 1646~10	두륜청성 頭輪淸性			해붕전령 海鵬展翎 ?~1826
	포허담수 抱虛淡守	모운진언 暮雲震言 1622~03	보광원민 葆光圓旻	회암정혜 晦庵定慧 1685~41	한암성안 寒巖性岸	추파홍유 秋波泓宥 1718~74	경암응윤 鏡巖應允 1743~04	
		동계경일 東溪敬一 1636~95						

모두 태워 버리고 전하지 않아 명확하게 파악할 수 없다. 이 토론은 모두 화엄에 대한 이해가 깊었던 두 논사가 이(理)와 사(事)의 관계로부터 마음의 본성을 일원적 절대성과 다원적 상대성으로 논의한 것으로서, 성리학의 이기심성 논의에 대응하는 불교계의 논리라는 의미를 갖는다.[7]

한편으로 유일은 유교 사상과 비교하여 불교 교리를 설명하기도 하였다. 유일은 극락은 염불로서만 왕생하는 것이 아니라 국가에 대한 충성이나 부모에 대한 효도와 같은 인의와 자비롭고 선한 마음을 가진 지극한 사람들이 왕생하는 것이며, 반대로 부처에 대한 비방만이 아니라 불충(不忠) 불효(不孝)나 간흉(奸凶)과 같은 행동을 하면 모두 지옥에 떨어지는 것이라 하였다. 그래서 만일 천당이 있다면 군자들이 올라가는 곳이고 지옥이 있다면 소인배들이 가는 길이라고 하였다. 또 성현이 마음을 깊이 살피는 것은 선을 닦는 것과 다를 것이 없고, 『대학』의 삼강(三綱)은 자비 · 지혜 · 원력(悲智願)의 삼심(三心)에 부합된다고 하여 유교와 불교의 일치를 말하기도 하였다. 유일과 함께 쌍벽을 이루던 강백 인악의첨(仁嶽義沾, 1746~1796)은 유교와 도교를 포용하여 불교와 융화를 시도하기도 하였다.

이런 불교와 유교에 대한 연계나 조화에 대한 고찰은 사대부들과의 교유가 많아지면서 그 사례가 늘어난다. 유학자와 승려들의 교류는 적지 않게 이루어졌지만 적극적으로 상대의 관점을 수용한 예는 많지 않다.

유학자들은 보편적으로 불교에 대해 낮추어 보는 경향이 지배적이었다. 조귀명(趙龜命, 1692~1737)은 『화엄경』의 법계무애론이나 『유마경』의 불이설, 그리고 『대혜서』 등 선교(禪敎) 불전을 깊이 이해하였다. 조귀명은 불교의 정혜(定慧)를 유교의 존양성찰(存養省察)이나 지행쌍진(知行雙進)에 비유하는 등 유불의 대비를 말하기는 하였으나 전반적으로 불교에 대한 유학의 우위를 명확히 피력하였다.

이에 비해 삼연(三淵) 김창흡(金昌翕, 1653~1722)의 경우는 특이하다. 당대 최고의 가문 안동 김문 출신으로 성리학의 정수에 통달하였으나 형제인 김창집(金昌集)이나 김창협(金昌協)처럼 서울을 중심으로 활동하지 않고 평생을 금강산을 중심으로 전국을 주유하며 우리 산천의 아름다움을 시로 읊으며 지냈던 은일지사(隱逸之士)였기에 그는 무용수연(無用秀演) 등 많은 승려와 교유했다. 김창흡은 불교에 대한 이해가 깊어 자신이 유교와 불교의 분별에 뛰어나다고 자부하였다. 김창흡의 불교에 대한 이해는 불교계에서 널리 읽히는 바가 되었다. 연담유일은 불교 주요 어구를 모아 풀이한 『석전유해(釋典類解)』에서 김창흡의 시집에 나오는 상당한 분량의 불교 관계 표현에 대한 주해(「三淵先生詩集中用佛語解」)를 수록하기도 하였다.

교학의 성행

휴정과 그 제자 대에 확립된 승가의 교육과정 이력(履歷)은 승려들의 교학에 대한 관심을 증대시키는 통로였다. 사집(四集)을 비롯한 이력 관련 불전이 수차에 걸쳐 집중적으로 간행된 것은 교학 연구가 보편화된 이 시기의 사정을 반영한다. 숙종 대에만 1681년에 운흥사에서 사집인 서장 · 도서 · 선요 · 절요가 간행되었고, 1686년에 징광사에서 도서 · 선요 · 절요가 간행되었으며, 1701년에 봉암사에서 다시 서장 · 도서 · 절요가 간행되었다. 1689년에는 『화엄경』이 간행되었고, 1695년에는 쌍계사에서 『치문』과 『기신론』이 간행되었으며, 1707년에는 『선문염송』이 간행되었다.[8]

이렇게 활성화된 교학의 중심에는 화엄학이 있었다. 화엄학이 특히 주목된 이유는 조선 전기 이래 화엄이 중시되었던 전통과 성리학에 대한 대응으로서의 화엄의 위상도 있었지만 화엄 전적 간행이 직접적인 계기가 되었다. 1681년에 전라도 임자도(荏子島)에 표착한 중국 배에는 일본으로 가던 가흥장(嘉興藏) 불교 전적이 대량 실려 있었다. 송광사를 중심으로 활동하던 백암성총(栢庵性聰, 1631~1700)은 어려운 과정을 거쳐 이중 190여 권의 책을 모아 간행하였다. 그 중에 징관(澄觀)의 『화엄소초(華嚴疏鈔)』가 포함되어 있었다. 대표적인 화엄경 주석서인 『화엄소초』는 조선 후기에 들어 구하기 어려웠는데, 성총의 간행으로 크게 관심이 촉발되었다.[9]

이에 따라 화엄학은 이전보다 한 단계 나아간 주석과 강학이 가능하게 되었고, 각지에서 화엄 법회가 성행하였다. 성총 대에 앞서 서산계의 풍담의심(楓潭義諶, 1592~1665)과 부휴계의 모운진언(暮雲震言, 1622~1703)이 화엄 법회를 크게 열었고 『화엄품목도』를 저술하기도 하였다. 전적 간행의 주체였던 성총 그리고 의심의 제자인 상봉정원(霜峰淨源, 1627~1709)과 월저도안(月渚道安, 1638~1715)이 화엄 강의를 크게 열었다. 도안의 다음 대인 환성지안(喚惺志安, 1664~1729)은 금산사에서 화엄 법회를 개최하여 1,000명이 넘는 많은 대중이 모였다. 부휴계의 무용수연과 회암정혜(晦庵定慧, 1685~1741)도 화엄 강맥의 대를 이었다. 정혜는 『화엄경』 강의를 수십 차례나 하였고, 『화엄소초』의 어려운 부분을 풀어낸 『화엄은과(華嚴隱科)』를 저술하여 후학의 길잡이가 되었다. 서산계의 설파상언(雪坡尙彦, 1701~1769)도 25회나 화엄경을 강의하고 역시 『화엄소초』를 분석하여 순차를 그림으로 표시한 『은과』를 저술하였다. 설암추붕(雪巖秋鵬, 1651~1706)과 정혜는 각각 이력의 사집과에 속하는 『도서(都序)』와 『절요(節要)』에 사기(私記)를 남겨 후진들의 면학에 길잡이가 되었다. 강경의

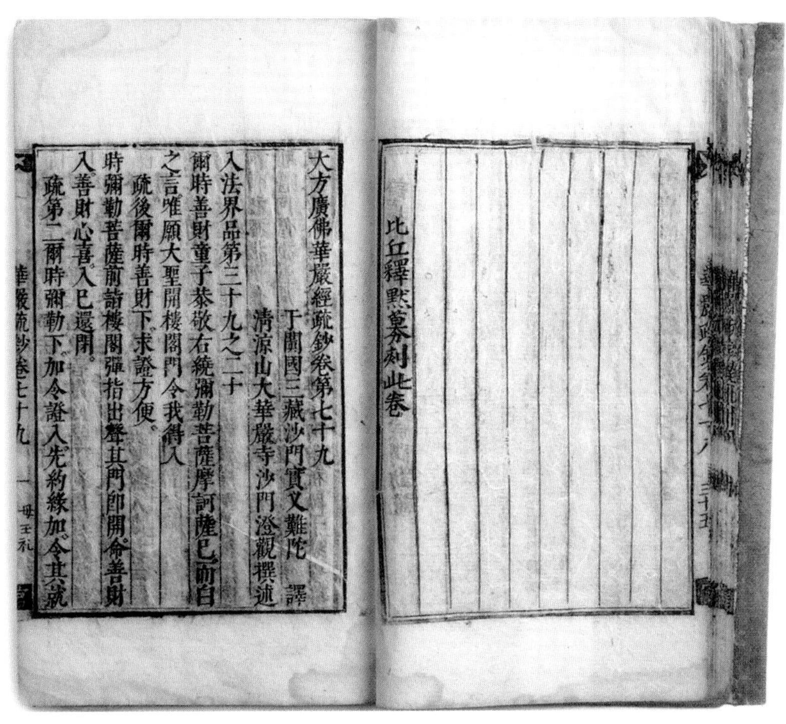

大方廣佛華嚴經疏鈔卷第七十九
于闐國三藏沙門實叉難陀 譯
清涼山大華嚴寺沙門澄觀撰述
入法界品第三十九之二十
爾時善財童子恭敬右繞彌勒菩薩摩訶薩已而白
之言唯願大聖開樓閣門令我得入
疏後爾時善財下求證方便
時彌勒菩薩前詣樓閣彈指出聲其門即開命善財
入善財心喜入已還閉
疏第二爾時彌勒下加令證入先約緣加令其疏
華嚴疏鈔卷七十九 一

比丘釋默菴刻此卷

『화엄소초(華嚴疏鈔)』 | 동산박물관(충남 공주시 반포면) 소장

풍조는 정원의 손제자인 호은유기(好隱有璣, 1707~1785)와 추붕의 제자인 상월새봉(霜月璽篈, 1687~1767)에게 대대로 이어졌다.

이러한 선학들의 강경 성과를 계승하여 상언과 동문인 호암체정(虎巖體淨)의 제자 연담유일(蓮潭有一, 1720~1799)은 상언에게서 『화엄경』을 수학한 이후 30여 년 동안 강경에 전념하였다. 유일은 앞선 두 사람의 『은과』에 다른 강백들의 강설을 채집하고 거기에 자신의 의사를 덧붙여 주석한 사기를 저술하였다. 『화엄소초』의 글 뜻이 너무 방대하고 이론 전개가 장황하여 그 교의와 본분을 종합하여 명료하게 간추린 『화엄현담사기(華嚴玄談私記)』가 그것이다. 유일은 이 사기 이외에도 강원 이력 전 과정의 교재에 대한 사기를 지었고, 이렇게 이루어진 사기는 이후의 강경에 지대한 영향을 주어 후학들에게 널리 읽혔다.[10] 유일 외에 인악의첨(仁嶽義沾, 1746~1796)도 사교와 화엄 등의 사기를 지었고, 다소 다른 경향의 이들 사기는 강맥을 따라 쌍벽을 이루어 전승되면서 서로 독특한 학풍을 이루었다.[11] 그래서 대둔사(大芚寺)에는 의심에서 유일에 이르는 12대 종사(宗師)와 12대 강사(講師)의 전통이 이루어졌고, 인근 만덕사(萬德寺)에도 태능에서 혜장에 이르는 8대 종사의 전통이 이어졌다.

승려 문집의 간행

승려들의 이력 과정 수학과 경전 탐구는 문자에 대한 활용도를 배가시켰다. 또한 승려들과 유학자와의 교유가 잦아지면서 승려들이 문사들과 시문을 화답하는 기회가 많아졌다. 이런 글들을 모아 승려 문집의 간행이 눈에 띄게 늘어났다. 이런 추세는 숙종 대에 들어서 활발해졌고, 영조 대에는 강경의 성행에 따른 교학의 융성을 기반으로 더욱 두드러졌다. 18세기에 활동하며 문집을 남긴 승려만 해도 33인에 이른다.[12] 사원의 형세 확장과 불교문화의 진전에 대한 기록, 강경 활동의 활성화와 저술의 성행, 승려와 사대부 및 승려들과의 교유와 시문과 서신의 교환 등이 확대되면서 이들 작품을 모아 문집을 간행하려는 풍조도 보편화되었던 것이다. 여기에 더하여 청허와 부휴 문파를 중심으로 법통과 계파 의식이 강하게 대두되면서 자신이 속한 계파의 역량을 확인하고 계보를 드러내 보이고자 하는 의도도 문집 간행에 일조하였다.

부휴계 벽암의 문하로 경일과 동문의 선배인 취미수초(翠微守初) 또한 저명 문사들과 많은 교유를 가졌고, 수초의 제자인 백암성총 역시 김수항 · 정두경 · 남용익 등 당대 최고의 문사와 시문을 주고받았으며, 성총의 제자인 무용수연도 명망 있는 문사들인 최석정(崔錫鼎) · 이광좌(李光佐) · 김창흡 등과 교유를 지속하였다.[13] 각성－수초 · 처능 · 경일－수연으로 이어지는 3대의 교유 관계는 조선 후기 승려들이 문사들과 교유하는 데 적극적이었음을 보여 준다. 한편 청허－언기－의심 3대의 비문은 이정구(李廷龜)－이명한(李明漢)－이단상(李端相) 3대 문사가 대를 이어 지었다.[14] 이들은 일부 문파를 중심으로 문사들과 집중적이며 지속적인 교유가 이루어졌음을 말해 준다.

승려들의 문집에 실린 많은 수의 시는 대체로 동료 승려들이나 문사들과의 교유 관계를 통해 지은 것이며, 다음으로 자연의 정경이나 사찰의 풍광을 읊고 그 속에 자신의 불교적 수련이나 심회를 담아낸 것이 주류를 이룬다. 이는 조선 후기에 들어 승려들이 한 사찰에 오래 머물지 않고 전국의 여러 사찰을 두루 순력하는 것이 보편화됨에 따라 발길이 닿는 절에서 만난 승려들과 시를 주고받고 또는 그 지역의 문사들과 시를 통해 교유하던 상황이 문집에 반영된 것이다.

전반에 비해 후반으로 갈수록 서간의 수가 많아지는 것이 눈에 띈다. 이는 승려들이 문사 및 승려와 교류가 잦아졌음을 의미한다. 특히 18세기 후반에서 19세기 초가 되면서 서간이 눈에 띄게 증가하는 것도 같은 추세를 반영하는 것으로 보인다.

문집에 수록된 글은 대체로 여러 양식이 고루 분포된 시와 산문이다. 숙종 대까지 활동했던 부휴계 동계경일(東溪敬一, 1636~1695)의 문집에는 143수의 시와 소설적인 글과 불교 우언, 그리고 16편에 이르는 불사와 사적 기문 등 여러 산문 양식의 글이 실렸다.[15] 경일은 김수항(金壽恒), 이식(李植), 신유한(申維翰) 등 당대 정계의 중심인물과 명류 문사 및 여러 승려들과 시를 주고받으며 세속을 벗어난 무심의 경지를 담박하게 보여 주었다.

18세기 전반기에 활동한 부휴의 4대손 무용수연(無用秀演, 1651~1719)의 문집은 상권에 모두 82수의 시를 수록하였고, 하권에는 친교하던 문사들이나 지방 수령들과 주고받은 서간 13편, 경전 등을 간행한 서문 4편, 여러 사찰의 중건에 즈음한 모연문과 상량문 7편, 건물을 새로 세우고 쓴 기문(記文) 7편, 수륙재 등 행사에 대한 소(疏) 5편, 그리고 선대 조사의 제문 3편을 실었다.

수연은 저명한 문사들을 비롯하여 지방 수령 등 수많은 문사들과 시를 주고받았다. 산문 중에 서간은 모두 문사들과 주고받은 것들이다. 수연은 이들 서간에서 충군효친을 으뜸으로 삼는 유학자에게 연화정토를 권유하기도 하고, 자신도 속가 시절에 유학 책을 읽었지만 유학의 깊고 깊은 경지도 불교의 얕은 경지에 미치지 못한다고 하며 토론을 제의하는 자부심을 보이기도 하였다. 또한 적지 않은 수의 모연문과 상량문, 그리고 신창 또는 중창 불전에 대한 기록은 수연이 살던 시기에 이루어진 사찰의 대규모 중창불사의 면모를 보여 준다. 여러 편의 제문과 소문은 이 시기에 스승에 대한 추모 열기가 높았음을 말해 준다.

18세기 중반에 활동한 함월해원(涵月海源, 1691~1770)의 문집에는 주목할 만한 글이 많다. 문집 상권은 217수의 시이며, 중권은 사찰의 중창기를 중심으로 한 기문 11편과 『원각경』·『금강경』·『기신론』·『선문오종강요』 등 여러 경전 간행 등에 지은 서문 12편, 그리고 서간 1편과 스승 지안의 제문 1편이며, 하권은 사적이나 행장 등의 잡저 4편과 제문 1편, 재소(齋疏) 등의 소문 10편, 상량문과 권문 4편, 서문 1편 및 논설 「이선경위록」이다.

해원이 지은 217수의 시 중에서 가장 많은 분량을 차지하는 것은 수많은 승려들과 주고받은 시이다. 조선 후기에 들어 승려들이 각지를 유람하고 여러 사찰을 순력하는 것이 일반적인 모습이었는데, 해원 역시 그 과정에서 만난 여러 승려들과 시로써 교유한 것이다. 다음에는 사찰과 산천을 읊은 것이 많은데 이런 시에서 해원은 자연의 성정을 묘사하기도 하지만 수도자의 경지를 담아내기도 하였다. 이 밖에 많은 수는 아니지만 유학자들과 나눈 시도 십여 수 있다. 여러 경전 간행에 붙인 서문도 의미가 깊다. 『금강경』이 사람마다의 그대로 드러난 본래면목이라 하고, 『기신론』이 양쪽의 상대되는 집착을 타파하여 중도실상의 이치를 깨닫게 함으로써 성현의 경지에 이르게 하는 중요한 것이라고 하면서 유교의 『춘추』와 대비시켜 소개하기도 하였다. 해원의 문집에 실린 글들은 각지를 유람하던 승려들의 당시 행각과 중창의 왕성한 면모를 반영하면서 불교 논리에 대한 이해가 심화되는 일면을 함께 보여 준다.

18세기 후반에 활동한 연담유일(蓮潭有一)은 당대 최고의 강백으로 후대에 끼친 영향력도 대단히 큰데, 그는 305수의 시와 88편의 산문이라는 많은 양의 글을 남겼다. 유일의 시는 여러 승려와 주고받은 시가 가장 많지만 문사들과 교유하며 지은 시나 사찰을 찾아 심회를 피력한 시도 적지 않아 이전에 비해 크게 달라지지 않은 내용이다. 서간 11편은 승속에 고루 보낸 편지로 이루어져 있다. 유일의 글은 다양한 분야에 걸쳐 있는데, 권문과 상량문이 12편이고, 도로나 다리 조성과 중수에 대한 기록도 5편이나 되어 이 시기에도 여전히 사찰의 중창과 기록 보전이 왕성하게 이루어졌음을 말해 준다. 특히 많은 것은 찬문(贊文)으로서, 문수 · 보현에서 역대 선사들, 그리고 자찬에 이르기까지 16편에 이르는데, 이는 이 시기에 진영을 제작하고 이에 영찬(影贊)을 붙이는 풍조가 성행하였음을 반영한다.

유일의 글 중에서 눈에 띄는 것은 법어(法語) 6편과 시중(示衆) 8편이다. 영

18세기에 활동한 승려의 문집 수록 시문 종류별 구분

僧侶	文集 卷	詩							분량(全書 면수)		文																
		合	5絕	5律	7絕	7律	詩	기타	시	문	合	記	序	書	疏	跋	贊	說	示衆	勸文	上樑文	祭文	行狀	碑文	文	雜著	기타
月渚道安	月渚堂大師集 2	257	26	40	33	145		13	22	18	48	6			21	2				16				3			
楓溪明察	楓溪集 3	137						137	22	14	25	7	3		1			1		3	3	3	1		1		2
石室明眼	百愚隨筆 1	8					6	2	2	5	9	4										4					1
雪巖秋鵬	雪巖雜著 3	806					806		55	36	79	16	1	9	36	1				11				2	2		1
雪巖秋鵬	雪巖亂藁 2	132					132		12	0	0																
無用秀演	無用堂遺稿 2	78	4	13	21	36		4	6	15	44	7	4	11	10					6	1	3					2
喚惺志安	喚惺詩集 1	144	59	15	60	10			7	0	0																
無竟子秀	無竟集 3	219	31	42	68	58		20	14	38	88	11	6	32	1			5		12	1	6					14
無竟子秀	無竟室中語錄 2	226	74	7	99	15		31	15	6	11							3	4						4		
影海若坦	影海大師詩集抄 1	100					100		7	0	0																
虛靜法宗	虛靜集 2	283	77	35	31	67		73	18	20	31	8			8	2				6				5			2
南岳泰宇	南岳集 1	65	1	8	1	55			5	2	5			5													
松桂懶湜	松桂大禪師文集 3	163		60			102	1	11	7	15			9												6	
霜月璽篈	霜月大師詩集 1	44	9	6	13	15		1	6	0	0																
涵月海源	天鏡集 3	217	88	17	35	77			12	19	44	11	12	1	10	1				1	3	2	1				2
月波兌律	月波集 1	164	37	39	37	51			12	2	1																1
龍潭慥冠	龍潭集 1	199	45	24	78	52			12	3	5			2											3		
好隱有璣	好隱集 4	44					44		4	19	64	12	5		11		5			2	10	7	1	1	1		9
雪潭自優	雪潭集 2	47	9	6	13	18		1	4	14	33	1	1	27						2		1					1
野雲時聖	野雲大禪師文集 3	30					30		2	6	11	6		1						3		1					
鰲岩毅旻	鰲岩集 1	272	48	72	76	76			16	4	15			9											5		
龍巖體照	龍巖堂遺稿 1	74	6	5	34	29			5	2	4	3														1	
大圓	大圓集 1	115					115		6	2	10	2		6	2												
黙菴最訥	黙菴集 3	94	6	15	65	8			7	15	34		4	16	6						1	1					6

秋波泓宥	秋波集 3	32	8	7	8	7		2	3	18	67	12	21	29												5	
秋波泓宥	秋波手柬 1	0							0	16	91			91													
蓮潭有一	林下錄 4	305					305		35	30	88	6	8	11	9		16		8	8	4	1			7		10
振虛捌關	振虛集1	87	39	15	11	22			5	4	8	2	1		2						1		1		1		
月城費隱	月城集1	61		11	16	34			4	5	19	3	1	11						4							
括虛取如	括虛集1	123	23	19	46	26		9	8	11	30	14	4	1				5		2	2	1			1		
沖虛指册	沖虛大師遺集 2	1					1		0	30	58	9	5	20					1	6	6	6			2		3
蒙庵箕穎	蒙庵大師文集 2	83			5	32	46		9	19	64	7	8	33						12							4
鏡巖應允	鏡巖集 3	74	19	11	29	15			5	24	70	25	4	23	5											9	4
仁嶽義沾	仁嶽集 3	72	8	14	32	18			5	16	62	11	1	35	4						4	2		1			4
華嶽知濯	三峰集 1	58					58		10	14	38	7	5	13		2		3		1	1						6
澄月正訓	澄月大師詩集 3	172	9	33	67	59		4	16	2	4	4															

산재나 수륙재 칠재 또는 불상점안과 가사불사에 대한 내용으로 구성된 법어는 유일의 문집에만 등장하는 글이다. 염불이나 참선하는 대중에게 내린 시중 8편과 함께 경전 강론에 뛰어났던 유일이 대중들에게 많은 법회도 열었음을 보여 주는 자료이다. 이들은 강경의 성행이 대중 법회의 성행도 가져왔다는 사실을 말해 준다. 또한 영산재와 수륙재, 그리고 여러 불사가 자주 이루어졌고, 이런 의식마다 대중들을 향한 설법이 베풀어졌음을 이들 글은 말해 주고 있다. 휴정 이래 강조된 선과 교와 염불의 삼문(三門) 수행이 보편화된 모습은 유일의 글에서도 확인된다.[16] 이 시기 사원 형세의 실상과 함께 교학과 선 수행의 경향을 잘 보여 주는 것이 유일의 문집에 실린 글들이다.

주

1. 尹張燮,『韓國의 建築』, 서울대출판부, 1996, 421~491쪽
2. 정병삼, 「진경시대 불교문화의 발전」『우리 문화의 황금기 진경시대』, 1998, 166~170쪽
3. 金甲周,『朝鮮時代 寺院經濟 硏究』, 1983, 149쪽
4. 한상길,『조선후기 불교와 寺刹契』, 2006, 314~319쪽
5. 탁효정, 「조선시대 王室願堂 연구」, 한국학중앙연구원 박사학위논문, 2012, 70~75쪽
6. 윤용출,『조선후기 요역제와 고용노동』, 1998, 129~139쪽
7. 김용태,『조선후기 불교사 연구』, 신구문화사, 2010, 335~349쪽
8. 李智冠,『韓國佛敎所依經典硏究』, 寶蓮閣, 1973, 50·84·106·120·134·219·258·325·359·390쪽
9. 이종수, 「숙종 7년 중국선박의 표착과 백암성총의 불서간행」『불교학연구』 21, 2008, 285~286쪽
10. 李英茂,「蓮潭私記를 통해 본 朝鮮時代의 華嚴學」『韓國華嚴思想硏究』, 1982, 299~303쪽
11. 智冠,「蓮潭 및 仁嶽의 私記와 그의 敎學觀」『崇山朴吉眞博士華甲紀念 韓國佛敎思想史』, 1975, 1001~1003쪽
12. 정병삼, 「18세기 승려 문집의 성격」『한국어문학연구』 48, 한국어문학연구소, 2007, 96~101쪽
13. 정병삼,「불교계의 동향」『한국사』35, 1998, 136~137쪽
14. 智冠,『韓國高僧碑文總集-朝鮮朝·近現代』, 伽山佛敎文化硏究院, 2000, 50쪽, 197쪽, 222쪽.
15. 김승호,『敬一의 삶과 문학세계의 이해』, 도서출판 역락, 2006, 43~101쪽
16. 정병삼,「18세기 승려 문집의 성격」, 103~112쪽

진경 문학의 원류

오세현

들어가는 글

조선왕조는 500여 년이라는 긴 시간 동안 단일한 정치체제를 유지한 보기 드문 나라였다. 동아시아 역사 속의 많은 국가들은 지배층 기준으로 볼 때 10대(代)가 경과하는 200여 년에서 250여 년이 지나면 기득권층의 부패와 무능으로 소멸하며 왕조가 바뀌는 것이 일반적이다. 그런데 조선은 앞 시대의 고려와 함께 그 곱에 해당하는 기간을 존속했으니 이는 기본적인 국가의 한계 수명을 한 번 더 연장했던 것으로 보아야 할 것이다. 그러므로 조선왕조는 비록 국가체제는 단일하게 지속되었지만, 전기와 후기의 사회가 상당 부분 다른 특징을 보인다. 그중에서 조선이 중화(中華)라는 자부심을 바탕으로 고유한 문화를 이룩했던 18세기를 우리는 진경시대(眞景時代)라 부른다.

진경시대의 문학은 이미 조선 중기에 송강 정철(鄭澈)의 「관동별곡(關東別曲)」 등 한글 가사문학으로 시작되었다. 이후 김만중(金萬重)의 『구운몽(九雲

夢)』, 『사씨남정기(謝氏南征記)』 등 한글 소설의 등장과, 일반 사대부는 물론 내방(內房)과 기녀(妓女)에 이르기까지 한글 시조를 애호하는 등 한글 가사문학이 크게 확산되었다는 것이 진경 문학의 특징이다. 한문학에서도 김창협(金昌協)·김창흡(金昌翕) 형제가 조선의 국토를 소재로 하고 우리의 어감에 맞도록 어순을 자유롭게 변화시킨 진경 시문학의 기틀을 마련하고 이병연(李秉淵) 등의 후학들을 양성했다.

진경 문학을 주도했던 김만중과 김창협·김창흡 형제는 각각 광산 김씨와 안동 김씨 출신으로 두 가문은 모두 조선 중기에 신흥 문한가(文翰家)로 발돋움했다. 문치(文治) 국가 조선에서 글을 작성하는 문한(文翰)의 일이 무엇보다 중요한 일이었다는 점에서 진경 문학을 주도했던 인물들이 조선 중기 신흥 가문 출신들이라는 점과 또한 이들이 모두 조선 중기 한문학 사대가의 하나인 이정구(李廷龜)의 후손들과 중첩된 혼인 및 사제의 연을 맺고 있었다는 점은 진경 문학과 조선 중기 문학의 연결 고리를 짐작하게 한다.

조선이 고려와는 다른 건국이념과 양란 사이에서도 성리학을 사상적·생활사적으로 통합시키며 조선 후기 진경문화를 꽃피울 수 있었던 배경에는 조선 중기의 문학과 문장가들이 있었다.

문(文)으로 나라를 다스리다

조선은 '문(文)'으로 나라를 다스린 문치(文治) 국가다. 제도와 법령, 군사와 무력에만 의지해 나라를 다스리는 것이 아니라, 글로써 백성들을 가르치고 나라를 이끌어 갔다. 그런데 조선시대의 '문'은 현재의 '문', 즉 18~19세기에 '리터러처

(literature)'를 번역해 형성된 개념인 '문학'과는 사뭇 다른 것이었다. 조선이 입국의 모범으로 삼았던 송나라의 대표적 문학론인 고문(古文) 운동의 성격을 통해 조선시대의 문학이 지니는 시대성을 살펴볼 수 있다.

고문 운동은 전거(典據)에 의존하고 4자와 6자를 기본으로 대구(對句)를 이루어 수사적(修辭的)으로 아름다움을 추구하는 사륙변려문(四六駢儷文)에 대한 반성에서 출발했다. 세련되고 화려한 수식과 심미적인 것을 추구하는 사륙변려문이 아니라 실질적이고 단순하며 도덕적인 고문을 추구했던 것이다. 그런데 일종의 문체 변혁 운동이었던 고문 운동은 단순히 문체의 변혁만이 아니라 변려문이 토대로 하고 있던 기존의 정치와 사회제도 전반에 대한 이의를 제기한 정치·사상 운동으로 문학적 변화를 통해 사회적 가치의 변화를 추구했다는 점에 주목해야 한다.

고문 운동을 주도했던 인물들은 문학에 뛰어났던 문장가들이었는데 그 대표적 인물이 한유(韓愈)다. 기존의 사회제도에 문제를 제기한 한유의 복고(復古) 정신은 이후 구양수(歐陽脩)에 의해 계승되었고, 그 과정에서 그동안 주목받지 못하던 『맹자(孟子)』가 재조명되고 기존의 제도에서 중시되던 형식미를 폄하하는 반면 내용을 중시하게 되었다. 이후 고문 운동은 소식(蘇軾)과 왕안석(王安石)에 의해 계승되었는데, 이들은 모두 구제도의 사회 모순에 대한 변혁을 강조했던 대표적 인물로, 특히 왕안석은 신법(新法)을 통해 북송 사회의 전반적인 개혁을 추진했던 장본인이었다.

이처럼 전통 시대에 글 쓰는 방식을 변화시키는 것은 단순히 문체의 변화만을 의미하는 것이 아니라 사회적 가치를 변화시키는 가장 중요한 방식이었다. 또한 고문 운동이 문장가들에 의해 이루어지고 그들이 사회제도 개혁의 최전선에서 활약했다는 사실은 전통 시대 문학과 문장가들을 현재적 관점에서 바라보아서는 안 된다는 것을 말해 준다.

조선시대 문학이 지녔던 정치 · 사회 · 사상적 영향력은 무엇보다 과거(科擧)라는 제도에 의해 실현되었다. 조선시대 사대부들에게 입신(立身)의 가장 중요한 방편이었던 과거시험에 응시하기 위해서는 무엇보다 전공 필수였던 문장 공부가 핵심이었다. 자격시험이자 예비시험이었던 소과(小科) 중에 성리학 경전의 암기 시험이었던 생원시(生員試)와 달리 진사시(進士試)는 두 차례의 시험을 모두 문장으로 치렀다. 본고사인 대과(大科)에서도 세 번의 시험 중 두 번이 문장 시험이었다.

조선왕조 개국 이후 성리학 경전 공부인 도학을 위주로 하는 일부의 도학파들은 문학에 종사하는 사람들을 '기예지사(技藝之士)'로 폄하하며 문장으로 시험을 보는 과거시험의 무용함을 강조하기도 했다. 조광조(趙光祖) 일파가 실시했던 인재 추천 선발 방식이었던 현량과(賢良科)는 그러한 맥락에서 등장한 것이다. 그러나 문장을 주업으로 했던 다수의 사대부들은 사대와 교린 등 외교의 현실에서 문장의 역할과 중요성을 강조하고 인재를 선발하는 부득이한 방편으로의 과거시험에 여전한 의미를 부여했다. 뿐만 아니라 조선 전기 국가의 기틀을 다지는 과정에서는 성리학의 형이상학적 철학 논쟁보다 문물 제도 정비와 연관된 문한(文翰)이 더욱 중요했기 때문에 자연스럽게 문장에 뛰어난 인물들이 조정의 중책을 담당하게 되었다.

> 사람의 성품이란 원만하지 못하여 혹은 실학(實學 : 도학)에 가깝기도 하고 혹은 사장(詞章 : 문학)에 가깝기도 하므로, 사장에 가까운 자는 사장을 힘쓰고 실학에 가까운 자는 실학에 힘씁니다. 그런데 실학에만 힘쓰고 사장에 힘쓰지 않는 자는 사리(事理)에 밝지 못하여 마침내 무기력한 사람이 되어 훈장직(訓長職)에 그칠 뿐인

반면, 사장에 능한 자는 발휘하는 일이 많기 때문에 사리에 두루 통하여 국가에 등용되는 범위도 더 넓습니다.

유생들의 공부 습관 및 과거시험의 폐단에 대한 중종(中宗)의 물음에 김안로(金安老)가 답한 글이다. 과거시험에 필요한 문학과 경전 공부가 개인의 성향에 따라 다르게 나타나는데, 국가의 입장에서는 경학보다 문장의 효용성이 훨씬 높다는 지적이다. 특히 국가에 등용되는 이유가 사리에 밝기 때문이라는 지적에서 당시 사대부들에게 문학이 차지하고 있던 실재적인 중요성을 확인할 수 있다.

조선 중기의 문장가(文章家)

조선시대 사대부들에게 과거시험은 인생을 걸고 준비하는 대사(大事)였다. 비록 과거에 뜻을 두지 않았다 해도 사대부들에게 문사철(文史哲)은 지식인으로서의 기본 교양이었다. 그중 역사(史)와 철학(哲)은 끊임없는 반복 학습을 통해 일정 수준에 도달할 수 있었지만, 문학(文)은 다른 부분에 비해 타고나는 측면이 강해 문장력을 지닌 사람들과 그렇지 않은 사람들과의 구별이 존재했다. 앞서 김안로가 지적했던 개인의 성품이라는 것 중 상당 부분은 타고난 문장력을 말한 것이고, 많은 사대부들이 천부적인 문장력의 소유 여부를 강조했다. 그러므로 '문장가(文章家)'로 지칭되었던 사람들은 탁월한 문장력을 토대로 문한에 종사하며 문장가라는 자신들만의 정체성을 일정 부분 공유하게 되었다. 조선 중기 문장 4대가 중 한 사람이었던 장유(張維)가 "예로부터 문장가들은 소년 시절에 일찌감치 출중한 실력을 과시한 사람들이 많다."라고 하여 '타고난 문장력'이라는 선천적 측면을 중시했던 것이나, 신흠(申欽)이 친구 이정구(李廷龜)에게 "우리들은 문장으로 재상 자리에 이르렀다."라며 문장으로 입신하여 성공했다는 동류 의식을 표현한 것 등은 문학이 지닌 독자적 특성을 말해 준다.

문장력을 통해 관직에 진출한 문장가들의 활동 영역은 경학을 전공한 사대부들과는 차이를 보인다. 문장가들의 주 무대였던 문한관(文翰官)은 문치국가 조선에서 청직(淸職)으로 중시되었고, 청직은 고위직으로 진출할 수 있는 통로였는데, 이 문한관을 대표하는 것이 문형(文衡)이다. 글의 우열을 저울질한다는 의미인 문형은 과거시험을 주재하는 예문관이나 홍문관의 대제학에 대한 별칭으로, 보통은 홍문관과 예문관의 대제학을 겸임하는 것이 상례화되었기에 양관(兩館)의 대제학을 문형이라 불렀다. "열 정승이 대제학 하나만 못하다."라는 말이 있을 만큼 최고의 명예직을 의미했던 문형은 조정의 각종 문한 관련 일을 총괄하고 국가의 문화 정책을 도맡았다. 나라의 최고 문장가에게 주어지는 이 직책은 국가의 체제 문풍을 주도하여 문형에 의해 관각체(館閣體)가 형성되었고, 문형이 과거시험을 주재했기 때문에 공령문(功令文)에도 문형의 영향력은 매우 컸다.

문장가들은 단순히 천부적인 문장력에만 의존하는 것이 아니라 오랜 시간 각고의 노력을 통해 최고의 문장력을 갖추게 되는데, 그 대표적인 방법이 다독(多讀)이다. 그래서 대부분의 문장가들은 광범위한 독서 편력을 보였고, 시공을 초월하는 선현의 고전은 물론 최신의 학문 경향에도 민감하여 시대의 변화에 예민한 특성을 지녔다. 이러한 문장가의 성향이 큰 장점으로 활용되었던 분야가 바로 외교(外交)였다.

"국가는 문학으로 유지되고, 조선은 다른 나라와 달라서 사대와 교린을 하기 때문에 문학에 관한 일이 많으며, 중국 역시 조선을 문헌의 나라로 예우한다."라는 중종(中宗)의 언급에는 최고 통치자의 입장에서 사대와 교린을 위해 문장가를 필요로 하는 절실함이 배어 있다. 그러므로 명(明)에 가는 사신단을 꾸릴 때는 반드시 최고의 문장가를 사행원으로 선발하여 해결해야 할 외교 사안이나 혹시라도 발생할지 모르는 외교 문제에 대응하도록 했고, 명에서 사신이 오는 경우에도 최고의 문장가들을 선발해 원접사(遠接使)로 삼아 일체의 접대에 만전을 기했다. 조선시대 내내 최고의 행차가 꾸려진 것은 아마도 선조 대 후반 명나라 사신 고천준(顧天俊) 일행을 맞이했던 때일 것이다. 이때 원접사에는 이정구, 종사관에는 박동열(朴東說) · 이안눌(李安訥) · 홍서봉(洪瑞鳳)이 임명되었고, 제술관에는 김현성(金玄成)과 차천로(車天輅)가 이름을 올렸고, 권필(權韠)은 이정구의 추천을 받아 직함 없이 백의(白衣)로 참여했고 한호(韓濩)가 함께했는데, 이후 문단에서는 전무후무의 성대한 문회(文會)였다고 칭송되었다.

사대와 교린이 가장 첨예한 문제로 등장했던 것은 전쟁이라는 비상시국이었고, 조선 중기 임진왜란(1592~1598)과 병자호란(1636~1637)의 양란(兩亂)을 통해 목릉성세(穆陵盛世)의 문장가들은 막대한 존재감을 증명했다. 그 대표적인 예가 바로 이정구(李廷龜, 1564~1635)이다.

임진왜란이 막바지로 접어들던 1598년 여름, 국왕 선조는 조정 대신들에게 비상소집 명령을 내렸다. 조선에 파병 온 명나라 찬획주사(贊劃主事) 정응태(丁應泰)가 조선이 일본과 내응(內應)하여 명을 공격하고 고구려의 구토(舊土)를 회복하고자 한다는 내용으로 조선을 무함한 사건이 일어났기 때문이다. 전쟁이 개시된 이후 조선은 명으로부터 군사적 지원을 받아 일본과의 군사적 대치를 이어 가고 있었는데, 이런 상황에서 조선이 일본과 손을 잡고 명을 배신하려 한다는 무함은 조선의 입지를 매우 난처하게 하는 것이었다. 실제로 명나라 중군(中軍)을 맡은 팽우덕(彭友德)은 접반사 이덕형(李德馨)을 불러 이 사건은 막바지에 이른 전쟁을 마무리하는 데 큰 차질이 있을 것이라며 조선이 적극 나서서 해결해야 할 것이라 지적했다. 이 일과 관련해 조선에서는 이미 최천건(崔天健)과 이원익(李元翼)을 중심으로 한 두 차례의 사행을 통해 명 황제에게 해명했지만 아무 소용이 없는 상황이었다. 이에 선조는 대신들을 불러 놓고 파국으로 치닫고 있던 문제의 해결을 촉구했던 것이다.

조정에서는 여러 차례의 논의를 통해 최고의 사행을 다시 꾸려 반드시 해명해야 한다며 사신단 구성과 해명의 글을 준비했다. 우의정 이항복(李恒福)을 사신단의 총책임자로 선발하고, 문장에 뛰어난 선비들을 대상으로 무고(誣告)를 해결할 글을 짓게 했다. 여러 편의 글 중에서 최종적으로 선발된 것은 27세에 신예 관료였던 이정구의 글이었는데, 조선의 사정을 곡진하게 설명하고 정응태의 무고를 조목조목 논리적으로 변파(辯破)했다는 것이 선발의 평이었다.

> 내 생각으로는 현재 작문을 잘하는 사람으로 이정구(李廷龜)보다 나은 자가 없다. 그의 글을 보니 마음속에 있는 뜻을 남김없이 표현하는데 곡진하고 간절하며 함축성이 있고 우아하고 장중하니, 이는 참으로 글을 잘 짓는 선비이다. 그의 사람됨 또한 계책이 많다.…… 국사(國事)가 중대하니 다른 것은 따질 것이 없다.

사신단의 정사(正使) 이항복에게 선조가 직접 이정구를 추천한 글이다. 뛰어난 중국어 실력으로 이미 국왕의 신임을 얻고 있던 이정구는 결국 사신단의 부사(副使)로 북경에 가게 되었고, 그곳에서 명나라 예부(禮部) 및 각 아문(衙門)에 보내는 수십 편의 글을 작성하여 조선에 대한 명 황제의 의심을 해소하는 데 결정적 역할을 했다. 결국 명 황제는 주문(奏文)의 글을 보고 나서야 조선에 대한 모든 의심을 풀 수 있었다며 주문을 칭찬하고 정응태를 처단하여 사건을 종료시켰다. 한 사람의 글이 국가의 위기를 해결하는 데 얼마나 큰 기여를 할 수 있는지 보여 준 적실한 예이다. 이 일을 계기로 이정구는 조선에서는 물론이거니와 명나라에까지 그 문명(文名)을 널리 알리게 되었고 화국수(華國手 : 나라를 빛낼 만한 솜씨를 지닌 문장가)라는 별칭을 얻었다.

문학, 학문을 품다

문학이 독자적인 영역을 확보하며 국가의 사명에 기여하고 있을 때 도학(道學) 역시 원칙론을 내세우며 독자적 가치를 구축하고자 노력했는데, 핵심은 도학과 문학은 일치해야 한다는 도문일치론(道文一致論)이었다. 글이라는 것은 학자에게 온축된 철학과 사상이 구체화되어 표현된 것으로 손끝에서 나오는 잔재주를 바탕으로 단순히 외형적 아름다움에 최종 목표를 두어서는 안 된다는 주장이다. 송 대에 형성된 도문일치론은 문학의 실재적 효용성과 기득권에 대해 도학의 우위를 주장한 것으로, 정이(鄭頤) 등 도학가의 낙당(洛黨)과 소식(蘇軾) 등 고문가의 촉당(蜀黨)의 대립을 불러오기도 했다.

도학이 중심이 되어 문학을 일치시킨다는 도문일치론은 이상적인 원칙론의 성격이 강해 현실에서 쉽게 이루어지지 못한다는 한계가 있다. 진경 문학의 거두 김창흡이 "학문은 문장(文章), 훈고(訓詁), 유자(儒者)의 학문으로 구성되는데, 문장가의 글은 유창함과 수사적인 기교만을 추구하고, 도학자(儒者)의 글은 진지함과 질박함에만 비중을 두는 폐단이 있다."라고 지적한 것은 그러한 사정을 의미한다.

선조 대를 전후해 서경덕, 이황, 조식, 이이 등의 노력으로 성리학의 형이상학적 연구가 괄목할 만한 성과를 보이고 도학은 일대 진전을 이루었다. 사대부라면 다른 무엇보다 성리학 공부를 우선해야 한다는 목소리가 커졌는데, 그 대표적인 인물이 바로 이황과 이이다. 퇴계와 율곡은, 문장은 작은 기예(技藝)라며 글쓰기에 중점을 둔다면 실질적인 내용 없이 수사와 기교의 형식만 가득한 글이 된다며 문장에 전념하던 당시의 세태를 비판했다. 조선의 진경을 문학으로 표현한 진경 문학의 이론적 토대 역시 학문에 방점을 둔 도문일치론이었다고 할 수 있는데, 도문일치론이 문학계에 실질적 영향을 미치기 시작한 것이 조선 중기이다.

조선의 문학계는 도문일치론에 대해 어떠한 반응을 보였을까? 수용과 거부로 대별(大別)할 수 있을 텐데, 수용은 문학의 새로운 변화를 모색하고자 하는 성격이 강했던 반면, 거부는 기존에 문학이 확보하고 있던 독자적 공업(功業)에 대한 배타적 가치를 유지하고자 하는 것이었다. 물론 수용과 거부에도 정도의 차이가 존재했는데, 이는 문장가들 각자의 성향에 의해 좌우되었다.

화국수(華國手)로 경국대업(經國大業)을 실현한 이정구의 도문일치론에 대한 태도는 후대의 평가를 통해 확인할 수 있다. "이정구의 문장은 순후하면서도 광대하여 얼핏 보아서는 그다지 맛을 느끼지 못하지만, 읽으면 읽을수록 싫증이 나지 않게 한다. 예로부터 문장가들은 과장을 일삼아 진실성이 없다고들 말해 왔지만 이 사람은 전혀 그렇지 않다." 군사(君師)로 자부했던 문예 군주 정조의 이와 같은 언급은 문장가로서의 장기인 수식이나 화려함보다는 편안하고 자연스러운 글 안에 온축된 깊이를 지적한 것이다. 이는 이정구가 도문일치론에 가까웠음을 의미한다.

이정구의 막역한 지우(知友)로 출사는 물론 조정에서 영욕을 함께했던 신흠(申欽)은 "문장이란 조그마한 기예에 불과하니 도(道)에 비하면 가당치도 않다."라고 하면서도 문학이 지닌 독자적 영역에 대해 강한 자부심을 강조했다. 김창협이 신흠의 문장에 대해 "옛것에 견주어 문사를 수식하여 가꾸어 낸 공이 많다."라고 한 것은 문장의 형식미에 치중했던 것을 지적한 것이다.

이정구와 신흠 두 사람이 보인 도문일치론에 대한 차이는 두 사람을 비교한 글에서 더욱 명확하게 드러난다.

> 월사(이정구)와 상촌(신흠)은 동시대에 나란히 이름이 났는데, 지금까지 논자들의 평이 서로 엇갈려 왔다. 당시 문단의 논의는 상촌을 상당히 우위에 두었다. …… 근세에 이르러 우옹(송시열)이 비로소 월사를 우위에 두었는데, 이는 상촌은 옛 수사법에 비해 꾸미는 노력을 많이 기울인 데에 반해 월사는 마음 가는 대로 풀어내어 곡절을 묘사한 홍취가 뛰어났기 때문이다. 문사를 중시하는 이들은 상촌을 우위에 두고, 이치를 위주로 하는 이들은 월사를 높이 산 것이다.

문사를 중시하거나 이치를 위주로 한다는 것은 각자 문학과 도학에 두는 비중이 달랐음을 말하는데, 이는 곧 도문일치론에 대한 두 사람의 차이를 의미한다. 도학자였던 송시열이 신흠을 우위에 두었던 당대의 평가를 뒤집어 이정구의 글을 높이 산 것은 도문일치론에 입각한 문장이라는 기준에 의한 평가였다.

이정구와 신흠의 한 세대 뒤에 나와 활동한 장유(張維)와 이식(李植) 역시 조선 중기 문단을 대표하는 이들이다. 장유는 신흠처럼 문학이 지닌 독자적 가치를 중시했다. "문장은 본래 정해진 값이 있다."라든가 "문장의 좋고 나쁨은 원래 정해진 바탕이 있기 때문에 문장에 능통해야만 다른 문장의 수준을 알아볼 수 있다."라며 문장을 아는 사람과 모르는 사람의 구별을 명확히 했다. 심지어는 문장을 모르는 사람은 그럴듯한 돌을 가리켜 옥(玉)이라고 해도 그것이 옥인지 아닌지를 분간할 수 없지만, 문장을 아는 사람들은 마치 저울로 무게를 달고 잣대로 길이를 재듯 하기 때문에 속일 수 없다고 했다. 문장가와 비문장가의 차별을 강조한 장유는 신흠과 마찬가지로 문장이 지닌 독자적 영역의 고유성을 인정했다.

반면 이식은 조선 중기 문장 4대가 중에서 가장 도문일치론에 근접한 인물이었다. 당시 유생들이 쓰는 문장이 성리학 경전에 근본하지 않고 한유와 구양수처럼 이치에 가까운 글을 오히려 진부(陳腐)한 것으로 여기고, 오직 『장자(莊子)』와 사마천(司馬遷)의 『사기(史記)』 같은 글에만 관심을 기울여 희한하고 기이한 표현만을 숭상한다고 비판했다. 이러한 태도는 기본적으로 성리학의 이단관(異端觀)에 입각한 것으로, 이식은 문장가들이 특히 주의해 배격해야 할 대상으로 불교와 노장을 지목했다.

> 문장을 업으로 삼은 이들은 노장(老莊)의 책들을 읽기 좋아한다. 그 기질이 너무 높은 자는 또한 많이들 석씨(釋氏)의 문하에서 도를 구하는데, 당송(唐宋)의 여러 현인들이 이에 해당한다. 우리나라에 이르러 근래의 장계곡(張谿谷 : 張維)이 이를 면하지 못했다. …… 탁월하게 그 폐해를 입지 않은 이는 오직 택당(澤堂) 이식(李植)이다. 처음부터 경서(經書)와 훈고(訓詁)에 전념했고, 자못 정주(程朱)의 책을 통해 본뜻을 알았기에 이단의 핵심을 변별할 수 있었다.

박세채(朴世采)가 선배 문장가들을 평가한 글 중의 일부이다. 장유를 포함한 문장가들이 광범위한 독서를 하는 과정에서 성리학 이외의 책을 접하고 그로부터 많은 부분 영향을 받았던 반면 이식은 처음부터 오로지 성리학 서적에서 출발하여 달랐다는 것이다. 이는 결국 도문일치론이 성리학의 이단론과 밀접한 연관이 있음을 말해 주는 것으로 조선 후기 성리학의 확산과 도문일치론이 진경 문학의 토대가 되었다는 점에서 이미 조선 중기의 문장 4대가들에게 그 단초를 살펴볼 수 있음을 의미하는 것이다.

김창협은 진경 문학의 거두 김석주의 문집 서문에서 앞 세대 문장가 중 가장 뛰어난 인물로 장유와 이식을 꼽았다. 장유의 글은 자연미에 가까운 반면 이식의 글은 인공미에 가깝다고 하면서, 김석주는 자연미에 있어 장유에 미치지 못하지만 인공미는 이식과 비견될 만하다고 지적했다. 그러면서 김석주의 문학이 장유와 이식의 뒤를 잇고 있다는 점을 강조했는데, 조선 중기의 문학에 대한 다양한 비평이 이루어졌음을 볼 수 있다.

이상에서 조선 중기 '문장가'의 개념과 성격, 구체적 인물을 통해 '문'이 중심이 되었던 조선 사회의 특수성과 후대의 문화를 꽃피울 수 있었던 그 토대를 살펴보았다.

문장가는 다독을 기본으로 문장 고유의 형식미를 구하며 또한 정치 · 사회적 요청에 기민하게 대응할 수 있었던 이상적 '인문상(人文像)'을 보여 준다. 조선 중기의 문학은 조선 후기에 다양한 비평이 가능할 수 있는 비옥한 토양이 되어 진경 문학의 원류가 되고 있다.

진경시대의 대외 교류

정재훈

닛코의 두 가지 상징물

동경에서 그리 멀지 않은 닛코(日光)에는 일본을 통일하고 에도 막부(江戶幕府) 시대를 연 도쿠가와 이에야스(德川家康)의 사당인 도쇼구(東照宮) 신사가 있다. 자신이 죽은 뒤에 이곳에 묻어 달라는 도쿠가와 이에야스의 유언에 따라 시즈오카(靜岡)에서 이곳으로 시신을 옮겨 와 신사(神社)를 만들고 시신을 안치하였던 것이다.

처음에 만들었을 때는 그리 크지 않은 신사였지만 에도 막부의 3대 장군이자 이에야스의 손자인 도쿠가와 이에미쓰(德川家光)는 그의 조부를 기리기 위해 일본 전역에서 1만 5,000명의 장인과 450만 명의 인력을 동원해 1643년에 다시 착공, 1년 5개월 만인 1646년에 전면적으로 개수하였다. 이곳을 방문해 보면 만날 수 있는 화려한 건축물과 장식은 이때에 완성된 것으로서 모모야마 문화의 전통을 보여 주는 에도 막부 최고의 건축 작품으로 유명하다.

요메이몬(陽明門)

많은 전각 역시 대부분 일본의 국보나 중요한 문화재로 지정될 만큼 작품성이 뛰어나다.

이 신사의 핵심 가운데 하나는 요메이몬(陽明門)으로서 "닛코를 보지 않고는 일본의 아름다움을 논하지 말라."라는 말은 실상 이 문에서 유래한 것이었다. 그런데 요메이몬이 있는 돌계단 바로 아래에는 좌우로 두 개의 흥미로운 상징물이 놓여 있다. 좌우에는 종과 북이 놓여 있는 종루(鐘樓)와 고루(鼓樓)가 있는데 고루 앞에는 팔각형의 회전등롱(回轉燈籠)이 놓여 있다. 이국적인 이 회전등롱을 자세히 살펴보면 17세기 초 네덜란드의 동인도회사가 만들어 기증한 것임을 알 수 있다.

에도 막부를 연 도쿠가와 이에야스의 신사 앞에 왜 네덜란드의 물건이 놓여 있을까? 이는 17세기 초부터 시작된 일본과 네덜란드의 교류, 나가사키 항을 매개로 한 교류를 고려하면 회전등롱이 이 자리에 놓이게 된 사연을 짐작할 수 있다. 그런데 그 반대편에 놓인 종루에 있는 종을 자세히 살펴보면 이 종이 조선에서 만들어져 이곳으로 온 것임을 알 수 있다. 조선국 예조참판 이식(李植)이 짓고, 행 사직 오준(吳竣)이 썼다는 명문(銘文)이 그를 증거하고 있다. 더구나 『인조실록』의 기록에 따르면 인조 20년(1642)에 일본에서 와서 사당의 편액과 시문을 청하고 종과 서명(序銘)을 구했다. 이에 조선에서는 다시 에도 막부와 교류를 위해 그 요청을 들어주어 종을 선물로 보낸 것이다.

17세기 중반 막부를 연 개창자의 신사 앞에 놓인 두 개의 상징물은 곧 당시 일본이 교류하였던 주요 상대국을 의미하는 것으로 볼 수 있겠다. 그러면 당시 일본과 교류하였던 두 나라와의 교류 규모는 어떠하였을까? 주지하다시피 데지마(出島)에서 네덜란드와의 교류는 일본에 난학(蘭學)을 꽃피우는 계

도쇼구 입구에 있는 종루의 종

회전등롱

기로 주목되어 왔다.

그러나 나가사키의 데지마에서 이루어진 일본과 네덜란드와의 교류는 매우 제한적인 장소에서 소규모로 이루어졌다. 데지마의 설치 역시 일본이 서양 세력과의 활발한 교류를 목적으로 하기보다는 오히려 이전까지 활발히 이루어지던 교류를 통제하기 위해 인공 섬을 만들어 이곳에 서양인 가운데서 네덜란드만으로 한정하여 가두고서 '통신(通信)'이 아닌 '통상(通商)'만을 목적으로 만든 것이다. 겨우 1년에 한 차례만 에도 막부 방문을 허락하였지만 그 영향은 매우 제한적이었다. 그 영향은 매우 제한적이었다. 조선과는 정식 외교 관계를 맺은 것에 비해 네덜란드는 류큐와 함께 조공국으로 인식한 것도 관련이 있었다.

그에 비해 조선과의 교류와 무역은 네덜란드와의 규모를 능가하였다. 1636년 일본과 국교를 회복함과 동시에 부산 왜관에서의 조일 간 무역도 부활하였다. 17세기에 조선은 인삼과 중국에서 들여온 생사나 견직물 등을 수출하고, 일본은 그 대가를 은과 동으로 지불하였다.

1639년 도쿠가와 막부의 쇄국령과 1660년대 청의 해금령과 천계령(遷界令) 때문에 서양선과 중국선을 통한 대일 무역이 위축되었기 때문에 가능한 일이었다. 이 시기에 조일 무역은 활발하게 전개되어 일본이 쓰시마를 경유하여 조선에 지불한 은의 양은 나가사키를 경유하여 중국과 네덜란드에 지불한 액수를 넘어서기도 하였다. 그리고 17세기 말에는 막부가 나가사키 무역에서 은 수출을 통제하였기 때문에 쓰시마를 경유하여 조선으로 유출된 은의 비율은 더욱더 높아졌다.

이러한 교역의 규모는 나가사키의 데지마와 부산의 초량왜관의 규모를 비교해 보아도 쉽게 알 수 있다. 나가사키의 데지마는 약 4,000평이며, 청인들이 거주했던 도진야시키(唐人屋敷)는 약 1만 평인 데 비해 초량 왜관의 경우 약 10만 평 내외였다. 데지마에 비해서는 25배, 도진야시키에 비해서도 10배에 달하는 엄청난 규모였다. 이러한 규모의 차이는 무역 규모에도 반영되어 조선에 유입된 은은 중국산 생사와 견직물과 교환되어 중국으로 들어가기도 하였다. 이러한 과정에서 조선 상인들이 많은 이익을 얻었다. 영조 10년(1734) 무렵 왜관에는 약 1,700명의 일본인들이 상주할 정도로 대규모였던 것이다.

에도 막부의 시조에 해당하는 이의 신사 앞에 놓여 있던 종과 회전등롱, 두 개의 상징물은 곧 에도 막부의 대외 교류의 두 주요 당사국의 상징물이었던 것이다. 그러나 막연하게 일본의 근대 문물을 상징하였던 데지마의 네덜란드 상관(商館)보다도 25배나 크게 운영되었던 동래의 초량 왜관은 17세기 당대 일본의 교류에서 어느 나라가 주요 당사국이었는지를 보여 주는 것이기도 하다.

초량왜관(草梁倭館) 전경 〈왜관도(倭館圖)〉 | 변박, 1783년, 131.8×58.4cm, 국립중앙박물관 소장

그러면 조선은 일본과만 교역을 하였던 것일까? 물론 일본 외에도 국가적인 교류와 교역의 가장 중요한 당사국은 중국이었다. 중국이나 조선, 일본은 모두 이 시기에 기본적으로 해금(海禁) 내지 쇄국(鎖國)을 기본적인 대외 정책으로 삼고 있었지만 삼국 내에서는 조공 무역을 기반으로 국가 간의 무역이 성행하였다. 삼국 가운데서도 조선은 청과 일본 사이에서 이러한 중개 무역을 통해 막대한 이익을 얻을 수 있었고, 임진왜란과 병자호란의 피폐로부터 일어설 수 있는 기반을 마련할 수 있었다.

그러나 1720년대를 지나면서 조선-일본 간의 무역이 쇠퇴하여 일본의 은 수출이 급격히 감소하게 되었다. 일본 국내에서 은의 산출량이 감소하고 막부의 수출 통제가 강화되었으며, 여기에 더해 조선에서 수입되던 인삼과 생사, 견직물이 일본 국내에서 생산되기 시작하였던 것이다. 또 중국과 일본의 직접적인 교역 때문에 줄어든 일본 은을 확보하고자 조선에서는 인삼 수출에 노력하기도 하였다.

이후 조선은 중국과의 무역에 힘을 기울이게 되었다. 이 시기에는 야생으로 채취해 온 인삼을 재배로 전환하여 중국에 수출하였다. 마침 요동 반도에서 생산되던 중국제 인삼이 끊기게 되자 조선에서 생산된 인삼은 더욱 높은 가격으로 팔릴 수 있게 되었다.

청의 등장과 동아시아의 변화

17세기 후반과 18세기 전반 숙종과 영조의 시기, 나아가 18세기 후반의 정조 시기는 조선시대의 역사에서 가장 폐쇄적인 때로 인식되는 경향이 있다. 대신에 '주자성리학'이라는 단일한 사상에 골몰한 시기로 대표적으로 꼽히는 때가 이때이기도 하다. 그러나 과연 그러했던가?

앞서의 예에서 살펴보았듯이 17세기의 경우 일본이 나가사키를 통해 대외 교역을 하였던 것보다 조선과의 교역 규모가 더 크고 활발하였던 것이 역사적 실상이다. 이것은 일본뿐만이 아니라 청과의 교역에서도 마찬가지였다. 그러나 그럼에도 불구하고 중국과 조선, 일본을 포함한 동아시아 각국 사이에는 고립적인 측면이 있었던 것은 사실이다.

이러한 고립성은 어디에서 유래한 것일까? 17세기에 동아시아에서 가장 큰 변화의 열쇠는 청나라가 쥐고 있었다. 후금에서 청으로 변화하면서 만주족이라는 이민족이 중화를 차지하였던 사실은 중화의 세계를 세계 질서로 받아들였던 사람들에게는 커다란 충격이었다. 청의 등장은 종래 중국의 중화를 중심으로 하는 일원적인 세계 질서를 흔들어서 중화(中華)와 중국(中國)의 분열을 가져왔던 것이다.

이에 대한 반응은 각국에서 다양하였는데, 조선의 경우 현실적으로는 호란으로 항복을 하여 조공 관계를 회복하였음에도 불구하고 청을 인정하지 않고 조선이 오히려 청 대신에 중화를 계승한다는 조선중화주의(朝鮮中華主義)를 키워 나갔다. 전통적으로 국제적인 관계에서 중국의 현실적 영향 아래 있으면서도 자존적 문화를 모색하고 지켜 온 조선의 입장에서는 현실적으로 외교 관계를 포기하지 않으면서도 완전히 중화의 실체로 인정하기 어려운 청에 대해 문화적으로는 조선이 중화임을 주장한 것이다.

명(明) 문화의 진정한 계승자는 조선이라는 주장은 조선이 명 문화로 대표되는 중국 문화에 하위 문화 내지 종속 문화가 된다는 의미가 아니었다. 이미 사라진 명을 계승한다는 명분 아래 실질적으로는 현재 명을 계승한 청(淸)을 부정하며, 문화의 주체를 중국에서 조선으로 옮겨 기준으로 삼는다는 의미가 내포되어 있었다. 명이 멸망한 지 60년이 지난 것을 계기로 숙종 30년(1704) 창덕궁 내에 대보단(大報壇)을 건립한 것은 이를 상징적으로 보여 준 사실이다. 청과 조선에서 거의 동시적으로 중화에 대해 다른 전개가 나타난 것이다.

문제는 조선만이 청나라와의 관계에서 고민을 하였던 것은 아니라는 사실이다. 조선은 국경을 청과 맞대어 있기에 현실적으로 외교 관계를 포기할 수 없는 조건에서 종래와는 달라진 세계 체제를 어떻게 받아들일 것인가를 고민하였다. 일본은 아예 청과의 외교 관계를 끊고 민간의 무역에만 의존하기는 하였다. 조선과 비슷하게 이 시기 동아시아의 각국이 청을 중심으로 한 새로운 중화 체제를 쉽게 받아들이지 못했던 것은 공통적인 현실이었다.

청나라 역시 자신이 중화가 될 수 있음을 처음부터 내세우지는 못하였다. 예를 들어 청나라는 입관(入關) 전에는 조선에 대해 강압 정책을 구사하였다가, 입관 후 반청 활동을 진압하여 정리하기까지는 관용 정책을 기본으로 하면서 견제 정책을 폈으며, 이후에는 관용 정책으로 일관하게 되었던 것이다. 한편 이러한 대(對)조선 정책의 기조는 청나라의 체제 구축 과정과 밀접하게 연관되어 있었다.

즉, 청나라는 중국 내의 지배권을 확보하게 되면서 곧바로 서북(西北) 지역으로의 확장 정책을 추진하였다. 이 지역에는 몽골이 있었는데, 중국에 대한 지배를 확고히 하기 위해서는 소수의 만주족으로서 몽골 세력의 위협을 제거할 필요가 있었다. 그래서 1696년(강희 35)의 준가르 정벌에서부터 1759년(건륭 24) 신강(新疆)을 설치하는 데에 이르기까지 청나라는 이 지역에 국가적 역량을 집중하였던 것이다.[1]

따라서 서북으로의 진출을 위해서는 중국 국내의 안정이 필수적이었고, 동시에 중국 국내의 안정을 위해서는 동북 지방의 안정이 필요하였다. 요동 지방은 더 이상 패자가 없고 중앙의 통제를 받기 때문에 문제가 되지 않았지

〈**평정서역헌부례도**(平定西域獻俘禮圖)〉 | 이 그림은 청의 건륭제가 서역을 정벌한 것을 기념하기 위해 1760년(영조 36)에 행한 포로를 바치는 의식을 그린 것이다. 오른쪽 아랫부분에 이 의례에 참여하는 조선 사신의 모습이 보인다.

만 조선의 안정 역시 뒷받침되지 않으면 안 되었다. 때문에 유연해진 청나라의 외교 정책, 또는 대조선 정책은 청나라의 내외적인 요구에 의해 전개된 측면도 있었다.

이와 함께 청나라는 만주족 출신의 이적이라는 한계를 극복하고 통치의 정당성을 확보하기 위해 다양한 논리를 개발하여 유포시켰다. 청나라는 명나라의 멸망이 이미 이자성(李自成)의 유적(流賊) 집단에 의한 것이었으며, 오히려 청나라는 이 유적을 소탕하여 명나라의 복수를 하였다는 것을 주장함으로써 청나라 정권의 정통성을 주장하였다. 한 걸음 더 나아가 옹정제는 전통적으로 인식되던 지리적 구분에 의한 화이론(華夷論)을 비판하고 문화에 따른 화이를 주장하였다.

건륭제 역시 이러한 주장을 이어받았다. 옹정제와 건륭제에 이르러 이와 같이 주장할 수 있었던 데는 앞서 본 바와 같이 역대 어느 왕조보다도 중국의 영토를 넓힌 자신감이 밑받침이 되었다. 이런 자신감은 동시에 대외 정책으로도 구현되어 청조는 중화의 계승자이며, 따라서 중화인 청나라는 중화의 세계 안에 있는 국가, 특히 조공국에게는 '자소(字小)'의 원칙에 따라 관용 정책을 시행하였던 것이다.

그래서 동아시아의 각국에서는 청의 등장 이후 자가 나라의 문화에 대한 성찰을 지속하면서 새로운 개성적인 자기 문화의 확립을 위해 노력하는 분위기가 나타나게 되었다. 이러한 특징은 청의 등장이 가져온 것으로서 동아시아에서 국제적으로 나타난 보편적인 현상이었다. 일본에서 고학(古學)이 강조된 경향도 비슷하였다. 막부의 관학으로 통용되었던 주자학을 비판하고 원시 공맹유학으로의 복귀를 주장하는 이면에는 실용적 학문에 대한 관심과 함께 자기 사회의 변천에 대한 역사적인 이해를 강조하는 실천적 맥락이 있었다. 고의학파(古義學派)의 이토 진사이(伊藤仁齋, 1627~1705)나 고문사학파(古文辭學派)의 오규 소라이(荻生徂徠, 1666~1728) 등이 유명한데, 특히 오규 소라이의 영향력은 일본에서 막대하였다.

또한 이 시기에 제한적이나마 동아시아 각국 사이에서는 자기의 필요에 따라 교류가 이루어졌다. 민간의 교류는 거의 제한된 상황에서 국가 사이의 공적인 교류는 사신의 형태로 이루어졌다. 이 제한된 부분에서나마 각국은 활발하게 상대를 인식하고 문화 교류에 적극적이었다. 조선과 청 사이의 사신 교류와 그로 인해 발생한 각종 연행록(燕行錄)의 생산, 조선과 일본 사이의 사신 교류와 그로 인해 발생한 문화의 교류 등은 이 시기 문화 교류의 현장이었다. 이를 통해 각국은 서로에 대해 인식을 재고하고 자기의 문화도 되돌아보는 계기를 마련하였다.

연행과 통신사행의 세계 인식

조선이 청나라를 새롭게 인식하게 되는 계기는 청나라에 다녀왔던 사신행차인 연행(燕行)에서 찾을 수 있다. 조선 전기에는 명나라와의 조공-책봉 관계에 입각한 사신행차를 천자국에 조근(朝覲)한다는 의미에서 조천(朝天)이라고 일컬었던 것에 비해 조선 후기에는 연행이라는 용어가 일반화되어 사용되었다. 연행은 사신들이 당시 청나라의 수도였던 북경(北京, 일명 연경)에 다녀오던 일을 가리킨다. 천자국에 조회한다는 의미의 조천에서, 연경으로의 행차라는 의미의 연행이라는 용어를 사용하게 된 데에는 당시 청나라를 내심으로 인정하고 싶지 않았던 조선 후기 사대부들의 심정이 반영된 측면이 있다.

따라서 청나라가 중원을 장악한 17세기에는 청나라에 연행을 가는 것을 그리 달가워하지 않는 분위기가 있었다. 사신들의 목적 가운데 하나가 청나라로부터 정보를 수집하는 것이 주 업무였으므로 당시의 정세나 민심의 동향은 사신들의 주목 대상이었다. 남명(南明) 정부의 동향, 오삼계(吳三桂)의 반란과 그에 따른 동향 등은 이후 어떻게 전개될지 예측할 수 없었던 정세의 변화와 관련되어 관심이 집중되었던 대상이었다.

하지만 점차 현실적으로 명조의 회복이 불가능해지고 현실의 청나라는 도리어 강력하고도 지도력 있는 황제에 의해 통치가 안정되는 것을 보며 대청 관계를 새롭게 모색하지 않을 수 없었다. 18세기에 들어서면서 이전까지 운문(韻文) 위주이거나 간단하게 작성하였던 연행 관련 기록들이 점차 그 양이 크게 늘고, 청나라에 대한 묘사도 정확하고 자세하게 되어 질적인 면에서 크게 나아진 것도 이러한 관심의 반영이었다. 무엇보다도 청나라에는 당시 서구 세력과의 접촉을 통해 수입한 과학기술이나 기독교 문명까지 내재되어 있었고, 또 당시로는 세계에서 가장 안정적인 문화를 만들어 가던 현실은 연행사의 눈에 새롭게 비치게 되었던 것이다.

예를 들어 대표적인 연행록으로 거론되는 김창업(金昌業)의 『노가재연행일기(老稼齋燕行日記)』나 이기지(李器之)의 『일암연기(一菴燕記)』, 홍대용(洪大容)의 『을병연행록(乙丙燕行錄)』 또는 『담헌연기(湛軒燕記)』, 박지원(朴趾源)의 『열하일기(熱河日記)』는 모두 18세기의 산물이다. 물론 18세기의 전기와 후기에서도 늘 연행을 통해 새로운 깨달음과 변화만이 존재했던 것은 아니다. 대표적으로 거론되는 홍대용이나 박지원의 경우 연행을 통해 종래의 구태의연한 화이론을 탈피했다고 하지만 연행에서 여전히 박지원은 청을 오랑캐로 이해하며 사(士)의 입장을 전제하고 문제 해결을 시도하였다.

연행이 조선이 가진 문제를 새로운 방식으로 해결하려는 시도였다는 점은 의문의 여지가 없다. 다만 18세기의 전반기에는 조선 문화에 대한 자신감 속에서 자기에게 필요한 요소를 선택적으로 받아들이려는 방식으로 접근하였다. 그에 비해 18세기 후반으로 갈수록 점차 더욱 적극적으로 청의 실체와 문화를 인정하면서 구체적으로 청 문화를 받아들이려고 노력하였고, 이러한 노력은 북학(北學)으로 나타났다.

예를 들어 18세기 전반 연행을 하였던 김창업이나 이기지의 경우 명백하게 조선 문화의 자신감 속에서 청의 문화를 객관적으로 관찰하였다. 숙종 46년(1720) 7월 숙종의 승하를 청에 보고하고 시호를 승인받기 위하여 중국에 고부사(告訃使)의 정사(正使)로 파견되었던 이이명(李頤命, 1658~1722)의 아들 이기지는 31세(1720)의 비교적 젊은 나이로 연행에 참여하여 섬세한 관찰력과 폭넓은 식견으로 매우 다양하고 풍부한 내용을 담고 있다. 오고 가는 데에 편도 2달여에 달하는 여행의 어려움, 지역의 풍수나 성곽·건물의 구조, 도시와 시장의 번성한 모습, 청나라의 각종 풍속, 서양화(西洋畵)나 글씨 등에 대한 언급과 품평(品評), 북경의 천주당에서 만난 서양 선교사들과의 필담(筆談), 천주당에서 본 서양의 문물 등을 예리하게 묘사하고 있다. 그 가운데서도 특히 서양화에 대한 관심과 천문·역법에 대한 내용, 총 아홉 차례나 방문하여 선교사들과 교유한 내용 등은 동시기 연행록에서는 찾아보기 어려운 것이다. 18세기 후반에나 가서야 적극적으로 연행에서 북학을 받아들이려는 태도가 보였다고 이해하였던 종래의 해석을 시기적으로 훨씬 앞당기는 내용이 아닐 수 없다.

18세기 후반 특히 국왕인 정조(正祖)의 경우에도 연행을 통한 새로운 정보의 유입에 매우 민감하게 반응하였다. 정조 13년(1789)의 동지사행에 이미 정해진 화원(畵員) 외에 당대 최고의 화원인 김홍도(金弘道, 1745~1806 이후)와 이명기(李命基, 1756~1813 이전)를 파견하여 연행의 주요한 곳을 그려 오게 하기도 하였다. 정조 13년의 동지사행에 파견된 김홍도와 이명기는 통상 공식 수행원에 한 명 포함되는 화원 이외에 특별히 동지정사의 자제(子弟) 군관과 추가된 인원으로 중국을 다녀온 것이다.

이 동지사행에서 그려졌던 것으로 보이는 《연행도(燕行圖)》가 현재 숭실대 한국기독교박물관에 소장되어 있다. 이 그림은 18세기에 연행을 통해 조선이 관심을 두고 있던 대상이 무엇인지, 또 연행을 어떻게 바라보았는지를 극명하게 보여 주는 자료이다. 예를 들어 연행도에 표현된 13폭의 소재는 한결같이 조선이 중국을 어떻게 이해하였는지에 대한 정확한 인식을 제시하고 있다. 종래 사행 관련 그림에서도 나타난 바와 같이 비교적 중요한 지역에 대해 이미지를 남기는 방식인 점은 동일하나, 13폭으로 간략하게 요약을 할 때 선택된 지역에는 나름대로 사연과 의미를 지닐 수밖에 없다. 13폭은 대체로 아래의 기준에 따라 선정된 것으로 보인다.

그 하나는 명의 멸망, 청의 등장과 관련된 역사적인 장면을 추억할 수 있는 장소이다. 이에 해당하는 것은 제1폭 〈구혈대(嘔血臺)〉, 제3폭 〈영원패루(寧遠稗樓)〉, 제4폭 〈산해관(山海關) 동라성(東羅城)〉 등이다. 특히 구혈대는 청 태조가 죽음에 이르게 되는 계기가 되는 장소였는데도 불구하고 가장 먼저 그려진 점은 명나라와 청나라에 대해 갖고 있었던 조선인의 복잡한 감정을 느끼게 한다. 영원패루를 그린 것에도 비슷한 의미가 있다. 산해관 역시 명나라 말엽에 이곳을 지키던 오삼계가 청에 협조함으로써 결국 명의 멸망을 가져오게 되었던 곳이다.

다른 기준은 조선의 사신들이 주로 간 곳에 대해서 상세하게 묘사하였다.

《연행도》의 제1폭 〈구혈대〉

《연행도》의 제3폭 〈영원패루〉

《연행도》의 제4폭 〈산해관 동라성〉

숭실대학교 한국기독교박물관 소장

만리장성(萬里長城), 망해정(望海亭), 조양문(朝陽門), 태화전(太和殿), 벽옹(辟雍), 오룡정(五龍亭), 정양문(正陽門), 유리창(琉璃廠) 등은 모두 18세기 후반에 조선 사신들이 즐겨 찾았던 곳으로 모두 행로에 포함되는 곳이었다. 그렇다고 사행에서 방문하였던 모든 곳을 그린 것은 아니었다.

즉, 새로운 정보의 수집과 관련되는 곳을 상세하게 그렸다. 곧 앞서 방문한 장소 가운데서도 조양문이나 산해관 동라성, 정양문 등은 모두 성곽의 제도와 관련하여 매우 주목되는 곳이다. 이 부분은 매우 자세하게 그려졌다. 정조 13년은 사도세자의 묘인 영우원(永祐園)을 화성으로 옮기는 것이 결정된 해인데, 금성위 박명원의 상소로 천장이 결정된 것이 바로 동지사행에 김홍도가 포함되기 한 달 전의 일이었다.[2] 따라서 새로 읍성을 옮겨야 하는 상황이 곧 닥치는 때여서 중국의 성제에 대한 관심은 충분히 있을 수 있는 일이었다. 실제 수원의 화성은 김홍도가 그려 온 산해관의 동라성이나 조양문과 매우 유사한 형태를 띠었으며, 벽돌을 활용하여 지은 것도 중국 성의 특징을 받아들인 것이었다. 더불어 18세기 전반에는 연행록에서 별로 언급되지 않던 유리창에 대해서도 상세하게 묘사하여 조선 사신들이 서책을 구입하기 위해 즐겨 찾았던 곳을 묘사하였다. 유리창을 가기 전에 지났던 정양문도 마찬가지이다.

이와 같이 김홍도의 중국행은 기존에 밝혀진 바와 같이 북경의 천주당에 가서 서양화법을 연구하여 화성의 용주사 후불탱화를 그린 데에만 영향을 미친 것이 아니었다. 화성 건설에 중국의 대표적 도시인 북경을 직접 참고하기 위한 정조의 의도가 반영되어 파견된 것이었다. 이는 당시 김홍도가 국왕 정조의 특별 화원으로서 규장각에 속해 있으면서(奎章閣 差備待令畫員) 정조가 요구하던 그림을 그린 사실을 염두에 두면 충분히 예측 가능한 일이었다. 이

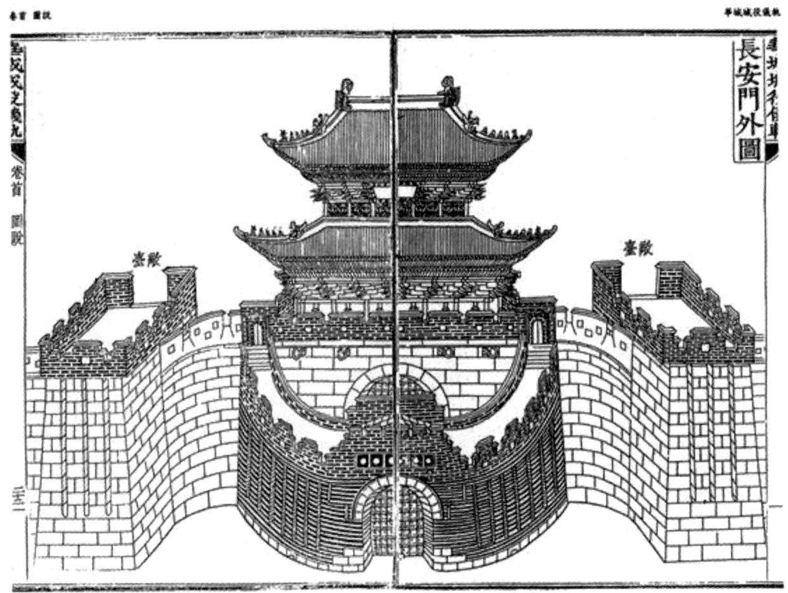

화성 장안문(『화성성역의궤』)

미 동지사행에 참여하기 바로 전해인 정조 12년 가을에 정조의 특명을 받고 금강산을 비롯한 관동을 유람하여 《금강사군첩》을 남긴 것은 바로 동지사행의 사전 작업이었다고 볼 수도 있는 것이다.

18세기에는 중국에 대한 정보만이 전부는 아니었다. 일본에 대해서도 기존의 인식을 넘어서서 하나의 객관적인 실체로 인정하여 자세한 정보 수집의 대상으로 인식하는 변화가 나타났다. 박지원 · 이덕무 · 박제가 · 성대중 · 유득공 등과 함께 연암일파(燕巖一派)의 한 사람이었던 원중거(元重擧, 1719~1790)는 영조 23년(1747)의 제11차 통신사행에 참여하여서 일본에 대해 종합적으로 서술한 『화국지(和國志)』를 저술하였다. 전통적으로 왜(倭)로 인식하였던 일본에 대해 화국(和國)으로 부르면서 일본과 일본 문화 전반을 모두 아우르면서 총체적으로 기술하였던 점에서 종래 일기 형식의 사행록과는 전혀 다른 면모를 보여 주었다.

물론 주자학적 시각에 비교적 투철하였던 원중거는 일본에 대한 경계심을 확인하고 우리의 반성을 촉구하려는 의도에서 이 책을 저술하였다. 따라서 이 기록이 나중을 대비하기 위한 것이라는 점을 저술의 여러 곳에서 밝히고 있다. 일본에 적절하게 대응하기 위해서는 먼저 일본에 대해 알아야 하며, 장단점을 파악하여 훗날을 대비하기 위해 저술하였던 점은 있다.

그러나 종래 일본에 관해 소개되었던 저술 내지 자료들인 『해동제국기』나 『동국통감』, 『간양록』 등의 조선 책과 『원세조정토사기』, 『무인병술』, 『격조선론』 등의 일본 책뿐만이 아니라 직접 경험을 토대로 상세한 객관적 정보를 제공하였다. 예를 들어 배를 중시하여 관찰한 「주즙」 조에서, "남쪽 변경의 일을 논하는 데에는 배를 우선으로 삼지 않을 수 없을 수 없다."라고 하며 배를 만드는 기술의 정교함이나 우리 배와의 장단점을 비교하고, 일본 배의 장점을 적극적으로 수용할 것을 제안하였다. 이 밖에도 도로와 교량이나 시가와 가옥 등을 다스리는 방안에서 조직적이며 질서정연한 배치와 유지하는 방식을 선입견 없이 관찰하여 기록하였다.

이런 사실로 미루어 보면 조선이 폐쇄적인 국가였다는 기존의 생각은 마땅히 수정되어야 한다. 교류의 관점에서 보았을 때에 조선은 닫혀 있었던 것이 아니었고, 끊임없이 외부의 정보에 눈과 귀를 열어 두고 주목하였던 것이 확인되고 있다. 기존에 '폐쇄적인 조선'이라는 공식으로 이해하였던 데에는 당시 국제 환경, 즉 명나라 때에는 해금(海禁) 정책을 기본으로 삼아 당시로서는 세계 체제였던 동아시아 체제 자체가 상업과 교류보다는 각국의 농업 중심 세계, 자족적인 세계로 운영되었던 점을 확대 해석한 견해이다. 청나라 역시 명나라보다는 개방적이었는데, 이는 건륭 · 가경 연간에 최대로 강해진 중국이라는 강력한 기반에 바탕을 둔 것이었다.

조선의 경우에도 큰 틀에서는 중국의 대외 정책과 궤를 같이하였다. 그래서 조선 역시 내부 지향적인 국가 체제를 지향하였으며, 그러한 큰 틀 아래에서 외부의 문화를 적절하게 소화하여 자신의 밑거름으로 삼았다. 따라서 조선의 문화가 자기의 정체성과 자기 위상을 충분하게 정립하였을 때에는 자신 있게 외부 문화를 수용하여 조선 문화의 밑거름으로 삼았다. 그러나 자기 문화의 정체성이 모호해지거나 새로운 시대사상을 만들어 가려고 할 때에는 외부에서 유래한 사상에 대한 의존성이 좀 더 강화될 수밖에 없어 외래 문화에 경도된 것 같은 현상을 보이기도 하였던 것이 역사의 실상이다.

주

1. 건륭제는 1760년 정월에 평정서역헌부례(平定西域獻俘禮)를 행한다. 이는 서북부에 대한 지배가 완성된 것을 축하하는 의미가 있는 행사로서 자금성의 오문(午門) 앞에서 대대적으로 거행되었다. 각국에서 많은 사신을 파견하였는데, 조선에서도 종실인 해춘군(海春君) 이영(李栐)을 1659년에 동지정사로 삼아서 파견하였다. 『영조실록』 권94, 영조 35년 9월 5일(임자) 참조. 이 헌부례는 그림으로도 그려졌는데, 건륭제의 총애를 받던 화원인 서양(徐揚)에 의해 그려졌으며, 2007년에 산서성(山西省) 태원(太原)에서 공개되었다. 이 그림에 당시 참여하였던 조선 사신의 모습도 자세하게 묘사되어, 청에 파견된 조선 연행사의 구체적인 면모를 확인하는 자료가 된다(五大山人藏-徐陽畵平定西域獻俘禮圖』, 文物出版社, 2009, 北京).
2. 『정조실록』 권27 정조 13년 7월 을미(11일) 조.

조선시대 사대부의 대외 인식

조명화

조선조 사대부의 대외 인식이 중요한 이유

조선왕조 사대부들의 대외 인식은 엄밀히 말하자면 대중국 인식으로 한정될 수밖에 없었다고 본다. 지정학적 위치 때문이라고 단정적으로 말할 수도 있겠지만, 조선의 건국 세력이 정통성의 기반을 국내에 두지 못하고 명(明)에게 칭신납공(稱臣納貢)을 하고 책봉(冊封)을 받는 것에다 두었기 때문에 조선의 대외 관계가 명으로 제한되었다는 점, 따라서 이후의 집권층도 능동적이고 주체적인 대외 관계에 대해서는 그다지 관심을 두지 않았기 때문이라고 설명할 수 있을 것이다.

칭신납공을 하고 책봉을 받는 형식은 중국을 중심으로 한 동아시아의 전통적인 국제 질서였다. 그런데 국가 간의 관계를 종주국(宗主國)과 번속국(藩屬國)의 관계로 설정하는 중화주의적 국제 질서나 그것의 이념적 토대가 되는 종법(宗法) 사상과 같은 관념은 기본적으로 대등한 당사자를 인정하지 않는 자기중심적 관념이다. 그래서 종주국은 번속국의 자치는 인정했을지언정 자주를 인정하지는 않았다. 한편 그 질서는 종주국의 힘이 강할 때만 유지될 수 있었을 뿐 그렇지 못할 경우 번속국들에게 하등 영향력을 발휘할 수 없었을 뿐 아니라 오히려 지위가 역전되기 일쑤였다. 따라서 번속국의 입장에서 종번(宗藩) 관계의 설정은 자치를 확보하기 위한 능동적인 정책이었고, 사대주의는 이성계가 "작은 것은 큰 것을 거스를 수 없고 이(夷)로서는 화(華)를 범할 수 없다(小不可逆大 夷不可犯華)."라고 토로했듯이 힘의 법칙이 지배하는 세계에서 살아남기 위한 수단이었기 때문에 그런 차원에서 사대주의가 동아시아의 국제 질서였다는 설명은 가능하다고 본다.

조선왕조 사대부들의 대외 인식이 중국으로 국한되었다면, 그들 개개인의 대중국관을 살피는 일은 더욱 중요하다고 본다. 대명 의리론이나 북벌 대의론처럼 명분론으로서의 대중국관은 드러낸 공론이었기 때문에 개인에 따라 달라질 바는 없지만, 중국의 문물이나 중국인에 대한 사대부 각자의 이미지나 감정은 비록 명분론적 관념과 기본적으로는 동궤라고 할지라도 당시 사대부들이 중국과의 관계에서 무엇을 고민하였는지, 그리고 바깥 세계에 대한 인식은 어떠했는지를 알 수 있는 좋은 자료가 된다.

명분론적 대외 인식의 효용과 그 한계

조선의 건국 세력은 명나라의 체제 교학인 성리학을 자신들도 받아들였는데, 그 배경은 다음과 같다고 생각한다. 대원(對元) 관계의 경험에서 보았듯이, 중원에 한족 왕조가 아닌 이민족 왕조가 들어서게 되면 한반도의 안정은 위태롭게 된다. 그러니 한족 왕조인 명나라가 중원을 차지하여 국제 질서를 확립하려는 이즈음에 우리가 차라리 명나라와 동일한 체제 교학을 유지하여 그 질서에 편입된다면 적어도 한반도의 안정은 도모할 수 있을 것이다. 그런데 불교를 주도 이념으로 삼아 왔던 고려왕조에서 주도 이념을 성리학으로 바꾸기란 불가능하다. 따라서 새로운 이념의 확립은 새 왕조를 세우지 않고서는 불가능하다고 판단했을 것이다. 즉, 공민왕 무렵 원나라의 예속에서 벗어나 성리학이라는 새로운 이념을 도입하여 개혁을 시도했지만 한계에 부닥쳤던 경험을 한 바 있기 때문에, 명나라와의 체제 공조에다 자신들의 집권 야욕을 얹어서 탄생시킨 것이 조선왕조가 아닌가 한다.

이후 사림(士林)이라는 이름으로 성장하게 되는 차세대 사대부들은 왕조 체제를 운영함에 있어 수입한 성리학을 적절히 적용하는 것에 만족하지 않고 체화(體化)하기에 몰두한다. 성리학적 이상사회를 실제에서 구현하고자 했던 것이다. 그 결과 퇴계와 율곡 단계에서 성리학 이론은 조선적인 것으로 완성이 되고, 이후 조선의 성리학은 체제 교학 차원을 넘어 모든 백성을 대상으로 지속적인 내면화 작업이 진행된다. 그러니까 계급에 관계없이 모든 백성이 성리학적 세계관으로 무장하는 이상사회가 구현될 때까지 지속적으로 교화해야 한다는 사명감에 몰두했던 것이다. 만약 조선이 명나라와의 체제 공조 차원에서만 성리학을 유지하고자 했다면 명을 중심으로 한 국제 질서가 붕괴된 다음 조선 지배층의 성리학에 대한 태도는 유연했을 것이다. 하지만 조선에서 성리학은 단순히 체제 교학 차원에 머물지 않고 신분 계급에 관계없이 전체 인민의 삶을 포괄하는 거의 종교화한 세계관으로 이미 고착되었기 때문에 국제 질서의 변화에도 아랑곳하지 않고 성리학적 세계관은 더욱 강조되었으며, 심지어 조선왕조가 망한 이후에도 성리학적 세계관은

지금까지 유지되고 있는 것이다.[1]

그런데 대명 의리론이나 북벌 대의론과 같은 명분론은 형식상으로는 대외적 자세의 표방이었지만 실제적으로는 대내 정책으로 더 유효했다고 본다. 실제 북벌을 하자거나 실제 명의 숭정 황제를 존숭하고 싶어서가 아니라, 낮추어 보고 있었던 여진족 왕조 청에게 항복한 상황에서 백성들의 자존의식을 유지할 수 있는 방안이라곤 그것밖에 없다고 생각했기 때문에 명분론을 강화했다고 본다. 원(元)이 압박해 오는 화이관에 대해서는 예의가 분명하면 이적(夷狄)도 중국(中國)이 되는 것이고 예의가 분명치 못하면 중국도 이적이 될 뿐이라는 관념론으로써 대처했고, 이제 청(淸)에게 굴복당한 상황에서 국가 통합을 유지할 수 있는 힘은 성리학적 명분에 입각한 의리론뿐이라고 생각했던 것이다. 정조(正祖) 같은 군주가 『어제존주휘편(御製尊周彙編)』을 편찬하여 중국에 대한 조선의 관념을 단순히 재조지은(再造之恩)이나 대명(對明) 의리에서 벗어나 중화 문화가 우리에게 있음을 드러내고자 했던 것도 결국 대외적 태도를 통한 내부 체제의 결속 강화에 그 의도가 있었다고 본다.

한편 청에게 굴복한 다음 조선의 사대부들이 조선중화의식을 내세웠던 것은 나중에 일정한 모순을 낳게 되었다고 본다. 출발은 비록 자존 의식의 발양에 있었지만 실제와는 유리된 관념론에 오랜 기간 집단적으로 몰입한 결과, 과오나 왜곡이 드러날 수밖에 없었던 것이다. 비록 과오나 왜곡에 대한 반성이 —예컨대 북학론(北學論)이— 일었고, 그러한 움직임이 순조 대 이후 대세를 이루기는 했지만[2] 현실적인 힘과 판단력이 뒷받침하지 못했던 탓에 한계를 드러낼 수밖에 없었다. 따라서 지배계급이었던 대명 의리론자들은 모두 이윽고 청나라를 명을 대신한 종주국으로 쉽게 인정해 버리게 된다. 그렇기 때문에 당연히, 이후 청나라가 서양 세력에 의해 힘없이 무너지는 단계에 이르러도 청을 중심으로 한 국제 질서 외에는 다른 생각을 갖지 못한 채 그저 내부 결속에만 치중하였고, 그 결과 당연히, 일본의 침탈을 마주해서도 아무런 방어 능력을 갖추지 못한 채 국망을 맞이(?)하게 된다.

조선 후기 지배 계층이 그처럼 퇴영성을 보였던 가장 큰 원인은 중국을 벗어나지 못한 대외 인식에 있다고 본다. 조선이 중화라는 자존 의식을 발양하여 내적 결속을 이루는 데는 성공했지만 국가를 유지하는 힘의 원천이라든가 나라 사이의 힘에 대한 이해는 부족했던 것이다. 달리 말하자면 왜곡된 대외 인식 때문이었다. 그렇기 때문에 중국이 아닌 새로운 힘인 일본이 — 전혀 새롭게 등장한 힘이 아니라 임진왜란 이후 통신사를 간간히 보낼 수밖에 없었으니 그 정도의 대외 인식은 가졌어야 함에도 불구하고 조선은 의식적으로 일본을 무시하였다 — 종번 관계가 아닌 방식으로 압박해 올 때 국방력과 같은 실제적이고 객관적인 힘을 갖추려고 노력하기보다는 비분강개나 현실 외면과 같은 태도로 나오거나, 주어진 현실을 이념적으로 어떻게 정리 수용할 것인지에 대해서만 고민하는 경향으로 나타날 수밖에 없었다. 종당에 시나브로 청을 종주국으로 받아들이는 퇴영성을 보였던 것처럼 식민주의라는 힘에도 역시 제대로 저항 한 번 하지 못한 채 받아들일 수밖에 없었다. 조선 후기의 사대부들이 비록 권력 유지만을 위해 의도적으로 명분론을 내세우지는 않았지만 위와 같은 결과에 대한 책임까지 면하기는 어렵다고 본다. 그리고 그처럼 쉽게 받아들인 식민주의는 일본을 패망시킨 미국이 다시 이 땅을 점령하자 역시 별다른 고민이나 마찰 없이 이 땅에 다시 정착될 수 있었고, 과거에 그랬듯이, 미국의 종주권을 쉽게 받아들이는 사람들이 역시 현실 권력도 쉽게 장악할 수 있었다.[3]

그러면 조선조 사대부들의 위와 같은 왜곡된 대외 인식은 어떤 과정을 거쳐 형성되었으며, 그리고 사대부들 각 개인 대외 인식의 미시적인 차이는 어떠했는지에 대해서 살펴보자.

화이관 및 소중화 관념의 전개와 그 왜곡

명이 망한 다음 조선의 사대부들 사이에서 조선중화의식이 광범위하게 자리 잡을 수 있었던 것은 지배 계층이 갑작스럽게 선전하여 만들어 낸 결과는 아니었다고 본다. 화이관은 변용될 수 있다는 인식은 이미 원나라 지배 시기부터 확대되어 있었고, 따라서 "우리는 소중화다."라는 인식도 이미 많이 퍼져 있었던 상황이므로, 청에 의해 명이 멸망하는 순간 우리가 취해야 할 태도는 이미 정해진 것이나 다름없었다고 할 것이다.[4]

중국은 송 대부터 고려를 소중화라고 부르기 시작했던 듯한데, 애당초 그 말은 외교적 수사일 뿐이었다. 따라서 소중화라는 말은 중국의 필요에 의해 중국이 우리를 치켜세워야 할 때나 사용하던 말이었지 우리 쪽에서 자처하는 말은 아니었다. 그러다가 원(元)에 의해 종번 관계를 강요받자 고려의 화이관은 심각한 모순에 빠질 수밖에 없었고, 고심 끝에 고려는 화이관을 지계(地界)나 민족 중심이 아닌 문물 중심이라고 해석하게 되었다. 그러지 않는 한 자신의 현실적 처지와 여태까지의 명분 사이의 모순을 설명할 수 없었기 때문이다.

이렇듯 화이관이 변용되던 시점에서 소중화라는 말도 중국이 아닌 우리 쪽에서 사용하기 시작한 듯하다. 인재와 도덕과 문물이 있는 곳이 중화라고 규정한다면 우리도 중화라는 생각은 자연스럽게 도출된다. 다만 화이관을 그처럼 바꾸어야 하는 직접적인 이유가 중원을 차지한 이민족 왕조 때문이므로, 중원을 차지하지는 못한 처지에서 중화라고 자처하기에는 어딘지 부족하다고 느꼈기 때문에 "우리는 소중화다."라는 구차한 말을 필요적으로 사용하지 않았을까 짐작한다.

그러니까 명이 망한 다음에야 비로소 조선의 사대부들이 문화자존의식을 내세웠던 것이 아니라 이미 고려 말기부터 소중화라는 명분으로 자존 의식을 지니고 있었고, 그러한 자존 의식 아래 조선왕조가 탄생했다고 보는 것이다.[5] 중국의 정치 상황과 무관하게 나름의 문화자존의식을 가져야 한다는 의식을 이미 고려 때부터 지니고 있었기 때문에 중원을 차지한 청이 종번 관계를 요구해 와도 문화자존의식만큼은 거둘 수 없었던 것이며, 결과적으로 조선에게 문화자존의식은 정치적 내부 결속의 중요한 구심 기능을 하게 되었고, 그 과정에서 "우리는 소중화다."라는 캐치프레이즈가 내부 결속의 유용한 수단으로 광범위하게 사용되었다고 보는 것이다.[6] 그리고 그 위에, 이 땅이 원래 기자(箕子)의 봉토였다는 사실에 대한 강조는 상승 효과를 거둘 수 있는 매우 유효한 소재였다.

그러나 아무리 자존 의식의 소산이라 할지라도 스스로를 '소~'로 자처하는 것은 일종의 아류 의식이라는 비판에서 자유로울 수 없다고 본다. 주체적인 자존 의식은 개방적이고 유연할 뿐 아니라 힘을 지니지만, 아류 의식으로서의 자존 의식은 폐쇄적이고 고착되어 힘을 발휘하지 못한다. 내부를 향해서만 강력한 힘을 발휘할 뿐 대외적으로는 아무런 힘을 미치지 못한다. 그러므로 조선왕조 사대부들의 문화자존의식 가운데 아류 의식에서 출발한 것은 일정 부분 왜곡이 나타날 수밖에 없다. 대명 의리론이나 북벌 대의론과 같은 명분론은 드러낸 공론이었기 때문에 개인에 따른 편차가 있을 수 없지만, 중국의 문물이나 중국인에 대한 사대부 각자의 이미지나 감정에서 우리는 일정 부분 왜곡을 발견할 수 있다. 그리고 그 왜곡을 이해하는 일은 오늘날에도 매우 중요하다고 본다. 중화(中華)라는 것이 지계(地界)의 문제가 아니라 문화(文化)의 문제일 뿐이라고 강조하면서 스스로 소중화로 자처했던 다음 몇 사람의 견해만 살펴보더라도 왜곡의 정황을 어느 정도 짐작할 수 있다.

학봉(鶴峰) 김성일(金誠一, 1538~1593)은 "기자(箕子)가 팔조지교를 세워서 인민을 교화하니 인민은 그 덕에 감화되어 마침내 예의지방이 되었다."라고 언급한 바 있고, 우암(尤庵) 송시열(宋時烈, 1607~1689)은 "우리나라는 본래 기자의 나라로서, 기자가 실행하였던 팔조금법은 모두 중국의 홍범에서 나왔으므로 법을 시행했다는 점에서는 주나라와 같은 시기였다. …… 땅이 예전에는 이였다가 지금은 하로 되는 것은 그저 변화일 따름이다."라고 말한 바 있다. 지계에 따른 하이의 변화 때문에 화이관 자체가 흔들려서는 안 된다고 강조하는 한편, 우리 문화의 출발점은 기자의 수봉(受封)에 있으니 우리도 중국과 다름없는 문화적 자긍심을 가져야 한다고 고취하는 것이다. 문화적 자긍심의 근거를 자신의 실제에 두는 것이 아니라 중국에 의한 기자(箕子)의 수봉 사실, 즉 역사적 사실로 받아들이기에는 의심스러운 고대의 전설에다 둔다는 것은 일종의 왜곡이라 아니할 수 없다.

청천(青泉) 신유한(申維翰, 1681~1752)은 거기서 더 나아간다. "중국의 서적이 만 가지가 넘어도 우리는 육경과 사서를 반드시 취하고, 우리는 주공도 스승으로 삼고 공자와 맹자도 본받으며 정자와 주자도 따른다. 그러니 우리도 중국인인 것이다. …… 이런 정도면 중국인이라고 부를 정도가 아니라 거의 공자의 제자들이라고 할 만하다."라고까지 말한다. 우리가 중국과 대등한 문화국가라는 주장 정도가 아니라 우리는 중국보다 수준이 더 높다고 강조한다.

청천은 아마도 '중국'이나 '중국인'이라는 용어와 그 개념을 중시했던 듯한데, 그가 만약 조선이 아닌 다른 나라에 대해서도 문화만을 기준으로 해서 '중국'인지의 여부를 규정하자고 주장했다면 코즈모폴리터니즘에 견줄 수 있을지도 모른다. 그러나 그는 단지 '그렇다면 우리도 중국이다'라거나 '조선도 중국으로 자부해도 된다'는 생각일 뿐이었다. '나도 ~이다'라는 아류 의식에 불과하다고 평가할 수 있는 것이다.

남당(南塘) 한원진(韓元震, 1682~1751)은 이렇게 말하였다. "팔조금법의 가르침을 펴신 이후로 인민의 풍속이 크게 변하였으니 이미 그때부터 소중화라고 불리었다. …… 반드시 요순문무의 도를 본받기 때문에 예악과 형정 의관과 문물 등은 모두 중국의 제도를 본받고 있을 뿐 아니라, 부녀자는 재가하지 않고 상례는 반드시 3년을 거상하고 있다. 이처럼 풍속이 아름답고 예의가 행해지기로는 실로 삼대 이후 중국에서도 따라오지 못할 정도이다. …… 그러니 비록 여기서부터 나아가 중국으로 진출하여 왕도를 행하여 천하를 차지한다 하더라도 불가할 것이 없다. …… 중국 문명의 운세는 줄곧 서북에서는 오그라들고 동남에서는 펴 나갔으니, 그래서 민월이나 조선과 같은 동남쪽 지역은 모두 풍속이 바뀌어 예의 문물의 나라가 되었고, 서북쪽 지역은 이적을 바꾸어 하를 따르도록 만들 수 없었을 뿐 아니라 중국의 지계마저 점차 이적으로 빠져들어 갔다." 우리는 예악, 의관, 문물 등을 모두 중국의 제도를 사용하고 있고 더욱이 풍속은 중국이 따라오지 못할 정도로 훌륭하므로 우리가 중국으로 진출하여 왕도를 행해도 된다는 것이다. 우리가 중국을 통치할 역량이 있다는 남당의 말은 우암이 주장했던 북벌론과 같은 맥락이라고 할 수 있을지 모르나 자신감은 더 부족하다. 더구나 동남쪽이니 서북쪽이니 하면서 중국 문명의 운세를 따지는 대목은 그의 말이 더욱 허랑하게 들리는 이유가 된다. 중원으로 진출했던 여러 민족들이 과연 문화만을 내세운 나머지 중원을 차지할 수 있었는지, 왕도를 행하였기 때문인지 등에 대한 고려는 있었는지 의문이다.

무명자(無名子) 윤기(尹愭, 1741~1826)는 폐쇄적 사고의 극단을 보여 준다. "동방 사람들은 언제나 동방의 강역이 작음을 한스럽게 생각해 왔는데, 그러나 나는 이제 천하에서 우리 동방의 강역이 가장 크다고 여긴다. …… 동토 수천 리 강역만이 홀로 숭정의 일월을 보존하고 있으니 그 산천의 수려함과 풍속의 아름다움이 완연히 대명천지의 기상을 지니고 있다. 이것을 어찌 우주 지간에서 완전한 대강역이 아니라고 할 것인가. …… 이는 모두 지계가 크고 작은 것을 가지고 한 말이 아니다. 그러므로 예전부터 우리나라 동방을 소중화라고 불렀던 것은 우리나라가 대중화(大中華)를 지니고 있었기 때문이다. 그러니 이제 대라는 것을 옛날의 강역을 가지고 따졌던 기준으로 돌아가서는 안 된다. 우리 동방 삼백육십의 강역은 대체로 중화의 의관 풍속 아닌 곳이 없으니 넉넉히 크다고 말해도 된다. 어찌 작다고 할 것인가."라고까지 말한다. 우리는 소중화라고 자처하는 정도가 아니라 대중화라고 자부하지 못할 이유가 없다는 것이며, 심지어 우리의 강역도 작게 여길 필요가 없다는 것이다.

이상의 예들은 마치 문화자존의식만 있으면 국가 경영에 필요한 나머지 요소들은 고려하지 않아도 된다는 내용으로 오해할 수 있는 내용들이다. 비록 그들이 그렇게 주장한 것은 아니었겠지만 어쨌든 문약에 빠진 왜곡의 기운만큼은 분명하다. 실제와는 유리된 명분이나 왜곡된 아류 의식에만 천착하다 보면 대외 인식은 점점 폐쇄성을 드러낼 수밖에 없는데, 그와 같은 폐쇄성이 비록 우월 의식과 자존 의식의 발로라고는 하더라도 그 결과만큼은 정반대로 나타난다. 즉, 대외 인식 능력은 더욱 결핍하게 되고, 시나브로 자기 붕괴라는 결과로 귀결될 수밖에 없게 된다.

주체적 대외 인식의 노력

화이관에 바탕을 둔 명분론적 대외 인식이 조선왕조 사대부들의 일관된 대외 인식이었지만, 한편 사대부들의 문집이나 연행록 가운데는 중국을 명분론적 관점에서만 보지 않고 주체적 대외 인식으로 바라보는 것은 물론, 중국의 실체를 객관적으로 파악하고자 노력한 흔적도 간간이 찾을 수 있다. 다만 그런 내용은 대체로 중국을 직접 견문한 기록에 한정되는 아쉬움이 있기는 하다.

간이(簡易) 최립(崔岦, 1539~1612)은 「경사(京師)로 떠나는 유서경(柳西坰)을 전송한 글」에서 중국에 가게 되면 문사들을 만나 보라는 권유를 간곡하게 하는데, 그의 이런 당부는 뒷날 홍대용이나 박지원 등 북경에 가는 사신들마다 중국의 문사를 만나 보기 위해 애를 쓰게 되는 계기가 되지 않았나 한다. 특히 간이는 돈을 아끼지 않는 문인(文而不愛錢)과 죽음을 아끼지 않는 무인(武而不愛死)을 알아보도록 노력하라면서, 그런 사람들을 사귄다면 우리나라의 안위(安危)를 의탁할 수 있는 효과를 거둘 수 있다고 강조한다. 명분에 집착하지 않고 외교적 실리에 착안한 이런 표현을 한 사대부는 흔하지 않다고 본다.

『경자연행잡지(庚子燕行雜識)』(1720)를 남긴 이의현(李宜顯, 1669~1745)은 자신의 선입견과는 달랐던 견문 내용에 대해 비교적 자세하게 기록할 뿐 아니라, 조선과는 다른 중국만의 특이한 문물에 대해서도 비교적 객관적으로 묘사하고 있는 점에서 여타의 연행록들과 차별된다. 통주 항구에 정박한 배들의 돛대가 만 그루의 나무가 빽빽이 서 있는 것과 같아서 천하의 장관이라고 들었지만 실상은 그렇지 않다든가, 북경의 조양문 입구는 언제나 붐비기 때문에 들어가자면 반나절이나 걸린다고 들었건만 실제 가 보니 그 정도로 붐비지는 않더라든가, 북경 성안의 대로도 듣던 바와 달리 서울의 종로에 비해 3분의 1 정도 더 넓은 칠팔십여 보에 지나지 않을뿐더러 좌우의 상가도 기대보다 번잡하지는 않았다고 지적하는 점 등이 그 예이다. 이의현의 그런 지적에서는, 중국의 사정에 대해 정확하게 전달하지 않은 선배 사대부에 대한 질책의 감정까지 읽힌다. 그는 그 밖에도 중국 관료들의 글이나 언어에는 아첨이 심하게 들어 있다고 지적하는가 하면, 중국의 가정집은 조선에 비해 실내의 인테리어가 정밀하다는 평가, 북경성 안에서는 가축을 기르지 못하게 하기 때문에 성안에는 도랑도 없고 오물도 없다는 관찰, 중국인들은 대체로 부인에 비해 남편의 행색이 누추하여 언뜻 보면 여자의 종처럼 보인다는 인상, 남녀 간의 내외가 조선처럼 심하지는 않다는 느낌, 중국인들의 언사와 행동에는 공손한 기상이라곤 없다는 평가, 중국인들은 조선과 달리 얼굴이 얽은 사람이 거의 없다는 관찰, 문방구들의 품질이 조선보다 못하다는 지적, 온돌 기술과 도자기 그림 솜씨가 조선보다 낫다는 평가 등 중국 사회를 매우 객관적으로 예리하게 들여다본 내용을 많이 싣고 있다.

이해응(李海應, 1775~1825)의 『계산기정(薊山紀程)』에도 비교적 객관적 묘사가 많다. 중국인의 밥상은 서민이건 부호이건 대체로 조선보다 간략하다는 평가, 조선에서는 양담배를 좋게 여기지만 중국인들은 조선의 담배를 진귀하게 여긴다는 사실, 중국 사람들은 한겨울에도 사과 · 능금 · 포도 따위를 잘 갈무리하여 내놓는 기술이 있다는 지적, 북경에는 돈을 받고 빌려 주는 공중

변소들이 있다는 사실, 중국의 배 위에는 수레를 싣는 장치들을 구비하고 있다는 관찰, 항교(航橋)를 설치한 강나루들이 많다는 점, 중국인들은 재화만을 숭상하고 명검(名檢)은 없다는 지적, 몽골인에게는 그들의 풍속을 존중하여 황색 옷 착용을 금지하지 않는 청나라 정부의 관대한 처사 등을 기록하였는데, 이런 것들에 주의하면서 묘사한 이해응의 관점은 왜곡된 대외 인식과는 거리가 멀다고 본다. 심지어 오늘날 중국 사회를 들여다보는 데에도 참고할 만한 내용들이 매우 많다고 본다.

이처럼 중국 사회를 예리하게 파헤친 내용들이 개인적 감정 묘사 차원을 넘어 조선 사대부의 대외 인식을 얼마나 수정하였고, 또 대외 정책에는 얼마나 반영하였는지 지금으로서는 알기 어렵다. 다만 사대부들의 이런 묘사들을 보건대 그들이 객관적인 대외 인식을 가질 수 있는 역량이나 기회는 충분히 있었다고 판단한다.[7]

결어

조선 후기 집권층의 의식을 조선중화의식으로 보는 사관은 일본의 식민사관을 극복하는 바탕이었는데, 그 사관을 내셔널리즘이라고 비판하는 그룹도 있다. 그러나 그런 비판은 아이러니컬하게도 일본의 사관을 따른 것은 아닌가 한다. 최근 일본에서는 '메이지 내셔널리즘'의 부활을 우려하는 지식인들의 목소리가 크다. 탈아입구(脫亞入歐)로 치달았던 메이지 내셔널리즘은 물론 보편적인 내셔널리즘의 위험성도 경계할 일이다. 그러나 조선 후기 집권층이 가졌던 조선중화의식은 일본의 메이지 내셔널리즘과는 차원이 다르다. 대동아전쟁처럼 주변은 물론 자신에게도 엄청난 고통과 왜곡을 준 내셔널리즘과, 부당한 외세로부터 자신을 지키기 위한 조선의 자존 의식은 본질적으로 다르다. 조선중화의식으로 표방되었던 문화자존의식 자체는 나무랄 것이 없다. 다만 정치를 담당하는 사대부들의 대외 인식이 왜곡되었던 것은 심각한 문제였다고 보는 것이다.

청나라가 외세에 의해 힘없이 무너짐과 동시에 조선의 중국에 대한 관념은 시나브로 사라지게 된다. 일본에 합병되었다는 명분론적 치욕에 떨었던 것도 잠시, 이내 미군이 들어오면서 그들의 도움으로 대한민국이라는 나라를 세우게 되자 이제 대한민국에서 중국에 대해 말하거나 중국에 대해 관심을 갖는 사람은 아무도 없는 지경이 된다. 냉전 구도에 따른 남북의 대치 상황과 한국전쟁은 중국을 북한과 동일한 적으로 간주하게 만들었고, 그러자 우리에게 남은 중국에 대한 인식은 '중공 오랑캐' 외에는 별다른 것이 없게 되어 버리는 정도가 된다. 더 있다면 거기에다 조선조 후반을 지배했던 배청의식의 연장에서 나온 '비단 장사 왕서방' 또는 '되놈'이라는 왜곡된 비하, 그리고 20여 만 인구의 화교에 대한 인종차별적 인식 정도가 전부였다.

무서운 일이 아닐 수 없다. 그처럼 가깝고 그처럼 오랫동안 막중한 상관관계에 있었던 나라에 대한 지식과 정보를 근 100년 가까이 공백 상태로 두었으니 말이다. 그리고 그러한 몰지각 상태는 최근 중국이 굴기하여 G2가 되는 정도로 상황이 바뀌게 되자 이제 중국에 대한 정확한 정보도 모른 채 무조건 중국을 추숭하는 행동으로 연결되기도 한다. 더욱 걱정스러운 일이 아닐 수 없다.

최근 우리에게는 종래 수천 년간 각인되어 왔던 중국관과는 차원이 다른 중국관을 가질 수 있는 환경이 조성되었다. 수천 년간의 한중관계사에서 우리가 중국에게 명분이 아닌 실제에 있어서 조금이라도 우월을 느낄 수 있는 최초의 기회가 왔다고 해도 과언이 아니다. 우리에게는 더없이 바람직한 기회인 것이다. 사물의 경우에도 보는 시각이 달라지면 대상에 대한 인식이 보다 정확해지듯이, 우리나라가 중국을 바로 볼 수 있는 위치와 역량을 지니게 된 것이다. 이제 그 시점(視點)과 시점(時點)에서 중국을 제대로 관찰하는 일이 우리에게는 절실하다. 그래야만 중국과의 과거 불평등했던 관계사를 다시는 더 겪지 않을 수 있게 되고, 상호 바람직한 우호 관계를 유지할 수 있게 될 것이다.

우리에게 대중국관은 대외 인식의 출발이었다. 그리고 우리에게 중국은 상관관계가 너무 막중한 나라이다. 현재의 대외 인식을 바르게 갖자면 과거의 대외 인식부터 바르게 아는 일이 먼저이다. 그런 차원에서 대중국관이 왜곡되었던 역사와 그 인과관계를 바로 아는 것은 매우 중요하다 할 것이다.

주

1. 조선화한 성리학은 조선왕조가 망한 다음에도 사람들이 여전히 성리학적 세계관을 유지하도록 만든 원동력이 되었다. 현재 남한의 경우 국민 대부분의 정서를 담당하는 문화는 성리학적 가치관에 바탕을 둔 것들이고, 북한의 경우는 국호조차 조선이라고 부를 뿐 아니라 정치체제 또한 조선왕조와 하등 다름없는 체제를 온전히 유지하고 있다. 60년 넘도록 국제사회에서 폐쇄당하였으면서도 자기 존재를 씩씩하게 과시할 뿐 아니라 국가 지도자에 대한 인민들의 경애심 또한 놀라울 정도로 유지되고 있는데, 아무리 혹독한 감시 체제를 가동한다 하더라도 경찰국가 제체를 유지하는 것만으로는 그렇게 만들기 불가능하다. 성리학적 세계관을 전체 인민에게 철저히 학습시켰기 때문에 가능한 결과이고, 그런 학습이 가능한 토양이 바로 조선중화의식의 유풍이며, 따라서 주체사상이란 것을 만들어 낸 북한 지배계급의 의식 또한 조선중화주의를 내세웠던 조선 후기 사대부들의 의식과 동궤라고 본다. 따라서 같은 이유로, 오늘날 우리가 북한이라는 나라를 이해하고 민족의 통일을 도모하자 하더라도 조선시대의 성리학적 세계관에 대한 이해는 필수적이라고 본다.
2. 청은 분명 오랑캐이지만 지금 중화(中華)의 문물을 빼앗아 가지고 있으니, 청나라가 갖고 있는 중화 문물까지 우리가 무시하거나 버릴 필요는 없다는 논리에서 북학론은 등장한다. 현실은 받아들여야겠지만 화이관(華夷觀)이라는 굴레를 벗어나지는 않는 모순을 포장하고자 했던 논리라 할 것이다.
3. 일본의 식민주의에 대해 의병 활동이나 독립운동으로 대항하는 세력도 있었다. 그러나 을사오적에서 보듯이 집권 주도 세력의 대외 인식은 그와는 달랐다고 본다. 이미 청의 종주권 인정을 쉽게 수용한 바 있는 터인지라 일본의 현실적 힘에 대해서도 쉽사리 체념했다고 본다. 아니 그 자체에 대해 그다지 갈등이 없었을 것이라고 본다. 의병 활동이나 독립운동을 했던 반발 세력들도 조선조 사대부들이 지녔던 중국 중심의 세계관을 완전히 벗어났는지는 의문일 뿐 아니라, 지금 한국

인이 지니고 있는 반일 감정에도 과거 조상들이 일본을 도이(島夷)로 불렀던 화이론적 관념은 일정 부분 존재한다고 본다. 더구나 광복 이후 정권 주도 세력들이 언제나 미국의 제도와 문물을 선진국이라는 이름으로 발전의 모델로 삼아 온 경향 또한 사대주의적 관념의 잔재라는 비난에서 결코 자유로울 수는 없을 것이다. 이런 것들은 우리가 조선 멸망 이후 여태까지 구시대에 대한 반성과 부정을 제대로 하지 않은 탓이라고 본다. 그런 상태에서 경제적 발전에만 도취하여 어느덧 "우리 것이 좋은 것이여!"라는 분위기에서 아무런 반성 없이 전통 사회의 가치관을 하나 둘 복원하고 있지는 않은가 한다. 그렇다면 걱정이 아닐 수 없다. 별다른 갈등 없이 식민주의를 받아들였던 과거사를 반복할 가능성이 충분하기 때문이다. 따라서 조선이 패망했던 원인에 대한 분석과 반성은 지금이라도 절실하게 연구해야 할 과제라고 보는데, 한일합방을 즈음한 시기에 조선의 지식인들이 어떤 고민을 했는지에 대한 연구에서 출발하면 보다 효과적일 것이다.

4. 북한이 3대를 세습하는 왕조 체제를 별 저항 없이 유지할 수 있는 것도 집권층이 적극적으로 인민을 세뇌한 결과만은 아니라고 본다. 인민들이 갖고 있는, 청산하지 못하고 있는, 조선왕조 시대의 봉건적 관념을 적절히 고취시키면서 활용하기만 한 결과라고 본다. 외형은 비록 서구 사회과학 이론인 공산주의를 표방하는 정당이 집권하고 있지만 국호부터 '조선'을 여전히 유지하는 등 그 나라의 모든 움직임은 철저히 조선적이다.

5. 조선 건국에 앞장섰던 사대부들이 가졌던 문화자존의식은 명이 망한 다음 사대부들 사이에서 일어났던 문화자존의식과 근본적으로 다를 것이 없다고 본다. 선조 무렵 명문장으로 이름을 날렸던 최립(崔岦)의 글은 후대 사대부들에게 교과서처럼 읽혔는데, 그는 사행 나가는 박자룡(朴子龍)에게 "우리나라는 중국의 변두리에 처해 있지만, 소중화(小中華)라고 일컬어지고 있다. 이는 대체로 옛날 인현(仁賢)의 유풍이 남아 있고, 예법과 시서(詩書)가 있기 때문이며, 열성(列聖)이 은택을 끼쳐 주고 있는 데다가 선생과 장자(長者)와 어진 사대부가 있기 때문이다. 따라서 우리나라에 살면서 이와 같은 것들을 보고 익히며 떨쳐 일어난다 하더라도 부족한 점이 또

한 응당 없게 될 것이다."라고 써 주고 있다. 우리 것만 가지고도 충분하다 할 정도의 자긍심을 후학들에게 강조하였던 것이다(『簡易集』 제3권). 최립은 소중화라는 말을 그런 인식하에 여러 글에서 강조하고 있다. 즉, 조선이 문화적으로 주변 국가가 아니라 중심 국가와 동일한 수준의 문화를 유지하고 있다는 자부심을 강조했던 것이다. 그런 생각은 근본적으로 오늘날의 글로벌리즘과 같다. 다만 이쪽에서 적극적으로 받아들이는 것인가, 아니면 강요된 것인가 하는 차이만 있을 뿐이다.

6. 이 대목에서 요즘 북한이 내세우는 '강성대국'이라는 구호는 조선시대의 '소중화'라는 캐치프레이즈와 오버랩 된다.

7. 조선조 사대부들의 인식 능력 자체에 문제가 있었던 것은 아니라는 점을 확인할 수 있다면, 그렇다면 과연 무엇이 조선조 사대부들로 하여금 자유로운 대외 인식의 토로를 막고 명분론적 대외 인식만 표출하도록 허락했단 말인가. 우리는 조선 사회의 폐쇄성에 대한 솔직한 분석과 반성이 필요하다고 본다.

진경시대 공론의 역사성

김정찬

고려왕조에서 조선왕조로의 전환은 단순히 봉건 왕조가 교체된 것만이 아니었다. 의학의 발전으로 인하여 인구가 증가하고 농업 기술의 발전으로 휴한법이 극복되고 농업 생산성이 크게 향상된 사회경제적 변화가 수반되어 이루어진 것이다. 이러한 변화를 주도한 사회계층은 중소 지주 출신의 신흥 사대부 세력으로서 새로운 사상인 주자성리학으로 무장하고 있었다.

주자성리학은 12세기 남송(南宋)의 지주전호제(地主佃戶制)적인 사회를 기반으로 하여 성립된 것이었는데, 15~16세기 조선의 사회구조가 이에 합치하였기 때문에 발생한 역사적인 현상이었다. 주자성리학을 중심으로 성립된 조선은 유교적 민본(民本)을 실현하기 위하여 각종 제도를 정비하였다. 각종 정치제도의 마련은 물론이고 법률제도와 각종 의례(儀禮)의 정비 등은 새로운 왕조에 걸맞은 문물을 정비하고자 하는 노력의 소산이었다.

이처럼 조선의 정치 및 정치제도는 주자성리학과 밀접한 관련을 맺고 있었다. 다시 말하면 철학이나 사상을 단순히 철학이나 사상으로만 보거나, 정치나 정치제도를 단순히 정치 활동이나 정치제도 성립 과정으로만 살피는 것은 정치 활동이나 정치제도의 심도 있는 이해를 어렵게 하는 것이다. 철학이나 사상이 나무의 뿌리에 해당된다면 인간의 모든 활동상, 즉 문화는 지상 위로 드러난 나무 둥치며 꽃과 열매가 되기 때문이다. 그러므로 정치 문화를 이해하기 위해서는 조선시대를 관통한 사상사의 전개와 관련지어 살피지 않을 수 없다.

공론(公論)의 역사성

주지하다시피 주자성리학은 당시 중국의 송에서 광범위하게 유행하였던 불교와 도교를 철학적으로 극복하고 성립한 새로운 유학이었다. 우주의 생성·변화를 설명하는 이기론(理氣論)을 기본으로 하고, 그 안에 인간의 심성을 설명하는 인성론(人性論)과 그 도덕적 실천 방법을 설명한 수양론(修養論) 등을 포함하는 철학 체계를 갖추고 있었다. 이를 사회적으로 확산하고 사회를 안정시키기 위한 논리는 공자의 정명사상(正名思想)에 내재되어 있는 명분론(名分論)과 분수론(分殊論)이 그 역할을 담당하였다. 여기에 공자의 인정(仁政)과 덕치(德治)를 바탕으로 맹자가 확립한 왕도정치사상과 민본 사상은 주자성리학이 지향하는 정치사상으로 자리매김하였다.

주자성리학이 공자의 원시 유학을 종지(宗旨)로 하는 한, 정치에서 가장 먼저 할 것은 정명(正名)이었다. 공자와 자로의 대화를 살펴보면 공자가 정명의 중요성을 다음과 같이 설파하고 있다.

자로 : 위나라 임금이 선생님을 기다려 정치를 하려고 하시니, 선생님께서는 장차 무엇을 먼저 하시겠습니까?

공자 : 반드시 正名(명분을 바로 잡는 것)을 먼저 할 것이다.

자로 : 이러실 줄 알았습니다. 선생님의 오활하심이여! 어떻게 명분을 바로잡을 수 있겠습니까?

공자 : 비루하구나, 자로야. 군자는 알지 못하는 것에 대해서는 모른다고 해야 한다. 명분이 바르지 못하면 말이 순하지 않고, 말이 순하지 않으면 일이 이루어지지 못하고, 일이 이루어지지 못하면 예악(禮樂 : 절도와 조화)이 흥기되지 못하고, 예악이 흥기되지 못하면 형벌이 합당하지 못하고, 형벌이 합당하지 못하면 백성이 손발을 둘 곳이 없게 된다. 그러므로 군자는 이름을 붙이면 반드시 말할 수 있으며, 말을 하면 반드시 행할 수 있으니, 군자가 그 말에 구차한 바가 없게 할 뿐이다(『논어』「자로」 3장).

여기에서 유의할 사항은 정명, 군자의 언어 태도, 형벌의 공정성, 지행일치, 군자의 마음 자세 등일 것이다. 정명이란 모든 일을 군주부터 명실상부하게 함으로써 모든 사람들이 정당하게 생각하고 행동하게 하려는 것으로, 정치의 근본이 되는 것이다. 군자는 무엇이 정명인 줄 알면 실천해야 하고, 어떻게 해야 정명이 되는 줄을 모르면 모른다고 할 수 있어야 군자의 떳떳한 태도라는 것이다. 명분이 바로 서야 말이 이치에 합하고, 말이 이치에 합해져야 소통이 되고 소통이 되어야 사회적 질서와 조화가 이루어지고, 사회적 질서와 조화가 이루어져야 형벌이 공정해지고 형벌이 공정해져야 백성들이 편안해진다는 것이다. 그러므로 백성을 다스려야 하는 군자는 알면 말할 수 있고 말할 수 있으면 행할 수 있어야 한다는 것이다.

공자의 이러한 문제의식은 『서경』과 『춘추』, 그리고 제자들이 기록한 『논어』 등의 유교 경전 곳곳에 녹아들어 있고, 한유의 「쟁신론」 등에서 그 구체적인 실천 방법을 확인할 수 있다. 또한 초학 교재로 널리 알려진 『천자문』에조차 사어병직(史魚秉直 : 사어가 유언을 남겨 바른 것으로 국왕을 훈계했다는 춘추시대의 고사)이라는 글귀로 전해지고 있다.

구양수의 「붕당론」에 이르러 정명은 도(道)로 표현되고 있고, 인군(人君) 즉 국왕의 가장 중요한 정치적 임무는 인간의 바른 도리를 지키고자 하는 사람들과 이익을 추구하고 하는 소인을 구별하는 것이라고 주장하였다. 앞의 주장들은 명분을 바르게 하거나 옳은 것을 주장하고 실천하면 된다는 것으로 구성원 간에 합의할 수 있는 '바름'이 있다는 믿음이 있었다. 반면에 구양수의 「붕당론」은 이익을 추구하는 소인들과 인간의 바른 도리를 지키고자 하는 군자들을 과감하게 분별해 내야 훌륭한 임금이 될 수 있다는 회의론적인 입장에서 주장하였다. 주자성리학은 공자의 정명사상으로부터 구양수의 「붕당론」까지를 포함한 공론(公論) 정치를 주장하였다.

정치의 본질은 공정성(公正性) 및 정의(正義)를 추구하는 것이다. 그런데 공정함과 정의는 누가 어떻게 판단할 것인가가 문제가 된다. 즉, 공정성 여부를 판단할 수 있는 근거는 무엇이며 판단의 주체는 누가 될 것인가가 문제이다. 공정성의 근거로 선진 시대에는 천명론(天命論)과 민심론(民心論)이 있었다. 그러나 천명론은 군주의 권위를 인정해 주는 반면 선정과 현인 등용을 유도하고 그렇지 못할 경우 역성혁명을 정당화하는 등 군주에게 경계가 되기에 충분하였다. 그러나 천명론은 알아채기도 어렵고 실재하는지도 의심스럽다는 한계가 있었다. 민심론은 천명론에 보이는 인식론적 문제점으로 인하여 천명의 간접적 인식 수단으로 제기되었고, 마침내 천명의 실재가 부정됨에 따라 민심이 독자적인 권위체로 등장하였다. 그러나 민심이 반드시 공정한 것은 아니라는 이중성을 자각한 뒤에는 민심론에 회의하지 않을 수 없었다. 맹자는 이에 "항산(恒産)이 없으면서도 항심(恒心)이 있는 것은 오직 사(士)만이 가능하다. 일반 백성의 경우 항산이 없으면 항심이 없으니 항심이 없으면 못 할 짓이 없을 것이다."라 하여, 항심(恒心 : 항상된 마음)을 가진 사(士 : 유덕자)의 민심(民心 : 공론) 주도를 인정하게 된다. 송 대의 주자성리학은 천명을 이(理)로 규정하고, 공론의 근거를 심(心)이 아닌 성(性)으로 삼았다. 즉, 공론이란 '천리에 따르고 인심에 부합되어 천하의 모든 사람이 함께 옳게 여기는 것'이라는 것이다.

공론이란 인위적으로 조작될 수 없는 것이며 시간적으로 영원한 것(萬世不變), 공간적으로 구애를 받지 않으며(天下) 억지로 막을 수 없는 것이며 지공무사(至公無私)한 것으로, 정치 담당자라면 두려워해야 할 대상인 것이다. 주자의 공론 개념은 천리와 인심에 부합하는 '공정한 의론'이라고 해석될 수도 있고, 모든 구성원이 참여하는 '공개적인 논의'라고 해석될 수도 있다. 전자는 결과로서의 '공(公)'이 부각된 것이며, 후자는 '절차'로서의 '논(論)'이 부각된 것이다.

진경시대 이전, 조선의 공론

조선 초기 개국 과정에서 정국을 주도하고 문물제도 정비를 담당한 이는 정도전이었다. 고려 말 이색 문하에서 수학한 정도전은 주자성리학에 대한 이해가 깊었기에 조선의 문물제도 정비는 주자성리학의 영향 아래서 이루어졌다.

언론 분야 또한 예외가 아니었다. 정도전은 국가에서 수행해야 할 가장 중요한 사업 네 가지 중 첫째로 작개언로(作開言路 : 언로를 개방할 것)를 주장하였고, 그 언로는 원칙상 모든 신민에게까지 열려 있어야 한다고 하였다. 그렇기 때문에 간쟁을 맡은 직책이 생기면서 오히려 언로는 좁아지게 되었다고 평가하였다. 그러나 간관 제도의 존재를 부정하지 않고, 오히려 "묘당 위에 앉아서 서로 가부(可否)를 토론할 수 있는 것은 재상이고, 전각 앞에 서서 천자와 더불어 시비(是非)를 논할 수 있는 것은 간관이다."라 하여 현실적인 측면에서 간관의 중요성을 인정하였다. 간관은 인주지이목(人主之耳目 : 국왕의 눈과 귀)이자 국가의 원기(元氣 : 근원이 되는 정기)라고 인식하였기에, 임금에게는 간관의 탄핵을 항상 관용을 가지고서 종간여류(從諫如流 : 간쟁 받아들이기를 흐르는 물처럼 한다.)할 것을 권고하였다. 국왕과 재상, 그리고 간관의 상호 견제와 상호 존중이 있어야 정치 활동이 건전할 수 있다고 믿었기 때문이다. 이러한 정도전의 언관에 대한 이해는 원론적인 수준에서 주자 수준의 언론관과 크게 다르지 않다. 다만 현실에서 얼마나 받아들여졌는가의 문제가 남을 뿐이다. 정도전은 왕자의 난(1398)에 의해 제거되었고, 곧이어 즉위한 태종은 왕권을 강화하는 과정에서 대간의 존재를 달갑게 여기지 않았기 때문에, 언관의 실제 활동은 많은 제약이 있었다.

정도전이 제거된 후, 세종은 집현전을 통하여 주자성리학 이해 수준을 전반적으로 높이려는 노력을 기울였고 세종 재위 후반기에 집현전의 언관화를 배경으로 언론 활동이 활성화되는 듯하였다. 그러나 계유정난(1453) 이후 세조가 즉위하면서, 명분에 약점이 있었던 이들은 문장을 중시하는 사장학풍을 중시하였다.

주자성리학은 문학이 아니라 철학이다. 그러므로 주자성리학에 이해가 깊어지면 도학파(道學派 : 인간이 지켜야 할 떳떳한 도리를 연구하는 학파)가 성장하기 마련이었다. 성종 대에 중앙 정계에 등장한 김종직의 문하에서 김굉필, 정여창 등이 나왔고, 조광조, 김안국, 김정국 등은 이들의 뒤를 이어 도학을 계승하였다. 이들은 고려 말의 정몽주와 길재를 연원으로 하는 학자들로서 의리지학(義理之學) 혹은 도학을 중시하였다. 『소학』을 존중하고 학문의 의리를 규명하고자 했던 이들은 훈구파로 불리는 사장학파를 위학(僞學 : 거짓 학문)으로 공격하였고 심지어 사장으로 이루어지는 과거시험이나 시작(詩作) 등을 쓸모없는 것으로 규정하고 금지할 것을 주장하였다. 도학파의 이상주의적 경향은 공론 정치(公論政治)의 제도화에 영향을 주었다. 언관의 인사를 주도하는 이조전랑의 자대제를 실현하여 언관의 독립성을 확보한다거나 언관은 풍문탄핵(風聞彈劾 : 탄핵할 사안이라면 소문만으로도 탄핵할 수 있다는 규정)도 할 수 있다거나 불문언근(不問言根 : 고발 내용이 누구로부터 나왔는가를 따지지 않음)한다는 규정이 이때 확립되었다. 이때에 이르러 그동안 공론을 제시할 수 있는 범위가 중앙의 고관이나 언관을 넘어서 중앙의 중하위 관직자와 성균관 유생에까지 확대되었다. 그러나 이들 도학파는 주자성리학을 철학적으로 이해하고 조선의 정치가 지향해야 할 방향을 제시하는 데에는 공헌하였으나 사화(士禍) 과정에서 정계에서 밀려났다.

도학파가 중시한 『소학』과 『근사록』으로 교육을 받은 퇴계 이황(1501~1570)은 드디어 주자성리학을 완벽하게 이해하였으나, 거듭되는 사화로 인하여 정계 진출에 소극적이었다. 사림파가 정계를 완전히 장악한 것은 명종이 척신 정치를 일소하고 왕권을 실질적으로 행사하게 된 16세기 후반에 이르러서부터이다. 이때 정계를 주도한 이는 주자성리학에 대한 이해를 넘어 조선화된 학풍을 확립한 율곡 이이(1536~1584)였다.

퇴계 이황은 주자의 이기이원론(理氣二元論)을 완벽히 이해해 냄으로써 정치가의 삶만큼이나 도학자의 삶을 존중받을 수 있었으므로 초야에 은거하여 국왕의 자문에 응하며 지낼 수 있었다. 율곡 이이는 퇴계의 이기이원론을 발전적으로 계승하여 기발이승설(氣發理乘說 : 기(氣)만 작동하고 기의 표준이 되는 이(理)는 기에 편승할 뿐이라는 학설)을 제기하였다. 기발이승설을 바탕으로 이통기국설(理通氣局說 : 이(理)는 보편적이지만 기(氣)는 대상에 따라 국한되어 차별상이 나타난다는 학설)을 주창한 이이와 그 제자들은 현실 긍정적인 사상을 가지고 정계에 진출하여 현안 문제를 적극적으로 해결하고자 하였다. 율곡 이이는 주자성리학의 기본 경전인 사서(四書)를 언해(諺解)하여 주자성리학 이해의 표준을 제시하였고, 주자성리학의 제왕학을 조선적으로 이해한 『성학집요』를 편찬하여 국왕을 권면하였으며, 조선의 어린이에게 보급할 성리학적 수신서인 『격몽요결』을 엮어 내었다.

주자성리학이 완벽히 이해되고 조선성리학이 확산되던 시기에 사림의 정계 진출이 크게 확대되고, 얼마 지나지 않아 정국을 주도하기 시작하였다. 사림 정치가 일반화되자 정치 참여자의 외연이 크게 확대되었고, 지방 유생도 공론의 수집 범위에 포함되었다. 정치 참여자의 확대는 사림 집단 내부의 분기로 이어졌다. 이황과 율곡 계열의 순정 성리학자 집단과 서경덕(1489~1546)과 조식(1501~1572) 계열의 비순정 성리학자 집단이 남인과 서인, 그리고 북인이 된 것이다. 실용주의적인 비순정 성리학자들인 북인은 임진왜란과 그 극복 과정에서 정권을 주도하였다. 그러나 곧 언로가 막히고 성리학적 명분에 위배되는 폐모살제(廢母殺弟 : 인목대비를 유폐하고 영창대군을 살해한 일)로 인하여, 순정 성리학자 집단인 서인이 주도하고 남인이 동조한 인조반정(1623)에 의해 정계에서 축출되었다.

인조반정 이후 소위 붕당 정치가 본격적으로 전개되었다. 서인과 남인은 정파이자 이이와 이황을 종주로 삼는 학파였다. 앞에서 이미 제기하였듯이 정치 활동은 문화의 일부이고 문화는 철학 사상의 영향을 받는다고 하였다. 이들은 주자성리학을 종주로 하였지만 주자성리학 이해 방식을 달리하였기 때문에, 공론은 각기 당파적 입장에 의해 주장될 수밖에 없었다. 그 대표적인 것이 예송논쟁이었다. 이후 공론 참여 범위는 중앙 관리 및 간관뿐 아니라 성균관 유생과 지방 유생에게까지 확대되었다.

이 예송에서 이귀기천(理貴氣賤)의 입장에 서 있던 남인학파는 정치적인 측면에서는 왕권을 강조하여, "왕자(王者)의 예는 사서(士庶)의 예와 같지 않다."라고 주장하였다. 이 반면에 기발이승(氣發理乘)이나 이통기국(理通氣局)의 입장에 서 있던 서인학파는 이(理)의 보편성을 존중하면서 기(氣)의 차별성을 인정하여, 천하동례(天下同禮 : 천하의 사람들은 예를 같이한다.)를 주장하였다. 당파적 공론에 의한 논쟁은 지속되었고, 결국 국왕의 결단에 의해 정국이 급격히 뒤바뀌는 환국 정치가 전개되었다.

숙종 후반 환국 정치가 극단으로 치달리면서 상대 당을 부정하게 되자, 박지계의 문인으로서 소론적 학풍이 있는 박세채는 국왕의 지공무사(至公無私 : 지극히 공평하고 사사로움이 없음)와 당파를 부정하는 탕평책을 제기하였다. 숙종 후반기의 탕평 정책은 인물 평가 기준을 당파가 아니라 인물에 따라서 행하여야 한다는 율곡의 조제보합론(調劑保合論)을 계승하는 것이었다.

진경시대의 공론

탕평 정책이 본격적으로 시행된 것은 영조 연간부터이다. 탕평 정책을 시행하기 위해서는 해결할 문제가 두 가지 있었다. 하나는 '누가 주재할 것인가?'이며, 다른 하나는 '어떻게 할 것이냐?' 하는 것이었다.

'누가 주재할 것인가?' 하는 문제는 이미 결론이 나 있었다. 당파적 공론을 가지고 지속적으로 대립하던 관리들은 그 자격이 없었다. 문묘 종사 문제, 폐비 문제, 왕위 계승 문제 등에서 당파성을 드러낸 국왕도 자격이 없기는 마찬가지였다. 그러나 달리 대안이 없었기에 붕당의 대립과 갈등을 해소시키는 조제보합의 책임자로 국왕의 역할과 기능을 강조할 수밖에 없었다. '어떻게 할 것인가?'는 두 가지 길이 있었다. 하나는 당파 간의 의리 논쟁을 종식시키고 정국을 안정시키기 위하여 인재를 고루 등용하는 한편 국왕 중심의 민본 사상을 실현하는 실용주의적 길이 있었고, 다른 하나는 정치 운영의 목표를 의리의 실현, 즉 주자학적 보편성의 실현에 두는 것이었다. 후자는 무엇이 의리이고 무엇이 보편적인 것이냐를 두고 시비(是非 : 옳고 그름을 따짐)하는 논쟁이 있어야 하는 것이기 때문에, 결국 영조는 의리의 시비 논쟁을 억제하는, 즉 언관의 언론 활동을 억누른, 소위 완론탕평이 전개되었다. 탕평책은 '편파를 없앤 왕의 의(義)', '편벽을 없앤 왕의 도(道)', '개인적 호오(好惡)를 없앤 왕의 로(路)를' 강조하는 『서경』「홍범」 내용과는 사뭇 다르게 시비 논쟁을 억제하는 과정에서 신권을 약화시키고 왕권을 강화시키는 방향으로 전개되었다.

탕평책이 숙종 후반기에 제기되고 영조 연간에 본격화된 것은 주자성리학의 이해 변화를 수반한 것이었다. 숙종 후반에는 한글 가사와 한글 시조 및 한글 소설이 유행하고 조선화된 서체인 동국진체와 조선의 산하를 진솔하게 읊은 진경시 등이 출현한 것과 중국을 안정되게 지배하는 청과의 외교 문제 등을 철학적으로 재정립할 필요성이 제기되었다. 사상은 시대를 이끌기도 하지만 시대를 합리적으로 설명하는 수단이기도 하기 때문이다. 이때 인물성동론(人物性同論 : 사람의 본성과 사물의 본성은 본질적으로 같다는 주장)을 주장하는 서울 주변 학자들의 낙론(洛論)과 인물성이론(人物性異論 : 사람의 본성과 사물의 본성은 본질적으로 다르다는 주장)을 주장하는 호서 지방 학자들의 호론(湖論)이 대립하였는데, 이를 호락(湖洛)논쟁이라 한다. 이때 낙론을 주장한 학자들은 북벌대의론(北伐大義論 : 여진(청)을 정벌하는 것이 옳다는 주장)을 극복해 갔을 뿐 아니라 청의 문물과 제도를 수용하자는 북학 사상을 태동시켰다. 낙론의 주장은 청(여진)의 존재를 긍정하였을 뿐 아니라 중국과 다른 조선 문화 자체에 대한 자존 의식을 갖게 하였다.

영조는 왕위에 오르기 전 낙론 계열의 학자들로부터 수학하여, 인물성동론을 이해하고 있었고, 국왕이 된 뒤에도 경연을 통하여 학문의 깊이를 더하는 과정에서 우리 문화에 대한 자존 의식을 키울 수 있었다. 이는 그 시대의 변화를 긍정하며 시대 변화를 주도할 수 있는 배경이 되었다.

만물의 본성이 같다는 인물성동론은 기본적으로 평등사상의 출발점이 될 수 있었다. 그러나 누구까지를 포함할 것이며, 어떻게 평등을 실현할 것인가에 대해서는 의견이 나뉠 수 있었다. 이때 사림 계층은 독서인, 즉 왕으로부터 양반 계층까지만을 평등 대상으로 본 반면에, 영조는 양반 계층을 포함하여 양인 계층까지를 평등 대상으로 보았다는 차이가 있었다. 이러한 경향은 양역 변통(良役變通) 논의 과정에서 분명하게 드러난다.

양역이란 일정 연령의 양인 장정에게 국가가 노동력이나 그에 해당하는 면포를 수취하는 것을 의미한다. 법제상으로 양역은 양인 이상의 신분 모두가 부담해야 하는 것이었지만 16세기 이후 상민이 부담하는 역으로 변질되었다. 이러한 변화로 양역 부담자가 축소되었고 양란 이후에는 양역 부담이 크게 증가하였기 때문에, 양역 변통에 대한 논의가 조정에서 자주 논의되었다. 효종 5년(1654)에 김육이 제기하고 현종 때에 이유태와 허적이 재론하였으며 숙종 초 윤휴가 주장한 유포론(遊布論 : 특별한 직역이 없는 선비에게도 군포를 거두자는 주장), 서원이나 향교의 법정 인원수 이외의 생도에게 군포를 거두자는 주장, 감필론(減匹論 : 군포를 일정 액수로 줄여 주자는 주장), 숙종 29년(1703)의 군문축소론(軍門縮小論 : 5군영 중 하나를 혁파하자는 주장), 효종과 현종, 그리고 숙종 대에 계속 제기되었던 호포론(戶布論 : 세금 납부의 기준을 사람이 아니라 호(戶)에 두자는 주장), 구전론(口錢論 : 세금을 사람마다 일정한 돈으로 내게 하자는 주장), 결포론(結布論 : 군포를 토지 결수에 따라 내게 하자는 주장) 등이 제기되었다. 이러한 개혁론은 치열한 논쟁을 거쳐 양반에게 부담을 주는 호포론, 유포론, 구전론, 정포론(丁布論 : 특수 직역자와 천인을 제외한 남녀 성인에게 군포를 거두자는 주장) 같은 것은 사족수포불가론(士族收布不可論)과 조상우의 반란우려설에 밀려 논외로 하고, 공평한 군역을 위한 군적(軍籍)개정, 피역자 색출, 군액 감축 및 종모법(從母法 : 천인은 어머니 계통의 신분을 따른다는 법) 시행을 골자로 하는 「양역변통절목」이 숙종 37년(1711)에 마련되었으나 실효를 거둘 수 없었다. 이에 숙종은 민생을 위하여 양역 제도 개선을 모색하되, 사족도 부담을 하는 호포론과 구전론 두 가지만을 중심으로 검토할 것을 지시하였다. 이에 신료들은 1년 여의 논란 이후에 시행하기 어렵다고 결론을 내렸고, 이를 숙종이 받아들임으로써 일단락되었다.

이때 이통기국설(理通氣局說)에 입각하여 천하동례(天下同禮)를 주장한 일부 서인과 인물성동론(人物性同論)을 제기했던 낙론 계열 일부 및 국왕은 사족들도 양역을 부담해야 한다는 주장을 폈고, 전통적인 화이론(華夷論 : 중화와 이적으로 구분하는 논리)을 묵수하던 대부분의 사족들은 양역을 사족이 부담하는 것을 극렬하게 반대하였다.

영조의 탕평책은 영조 5년 기유대처분(1729) 이후에야 실질적으로 정치에 반영되었다. 이후에도 각 붕당의 의리 자체가 붕당 타파보다 더 중요하다는 의견도 거셌지만, 이이에 의해 지지되었던 구양수의 붕당론을 부정하고 붕당 타파에 동의하는 정치 집단을 중심으로 의리를 조제하고 인재를 보합하며 정국을 안정시켜 군주권을 강화하려 하였다. 영조의 탕평 정책이 궤도에 오른 것은, 사림 정치의 상징적 제도이자 사람의 공론을 정치 현장에 반영할 수 있게 했던 이조낭관의 통청권(通淸權)과 한림의 회천권(回薦權)을 혁파(1741)한 이후이다. 근무 연한대로 승진하는 명 · 청 대 관료 제도인 '서승제(序陞制)' 방식을 도입하여 재상 중심의 관료제 위계질서를 강화하자, 당하관이 주도하던 날카로운 언론 활동이 위축되었다. 이제 국시(國是)와 의리의 주재권을 오로지 국왕이 행사하게 된 것이다.

균역법 개정과 공론

영조가 이루어 낸 최대 업적은 양역 변통 논의를 균역법(1750)으로 마무리한 것이다. 균역법 제정의 단초는 홍계희가 영조 25년(1749) 8월에 제기한 결포론이다. 이 주장에 대하여 영조가 관심을 가지고 있었고, 이듬해에 극심한 기근과 전염병으로 인하여 양역 부담자인 평민들의 수가 급격히 감소되었기 때문에 논의가 급진전되었다. 영조는 즉위 전부터 호포제를 양역 변통의 최상의 방안으로 생각하고 있었다. 그러므로 결포론보다 박문수의 호전론(戶錢論 : 세금 납부의 기준을 사람이 아니라 호(戶)에 두되 포가 아니라 돈을 거두자는 주장) 주장에 더 호의를 보이게 된다. 이에서 영조가 상업의 발달로 인하여 화폐경제가 발달한 도회적 생활에 익숙하였음과 인물성동론(人物性同論)의 입장에서 사족도 양역 부담을 져야 한다고 생각하였음을 알 수 있다.

영조는 이때 세자에게 대리청정을 명한 뒤였는데도 불구하고 양역 변통 문제를 직접 관장하였다. 영조는 26년(1750년) 5월 19일에 홍화문에서 5부의 사서(士庶)와 지방의 금군을 직접 만나, 호포와 결포 중에서 어느 것이 편한가를 물었다(1차 임문(臨問)). 박문수의 사전 작업 때문이라고는 하지만 거의가 호포(전)제가 편리하다는 답을 들은 영조는 호포(전)제를 실시하고자 결심하였다. 그러나 호포(전)제를 실시하기 위한 사전 작업 과정에서 군적 정비의 어려움과 호포(전) 액수가 과다하다는 난국에 봉착하였다. 이때 김재로가 감필론을 제기하였다. 사족의 입장으로 볼 때, 신분제를 모호하게 할 가능성이 있는 호포(전)제보다 수용이 가능한 것은 감필론이었다. 문제는 감필(減匹)로 인한 재정 손실을 어떻게 보전할 것이냐 하는 것이었다. 조정의 중론이 감필·결포론인 데 비하여 영조는 감필·호전론을 지지하고 있었다. 영조는 26년 7월 2일 「양역절목」 초본을 대신들과 열람하고, 백관들에게 다음과 같이 말하여 자신이 의리의 주인이며 공론의 담지자임을 확인하고 있다.

> 백성에게 만일 혜택이 있게 된다면, 그 공을 경들과 함께 나누고, 백성에게 원망이 있게 된다면 그 원망은 나 혼자 듣겠노라. 백성을 위해서 강구하는 일을 어찌 대충할 수 있겠는가? 내일은 궐문에 임할 것이니, 우리 백료(百僚)와 서사(庶士)는 임금이 더위를 무릅쓰고 문에 임하는 뜻을 본받아 편부(便否)에 상관없이 헌의(獻議)할 사람은 모두 궐문 앞으로 나오라.

이튿날 홍화문에서 성균관 유생과 5부의 방민(坊民)에게 호전(戶錢)의 찬반

여부를 묻자 방민은 찬성하고 유생은 반대하자 호전론은 포기하였다〔2차 임문(臨問)〕. 마침 이종성이 "나라에서는 차라리 소민(小民)의 마음은 잃을지언정 사부(士夫)의 마음을 잃을 수는 없다."라거나 "오래된 폐단은 없애지도 못하고 새로운 걱정만 생겨난다." 등의 이유로 강력히 반대하자, 영조의 호포(전)론은 흔들리고 있었다. 영조는 양인들의 공론도 수용하고자 하였으나 사족들은 전혀 그럴 의지가 없었기 때문이다.

영조는 26년(1750년) 7월 9일 명정전에서 백관을 모아 놓고〔1차 임전(臨殿)〕, 여러 양역 변통 논의의 장단점을 논하고서 군포를 2필에서 1필로 감필할 것이니, 그 대책을 강구할 것을 요구하였다. 감필론은 숙종 말부터 지속적으로 논의되어 오던 개혁 방안이었으나, 불범호결(不犯戶結), 즉 가호(家戶)와 전결(田結)을 과세 대상으로 하지 않는다는 원칙 때문에 채택되지 못하고 있었던 방책이었다. 이때도 역시 마찬가지였다. 여러 가지 방안이 모색되었으나 감필로 인한 재정 부족분을 채우기에는 역부족이었다. 영조 27년(1751) 정월 이후, 재정 부족분을 해결하지 못한 균역법에 대한 반발이 거세어졌다. 심지어 구제(舊制)로의 복귀를 주장하는 사람들도 있었다. 영조는 재위 27년 6월 3·4일에 명정전에서 문신과 무신 그리고 음관과 유생 민우하를 불러 재정 부족분 확보 방안을 물었고〔1·2차 임전(臨殿)〕, 그달 17일에는 명정문에 나아가 지방 유생, 향리, 향군(鄕軍)에게 결전(結錢)의 편리 여부를 묻자〔1차 임문(臨問)〕, 유생을 제외하고 모두가 결전이 편리하다고 하였다. 이에 영조는 나흘 뒤인 6월 21일에 홍계희 의견대로 결전(結米)을 징수하기로 결정하였다. 다음 해(1752년) 「균역사목(均役事目)」 반포 윤음(綸音)에서 영조는 다음과 같이 천명하였다.

문(門)과 전(殿)에 나아가 군포를 줄이고야 말겠다고 한 것은, 나의 백성을 위한 정성만이 아니라 곧 열조의 거룩한 뜻을 깊이 유념한 것이다. 옛말에 이르기를, "사람이 있고서야 정사가 행해진다."라고 하였다. 또 옛 법이 실행되지 아니함은 법이 아름답지 않아서가 아니라, 곧 준행(遵行)하지 않기 때문이다. …… 비단 양민을 위한 것일 뿐만이 아니라 실로 해민(海民)을 위한 것이기도 하다. …… 고달픔을 꺼리지 않고 사목(事目)을 이정(釐正)하였으니, 이 또한 백성을 위한 고심인 것이다. 아! 군포를 감한 뒤에 만약 전처럼 다시 군포를 받는다면 장차 나라는 나라답지 아니하고…….

이를 통해 보면 양역을 변통한 균역법 개정에는 영조의 기본 구상과 의지가 작용하였고, 이는 자신만이 할 수 있었던 것이라는 자부심과 반드시 실행하겠다는 의지가 엿보인다. 실제 영조 26년 6월 이후로는 간하는 사람이 줄을 이었으나 중지시킬 수 없었다는 기록이 있는 것을 보면, 비상한 국왕의 의지를 확인할 수 있다. 그러나 국정은 국왕의 의지로만 실현될 수 있는 것은 아니었다. 공론에 부합되어야 하고 현실적으로 가능해야만 구현되는 것이다. 영조는 일찍이 이조낭관의 통청권을 혁파하고 세도(世道)의 담지자로 여겨졌던 산림의 권위를 약화시키고자 하였다. 이는 세자를 시좌하게 하여 경연을 진행하면서 얻은 학문적 자신감을 바탕으로, 사족의 당파적 · 신분적 공론를 견제하는 한편 국왕 자신의 의리가 공론(公論)임을 천명한 것으로 보인다. 결국 군주권을 중심으로 공론을 조제하여 국왕권을 강화하고자 한 영조의 탕평책이 목적을 달성한 것이다.

균역법 실시를 전후로 해서, 왕실 외척이 정국 운영을 주도하는 이른바 탕평당의 권력 독점 상태가 이어졌고, 이러한 정국 운영으로 소위 공론이 약화되고 왕위 계승권자의 지위를 약화시켰으며, 심지어 위협받는 사태를 초래하였다. 결국 임오년(1762)에 사도세자가 화를 당하기에 이르렀다. 이후 공론에 의해 견제받지 않는 외척 세력의 전횡은 계속되었으나, 한편에서는 청명당이라 불리는 비판 세력이 성장하였다. 정조 연간에는 외척 세력의 정치 간여를 배제하고 의리와 명절을 숭상하며 붕당의 타파를 병행하자는 청명당의 준론 탕평으로 정국 운영 원칙이 변화하였다. 의리와 명절을 숭상하였다고 해서 사림 정치가 복원된 것은 아니었다. 군사(君師)가 되기를 목표로 했던 정조는 규장각 설치, 서얼통청, 문체반정, 장용영 설치, 상언 · 격쟁의 활성화 등을 통하여 자신의 의리를 공론으로 관철시키며, 사족을 견제하고 왕권을 강화하고자 하는 정책을 일관되게 추진해 갔다.

맺음말

정치의 요체는 공정한 사회를 구현하는 것이다. 공정함은 바름 혹은 옳음의 겸손한 표현일 뿐이다. 공정함을 확신하는 사람은 자기주장의 옳음 혹은 바름을 회의하는 경우가 매우 드물기에 시비(是非)를 가리는 논쟁은 언제나 격렬하다. 공정함은 어디에 근거하는가? 인간의 인지가 발달되는 초기는 자연의 법칙과 인간사를 주재하는 그 무엇, 즉 천(天 : 上帝)에게 있다고 생각하였다. 천명론(天命論)은 그 결과이다. 그러나 천명은 있는지도 의심되고 있다 하더라도 알아채기도 힘들었다. 이에 천명론을 확인하는 수단으로 민심을 발견하게 된다. 그러나 민심은 항상 옳은 것을 요구하는 것이 아니라는 이중성이 노출되어 공정성에 의심을 받게 되었다. 이에 주자성리학에서는 공정한 사회를 구현하는 논리로 공론을 중시하게 된다.

공론은 맹자 이래로 사(士 : 독서교양인)가 담당해야 한다는 인식이 공유되어 있었다. 조선은 주자가 공론을 "천리에 따르고 인심에 부합되어 천하의 모든 사람이 함께 옳게 여기는 것"이라고 규정한 것을, 정치 운영 방식의 하나로 수용하였다.

조선시대는 군주정체였음에도 불구하고 세계사적으로 그 유례를 찾기 힘들 정도로 안정성을 유지하였는데, 그 요소 중의 하나가 공론에 있었다는 평가가 있다. 조선시대 내내 공론이 항상 같은 의미로 같은 사회적 영향력을 가지고 존재했던 것은 아니다. 정치 상황과 주자성리학 이해의 정도, 신분적 이해, 사회적 발달 상황에 따라 조금씩 의미를 달리하고 사회적 영향력도 달라졌다. 당파적 공론이라 하여 비판적 공론을 억제하고 중앙 권력을 강화해 간 탕평책이 본격화되자 공론을 국왕이 오로지하게 되었고, 비정상적으로 권력이 집중되었던 정조의 갑작스러운 죽음은, 이후 비정상적인 세도정치(勢道政治)를 초래하였다.

2부

예술과 생활

진경시대 회화의 자생적 지평과 조선적 풍격

강관식

시각의 결과 날

서구 근현대 회화를 통하지 않고 우리 근현대 회화를 설명하기 어렵듯이, 중국 회화를 통하지 않고는 조선시대 회화를 설명하기 어렵다. 아니 가능한 일도 아니고, 타당한 일도 아니며, 온당한 일도 아니다. 그래서 흔히 조선 초기에는 송 · 원 · 명 대 원체화풍의 영향을 받고, 중기에는 명 대 절파 화풍의 영향을 받았다가, 후기에는 명 · 청 대 오파계 남종화와 서양화법의 영향을 받아 몇 차례 변화가 나타난 것으로 설명하는 것이 미술사학계의 일반적인 설명 방식이다. 전혀 없던 사실도 아니고 틀린 말도 아니다. 역사적 실증성과 객관성을 중시하는 전문적인 강단 미술사일수록 이를 천착하고 강조하는 것은 이 때문이다. 그러나 조선시대 회화의 변화 양상과 계기를 이처럼 근본적으로 중국 회화의 영향이라는 외재적 틀로 설명하게 되면, 조선시대 회화의 독자성과 정체성은 과연 어떻게 입론하고 무엇으로 정당화할 수 있겠는가?

책봉과 사대로 맺어진 조선과 중국의 관계는 논의를 자주와 종속의 맥락으로 이끌며 문제를 더욱 어렵고 곤혹스럽게 만든다. 더구나 500여 년에 걸친 책봉과 사대의 전통이 끝나자마자, 일제 식민과 미소 군정, 남북 분단으로 이어지며 식민사관과 근대사관, 탈근대사관이 어지럽게 명멸한 근현대의 불행한 역사와 지성사는 이 난해한 화두를 더욱 무겁고 절실하게 만든다. 근현대의 서구 제국주의 열강이 그러했듯, 중국은 늘 침략과 복속을 노리는 폭력적 제국이자, 높은 문화와 새로운 문물을 전해 주는 선진 세계라는 양면성을 지닌 모순적 존재였다. 그리하여 맹독(猛毒)과 명약(名藥)이 간발의 차이이듯, 중국은 늘 조선을 위축시키고 무화시킬 수 있는 위협적 기제이자 조선을 자극하고 일깨우며 조선이 발전하는 데 필요한 불가결의 타자이기도 했다. 책봉과 사대는 이 모순적 양면성을 상징하는 정치적 제도이자 이를 구체적으로 실행하는 문화적 장치였다. 바다로 격리된 일본과 달리, 유라시아 대륙의 동쪽 끝에 점처럼 붙어 있는 작은 반도에서 산과 강으로 연결된 채 살을 맞대고 살아야만 했던 조선과 중국의 숙명적인 실존의 돌쩌귀이기도 했다.

중국 회화와 조선 회화의 관계도 이와 유사한 구조의 모순적인 양면적 패러다임 속에 있었다. 때문에 조선 회화의 고유한 정체성이 가능할 수 있는 지점은 바로 이 모순적인 양날의 칼끝 위에 설 수 있는 공력(功力)과 맹독을 명약으로 바꿀 수 있는 묘용(妙用)의 지혜가 담긴 자존(自存)과 자강(自强)에 있었다. 상극의 음양(陰陽)이 상반하고 상보하며 상생적으로 만물을 생성시켜 나가듯, 자존적 주체성과 국제적 개방성의 상반적인 이원성을 상생적으로 결합시켜 조선의 생생한 현실을 더욱 주체적으로 인식하고 진실하게 형상화할 수 있는 묘용의 지혜와 공력을 갖추는 것이야말로 조선 회화의 고유한 정체성이 의미 있게 창조될 수 있는 가장 핵심적인 혈(穴)이라고 할 수 있다.

물론 역사를 길고 넓게 보면, 우리 그림은 언제나 중국 회화와 밀접한 연관 속에서 이루어졌지만 중국 회화와는 다른 개성적 요소가 늘 자연스럽게 나타났다고 할 수 있다. 고구려 고분벽화와 고려 불화는 특히 이를 잘 보여 준다. 기실, 역사를 더 넓고 길게 보면, 이러한 현상은 인류 문화사의 어느 지역, 어느 시기에나 보편적으로 나타나는 현상이기 때문에 새삼스럽게 운위할 필요가 없는 자명한 일이라고 할 수 있을지 모른다. 그러나 '진경시대(眞景時代)' 회화의 '자생적 지평'과 '조선적 풍격'은 이처럼 보편적 차원에서 자연스럽게 나타났던 일반적 현상과 달리, 주체에 대한 분명한 자각 의식을 갖고 중국과 다른 개성적 풍격을 적극적으로 지향한 결과 나타난 매우 의식적인 현상이었다는 점에서 한국회화사의 영원한 고전적 전범으로 더욱 각별하고 특별한 의미가 있다.

'진경시대'의 개념과 의미

'진경시대'는 조선성리학의 고유 이념을 토대로 우리의 자연과 사회를 개성적인 미감과 화법으로 형상화해 조선적 풍격이 특히 두드러지게 나타났던 숙종 대(1674~1720)에서 순조 대(1800~1834)에 이르는 약 150년간을 일컫는다. 겸재(謙齋) 정선(鄭敾, 1676~1759)과 관아재(觀我齋) 조영석(趙榮祏, 1686~1761)을 거쳐 단원(檀園) 김홍도(金弘道, 1745~1806?)와 혜원(蕙園) 신윤복(申潤福, 1758~?)에 이르는 진경산수화와 풍속화는 이 시기의 이러한 특징을 잘 보여 주는 가장 대표적인 예라고 할 수 있다. 이들의 진경풍속은 지금 보아도 한없이 친근하고 정감 있는 우리 그림의 어떤 고전적 원형을 보는 것 같은 깊은 감동을 준다. 우리의 자연과

〈인왕제색(仁王霽色)〉 | 정선, 1751년, 종이담채, 79.2×138.2cm, 국보 216호, 삼성미술관 리움 소장

사회를 이토록 사랑하며 이렇게도 생생하고 아름답게 보여 준 그림은 그 이전은 물론 그 이후에도 찾아보기 어렵다. 이는 현실경(現實景)이나 사실경(寫實景)보다 이상경(理想景)이나 심상경(心像景) 같은 보편적 조형을 추구했던 그 이전의 초기와 중기는 물론 그 이후의 말기에서는 찾아보기 어려운 이 시기만의 가장 고유한 특징이다. 그리하여 이 시기의 이와 같은 새로운 경향을 상징적으로 보여 주는 '진경산수화'에서 '진경'이라는 말을 취해 이 시기를 '진경시대'라고 부른 것이다.

그런데 '진경(眞景)'이라는 말은 단순히 '진경산수화'의 약칭을 넘어 '실제 풍경'이나 '현실 풍경', '참된 풍경' 같은 많은 해석학적 의미가 담겨 있어 이 시대의 현실적이고 사실적이며 당대적인 경향을 가장 대표적으로 상징할 수 있을 뿐만 아니라, 진경산수화와 풍속화는 물론 초상화와 화조화 같은 다양한 그림까지 모두 포괄할 수 있는 장점이 많기 때문에 더욱 뜻깊고 효과적인 명칭이라고 할 수 있다. 실제로 18세기의 대표적 이론가인 표암(豹菴) 강세황

〈**현이도**(賢已圖)〉 | 조영석, 18세기 중반, 비단채색, 31.5×43.3cm, 간송미술관 소장

(姜世晃, 1713~1791)은 겸재 정선의 그림을 평해 "우리나라 진경을 가장 잘 그렸다(最善東國眞景)."고 했을 뿐만 아니라, 담졸(澹拙) 강희언(姜熙彦, 1710~1784 이전)의 풍속화를 평하면서도 "우리나라 진경이 여기에 이르러 극에 달했다(東國眞景, 斯爲極矣)."고 함으로써, 18세기에 이미 '진경'이라는 말을 진경산수화와 풍속화로 대표되는 조선적 풍격의 사실주의 회화를 일컫는 말로 사용해 이 시대를 진경시대로 부를 수 있는 토대를 마련해 주었다.

또한 강세황은 도산서원(陶山書院) 일대를 그린 자신의 〈도산도(陶山圖)〉(1751) 발문(跋文)에서 이르기를, "그림은 진경을 그리는 것보다 어려운 것이 없으니 그것이 닮기 어렵기 때문이요, 우리나라 진경을 그리는 것보다 어려운 것이 없으니 그것이 실제와 다른 것을 숨기기 어렵기 때문이며, 눈으로 직접 보지 않은 경치를 그리는 것보다 어려운 것이 없으니 그것이 억측으로

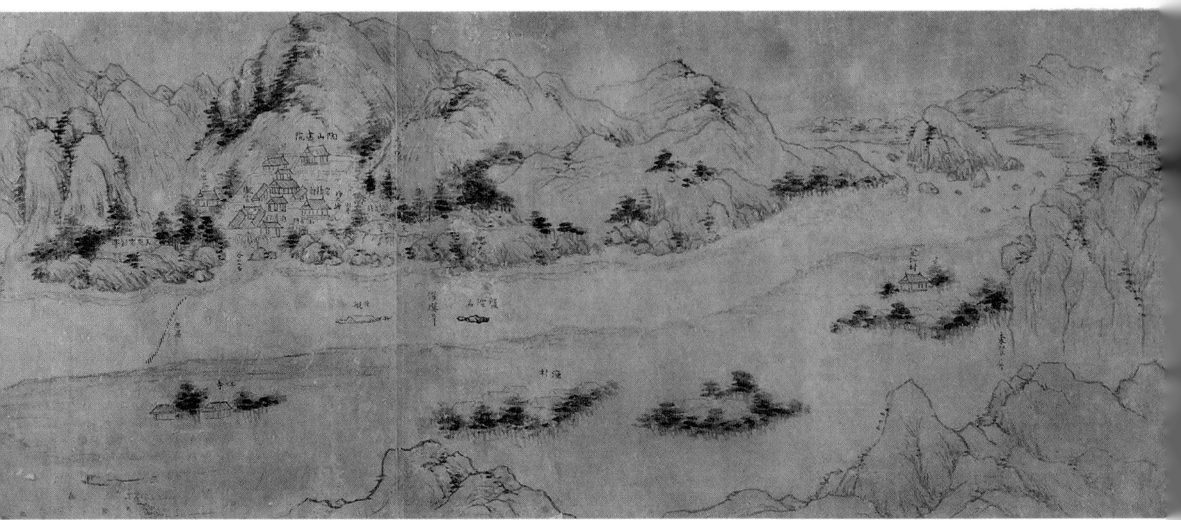

〈도산도(陶山圖)〉(부분) | 강세황, 1751년, 종이담채, 26.5×138cm, 국립중앙박물관 소장

닮게 할 수 없기 때문(夫畫莫難於山水, 以其大也, 又莫難於寫眞境, 以其難似也, 又莫難於寫我國之眞境, 以其難掩其失眞也, 又莫難於寫目所未見之境, 以其不可臆度而取似也)"이라고 함으로써, 조선의 '현실적 사실성'을 핵으로 하는 진경의 이념을 이론적으로 명확하게 정립했다. 뿐만 아니라, 강희언의 〈인왕산도(仁王山圖)〉를 평해, "진경을 그리는 사람은 매번 지도(地圖)와 비슷하게 되는 것을 근심하는데, 이 그림은 거의 실제와 똑같을 뿐만 아니라, 화가의 여러 가지 법식도 잃지 않았다(寫眞景者, 每患似乎地圖, 而此幅旣得十分逼眞, 且不失畫家諸法)."고 함으로써, 진경의 핵심이 단순한 현실적 사실성을 넘어 '예술적 형상화'에 있음을 강조하였다. 그리하여 강세황은 조선적 풍격의 진경산수화와 풍속화로 대표되는 18세기 회화적 성과의 본질을 '진경'이라는 상징적 개념으로 포괄하고, '현실적 사실성과 예술적 형상성'을 핵으로 삼는 진경의 창작 이념과 비평 이념까지 이론적으로 명확하게 정립했다. 이러한 의식은 비록 '진경'이라는 말을 명

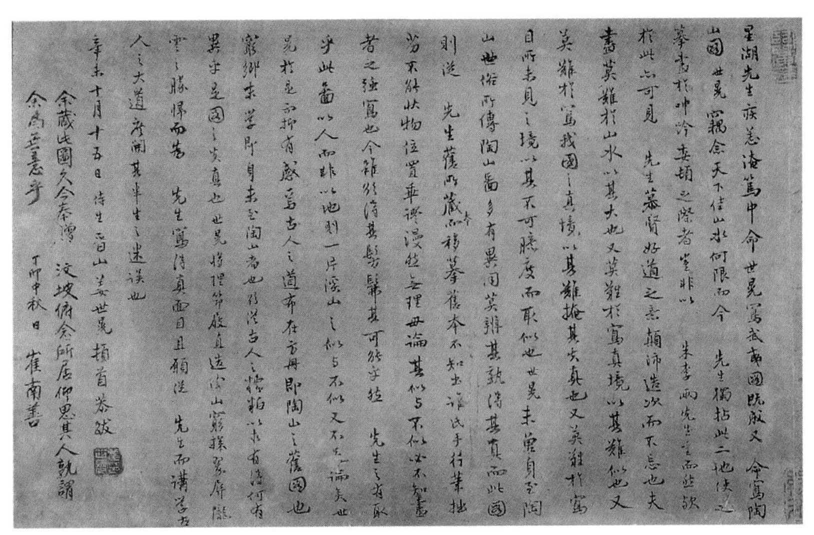

〈도산도발(陶山圖跋)〉(부분) | 강세황, 1751년, 종이담채, 26.5×138cm, 국립중앙박물관 소장

시적으로 사용하지는 않았다 하더라도 18세기의 비평가들이 하나의 시대 의식으로 광범위하게 공유한 측면이 많았다.

따라서 '진경시대'라는 말이 양식사적인 시대 구분 명칭으로 처음 사용된 것은 1985년에 개최된 간송미술관의 '진경시대' 특별기획전이고, 이후 1990년대 이래 간송학파에 의해 이론적으로 체계화되며 널리 사용되었지만, 강세황을 비롯한 18세기의 비평가들은 이미 자기 시대를 진경시대로 보고 있었다고 해도 과언이 아닐 정도로 '진경'의 핵심적인 개념과 이념을 이론적으로 정립했다고 할 수 있다. 그런 점에서 볼 때, 이는 내용과 맥락상으로는 다소 다르나 시대 구분 명칭상으로만 보면, 유럽에서 17세기 초에서 18세기 중후반을 일컬을 때 흔히 그 시대의 핵심을 상징하는 '바로크(Baroque)'와 '로코코(Rococo)'라는 비유적인 상징어로 일컫는 것과 일면 유사한 측면이 있다고 할 수 있다. '바로크'는 본래 '일그러진 진주'를 뜻하는 포르투갈어 '바로코

(barroco)'에서 유래된 것으로서, 15~16세기의 고전적 르네상스 예술이 조화와 균제를 추구했던 것과 달리, 그 이후의 예술이 상대적으로 동적인 과장과 변칙을 추구하는 경향이 많았던 것을 다소 경멸하는 어조로 18세기 중반경의 예술 비평에서 처음 사용했던 말이나, 19세기 중반경 이후 근대 미술사학이 발달하자, 역동성을 추구했던 17~18세기의 예술을 가리키는 양식사적 시대 구분 명칭으로 발전하며 전 세계적으로 널리 사용되었다. '로코코'도 '조개껍질 세공' 등을 가리키는 프랑스어 '로카유(rocaille)'에서 유래된 것으로서, 본래는 18세기 예술의 장식적 경향을 조소적으로 일컬은 말이었으나, 후에 순수한 양식사적 시대 구분 명칭으로 널리 사용되었다. 그런 점에서 볼 때, '진경' 시대라는 명칭은 동 시기 유럽의 '바로크(일그러진 진주)' 시대나 '로코코(조개껍질 세공)' 시대라는 명칭과 일견 유사한 측면이 있을 뿐만 아니라, 그에 비해 자기 시대의 본질적 의미를 더욱 긍정적이고 함축적이며 심도 있는 상징어로 개념화한 것이기 때문에 세계사적으로도 매우 뛰어나고 아름다운 명칭임을 알 수 있다.

그런데 1990년대 이래 '진경시대'론이 이론적으로 체계화되며 확산되자, 학계의 일부에서는 이 시기의 몇몇 현상을 들어 '진경시대'라는 명칭이 부적절하다는 비판을 제기해 왔다. 특히 '진경시대'의 어원이자 유래가 된 진경산수화는 그 당시 일부의 부분적인 현상일 뿐이었고, 실제로는 중국풍의 관념적인 산수화나 사의(寫意) 산수화, 고사도(故事圖)처럼 진경으로 포괄하기 어려운 그림들이 더 많았기 때문에 이 시기를 진경시대라고 부르는 것은 부적절하다고 비판했다. 또한 당시의 진경산수화는 조선의 주체적 의식이 반영되어 나타난 것이 아니라 중국 명 · 청 대 산수화의 영향으로 나타난 것이며, 조선만의 고유한 현상이 아니라 한 · 중 · 일 삼국에 공통적으로 나타났던 동아시아의 보편적인 국제적 현상 가운데 하나일 뿐이라고 함으로써, 진경시대의 성격과 의미에 대해서도 진경시대론과 정반대로 해석하며 주체성과 고유성을 부정하고 오히려 중세적 보편성이나 국제적 타자성 같은 요소를 더 본질적인 특성으로 의미화하고 강조했다. 이러한 경향은 1990년대 이래 학계와 지성계를 휩쓴 포스트모더니즘 계열의 주체해체론과 타자구성론, 탈민족주의론의 영향으로 특히 강단 미술사학을 통해 광범위하게 확산되었다.

그러나 이는 진경시대의 본질과 진경시대론의 본의를 정확히 이해하지 못한 채 본말을 전도해 버린 부적절한 해석이라고 생각된다. 진경시대론이 말하고자 하는 핵심은 단순히 진경이 가장 많이 그려졌다는 의미의 계량적 차원의 논의가 아니다. 그보다는 오히려 전과 달리 '진경'으로 상징되는 "지금, 여기, 우리"에 대한 현실적이고 사실적이며 당대적인 문화 이념과 조형의식이 대두하고, 이것이 한 시대의 시대 의식으로 매우 중요하게 작동했다는 것이다. 또한 단순히 중국이나 일본에는 없는 조선만의 현상이라거나 중국과 서양의 영향을 받지 않은 조선만의 폐쇄적이고 독자적인 문화라는 것도 아니다. 그 전에는 중국을 문화의 중심으로 보는 중국 중심의 범동아시아적인 보편적 사고가 많았기 때문에 우리 스스로 우리의 중심과 주체가 되지 못한 채 객과 같은 주변부로 존재하는 것 같은 측면이 적지 않았지만, 진경시대는 조선성리학이라는 고유 이념을 토대로 하여 상대적으로 그 전보다 우리를 주체와 중심으로 사고하는 자각 의식을 갖고 이러한 의식을 현실에 더욱 효과적으로 구현하기 위해 중국과 서양의 장점까지 적극적으로 수용하되 이를 주체적으로 해석하고 창의적으로 원용함으로써 조선적 고유성과 국제적 보편성이 상생적으로 융합된 수준 높은 조선적 풍격의 진경풍속이 새롭게 나타나고 크게 발전했다는 것이다.

다시 말해, 진경시대의 진정한 본질은 고유성과 독자성에만 있다고 할 수 있는 것도 아니지만, 그렇다고 국제성과 타자성에 있다고 할 수 있는 것은 더욱 아니다. 또한 현실적 사실성에만 있다고 할 수 있는 것도 아니지만, 그렇다고 중세적 보편성에 있다고 할 수 있는 것은 더더욱 아니다. 비록 이러한 이항 대립적 요소들이 상호 모순적이고 배타적인 상극의 속성을 갖고 있지만, 그렇다고 하여 이를 완전히 배타적인 요소로 분절시킨 뒤 상호 배제적으로 이해해서는 진경시대의 핵심을 제대로 파악하기 어렵다. 진경시대의 진정한 본질은 상호 모순적이고 배타적인 이러한 대립적 요소들이 놀랍게도 동시에 공존하고 상호 융합적으로 작용하여 더욱 큰 상생 효과를 냈다는 데 있다. 즉, 상극의 음양(陰陽)이 상반하고 상보하며 상생적으로 작용하여 우주 만물이 창생되듯, 상호 모순적이고 상반적인 이러한 요소들이 화학적으로 결합하며 상보적으로 작용하여 상생 효과를 일으킴으로써 더욱 고양된 조선적 풍격의 진경풍속이 국제적 차원의 수준 높은 지평에서 더욱 생생하고 감동적으로 이루어질 수 있었던 것이다. 이 점이 바로 이전이나 이후의 다른 시대에서는 찾아보기 어렵지만 진경시대에서 특징적으로 나타났던 가장 고유한 현상으로서, 진경시대의 핵심적 본질이자 진경시대에 담긴 뜻깊은 의미라고 할 수 있다.

진경시대 문화의 자생적 지평

그렇다면 진경시대에 이처럼 조선적 풍격의 진경풍속이 시대를 획할 만큼 급격히 발달한 근본적 이유는 무엇인가? 길게 보면, 조선 초기 이래 중국적 화풍으로 그려져 온 경향이 많았던 광의의 진경풍속이 오랜 세월을 거치며 점차 조선적 풍격의 그림으로 토착화된 결과라고 볼 수 있는 측면이 있을 것이다. 그리고 넓게 보면, 이 무렵에 전래된 명·청 대 오파계 남종화와 서양화법의 영향을 받은 측면도 적지 않았을 것이다. 그러나 진경시대 회화의 조선적 풍격은 단순히 점진적인 토착화 과정이나 외래 화풍의 영향만으로는 설명하기 어려울 정도로 하나의 단층이 질 만큼 급격히 발달하며 전혀 새로운 모습으로 환골탈태되는 질적 변화가 나타났을 뿐만 아니라, 이러한 현상이 거의 한 세기 반이나 지속되며 회화의 전 분야에 걸쳐 광범위하고 심도 있게 전개되었다. 이는 다른 시대에서는 찾아보기 어려운 이 시대만의 가장 고유한 특징이라고 할 수 있다.

따라서 이러한 현상이 나타나게 된 이유와 의미를 새로운 맥락에서 접근해 보다 구조적으로 이해하고 체계적으로 파악해야만 진경시대에 담긴 역사적 의미의 본질적 핵심을 올바로 이해할 수 있다. 더구나 이름 없는 한 송이 들꽃이 피는 데도 고유한 종자 같은 내적 요소는 물론, 흙과 물, 바람, 햇빛 같은 여러 가지 외적 요소가 조화롭게 작용해야만 하듯, 진경시대 회화의 조선적 풍격이 급격히 발달한 데도 국내외적인 여러 요소가 다양하게 작용했기 때문에 세대와 장르마다 다원적인 맥락에서 중층적으로 이해해야만 그 실상을 제대로 파악할 수 있을 것이다. 그러나 무엇보다도 중요한 근원적 동인은 17세기의 동아시아를 휩쓴 국제적 변동과 민족적 위기를 극복해 나가는 과정에서 대두된 자존적 주체 의식과 이에서 파생된 사실적 현실 의식의 새로운 시대정신이라고 할 수 있다.

즉, 조선 중기를 지나며 사회 전반에 뿌리내린 강고한 성리학적 이념으로 무장한 조선의 사림(士林)들은 활발한 의병 활동과 명나라의 원군(援軍)에 힘입어 양차의 왜란(倭亂, 1592, 1597)을 슬기롭게 극복한 뒤, 인조반정(1623)을 통해 패륜의 광해군까지 축출함으로써, 성리학적 문치주의의 이상사회를 구현해 간다는 자긍심에 가득 차 있었다. 그러나 야만의 여진족(만주족)이 무력으로 침공한 병자호란(1636)으로 오랑캐 여진족을 신하의 예로 섬기는 치욕을 당했을 뿐만 아니라, 무력을 더욱 키운 여진족이 동아시아 문화의 중심이자 주체로 군림해 온 명나라를 멸망시키고(1644) 중국까지 지배하며 우리에게 군신(君臣) 관계의 복속을 강제하는 제국주의적 패권을 강요하자 전통적인 세계관과 자아 정체성이 근본적으로 붕괴되는 엄청난 충격을 당하였다.

그리하여 17세기 중·후반의 조선 지식인들은 야만의 여진족이 무력을 토대로 하여 수립한 청나라 중심의 제국주의적인 패권적 질서에 맞서 민족적 위기를 슬기롭게 극복할 수 있는 새로운 이념을 치열하게 모색했다. 당시의 지식인들에게 가장 시급한 과제는 상처받은 자존심과 정신적 위기를 극복하고 붕괴된 민족적·국가적 위상을 회복한 뒤, 문치주의의 이상적 세계관을 재정립하여 새로운 자아 정체성을 확립하는 일이었다. 이 과정에서 정치적·학문적 차이에 따라 다양한 이념이 제시되기도 했지만, 인조반정 이후 성리학적 이념을 토대로 세도(世道)를 주도했던 율곡(栗谷) 제자 계열의 서인(西人)들은 17세기의 동아시아를 휩쓴 민족적 대변동을 조선성리학 중심으로 해석하여 조선 중심의 자존적 주체 의식을 강조한 새로운 이념을 수립했다. 즉, 그동안 동아시아 문화의 중심이자 주체로 군림해 온 한족(漢族)의 명나라는 멸망해 존재하지 않고, 새로 중국을 지배하는 여진족의 청나라는 아직 폭력적 야만의 상태에 불과해 현실적으로 전통적인 동아시아 문화의 중심이 붕괴된 상태이므로, 이제 동아시아 문화의 핵심인 성리학과 예학(禮學)이 가장 발달했을 뿐만 아니라, 오랑캐의 호복(胡服)을 입는 중국과 달리 선왕(先王) 이래의 의관(衣冠)까지 온전하게 보존하고 있는 조선이 곧 동아시아 문화의 중심이자 주체로서의 새로운 '중화(中華)'라는 '조선중화사상(朝鮮中華思想)'의 혁신적 이념이 바로 그것이다.

이는 청나라의 약점과 조선의 장점을 가장 효과적으로 활용한 이념으로서, 청나라의 군사적 우세와 정치적 간섭의 암울한 현실 속에서 한시적으로나마 조선 지식인들이 정신적 위기를 극복하고 자아 정체성을 확립할 수 있는 최적의 이념이었다. 특히 이는 그동안 우리가 중국을 충실히 모방한 작은 중국이라고 생각해왔던 '소중화(小中華)' 의식과 달리, 이제는 조선이 최고의 문화를 지닌 '중화' 그 자체로서 세계의 중심이자 문화의 주체라고 생각하는 새로운 의식이 담긴 혁신적 사상이었다. 더구나 종족 · 지역 · 문화가 삼위일체적으로 통일되고 융합된 한족(漢族) 중심의 주자성리학적 중화관(中華觀)에 의하면 우리는 동쪽 오랑캐의 하나에 불과했다. 그러나 종족과 지역을 넘어선 조선성리학의 새로운 문화주의적 중화관에 의하면, 이제 야만의 여진족 지배에 들어가 호복을 입는 중국이 아니라, 성리학이 가장 발달하고 유교문화의 정통을 가장 잘 보존하고 있는 조선이 곧 '중화'라는 새로운 자존적 주체 의식이 가능했다. 그런 점에서 이는 조선의 국시(國是)로 수용된 주자성리학이 율곡(栗谷)을 거치며 이기일원론(理氣一元論)의 율곡성리학으로 발전한 뒤, 다시 17세기 동아시아의 대변동으로 초래된 중국과 조선의 새로운 현실과 융합되어 한족 중심의 주자성리학적 중화관과 반대되는 조선 중심의 새로운 문화주의적 중화관을 강조한 조선성리학의 고유 이념으로 완전히 환골탈태된 것이라고 할 수 있다.

그리하여 성리학적 학풍이 뛰어나고 가학 전통이 깊어 이와 같은 조선성리학적 이념을 선도적으로 이끌었던 율곡 제자 계열의 서인(西人)이 가장 많은 사대부들의 지지를 얻고 왕실의 지지까지 얻으며 세도(世道)를 주도해 나갔다. 그리고 17세기 중 · 후반 이래 엄격한 자기 관리와 진보적인 제도 개혁을 통해 국방력과 경제력의 비약적인 발전을 이룩하는 한편, 사상과 문화 방면에서도 조선 중심의 독자적인 문화를 일구어 냈다. 비록 사상적 · 정치적 차이로 인한 학파와 당파 간의 분화와 대립이 없지 않았고, 조선중화사상을 선도적으로 주창한 노론 계열이 보다 적극적으로 주도해 나간 측면이 많았지만, 자존적 주체 의식과 이에서 파생된 사실적 현실 의식은 학파와 당파의 차이를 넘어 진경시대 지식인들이 하나의 근원적 시대정신으로 광범위하게 공유한 측면이 있었다.

그리하여 정치는 물론 사상과 문학, 예술 등 문화 전반에 걸쳐 조선 중심적이고 현실주의적인 조선적 풍격의 개성적 문화가 전면적으로 대두하고 크게 발달했다. 특히 1682년(숙종 8년)에는 지금까지 명나라의 예에 따라 문묘(文廟)에 봉안한 중국의 역대 성현들 가운데 공적이 뛰어나나 실절(失節)의 흠이 있어 엄격한 조선성리학적 명분론에 맞지 않는 인물들을 빼 버리고, 의리(義理)가 뛰어나나 공적이 적다는 이유로 중국에서 봉안하지 않았던 새로운 인물을 추가하는 대대적인 개정을 감행했다. 이제 조선성리학의 도학(道學) 정신에 입각해 동아시아 문화의 핵심인 유학사와 정신사의 정통까지 완전히 조선적인 기준으로 재해석하고 재정리하는 독자성을 과시한 것이다. 또한 명나라가 망한 지 1주갑(周甲)이 되는 1704년(숙종 30년)에는 중국에서 황제가 하늘에 제사 지낼 때의 형식인 단(壇)을 설치하여 숙종이 명나라의 마지막 황제인 의종(毅宗)의 제사를 거행했다. 이는 이미 망한 명나라까지 섬긴 조선시대 사대주의의 가장 잘못된 표본으로 알려져 왔지만, 조선 지식인들이 이를 거행했던 진정한 의도는 정반대 의미가 담겨 있었다. 이제 조선이 동아시아 문화의 중심이자 주체이기 때문에 그동안의 중심이요 주체였던 중국의 마지막 황제 제사도 적장자(嫡長子)가 제사를 받드는 주자성리학과 조선성리학의 예법(禮法)에 따라 조선의 국왕이 맡아야 한다는 조선중화사상을 구체적으로 실천하며 자강(自强)을 다짐하는 데 있었다.

이는 이와 같은 명나라 계승론의 이념을 가장 앞장서서 주창했던 우암(尤庵) 송시열(宋時烈, 1607~1689)이 기실 명나라의 학문은 조선보다 못해 전혀 볼 필요가 없다고 단언했던 사실이나, 그동안 사대의 맥락에서 명나라 기준대로 따라왔던 문묘 제도를 조선적인 기준으로 수정하는 데 앞장섰던 사실에서 그 진정한 본의를 잘 엿볼 수 있다. 다시 말해, 이는 송시열을 비롯한 조선 지식인과 국왕들이 이미 망해 현실에 존재하지 않는 명나라의 마지막 연호(年號)를 사용하고 마지막 황제 제사까지 지내며 명나라를 계승한 정통 적장자라는 허구적인 명분론적 형식을 빌려 새로운 패권을 강요하는 청나라를 결코 인정하지 않는다는 논리로 활용한 뒤, 실제로는 명나라는 물론 청나라도 존재하지 않게 된 자의식의 새로운 공간에서 조선의 자존적 주체 의식을 키우며 독자적 문화를 일구어 나가고자 했던 진정한 본의를 잘 보여 주는 것이라고 할 수 있다.

그리하여 진경시대는 이와 같은 조선중화사상을 토대로 하여 대두된 조선 중심적인 주체적 의식이 역사와 문학, 미술 등 문화 전반에 걸쳐 광범위하게 나타났다. 17세기 후반에 새로운 사관(史觀)에 의해 우리의 역사를 새롭게 서술하던 모습은 이와 같은 문화 의식의 일단을 잘 보여 준다. 특히 유계(兪棨, 1607~1664)는 1667년(현종 8년)에 『여사제강(麗史提綱)』을 저술하고, 홍여하(洪汝河, 1620~1674)는 1672년에 『동국통감제강(東國通鑑提綱)』을 집필하여, 처음으로 성리학적 명분론에 입각한 강목체의 역사 서술을 시도하고, 정통론에 입각하여 우리의 고대사를 체계화했다. 이는 이 시기에 더욱 심화되고 있었던 성리학의 토착화 현상을 보여 주는 것임과 동시에, 지금까지 정통론이 중국사에만 적용되었던 사실을 상기할 때, 이제 정통의 국가가 중국만이 아니라 우리나라에도 똑같이 존재할 수 있다고 하는 새로운 주체적 역사의식의 성장을 보여 주는 것이기도 했다. 그리고 우리의 고대사 체계를 새롭게 수립하며 기자조선(箕子朝鮮)을 중시한 것도 우리의 고대사가 중국 고전 문명의 연원이라고 할 수 있는 주(周)나라와 거의 비슷하거나 앞선 시기에 대등한 유교적 문화로 시작되었다는 점을 강조하고자 한 주체적 의식의 일단을 보여 주는 것이기도 했다.

이와 같은 조선 중심의 주체적 의식은 사상이나 학문과 직결된 가장 선진적 예술 형식이라 할 수 있는 문학 방면에서 먼저 구체적으로 나타났다. 17세기 후반의 서포(西浦) 김만중(金萬重, 1637~1692)이 중국의 한자로 이루어진 우리 문학은 앵무새의 흉내에 불과한 거짓 문학이며, 송강(松江) 정철(鄭澈, 1536~1593)의 「관동별곡」이나 「사미인곡」 같은 우리말로 이루어진 한글문학이 진정한 우리 문학이라 단언하며 스스로 「구운몽」(1687~1689)과 「사씨남정기」(1689~1692) 같은 한글 소설을 창작한 것은 가장 대표적인 예라고 할 수 있다. 진경시대 초기의 서인계 문단을 주도하며 겸재 정선을 길러 낸 대표적 문인 가운데 하나였던 삼연(三淵) 김창흡(金昌翕, 1653~1722)도 진실된 시는 길거리의 아동이나 여염집 아낙네의 말에 있다고 하며 김만중의 견해를 지지했다. 그리고 김만중의 종손(從孫)인 북헌(北軒) 김춘택(金春澤, 1670~1717)도 자기 나라의 언어로 지은 시는 허위가 아니라 진실이기 때문에 사람을 가장 크게 감동시키는 것이라고 하며 우리 문학의 언문일치론(言文一致論)을 강조했다. 심지어 18세기 후반에 청나라와 서양의 선진적인 과학 문화를 수용하며 북학(北學)의 신학문을 열었던 담헌(湛軒) 홍대용(洪大容, 1731~1783)도 우리 문학의 중심은 고래의 한문 시문이 아니라 우리말로 이루어져 우리의 진실이 담겨 있는 민요(民謠)라고 주장하며 이러한 정신을 계승했다.

이처럼 우리 문학의 진정한 본질이 우리말에서 나오는 진실성에 있다고 하는 새로운 주체적 문학 정신이 대두하자, 한자로 이루어진 한문학도 조선 중심으로 재정립되는 현상이 나타났다. 특히 겸재 정선을 후원하며 그의 진경산수화를 길러냈던 농암(農巖) 김창협(金昌協, 1651~1708)과 삼연 김창흡, 사천(槎川) 이병연(李秉淵, 1671~1751) 같은 문사들은 우리식 문투(文套)가 짙은 조선적 한문을 구사하며 우리의 산천을 더욱 사실적으로 형상화한 진경시문(眞景詩文)을 창도했다. 존재(存齋) 위백규(魏伯珪, 1727~1798)와 연암(燕巖) 박지원(朴趾源, 1737~1805) 같은 18세기 후반의 문사들도 그 연장선상에서 구어와 속담, 방언 같은 다양한 우리 토속어를 적극적으로 활용하며 조선의 현실을 더욱 생생하게 묘사한 한문 시문을 선도했다. 심지어 다산(茶山) 정약용(丁若鏞, 1762~1836)은 "나는 조선 사람이니, 즐겨 조선 시를 지으리(我是朝鮮人, 甘作朝鮮詩)."라고 읊으며, 당대의 생생한 현실을 사실적으로 묘사한 수많은 한문 '조선 시(朝鮮詩)'를 감동적으로 보여 주었다. 이는 진경시대에 우리말로 이루어진 국문학은 물론 한자로 이루어진 한문학 방면에서도 조선 중심의 예술 정신이 크게 발흥할 정도로 자존적 주체 의식과 사실적 현실 의식이 또렷하게 자각되며 지속적으로 전개되고 있었던 모습을 잘 보여 주는 것이라고 할 수 있다.

진경시대 회화의 조선적 풍격

회화는 다른 예술 장르보다 진경시대의 시대정신을 구체적 차원에서 직접적이고도 종합적으로 잘 보여 준다. 진경시대론이 회화사를 중심으로 입론되고 체계화된 것은 이 때문이다. 진경시대 회화는 조선 중심의 자존적 주체 의식과 이에서 파생된 사실적 현실 의식이 하나로 연결된 동일한 시대정신임을 잘 보여 줄 뿐만 아니라, 이를 더욱 효과적으로 실현하기 위해 중국과 서양의 새로운 화법을 수용하고 주체적으로 해석한 뒤 창의적으로 원용하는 등 국제성과 타자성에 대해서도 매우 개방적이고 적극적이었음을 잘 보여 준다. 특히 초상화와 진경산수화 및 풍속화는 이러한 과정과 맥락 속에서 특징적으로 나타났던 조선적 풍격의 여러 가지 양상을 이념과 도상은 물론 화법과 미감 등 회화의 전 분야에 걸쳐 매우 종합적으로 잘 보여 주어 더욱 주목된다.

먼저 당시의 회화 비평 담론들은 이러한 시대정신의 기본 이념을 근원적 차원에서 잘 보여 준다. 가령 진경시대 초기의 대표적 중인(中人) 문사인 홍세태(洪世泰, 1653~1725)는 1709년(숙종 35년)에 청나라 사신의 수행원으로 조선에 왔던 한족(漢族) 문사 수민(殳敏)이 남기고 간 화첩(畵帖)에 발문을 쓰며, 그가 우리나라에 온 것은 중국 대륙이 야만의 땅으로 변했기 때문에 이제 조선에만 남아 있는 선왕(先王)의 문화를 배우기 위해서였을 것이라고 해석했다. 일개 역관(譯官) 출신에 불과한 중인 문사까지 중국과 조선의 문화적 위상이 완전히 역전된 것으로 인식하고 있었던 당시 화단의 자존적 의식을 잘 엿볼 수 있다. 17세기 초에 명나라의 문인화가 주지번(朱之蕃, 1548~1624)이 사신으로 조선을 방문했을 때(1606), 허균(許筠, 1569~1618)을 비롯한 당대의 대표적 문사들이 선진 예술을 접할 수 있는 기회로 생각하고 성대히 환영하며 적극적으로 교유했던 것과 비교하면 완전히 정반대 현상이라고 할 수 있다. 심지어 18세기 초의 대표적 회화 비평가인 조구명(趙龜命, 1693~1737)은 공재(恭齋) 윤두서(尹斗緖, 1668~1715)의 손자 윤용(尹愹, 1708~1740)의 화첩에 발문을 쓰며, 윤용이 생각 없이 쇠락해 가는 중국 그림이나 사모하고 그대로 모방하는 행태를 강하게 비난한 뒤, 그의 손가락을 꺾어 버리고 그림은 불더미에 처넣은 뒤 금륜성왕(金輪聖王: 轉輪聖王)에게 참회하고 싶다는 극언까지 서슴지 않았다.

이처럼 자존적 의식이 팽배하자, 사고와 가치의 기준을 조선에 두고 조선 중심으로 생각하는 주체적 회화론이 광범위하게 나타났다. 그러나 더욱 중요한 점은 자존적 주체 의식이 단순히 배타적이고 폐쇄적인 차원에만 머물지 않고, 국제성과 타자성의 지평으로 넓게 열린 개방적 차원에서 수준 높게 전개되었다는 점이다. 가령 홍태유(洪泰猷, 1672~1715)가 망천장(輞川莊)이나 무이구곡(武夷九曲), 용안(龍眼), 여지(荔枝)처럼 우리나라에 없어 직접 볼 수 없는 중국 소재를 그릴 때는 중국 그림과 화보를 참고해야 하지만, 국화처럼 우리 주변에서 직접 경험할 수 있는 것까지 중국 화보를 그대로 따라 그리는 것은 한심한 짓이며 우리나라 국화를 직접 보고 그리는 것이 의식 있는 그림이라고 주장했던 것은 가장 대표적인 예라고 할 수 있다. 겸재 정선이 평생에 걸쳐 조선적 풍격의 진경산수화를 개척해 가던 모습을 가장 가까이에서 목도했던 조영석도, 정선이 중국의 역대 고전 산수화를 두루 섭렵했을 뿐만 아니라, 버린 붓이 무덤을 이룰 만큼 집 주변의 한양 산수는 물론 전국의 산천을 두루 유람하며 수없이 사생했기 때문에 진정한 우리나라 산수화를 '개벽(開闢)'할 수 있었다고 보았다. 이는 자존적인 주체적 의식이 현실적인 사실주의 정신과 하나의 회화 정신으로 긴밀하게 연결되어 있었을 뿐만 아니라 국제적인 개방성과 타자성의 지평으로까지 넓게 열려 있던 모습을 잘 보여 주는 것이라고 할 수 있다.

특히 초상화는 인간의 자아 정체성에 대한 성찰과 그 시각적 구현을 가장 직접적으로 보여 주기 때문에 이러한 모습을 더욱 전형적으로 잘 엿볼 수 있다. 진경시대에 새로운 도상(圖像)과 화법을 토대로 한 조선적 풍격의 개성적인 초상화가 매우 발달했던 것은 이 때문이다. 특히 1713년(숙종 39년)에 국가적 차원에서 숙종(肅宗) 어진(御眞)을 그리던 모습은 이를 잘 보여 준다. 숙종과 대신들은 조선 초기의 태조(太祖) 어진(御眞) 이래 명나라 초상화의 도상을 따라 300년간 조선 국왕의 어진 형식으로 전승해 온 바닥의 채전(彩氈 : 화려한 기하학적 문양의 채색 카펫)은 중국식의 가설적 도상이지 우리의 현실이 아니라고 하여 이를 우리의 화문석(花紋席)으로 고쳐 그리기로 결정했다. 그리하여 숙종이 어좌(御座)에 깔고 있던 용문석(龍紋席 : 용무늬를 수놓은 화문석)으로 바꾸어 그려, 국초 이래 처음으로 조선 국왕의 초상화를 조선 국왕의 현실적인 실제 모습 그대로 그렸다. 그리고 이것이 이후 조선 말기까지 거의 200년간 조선 왕실의 새로운 어진 형식으로 계승되었다. 이런 변화는 일반 사대부나 관료들의 초상화는 물론 승려와 기녀들의 초상화까지 확산되어 진경시대 초상화는 화문석을 중심으로 한 새로운 조선적 도상이 크게 유행했다.

또한 명나라 중심의 범동아시아적인 사대교린(事大交隣)의 정치적 위계상 조선은 본래 운학 흉배(雲鶴胸背)를 사용할 수 없었다. 그러나 17세기 후반의 진경시대부터 초상화에 운학 흉배를 그리기 시작하고, 이것이 이후 조선 후기의 새로운 전통으로 토착화되었다. 즉, 국초에 명나라를 본받아 조선의 흉배 제도를 정할 때(단종 2년, 1454), 사대 외교상의 2등체감법(二等遞減法)으로 인해 조선의 흉배는 명나라보다 2품씩 등급을 낮추어 문양을 정했다. 그 결과 명나라의 1품관 흉배인 선학(仙鶴) 흉배와 2품관 흉배인 금계(錦雞) 흉배는 조

〈철종어진〉(31세 군복본) |
이한철 외, 1861년, 비단채색, 202×93cm, 보물 1492호, 국립고궁박물관 소장

선에서 사용할 수 없었다. 조선의 문관 1품관은 명나라 3품용의 공작(孔雀) 흉배를 사용하고, 2품관은 명나라 4품용의 운안(雲雁) 흉배, 3품관은 명나라 5품용의 백한(白鷴, silver pheasant) 흉배를 사용했다. 그러나 17세기 중 · 후반경에 조선중화사상이 대두하자, 이와 같은 명나라 중심의 차등적인 흉배 제도를 버리고, 우리도 명나라와 똑같이 문관 1품은 운학 흉배를 사용해야 한다는 새로운 의식이 싹텄다.

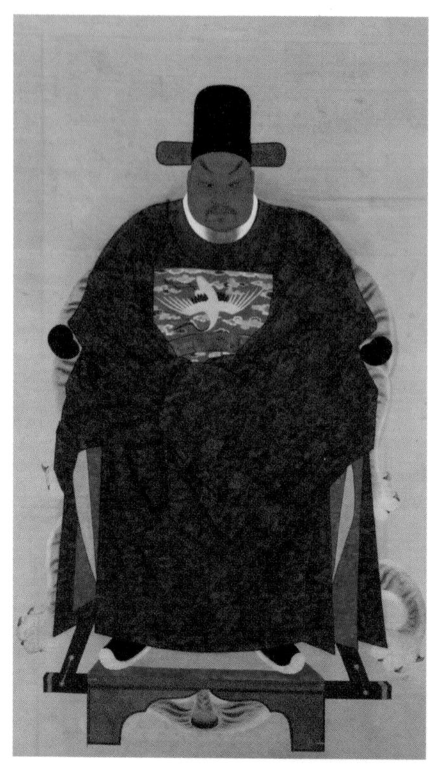

〈김석주(金錫胄)상〉 | 작가 미상, 1680~1694년경, 비단채색, 178×130cm, 실학박물관 소장

당시 청나라도 명나라의 흉배 제도를 그대로 채택해 문관 1품관은 선학 흉배를 착용했다. 그러나 정묘호란과 병자호란에서 조선의 기개에 놀란 청나라는 병자호란 이후 공식적으로 책봉과 사대의 군신 관계를 맺고 있었음에도 불구하고 조선에 감히 2등체감의 흉배 제도를 요구하거나 강요하지 않았고, 조선의 사대부들도 야만적인 청나라의 패권주의를 인정하지 않는 자존 의식이 강했기 때문에 청나라를 거의 의식하지 않았다. 그리하여 대략 진경시대가 시작되는 17세기 후반의 숙종 대부터 운학 흉배를 착용하고 초상화에도 운학 흉배를 그리기 시작했다. 숙종 대의 〈김석주(金錫胄, 1634~1684)상〉과 〈신익상(申翼相, 1634~1697)상〉, 〈권대운(權大運, 1612~1699)상〉, 〈남구만(南九萬,

1629~1711)상〉 등은 대표적인 예이다. 그리고 이후 문관 흉배는 운학 흉배 한 가지로 단일화하고, 이것이 200년간 조선 후기의 새로운 전통으로 계승되었다.

그런데 공작과 백한은 우리나라에서 보기 어렵지만, 학은 창덕궁에서도 기르며 길들일 정도로 흔히 볼 수 있는 서조(瑞鳥)였기 때문에, 이는 한편으로 진경시대에 사실적인 현실 의식이 발달했던 것과도 일정 부분 연관되어 있었다. 특히 조선 초 · 중기 이래 《산릉도감의궤(山陵都監儀軌)》의 '사수도(四獸圖)'에 〈주작(朱雀)〉을 그릴 때, 몸은 하나이나 얼굴과 목 및 다리는 각각 3개씩 달린 괴이한 형상으로 그려 왔는데, 18세기 중반경의 진경시대 전성기에는 이런 괴이한 형상을 납득하기 어려웠던 듯, '주작(朱雀)'을 아예 글자 그대로 '붉을 주', '참새 작'으로 해석해 사실적인 형태의 '붉은 참새'로 그리기 시작했다(영조 33년, 1757). 이는 중국의 흉배 문양 가운데 우리나라에 서식하지 않

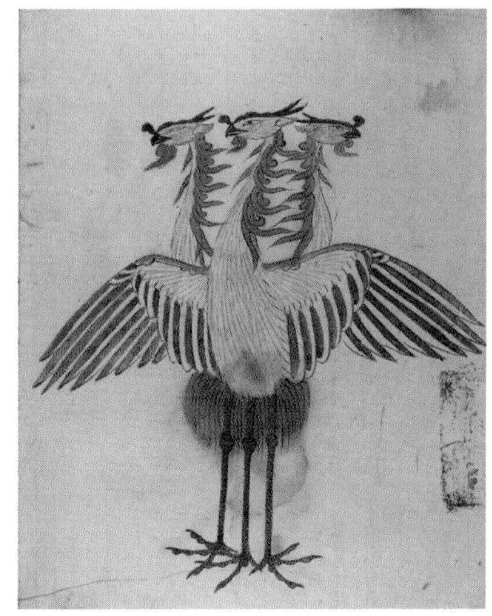

〈주작(朱雀)〉 | 작가 미상, 『인목왕후목릉산릉도감의궤(仁穆王后穆陵山陵都監儀軌)』, 종이채색, 46.7×33.7cm, 1632년, 규장각한국학연구원 소장

〈주작(朱雀)〉 | 작가 미상, 『인원왕후명릉산릉도감의궤(仁元王后明陵山陵都監儀軌)』, 종이채색, 34.5×26.0cm, 1757년, 규장각한국학연구원 소장

〈김치인(金致仁)상〉 | 변상벽 · 한종유 합작, 1766년, 비단 채색, 152.8×81.6cm, 삼성미술관 리움 소장

는 조류 문양의 흉배가 사라지고 운학 흉배 중심으로 정리되었던 것과 일면 유사한 현상으로서 진경시대의 사실적이고 현실적인 시대정신을 매우 상징적으로 보여 주는 것이라고 할 수 있다.

그런데 진경시대 초상화는 이와 같은 새로운 자아 정체성을 더욱 사실적으로 생생하게 형상화하기 위해 우리보다 사실적 묘사력이 앞선 청나라 초상화법과 서양화법까지 적극적으로 수용하되, 이를 우리의 정서와 미감에 맞게 주체적으로 소화한 뒤, 이를 통해 조선적 풍격이 강하게 풍기는 개성적인 초상화를 창조해 내는 놀라운 성과를 보여 주었다는 점에서 더욱 주목된다. 특히 앞서 본 것처럼 1713년에 숙종 어진을 그릴 때, 중국식 채전을 우리의 화문석으로 바꾸어 그려 자존적이고 현실적인 조선적 도상으로 혁신하는 놀라운 성과를 보여 주었지만, 이와 동시에 숙종과 대신들은 영의정 김창집(金昌集, 1648~1722)이 1712년에 북경에서 중국인 화가에게 그려 온 초상화 초본을 어진화사(御眞畵師) 진재해(秦再奚)에게 보여 주며 우리보다 앞선 청나라의 얼굴 채색법과 명암법을 참고하여 숙종 어진을 보다 사실적으로 그리도록 요구했다. 따라서 이는 진경시대에 자존적 주체성과 현실적 사실성, 국제적 개방성이 삼위일체적으로 융합되고 조화되며 더욱 생생하고 수준 높은 조선적 풍격의 새로운 회화가 창조되어 나가던 모습을 잘 보여 주는 것이라고 할 수 있다.

그리하여 18세기의 진경시대 초상화는, 마치 유화(油畵)처럼 비단 위에서 안료를 도말(塗抹)하듯 칠하며 명암과 질감을 짙고 자세하게 묘사해 입체감을 매우 사실적으로 표현했던 청나라 초상화의 장점을 수용하되, 이를 우리의 정서와 미감에 맞는 개성적인 화법으로 변용시켰다. 그리하여 먼저 비단 뒷면에 광물질 안료인 진채(眞彩)를 배채(背彩)한 뒤, 비단 앞에서 염료 계열의 안료를 담채(淡彩)로 선염(渲染)하며 색감과 명암을 조절하고, 흉배와 화문석 같은 일부에만 진채를 후채함으로써 전체적으로 화려하고 중후하며 깊되, 맑고 투명하며 단아한 느낌이 드는 조선적 풍격의 개성적인 초상화를 창안했다. 그리고 정교한 초점 투시법과 일점 광선에 의한 음영적인 명암법을 구사하는 서양화법까지 적극적으로 수용하여 투시와 명암을 보다 정교하게 표현하고 그림자와 하이라이트까지 자세하게 묘사하되, 이를 전통적인 다시점(多視點)의 산점투시법(散點透視法)과 절충하고, 다점(多點) 광선(光線)에 의한 음양적(陰陽的)인 명암법과 융합시켰다.

〈서직수(徐直修)상〉 | 이명기 · 김홍도 합작, 1796년, 비단채색, 148.8×72cm, 국립중앙박물관 소장

〈해산정(海山亭)〉, 《신묘년풍악도첩(辛卯年楓嶽圖帖)》 | 정선, 1711년, 비단채색, 26.8×37.3cm, 국립중앙박물관 소장

그리하여 전체적으로 깊고 넓을 뿐만 아니라 맑고 밝은 느낌이 들어 서양 초상화는 물론 청나라 초상화와도 다른 조선적 풍격의 개성적인 초상화를 창조했다. 진경시대의 대표적 초상화가인 장경주(張敬周, 1710~?)의 〈윤증(尹拯, 1629~1714)상〉(1744)과 변상벽(卞相璧, ?~1775)의 〈김치인(金致仁, 1716~1790)상〉(1766), 이명기(李命基, 1756~?)의 〈강세황(姜世晃, 1713~1791)상〉(1783), 그리고 이명기와 김홍도가 합작한 〈서직수(徐直修, 1735~1811)상〉(1796) 등은 이러한 특징을 잘 보여주는 대표적인 예라고 할 수 있다. 더구나 엄격한 조선성리학적 이념이 작용하여 초상화가 주로 수기적(修己的)이고 제의적(祭儀的)이며 정교적(政敎的)인 맥락에서 그려지고 봉안되었기 때문에, 도상이 공손하고 근엄한 자세로 정형화되어 있을 뿐만 아니라, 미감도 맑고 투명하며 단아한 느낌이 강조되어 이와 같은 조선적 풍격이 더욱 심화되고 강화되었다.

이러한 과정과 맥락은 우리의 자연과 사회에 대한 성찰과 그 시각적 구현을 잘 보여 주는 진경산수화와 풍속화의 경우도 거의 유사하게 나타났다. 진경산수화의 경우, 겸재 정선이 많이 그린 금강산과 인왕산 일대의 진경산수화는 이러한 양상을 이념과 도상 및 화법에서 종합적으로 잘 보여 준다. 특히 정선을 키워 낸 삼연 김창흡은 금강산과 동해안 일대를 그린 정선의 대표작 가운데 하나인 《해악전신첩(海嶽傳神帖)》을 평하는 가운데, 고성(高城)의 〈해산정(海山亭)〉이 금강산을 병풍 삼고 동해 바다를 굽어보는 호쾌한 장관을 보자, 천하 장관이라는 중국의 악양루(岳陽樓)가 동정호(洞庭湖)를 굽어보는 것은 단지 "말굽 자국에 괸 물"처럼 작고 왜소해 전혀 비교도 되지 않을 정도로 뛰어나다며 이를 매우 자랑스러워했다. 박사후(朴師厚, 1701~1771)도 정선의 《해악전신첩》을 평하며, 금강산은 산의 성인(聖人)인 태산(泰山)과 물의 성인인 황하(黃河)를 겸한 진정한 산수의 성인으로서, 예전부터 중국 선비들도 꼭 한번 보고 싶어 했는데, 정선이 금강산을 그린 것은 이와 같은 성인을 모시기 위한 것이었다고 하며 김창흡의 정신을 더욱 발전시켰다. 정선의 진경산수화를 낳고 기른 당시 예술계의 이념적 자장도 우리의 자연과 문화에 대한 자존의식과 깊이 연결되어 있었음을 알 수 있다.

더구나 정선은 이러한 시대정신을 토대로 하여 전통 화법과 외래 화풍 및 현장 사생을 삼위일체적으로 융합시켜 우리의 산천을 가장 적실하게 형상화할 수 있는 새로운 진경화법을 창안하는 기념비적 성과를 이룩하여 더욱 주목된다. 정선의 대표작으로 일컬어지는 〈청풍계(淸風溪)〉(1739)와 〈인왕제색(仁王霽色)〉(1751), 〈금강전도(金剛全圖)〉(1740년대 말경) 같은 작품들은 특히 이를 잘 보여 준다. 정선은 묵법(墨法) 중심의 부벽준(斧劈皴)이나 쇄찰법(刷擦法) 같은 조선 중기 이래의 전통적인 북종화법(北宗畵法)과 새롭게 전래된 피마준(披麻皴)

〈**금강전도**(金剛全圖)〉 ㅣ 정선, 1740년대 말경, 종이담채, 130.7×59cm, 삼성미술관 리움 소장

이나 미점(米點) 같은 명 · 청 대의 오파계(吳派系) 남종화법(南宗畵法)은 물론, 관상감(觀象監)의 천문학 겸교수로서 경험한 서양과학과 서양화 지식까지 종합적으로 절충한 뒤, 이러한 요소들을 전국의 명산대천에 대한 무수한 사생과 융합시켜 강인한 화강암과 울창한 송림으로 이루어진 우리나라 산수 풍경의 특징을 사실적이면서도 생생하게 표현할 수 있는 독창적인 화법을 창안했다. 그 당시 "우리나라에 온 중국 사람들이 우리의 산천을 보고 '비로소 정선의 그림이 신묘함을 알게 되었다.'고 했던(中國人入我境者, 見山川曰, 始知鄭筆之爲神也. 朴準源,『錦石集』)" 것은 이러한 성과의 본질적 의미를 잘 말해 준다.

특히 정선은 서릿발 같은 골필(骨筆)과 흥건한 묵법(墨法)을 변화무쌍하지만 조화롭게 구사함으로써, 강인한 화강암과 울창한 송림의 상반적인 이원적 요소가 마치 음양이 교합하듯 절묘하게 어우러진 산수 풍광을 하나의 소우주처럼 창조했다. 정선은 본래 수십 권의 저서를 남기고 후학을 가르칠 정도로 뛰어난 당대의 저명한 주역(周易) 학자였는데, 정선에게 주역을 배운 순조(純祖)의 외조부 박준원(朴準源, 1739~1807)이 정선의 금강산 그림은 변화가 뛰어나니 이는 그가 주역에 밝아 변화에 뛰어났기 때문이었을 것이라고 해석했던 것은 정선의 진경화법이 그 당시 보편화되었던 조선성리학의 역학적(易學的) 세계관과 밀접히 연관되어 있었음을 잘 말해 준다.

이처럼 필(筆)과 묵(墨)은 물론 부분과 전체, 사형(寫形)과 사의(寫意) 같은 이원적 조형 요소가 알맞게 조화되고 통일된 겸재 정선의 통합적 진경은 이후 남종화가 더욱 수용되며 주관적 진실성을 보다 중시하는 능호관(凌壺觀) 이인상(李麟祥, 1710~1760)과 단원 김홍도 등의 사의적(寫意的)이고 서정적(抒情的)인 진경산수화로 분화되는 경향이 나타났다. 그리고 또 다른 한편으로는 서양화가 더욱 수용되며 투시법과 명암법을 통해 객관적 진실성을 보다 중시하는

〈은선대(隱仙臺)〉 | 이인상, 18세기 중반, 종이담채, 34×55cm, 간송미술관 소장

표암 강세황과 단원 김홍도 등의 서경적(敍景的)이고 사형적(寫形的)인 진경산수화로 분화되며 더욱 다양하게 전개되었다. 이는 진경시대 회화사의 큰 맥락에서 보면, 자아와 세계의 진실에 대한 성찰과 그 형상화가 국제적 지평으로 확대된 보다 넓은 시각에서 다양하고 다채롭게 전개되던 모습을 보여 주는 것이라고 할 수 있다.

이처럼 조선성리학적 세계관을 기본 이념으로 삼고, 조선 고유의 내적 전통은 물론, 17세기 후반 이래 새롭게 전래된 명 · 청 대 회화와 서양화법까지 적극적으로 수용하며 조선의 생생한 당대 현실을 주 · 객관에 걸쳐 매우 사실적으로 표현한 진경시대 회화의 근본적 특징은 풍속화에서도 거의 유사하게 나타났다. 진경시대 풍속화도 국초 이래 성리학적인 '관풍찰속(觀風察俗)'의 정교적(政敎的) 이념과 제도를 토대로 하여 발달했던 경직도(耕織圖)와 무일도(無逸圖), 계회도(契會圖), 기록화(記錄畵) 같은 조선 고유의 풍속화 전통과 강하게 연결되어 있었다. 또한 진경시대 풍속화는 다른 한편으로 《패문재경직도(佩文齋耕織圖)》와 〈청명상하도(淸明上河圖)〉 같은 명·청 대의 보다 서사적이고 서술적이며 사실적인 풍속화를 수용하는 한편, 진경시대의 조선 중심적인 문화 의식과 현실적 사실주의 정신을 토대로 하여 사농공상(士農工商) 전 계층의 다양하고 흥미로운 세태를 애정과 해학은 물론 예술적인 조형성과 감상성까지 담아 매우 생생하게 표현하는 새로운 성과를 보여 주었다는 점에서 이전과 근본적으로 구별되는 측면도 많았다.

〈**환선정**(喚仙亭)〉 | 김홍도, 18세기 후반, 비단수묵, 91.4×41cm, 간송미술관 소장

그러나 그 핵심적 맥락은, 흔히 오해하듯 서민 사회의 성장과 서민 문화의 발달에 따라 서민 화가들이 대두하여 이룩된 것이라기보다는 궁관(宮官)을 중심으로 한 성리학적 '관풍찰속'의 정교적 맥락에서 당대 최고의 문인 화가들과 궁중 화가들에 의해 이루어진 측면이 많았다. 18세기 전반의 조영석이 유자(儒者)로서의 관풍찰속에 의한 현실 인식의 책임의식을 강조하며 풍속화의 인식적 기능과

〈타작(打稻樂趣)〉(부분), 《무술년행려풍속병(戊戌年行旅風俗屛)》 |
김홍도, 제6폭, 1778년, 비단수묵, 전 8폭병, 각 90.9×42.9cm, 국립중앙박물관 소장

감상적 기능을 통합한 새로운 풍속화론을 정립한 뒤, 관직 생활 틈틈이 70여 점에 달하는 각계각층의 다양한 풍속화를 그려 진경시대 풍속화의 조선적 풍격을 확실하게 정립함으로써 이후의 풍속화에 큰 영향을 미친 것은 이를 잘 말해 준다. 그리고 진경시대의 괄목할 만한 새로운 풍속화가 주로 정조(正祖, 재위 1776~1800)와 측근 신하들의 주도로 규장각(奎章閣) 자비대령화원(差備待令畵員) 같은 당대 최고의 궁중 화원을 중심으로 하여 제일 활발하게 이루어졌던 것도 이를 방증해 준다. 특히 정조는 자신의 성리학적 통치 이념을 담아 직접 선발하고 관장했던 궁중 화원들의 평가 시험에 풍속화를 가장 많이 출제했을 뿐만 아니라, "모두 보자마자 껄껄 웃을 만한 그림을 그려라(皆以看

〈야묘도추(野猫盜雛)〉 | 김득신, 18세기 후반, 종이담채, 22.4×27cm, 간송미술관 소장.

卽噱噱者畵之).”고 그림의 방향까지 구체적으로 지시하기도 했다. 정조 대의 풍속화를 대표하는 단원 김홍도와 긍재(兢齋) 김득신(金得臣, 1754~1822) 같은 궁중 화원들의 사랑과 해학이 담긴 서민 풍속화, 그리고 김홍도와 김득신, 이인문(李寅文, 1745~1821), 장한종(張漢宗, 1768~1815) 같은 궁중 화원들이 집단으로 제작한《화성능행도병(華城陵幸圖屛)》(園幸乙卯整理契屛, 1795) 같은 관민(官民) 일체(一體)의 장엄하고 화려한 궁관(宮官) 풍속화는 이러한 모습을 잘 보여 주는 대표적인 예라고 할 수 있다. 특히 이러한 풍속화들은 극적인 서사와 투시법적인 서술을 통해 현장감을 더욱 생생하게 표현해 더욱 주목된다.

그런 점에서 볼 때, 진경시대 풍속화도 조선 초기 이래의 풍속화 전통을

〈환어행렬도(還御行列圖)〉, 《원행을묘정리계병(園幸乙卯整理契屛)》(《華城陵幸圖屛》) |
김득신 · 이인문 · 장한종 외, 제7폭, 1795년, 비단채색, 전 8폭병, 각 폭 151.5×66.4cm, 국립중앙박물관 소장

〈단오풍정(端午風情)〉, 《혜원전신첩(蕙園傳神帖)》 | 신윤복, 19세기 초반, 종이담채, 28.2×35.2cm, 국보 135호, 간송미술관 소장

토대로 하되, 명 · 청 대 회화와 서양화법까지 적극적으로 수용하며 당대의 다채로운 풍속을 더욱 생생하게 표현했지만, 근본적으로 조선성리학의 자존적 의식과 현실적 사실주의 정신을 토대로 한 관풍찰속의 자기 성찰을 핵심으로 하는 자생적 지평에서 이루어진 측면이 많기 때문에 조선적 풍격이 더욱 강하게 나타났다고 할 수 있다. 다만, 진경시대 말기의 19세기 전반에는 신윤복의 《혜원전신첩(蕙園傳神帖)》(19세기 초반)에서 보듯, 성리학적 이념이 점차 해체되고 북학(北學)과 서학(西學)이 더욱 유행하며 청나라와 일본의 새로운 인간관과 애정 예술은 물론 도색(桃色) 문화까지 유입되자, 그동안 풍속화를 떠받쳐 온 성리학적인 정교적 맥락과 심성론적 세계관을 벗어나서 애욕

(愛慾)을 긍정하고 정욕(情慾)까지 적극적으로 표현하는 새로운 풍속화가 나타났는데, 이는 진경시대 회화의 조선적 풍물과 풍격이 더욱 은미(隱微)한 내적 진실과 외적 진실을 추구한 결과 매우 감각적이고 감성적이며 관능적인 차원에서 화려하게 나타났던 마지막 노을 속의 향연(饗宴) 같은 것이라고 할 수 있다.

정선 〈압구정〉 그림의 사료적 가치

이세영

한명회의 압구정

지금의 강남구 압구정동의 동명은 현재 표지석만 남아 있는 한명회(韓明澮, 태종 15년~성종 18년, 1415~1487)의 별장 '압구정(狎鷗亭)'에서 유래되었다고 전해지고 있다.

한명회가 살았던 시기는 이른바 '훈구파(勳舊派) 정치기(政治期)'의 전성기였다. 세조가 김종서(金宗瑞)·황보인(皇甫仁) 등을 제거했던 단종 원년(1453) 10월에 정난공신(靖難功臣)이 책봉된 것을 시작으로 하여, 그가 왕위에 오른 직후인 원년(1455) 9월에 좌익공신(佐翼功臣)이 책봉되었다. 그리고 이시애(李施愛)난이 평정된 직후인 세조 13년(1467) 9월에 적기공신(敵기功臣)이 책봉되었다. 이어서 예종의 즉위(1468년 10월)와 더불어 익대공신(翼戴功臣)이, 성종 2년(1471) 3월에는 좌리공신(佐理功臣)이 연이어 책봉되었다. 이 기간 동안에 약 250명의 공신이 책봉되었는데, 이들을 중심으로 조선 15세기의 정국을 주도했던 훈구파가 형성되었다.

한명회는 고려 말 조선 초의 유수한 가문이었던 청주 한씨(淸州韓氏) 출신이었다. 그의 고조 한공의(韓公義)는 공민왕 때의 유명한 학자로서 정당문학(政堂文學)을 지냈으며, 그의 증조 한수(韓脩)도 15세에 등과하여 선초에는 밀직제학(密直提學)을 지낸 인물이었다. 그리고 그의 조부 한상질(韓尙質)은 우왕 6년에 급제하여 선초에는 예문춘추관대학사(藝文春秋館大學事)를, 그의 부 한기(韓琦)는 사헌감찰(司憲監察)을 지냈다. 더욱이 조부 한상질에게는 상덕(尙德)·상경(尙敬)이라는 두 동생이 있었는데, 상경은 조선 개국공신에 봉해졌던 인물이었다. 한명회는 이런 가문 배경이었으면서도 정치적 출세는 매우 더뎠다.

그는 일찍이 부친을 여의고서는 낙담하여 그 이름을 크게 떨치지 못했다. 그리고 그의 작은 할아버지인 참찬 한상덕에게 의탁하였다(『국조인물고(國朝人物考)』).

독서를 하여 자못 터득한 바가 있었지만, 과거에는 여러 차례 낙방하였다. 이에 권람(權擥)과 더불어 망형교(忘形交)를 맺고, 산수가 빼어난 곳이 있다는 말을 들으면 같이 그곳에 달려가 한 해가 다 가도록 돌아오지 않았다. 경태임신년(景泰壬申年, 단종 즉위년)에야 비로소 경덕궁(慶德宮 : 이성계가 임금이 되기 전에 살았던 개성 사저가 승격된 곳. 임란 때 불탐) 궁직(宮職)에 임명되었다(『성종실록』 109권, 성종 18년 11월 기유조(己酉條), 졸기(卒記)).

이처럼 한명회의 정치적 출세는 계유정난을 계기로 세조가 집권하기 전까지는 변변치 못했음을 알 수 있다.

뒤에 정난공신이 된 문·무신들은 당대의 집권층에 대해 많은 불만을 가지면서 매우 비판적이었다. 세조는 문종 재위 시 병서(兵書)의 편찬 책임자가 되어 계유정난의 핵심이었던 권람(權擥, 1416~1465, 태종 16년~세조 11년)·홍윤성(洪允成)을 위시하여 성삼문(成三問)·하위지(河緯地)·유성원(柳誠源)·이개(李塏) 등의 집현전 학사들과 함께 일하면서 가까이 지냈었다. 이들은 당시의 집권층에 대해 비판적이었으므로 세조는 쉬이 이들을 자기 세력으로 끌어들여 규합할 수 있었다.

한편, 무인들은 대부분 내금위(內禁衛) 출신들이었다. 태종 대 이후로 창설된 내금위에 대한 개혁론이 당시 조정에서 종종 논의되고 있었다. 세종이 승하하고 문종이 즉위한 다음부터 김종서·황보인 등 당시 의정부 대신들에 의해 개혁 논의가 본격적으로 일기 시작했다. 이들은 내금위에 자격이 없는 무사들이 많으니 이들을 축출하고, 의관자제(衣冠子弟) 중에서 엄선하여 내금위의 질을 높이자고 주장하는 한편 내금위의 인사 행정을 좌우지하고 있었다. 이로 인해 친위군(親衛軍)으로서 내금위의 정치적 지위가 약화되었으며, 내금위 무사들 사이에는 김종서 등의 처사에 불만을 품는 자들이 많아졌다.

단종 원년 9월, 즉 계유정난이 있기 한 달 전에 한명회는 내금위 무사들과 접촉하면서 그들이 세조에게 협력할 것이라는 다짐을 받고, 무사 30여 명을 세조에게 천거했다. 또 한명회는 그의 절친한 친구인 권람이 세조와 가깝게 지내는 것을 알고, 그에게 당시의 폐정을 논하고 거사를 도모해야 할 것을 주장하였다. 이리하여 단종 즉위년 7월에 세조 집권의 세 주역, 즉 수양대군, 권람, 한명회는 서로 의견의 일치를 보고, 그해 10월에는 김종서와 안평대군 용(瑢, 1418~1458) 등 조정대신과 왕자들을 죽이고 마침내 단종의 왕위를 빼앗았다. 이때에 정난공신으로 모두 43명이 책봉되었는데, 이 가운데 한명회는 자신을 세조에게 천거한 권람과 함께 세조의 집권 과정에서 가장 공이 컸던 인물이었다.

이렇게 형성된 세조의 측근 세력은 그 이후 다소간의 부침은 있었지만 세조의 재위 연간은 물론 그의 사후 예종 · 성종 대까지 수십 년간 권력을 장악할 수 있었다. 특히 한명회는 정난공신에 이어 좌익공신, 익대공신, 좌명공신에 봉해졌으며, 계유정난 직후부터 공신이 아니더라도 오름 직한 품계와 직책에 거르지 않고 차례로 올라갔다. 궁직에서 일약 승지(承旨)로 오른 이후 좌우승지 · 도승지, 이조판서 · 병조판서, 황해도 · 평안도 · 함길도 · 강원도 4도의 체찰사(體察使)를 지낸 연후에 정승(政丞)이 되었다. 우의정에 오르는 데 9년밖에 걸리지 않았으며, 2년 뒤에 좌의정(1463)에 올랐고, 또 3년 뒤에는 영의정이 되었다. 3년 뒤에 영의정에 복직했고 만년에는 다시 좌의정(성종 6년, 1475)이 되었다가 물러났다.

일찍이 민대생(閔大生)은 밤이면 매양 북두칠성에 "원컨대 어진 자손을 낳게 해 주소서."라고 축원했다. 마침내 딸을 낳았는데 한명회에게 시집보냈다. 늦도록 벼슬도 못 하고 용모도 훤칠치 못한 한명회였으나 장인인 민대생은 늘 그를 두둔했다.

> 한서방의 증조부(韓脩)가 늘 말하기를 저 사람은 '우리 집안의 천리마'라고 했다네. 큰 인물이 될 터이니 소홀히 대접하지 말게.

한명회는 민씨 부인 사이에 두 딸을 낳았는데, 하나는 예종의 비(妃)인 장순왕후(章順王后)가 되었으며, 또 하나는 성종 비 공혜왕후(恭惠王候)가 되었다. 이로 인해 그는 대를 이어 국구(國舅 : 왕후의 아버지)인 부원군이 되었다. 그러나 두 왕후가 어린 나이에 세상을 떠나는 바람에 자기 외손으로 자자손손 왕위를 이어 가 보겠다는 꿈은 깨지고 말았다. 공혜왕후가 성종 5년(1474) 19세로 세상을 떠나자 만조백관들은 겉으로는 그를 위로했지만 속으로는 고개를 끄떡이며 중얼거렸다.

> 천도(天道)가 무심치 않군. 계유년 살생부를 쥐고 홍윤성을 시켜서 철퇴로 무고히 무수한 사람을 죽이더니 그 앙화(殃禍)로구나.

공신으로 책봉되면 그들에게는 여러 가지 정치 · 경제적인 특전이 주어졌다. 그들은 고위직에 진출하여 정치권력을 장악할 수 있을 뿐만 아니라, 많은 과전(科田) · 공신전(功臣田)과 노비들을 하사받았다. 그들 가운데 공신 이전에 정3품 이상의 고급 관료였다면 그는 대략 100결(1결(結)의 면적 : 경기도 평균 2.83 정보)에서 150결에 달하는 과전과 공신전을 받았다. 조선 전기의 8공신들은 1인당 평균 약 100결의 전지와 노비 22구 정도를 지급받았다.[1]

또 공신들 가운데는 한명회처럼 동일 인물이 몇 번이나 거듭 책정된 경우도 있었기 때문에 수천 결의 전지와 수백 명의 노비를 보유할 수도 있었다. 8공신 가운데서는 정난공신 43명에게 가장 많은 전지와 노비가 지급되었는데, 1인당 평균 약 152결의 전지와 34구의 노비가 주어졌다. 정난공신 1등에 책봉되었던 한명회는 전지 200결과 노비 25구, 관노비 7명, 병졸 10명 등을 하사받았다.

이러한 공신전은 과전법(공양왕 3년, 1391) 시행 이래 태종 17년(1417)부터 세종 13년(1431)까지의 기간을 제외하고 직전제(職田制, 세조 12년, 1466)가 완전히 폐지되는 임진왜란 직후까지 경기도 안에서 지급되었다. 이 때문에 경기도에는 중앙 관료들의 농장이 가장 많이 산재해 있었다. 특히 용산과 한강 연안에 농장이 많이 있었다. 그들 가운데는 이전부터 가지고 있었던 사유지를 과전으로 받고, 이에 더하여 공신전을 하사받아서 광대한 농장을 갖기도 했다. 또한 그들의 농장은 전국에 걸쳐서, 특히 하삼도(下三道) 지방에 그들이 소유한 노비(蒼赤)와 더불어 광범위하게 분포되어 있었다.[2]

정난공신 1등이었던 한명회는 당시 광주목(廣州牧)에 속해 있던 한강 두모포(豆毛浦) 일대, 지금의 압구정동 일대를 공신전으로 받아 농장(別墅)을 만들고 강변에 압구정을 지었던 것 같다.[3] 그가 압구정을 언제 지었는지는 알 수 없으나, 세조 3년(1457) 11월에 명나라에 주문사(奏聞使)로 가서 예겸(倪謙)에게 정자 이름을 부탁한 것으로 보아 정난공신으로 책봉되었던 이듬해인 단종 1년(1454)부터 세조 2년(1456) 사이의 기간이었을 것으로 추측된다. 이 무렵 한강 변에는 한명회 외에도 종친과 권세가들의 농장과 정자가 많았는데, 이를테면 의안대군(義安大君) 화(和)의 이락정(二樂亭), 노한(盧閈)의 효사정(孝思亭), 효령대군(孝寧大君) 보(補)의 희우정(喜雨亭)(후에 월산대군(月山大君)의 망원정(望遠亭)이 됨), 안평대군(安平大君) 용(瑢)의 마포별서(馬浦別墅), 양녕대군(讓寧大君) 제(禔)의 서강별서(西江別墅) 영복정(榮福亭), 신숙주(申叔舟)의 마포별서 담담정(淡淡亭), 광평대군(廣平大君) 여(璵)의 서강별서, 권반(權攀)의 별서 무진정(無盡亭), 신자승(申自繩)의 한강별서(漢江別墅), 임원준(任元濬)의 사우당(四友堂), 무부정총(茂副正摠)의 양화도별서(楊花渡別墅), 성세명(成世明)의 읍취당(挹翠堂) 등이 있었다. 이러한 정자들과 한강의 아름다운 풍광을 읊은 많은 시문들은 세종~인조 연간에 명나라에서 파견한 사신과 조선의 접대관이 창화(唱和)한 시문을 수록한『황화집(皇華集)』에 실려 있다.

한명회는 압구정을 짓고 나서 주문사(奏問使)로 명나라에 갔을 때, 일찍이 세종 32년(1450)에 명나라 경종(景宗)의 등극을 알리는 칙사로 와서 조선의 원접사 정인지(鄭麟趾) · 성삼문 · 신숙주(申叔舟) 등과 창화(唱和)하고 한강에서 선유(船遊)까지 즐겼던 예겸을 찾아가 정자 이름을 지어 달라고 부탁했다. 이에 예겸은 이듬해(天順 2년, 1458) 정월에 지난날 한강 뱃놀이의 흥취를 회상하면서 '압구정'이라는 이름과 작명의 유래를 밝히는 「압구정기(狎鷗亭記)」를 써 주었다.

조선 왕성의 남쪽 수십 리에 강이 있는데 한강이라고 말한다. 그 근원은 금강산과 오대산 두 산으로부터 나오고, 그리고 합해져서 장강(長江)을 이루어 서쪽으로 흘러가서 바다로 들어간다. 나는 옛날에 조칙을 받들고 조선에 사신으로 갔다가 일찍이 강 상류에 이르러 누각에 올라 잔치하며 시를 읊었었고, 또 배를 강 가운데 띄우고 오르내리며 즐겼었다. 강은 넓고 파도가 아득하여 돛단배가 오가고 갈매기 오르내리는 것을 보니 가슴이 시원하고 경치가 다함이 없어 마치 몸을 창랑한 한수(漢水)와 면수(沔水, 중국의 강 이름) 사이에 둔 것처럼 황홀하여 몸이 동방 조선에 머물러 있음을 잊어버렸다. 떠나온 지 수년 동안 매양 강 언덕의 풍치를 멀리 그리면서 정신이 함께 가지 아니 한 적이 없었었다. 천순(天順) 원년(세조 3년, 1457년) 겨울에 조선의 이조판서 한명회 공이 그 국왕의 명을 받들고 와서 천자에게 봉사(封事)를 바쳤다. 공은 옛날에 한강 가에 별장을 만들고 그 사이에 정자를 지었는데 아직 이름이 없었다. 내가 일찍이 사신으로 가서 한 차례 놀았으므로 그 경치가 좋다는 것을 안다고 하여 나에게 이름을 물었고, 이어서 기문(記文)을 부탁했었다. 내가 이름을 '압구(狎鷗)'라고 하고 이르기를, '갈매기는 물새 가운데서 한가한 자다. 강이나 바다 가운데 빠졌다 떴다 하고, 물가나 섬 위로 비상하는 것으로서, 사람이 기를 수 있는 물건이 아닌데 어찌 가까이할 수 있겠는가. 그러나 위태로운 기색을 보면 바로 날아오른 후에 내려앉는 것이니, 새이면서 기미(幾微)를 보는 것이 이와 같기 때문에 옛적에 해옹(海翁)이 아침에 바다로 나갔을 때에 갈매기가 수백에 다다르는 것은 기미가 없기 때문이고, 취하여 즐기고자 함에 미쳐서는 공중에서 춤추며 내려오지 않는 것은 그 기심(幾心)이 동(動)했기 때문이다. 오직 기심이 없으면 갈매기도 자연히 서로 친하고 가까이할 수 있을 것이다. 공의 큰 키는 옥(玉)이 선 것 같고 의도(儀度)가 빼어나며, 조선에서 벼슬함에 있어서는 견별(甄別)하고 공명한 재주를 드러냈고, 중국에 사신으로 와서는 복순(服順)하고 경외(敬畏)하는 예(禮)를 다한즉, 나라에 돌아가매 등용됨이 융숭할 것이니 어찌 한가히 갈매기를 친압할 수 있겠는가. 만물의 정은 반드시 기심이 없는 뒤에라야 서로 느끼고, 만사의 이치는 반드시 기심이 없는 뒤에라야 서로 이루어지는 것이니, 일호(一毫)라도 사심(私心)이 붙어 있게 해서는 안 될 것이다. 기심이 진실로 없게 되면 조정에서는 사람들이 더불어 친하기를 즐기지 아니 할 자 없고, 이 정자에 오를 적에는 갈매기도 더불어 한가히 가까이하지 않음이 없으리라. 만약 부귀와 이록에 대해서 확실히 자신에게 관계가 없는 것 같이 한다면, 이는 도(道)에 나아감이 높은 이가 아니겠는가. 정자를 이로써 부르는 것이 아마도 마땅할 것이다. 옛날에 송나라 한위(韓魏) 충헌공(忠獻公)도 역시 일찍이 정자 이름을 '압구'라 했었고, 구양수(歐陽脩) 문충공(文忠公)은 시를 지어 보내기를, "험난하거나 평탄하거나 하나의 절개는 금석과 같고 공훈과 덕이 함께 높아 옛날과 오늘에 비치었다. 어찌 기심을 잊은 갈매기가 믿는데 그치겠으랴. 만물을 다스리는 것도 본래 무심함이다." 하니, 충헌공이 시를 얻고 기뻐 말하기를, "영숙(永叔, 구양수의 字)이 나를 아는구나." 했다. 조선과 중국이 비록 같지 않으나 사람의 마음은 같고, 옛날과 오늘이 비록 다름이 있으나 우리의 도(道)는 다르지 않다. 내가 공에게 바라는 것도 자못 이와 같다. 공의 마음에도 역시 나더러 잘 안다고 할는지 모르겠다. 혹시 잘 안다고 여기거든 이 말을 정자 가운데 걸면 다행이겠다 싶어 기문을 쓴다.

— 천순(天順) 2년 춘정월 지사관총재전당(志史館總裁錢唐) 예겸(倪謙) 기(記)[4]

이처럼 한명회가 세조 4년(1458)에 당시 명나라의 최고 문사였던 예겸으로부터 「압구정기」를 지어 받은 탓이었던지 이후 압구정은 명나라에 널리 알려지게 되었고, 이로 인해 조선에 오는 명나라 사신들은 누구나 압구정을 찾았고, 압구정에 부치는 시부(詩賦)를 지었으며 심지어 거기서 연회를 베풀어 주기를 원했었다.

한편, 『신증동국여지승람(新增東國輿地勝覽)』에는 예겸의 「압구정기」에 이어 명나라의 태복시승(太僕寺丞) 김식(金湜), 급사중(給事中) 진가유(陳嘉猷), 급사중(給事中) 장녕(張寧), 무정후(武靖侯) 조보(趙輔), 호부낭중(戶部郎中) 기순(祁順) 등 17인의 시가 실려 있다. 이들의 시는 대부분 그들이 조선에 조사(詔使) 혹은 칙유사(勅諭使)로 와서 압구정에서 노닐 때 쓴 것이었다. 이 가운데 기순의 시가 마지막 것인데, 이는 그가 성종 7년〔명(明) 성화(成化) 12년, 1476〕에 명 헌종의 조사로 와서 쓴 것이었다. 그런가 하면 한명회는 성종 6년(1475)에 두 번째로 명나라에 사은사(謝恩使)으로 가서 저명한 문사들을 찾아다니면서 압구정에 부치는 찬시(讚詩)를 직접 받아 오기도 했다. 그리고 이러한 시문들을 판각하여 압구정에 걸고 자기의 위세를 과시하기도 했다.

그러나 세조 대 이래 하늘 높은 줄 몰랐던 한명회의 권세도 성종 5년(1474) 이후에는 내리막길로 치닫고 있었다. 성종 5년에 공혜왕후(한명회의 딸)가 19세로 죽고, 성종 6년(1475) 8월, 그는 두 차례의 영의정을 지낸 이후 다시 좌의정이 되었다가 물러나고, 이듬해 5월에는 원상제(院相制)의 폐지로 원상에서도 물러남으로써 그의 권세는 기울어 가고 있었다. 당시의 원상은 신숙주, 한명회, 정인지(鄭麟趾), 조석문(曹錫文), 정창손(鄭昌孫), 홍윤성 등 세조 대 이래의 훈신(勳臣)들이었다. 성종 대 전반기에는 그들이 모든 정치권력을 독점하고 있었다고 해도 과언이 아니었다. 그들은 상소가 올라오면 조목조목 검토하는가 하면, 임금 또한 매사를 그들의 자문을 얻은 후에 결정하였다. 또한 그들은 조정의 주요 직책을 독점하고, 또 원상으로서 정사를 독단적으로 처리할 수 있는 지위에 있었다. 때문에 그들은 대간(臺諫)과 정권에서 소외된 사람들로부터 많은 비판을 받고 있었다. 한명회 역시 예외가 아니었다. 성종 5년 윤6월, 대사간 정괄(鄭佸)은 한명회가 겸판서(兼判書)로서 병조(兵曹)의 일에 관여하면서부터 도총부, 중추원, 선전관, 절도사, 첨절제사 등의 인사권을 장악하고 있음을 비판하고, 병조가 이조(吏曹)의 권한을 침해하는 것을 방지할 것을 건의하기도 했다.

이러한 상황에서 성종 7년 정월, 정희대비(貞熹大妃, 세조 비)가 수렴청정을 걷겠다는 뜻을 비쳤다. 이제 성종이 혼자서도 정사(政事)를 볼 나이에 이르렀다는 것이 그 이유였다. 이를 계기로 대사헌 윤계겸(尹繼謙)은 원상제의 기원을 설명하고, 그것이 임시로 설치된 것이며, 예종, 성종이 어려서 대신의 자문을 구하지 않을 수 없었기 때문에 그것이 지금까지 존속해 왔다는 사실을 지적한 다음, 이제 모든 정사를 임금이 친히 결정하게 되었으니 차제에 이를 폐지함이 마땅하다고 주장했다. 며칠 후 성종은 "원상들은 정원에 출사(出仕)치 말라."라고 명령했다. 이로써 세조 대 이래의 훈신들의 정치적 지위는 크게 약화되었다.

그런데 정희대비가 수렴청정을 걷겠다고 발표하던 날, 한명회는 정희대비의 덕을 칭송하고 나서, 아직은 그때가 아니라면서 더 오래 섭정해 주기를 건의했다. 이러한 한명회의 발언은 의례적인 것일 수도 있었지만, 성종에게는 불경죄(不敬罪)를 범하는 것이었다. 따라서 간관(諫官)들은 즉각적으로 한명회를 탄핵하고 나섰으며, 유자광(柳子光)은 한명회를 단종 대의 김종서, 황보인 등에 비유하면서 그를 극렬하게 탄핵하였다. 자칫 정국이 파국으로 갈 수도 있었지만, 성종의 적절한 조치로 그 이상 확대되지는 않았다. 성종은 아직도 자기 장인인 한명회에 대한 후의(厚意)를 버리지 않고 있었던 것이다.

이처럼 간관들과 사림들로부터의 탄핵에 직면한 한명회는 그러나 아직도 자기가 건재하고 있다는 것을 과시하기 위해서였던지 성종에게 「압구정시」를 지어 주기를 요청했고, 이에 성종은 어제시(御製詩)와 「등왕각서(滕王閣序)」를 써서 내려 주었다. 그러자 조정의 관료들과 문사들도 「압구정시」의 운자(韻字)에 화답하여 수십 편의 차운시(次韻詩)를 지어 주었다. 물론 한명회는 성종의 「압구정시」와 「등왕각서」, 그리고 자기 맘에 맞는 여러 문사들의 시를 골라 각판하여 압구정에 걸었다. 성종의 신임과 자기 추종 세력을 다시 한 번 확인하는 것이었다. 그러나 판사(判事) 최경지(崔敬止)의 시는 미워하여 현판에 넣어 주지 않았다. 최경지는 한명회가 강호에서 늙으려 한다는 말만 앞세우고 실상은 국록(國祿)에 미련이 있어 떠나지 못하는 것을 적나라하게 풍자했기 때문이었다.

> 임금이 하루 세 번씩 불러 만나 주는 은총 두터우니
> 정자는 있어도 돌아와 놀 수 없어라.
> 가슴속 '꾀부리는 마음(機心)'만 끊는다면
> 벼슬길(宦海)에서도 갈매기와 친할 수 있으련만.

또 선비 이윤종(李尹宗)은 압구정을 지나다가 올라가 쉬면서 긴 시를 지었

는데, 그 끝 구절에서 욕을 퍼부었다.

> 정자는 있으되 돌아가지 않으니,
>
> 참으로 갓 씌운 원숭이(沐猴)로구나.

이렇듯 이제는 안팎으로 한명회를 비난하는 정국이 조성되고 있었다.

한편, 간관들은 이처럼 성종이 한명회에게 시를 지어 주고 또 글씨를 써 주고, 그러면 그가 이 시와 글씨를 판각하여 압구정에 걸어 두는 것은 결국 임금이 앞장서서 경학(經學)보다는 사장(詞章)을 중시하는 풍속을 조성하는 것이라고 비판하고 나섰다. 이 시기에 이르러 부상하고 있던 사림(士林) 출신의 간관들은 직접적으로 한명회를 비판하면서 동시에 우회적으로는 문장을 중시하는 훈구파(勳舊派)를 싸잡아 비판하고, 나아가서 임금을 이 훈구파로부터 떼어놓고 싶었던 것이다. 이처럼 한명회의 행태는 간관들의 직접적인 비판 대상이 되었고, 더욱이 성종 10년(1479)을 전후하여 신숙주, 홍윤성, 조석문, 정인지 등 많은 훈신들이 죽으면서 그는 사면초가(四面楚歌)에 몰리고 있었다.

마침내 성종 12년(1481) 6월에는 한명회와 그의 권세를 상징하는 압구정이 절명의 위기를 맞고 있었다. 한명회는 압구정에서 명의 사신을 위한 연회를 열려고 하면서 정자가 좁아 정자 곁의 평평한 곳에 대만(大幔)을 쳐 줄 것을 요청했으나 성종은 허락하지 않고 대신 제천정(濟川亭, 한강 북쪽 강가에 있었음)에서 잔치를 치르라고 전교(傳敎)했다. 그러나 한명회는 이에 아랑곳하지 않고 한술 더 떠 임금이 쓰는 용봉차일(龍鳳遮日)을 빌려 달라고 요청했다. 이에 성종은 아래와 같이 전교하였다.

이미 잔치를 차리지 않기로 했는데, 또 무엇 때문에 차일을 치려고 하는가? 지금 큰 가뭄을 당했으므로 마음대로 유관(遊觀)할 수 없다. 내 생각으로는 이 정자는 헐어 없애야 마땅하다. 명나라 사신이 만약 명나라에 가서 이 정자의 풍경이 아름답다고 말하면, 뒤에 우리나라에 사신으로 오는 자들이 반드시 모두 유관하려 할 것이니 이는 폐단을 여는 것이다. 또 듣건대 강가에 정자를 지어서 유관하는 곳으로 삼는 자가 많다고 하는데, 나는 아름답다고 생각하지 않는다. 내일 제천정에 주봉배(晝捧杯 : 낮참에 대접하는 술)를 차리고 압구정에 장막을 치지 말도록 하라.

그러자 한명회는 엉뚱하게도 아내의 질병을 핑계 삼아 제천정에는 가지 않겠다고 말하면서 불편한 심기를 드러냈다. 이에 성종은 다시 승정원에 전교하였다.

제천정의 경치는 중조인(中朝人)들이 옛날부터 알고 있고, 희우정(喜雨亭)은 세종께서 큰 가뭄 때 이 정자에 우연히 거동하였다가 마침 영우(靈雨)를 만났으므로 이름을 내리고 기문(記文)을 지었으니, 이 두 정자는 헐어 버릴 수 없으나, 그 나머지 새로 지은 정자는 일체 헐어 없애서 뒷날의 폐단을 막으라.[5]

이리하여 삼사(三司)에서는 한명회의 임금에 대한 패만무례(悖慢無禮)함과 불경(不敬)함을 들어 국문(鞠問)하고 귀양 보낼 것을 수차례 간(諫)했다. 그러나 성종은 그가 원훈(元勳)이고 자기에게도 구은(舊恩)이 있다고 하여 국문하고 그의 직첩(職牒)만을 거두게 했다. 이로써 한명회의 기세등등했던 권세는 한풀 꺾이고, 그의 권세와 탐욕을 상징하는 압구정은 헐릴 처지가 되었다. 그는 말년에 연산군(燕山君)의 생모(生母) 윤씨(尹氏)의 폐위 문제를 설명하러 명나라에 갔다 온 적이 있었다. 그가 병환으로 죽은 뒤 갑자사화(甲子士禍 : 연산군 10년, 1504)가 일어났는데, 전에 사신으로 갔던 것이 죄가 되어 부관참시형(剖棺斬屍刑 : 관을 깨뜨리고 목을 자르는 형벌)을 받아 두 번 죽게 되었다.

그런데 압구정을 헐어 없애라는 성종의 명령은 바로 집행된 것 같지는 않다. 중종이 압구정을 제안대군(齊安大君)에게 주었고,[6] 제안대군은 정자의 기둥을 모두 주홍(朱紅) 칠을 했는데, 간관이 이 두 가지 일이 모두 사체에 어긋나는 일이라고 비판하자 중종은 이를 받아들이는 내용의 기사가 있다.[7] 이로 보면 압구정은 다시 회수되어 주인 없는 정자가 되었고, 이내 허물어졌던 것 같다. 이는 임억령(林億齡, 연산군 2년~선조 2년, 1496~1568)의 오언시(五言詩) 가운데 "압구정은 이미 터만 남았고, 지금은 냉이가 덮고 있을 뿐이네(狎鷗亭已墟 至今唯荒薺)."라는 구절에서 알 수 있다.[8] 또 박승임(朴承任, 중종 12년~선조 19년, 1517~1586)의 「압구정고지(狎鷗亭古址)」라는 시 제목과 시에 "강촌의 기해년(1539) 기사를 읽고, 작은 배로 이내 예전의 정자 터에 올라갔네(讀史江村年己亥 片舟曾上古亭基)."라는 구절이 있는 것으로 보아 압구정이 기해년(1539) 이전 어느 때에 허물어졌던 것이 아니었을까 추측된다.[9] 이후 이처럼 압구정이 허물어져 터만 남게 되었음은 김세렴(金世濂, 선조 26년~인조 24년, 1593~1646)의 시 「과압구정(過狎鷗亭)」("강 위 버려진 대(臺)의 수목은 봄이네(江上荒臺樹木春)")이나[10] 이세백(李世白, 인조 13년~숙종 29년, 1635~1703)의 시 「압구정(狎鷗亭)」("갈매기는 여전히 예전의 터를 향해 나네(沙鷗猶向舊墟飛)")에서도 확인된다.[11]

정선의 압구정 그림

그러면 이처럼 허물어져 있던 압구정은 언제쯤 복구되었을까? 정래교(鄭來僑, 숙종 7년~영조 35년, 1681~1759)는 「망기재기(忘機齋記)」에서 압구정에 대해서 다음과 같이 쓰고 있다.[12]

> 한강 남쪽에 압구정이 있다. 상당군(上黨君) 한명회로부터 비롯되었다. 공은 좌명공신(佐命功臣)에 책봉되었다. 인신(人臣) 가운데서 가장 높은 지위에 올라서 오로지 부귀(富貴)의 즐거움을 누렸다. 비록 정자는 있되 물러나서 쉬지 않았다. 때문에 최경지(崔敬止)가 시를 지어 비난했다. 지금은 그 정자 터가 남쪽 강가에 있다. 여전히 압구라고 불리면서 전해지고 있다('今其亭址在南涯 猶傳以狎鷗之稱焉').

여기서 알 수 있는 것은 정래교가 「망기재기」를 쓴 때('今')까지는 압구정이 허물어져 있었다는 것이다. 정래교가 이 기문을 50세 전후에 썼을 것으로 추측해 본다면 압구정은 영조 연간 초반까지 허물어져 있었던 것이다.

한편, 압구정이 복구된 시기를 짐작해 볼 수 있게 하는 것은 겸재(謙齋) 정선(鄭敾, 숙종 2년~영조 35년, 1676~1759)이 그린, 멀리서도 팔작집의 누각이 선연하게 보이는 압구정 그림이다.[13] 겸재는 자신이 나고 자라 평생 살던 터전인 백악산과 인왕산 아래 장동(壯洞) 일대를 중심으로 한양 서울 곳곳을 문화 유적과 함께 진경으로 사생해 냈다. 뿐만 아니라 서울을 3면으로 둘러싸면서 절경을 이루고 있는 한강 변의 명승지도 양수리 부근에서부터 행주에 이르기까지 배를 타고 오르내리면서 역시 진경산수화(眞景山水畵)로 사생해 냈다[《경교명승첩(京郊名勝帖)》].

〈압구정〉 | 정선, 견본채색, 20.0×31.5cm, 간송미술관 소장

겸재가 65세 되던 영조 16년(1740) 경신(庚申) 초가을에 양화나루 건너에 있는 양천현(陽川縣)의 현령(縣令, 종5품)으로 승진 발령받아 부임하자, 이듬해에 삼척부사 자리를 버리고 상경해 있던 사천(槎川) 이병연(李秉淵, 현종 12년~영조 27년, 1671~1751)은 전별의 자리에서 자신이 시 한 수를 지어 보내면 겸재는 그림 한 장 그려 보내자는 시화환상간(詩畫換相看 : 시와 그림을 서로 바꿔 봄) 약조를 했다. 이 약조는 이해(영조 17년, 1741) 11월 22일까지 지켜져서 십경(十景)이 그려지고 다음 해에도 계속되어 양수리 근처 한강 상류로부터 양천에 이르는 한강 주변 서울 근교의 진경 33폭을 그려 내었다.[14] 이 십경 가운데 하나가 바로 압구정 그림이다. 따라서 압구정은 양란(兩亂) 이후 파괴되었던 많은 문화유적과 사찰들이 복구되고 중창되었던 숙종 대 말엽에서 늦어도 영조 17년(1741) 이전에 복구되었던 것 같다. 그러나 이때의 소유주는 확인할 수 없다.

겸재의 압구정 그림에서 보이는 압구정과 주변의 경관을 오재순(吳載純, 영조 3년~정조 16년, 1727~1792)은 시(詩)로써 다음과 같이 읊고 있다.[15]

> 여덟 창으로 들어온 맑은 기운이 빈 누각에 모이는구나.
> 이곳은 물로 둘러싸여 물 위에 떠 있는 듯하네.
> 수목 밖에 홀로 떨어져 있는 마을에서는 개 짖는 소리 들리고,
> 강 가운데는 밝은 달이 떠 있고 배들은 돌아가고 있네.
> 수많은 산을 따라 담박(澹泊)한 연기와 놀이 피어오르고,
> 한줄기 강물은 별빛과 함께 푸르고 아득하게 흘러가네.
> 술 마시고 노래 부르며 이 밤을 즐기니,
> 더 흥을 돋울 것인지는 갈매기에게 물어보세.

이후 압구정은 전국의 읍지와 지도를 모아 편찬한 『여지도서(輿地圖書)』(영조 33년~영조 41년, 1757~1765)에도 경기 광주의 누정(樓亭)으로 올라 있다. 또 성해응(成海應, 영조 36년~헌종 5년, 1760~1839)은 「명오지(名塢志)」에서 "압구정은 두모포(豆毛浦) 남안(南岸)에 있는데, 한강에서 경치가 가장 빼어난 곳이다."라고 소개하고 있다.[16] 같은 시기의 노주(老洲) 오희상(吳熙常, 영조 39년~순조 33년, 1763~1833)의 연보(年譜)에는 그가 60세 되던 해(1823년) 10월에 "홍직필(洪直弼)과 압구정을 유람했는데, 강가에서 달을 즐기고 정자에서 묵었다(與洪伯應遊狎鷗亭 臨江賞月 止宿亭中)."라고 쓰여 있다. 이는 홍직필의 연보에서도 똑같이 확인된다. 즉, 홍직필(영조 36년~철종 3년, 1766~1852)도 47세 되던 해(1823년) 10월에 "오희상과 압구정에서 만났다. 밤에 달을 즐기고 이내 정자에서 묵었다(十月與老洲吳公 會于狎鷗亭 入夜賞月 仍宿亭中)."라고 쓰고 있다.

또한 운양(雲養) 김윤식(金允植, 헌종 1년 1835~1922)의 시집 『격경집(擊磬集)』(1854~1864)은 조선 말기까지 압구정이 실재했음을 전해 주고 있는데, 즉 그는 "내 집은 예전에 두포(荳浦)에 있었다. 9세에 양근(楊根)으로 이사 와 살았다. 평생 갈매기와 친하게 살았다. 가벼운 배(輕舫)는 일찍부터 벼슬로 인한 근심이 없었다. 두포 동쪽에는 압구정이 있는데, 앞 사람의 시에 '벼슬길에 있으면서도 갈매기와 친할 수 있으련만'이라는 구절이 있다."라고 쓰고 있다.[17] 일찍이 최경지가 벼슬에 연연하면서 압구정으로 물러나지 않는 한명회를 비난했었다. 당시 한명회는 최경지의 시가 싫어서 걸지 않았었다. 이후 압구정이 복구되면서 그의 시가 현판으로 걸렸던 것 같다. 그리고 이후 편찬된 광주전도(廣州全圖)(1872)에는 언주면(彦州面) 한강 가에 압구정이 있음이 표기되어 있다.

역사는 되풀이된다고 했던가. 겸재의 진경산수화로 그 모습을 삽상청징

(颯爽淸澄 : 시원하고 해맑음)하게 드러냈던 압구정은 또 주인을 잘못 만나 허물어지게 되었다. 갑신정변(甲申政變)(1884년)의 주모자 박영효(朴泳孝, 1861~1939)는 언제부터인지 모르지만 갑신정변 당시에는 이 압구정을 소유하고 있었던 같다. 그리고 그는 갑신정변을 모의하기 위해서 이 압구정에서 동조자들과 자주 모임을 가졌던 것이다. 이는 고종 22년(1885) 12월 23일 의정부 죄인 윤경순(尹景純, 1856~1885)의 결안(結案)에 "역적 박영효의 지시를 받아 반역의 무리와 심복의 관계를 맺었습니다. 처음에는 압구정에 모여 사냥하면서 몰래 음모를 꾸미고, 이어 우정국(郵政局)에 가서 흉악한 짓을 저질러 그 사특함이 드러났으며, 다섯 명의 재상들이 차례로 그의 손에 살해되었습니다."라고 쓰여 있는 데서 압구정이 갑신정변의 모의 장소로 사용되었음을 알 수 있다. 갑신정변은 3일 만에 실패했고, 박영효는 역적으로 몰려서 일본으로 망명했으며, 역적 박영효의 압구정은 몰수되어 파괴된 채 터만 남게 되었다. 일제 이후 이곳은 경기도 광주군 언주면 압구정리라 했으며, 1963년 1월 1일에 서울시로 편입되어 압구정동이 되었다.

주

1. 여덟 차례의 공신 : 개국공신(태조 원년), 정사공신(정종 즉위년), 좌명공신(태종 원년), 정난공신(단종 원년), 좌익공신(세조 원년), 적기공신(세조 13년), 익대공신(예종 즉위년), 좌명공신(성종 2년)
2. 이를테면 세조 원년과 2년, 그리고 예종 원년에 적몰된 공신들의 농장들을 살펴보면, 금성대군(錦城大君) 유(瑜)의 농장은 경기도 광주 등 여섯 곳, 충청도 당진, 전라도 광주, 경상도 진주, 황해도 연안 등 네 곳, 강원도 철원 등 모두 열네 곳에 있었다. 성삼문 부자의 농장은 경기도 통진 등 다섯 곳, 충청도 예산 등 네 곳, 전라도 낙안 · 함열, 황해도 평산 등 모두 열한 곳에 있었다. 정종의 농장은 경기도 광주 등 네 곳, 전라도 광주 · 옥구, 황해도 백천 등 여덟 곳에 있었다. 박팽년 부자의 농장은 열 곳에 있었고, 윤영손의 농장도 경기도 적성 등 다섯 곳에 있었다.
3. 한명회는 여흥(여주)과 청주에도 농장이 있었다. 예종 원년에 영릉(英陵, 세종의 능)을 여주로 옮기고 인근의 천령현(川寧縣)을 폐하고 여주에 귀속시켰는데, 한명회가 예전의 천령현 관아 터와 관사(130여 간)를 차지하여 농장을 만들었다. 청주 농장은 청주 한씨들의 세거지였다.
4. 『신증동국여지승람(新增東國輿地勝覽)』(성종 12년~중종 25년, 1481~1530)과 『황화집(皇華集)』 1권(선조 41년에 간행)에 실려 있다. 『황화집』 1권은 세종 32년(1450)의 중국 사신인 예겸, 사마순 등과 조선의 원접사인 정인지, 성삼문 등의 시문을 모아 놓은 것이기 때문에 여기에는 세조 4년(1458)에 예겸이 쓴 「압구정기」가 들어 있을 수 없지만 그것이 선조 41년(1608)에 간행되면서 「압구정기」가 포함되었던 것으로 보인다.
5. 『성종실록』 130권, 성종 12년(1481) 6월 25일(무진).
6. 제안대군(齊安大君, 세조 12년~중종 20년, 1466~1525) : 예종의 둘째 아들, 이름은 현(琄) 자는 국보(國寶), 어머니는 안순왕후 한씨(安順王后 韓氏)다. 4세 때 부왕 예종이 죽자 왕위 계승의 제1후보자였으나 세조비 정희왕후가 아직 어리고 총명하지 못하다며 반대하여 성종이 예종을 이어 왕위에 즉위하였다.

7. 『중종실록』 26권, 중종 11년(1516) 11월 15일(임진).

8. 임억령(林億齡), 『석천시집(石川詩集)』 권2 「오언장편(五言長篇)」.

9. 박승임(朴承任), 『소고선생문집(嘯皐先生文集)』 권2 속집 「압구정고지(狎鷗亭古址)」.

10. 김세렴(金世濂), 『동명선생집(東溟先生集)』 권1 「압구정(狎鷗亭)」.

11. 이세백(李世白), 『우사집(雩沙集)』 권2 「압구정(狎鷗亭)」.

12. 정래교(鄭來僑), 『완암집(浣巖集)』 권4 「망기재기(忘機齋記)」.

13. 최완수, 『겸재의 한양진경』 「압구정(狎鷗亭)」, 2004, 223~228쪽.

14. 최완수, 위의 책, 12~21쪽. 사천(槎川) 이병연(李秉延)은 삼연(三淵) 김창흡(金昌翕)에게서 진경시(眞景詩)의 의발(衣鉢)을 전수받은 동문지기(同門知己)인 겸재와 함께 시(時)·화(畵)의 쌍벽을 이루며 당시 진경문화를 주도하였다. 사천 역시 북악산 밑 한동네에 살았다.

15. 오재순(吳載純), 『순암집(醇庵集)』 권1 「압구정(狎鷗亭)」.

16. 성해응(成海應), 『연경재전집외집(研經齋全集外集)』 권64 「명오지(名塢志)」.

17. 김윤식(金允植), 『격경집(擊磬集)』(1854~1864).

진경시대 사군자 그림

백인산

시작하며

사군자화는 다양한 함의와 독특한 조형성으로 문인들에게 많은 사랑을 받아왔던 그림이다. 특히 유교 문화가 꽃을 피웠던 조선시대, 사군자화에 대한 애호와 우대는 각별했다. 도화서(圖畵署)의 화원(畵員) 선발 시험에서 산수나 인물보다 대나무에 가장 높은 배점을 주었을 정도였다. 매란국죽 사군자가 지니고 있는 군자적 상징성이 가장 큰 이유였고, 간결한 형상과 강직한 미감이 문화 전반을 주도했던 성리학자들의 이상과 지향에 잘 부합되었기 때문이었다.

그러나 사군자화도 시대의 흐름에 따른 문예 조류의 변화에 진폭을 보이며 부침(浮沈)이 없었던 것은 아니다. 그렇다면 조선시대 오백여 년 동안 사군자 그림이 상대적으로 가장 침체했던 시기는 언제일까? 아마도 조선 후기 진경시대가 아닐까 싶다. 진경시대에는 주지하듯이 진경산수화와 풍속화와 같은 현장감과 사생성이 강조된 그림들이 크게 유행하였다. 사군자화는 진경산수화나 풍속화와는 추구하는 바가 궁극적으로 다르다. 수묵 위주의 서예성 짙은 표현 방식도 그렇거니와, 사군자화의 본질은 형상의 묘사보다는 작가의 심의를 담아내는 데 있다. 이런 점에서 사군자화는 진경시대의 주도적인 심미 경향과는 그다지 어울리지 않는 그림이라 할 수 있다. 그래서 사군자화는 진경시대보다 오히려 조선 중기가 더 낫다는 평가를 하기도 한다. 진경시대를 정점으로 하는 조선시대 문예의 전반적인 흐름으로 보았을 때, 다소 예외적인 경우이다.

그러나 진경시대에도 화단의 주류는 아니지만, 여전히 사군자는 다수의 문인들과 화가들에 의해 지속적으로 그려지고 완상되었다. 그리고 그 속에는 당대의 사회적 · 문화적 특성과 분위기가 온전하게 담겨 있다. 이런 점에서 사군자화의 문을 들어가 보는 진경시대도 독특한 매력이 있다. 진경산수화와 풍속화가 진경시대의 신작로라면 사군자화는 오래된 오솔길과 같다. 그래서 크고 화려하지는 않지만, 진경시대 문예 양상의 다양하고 미묘한 맛과 멋을 잔잔하게 전해 준다.

전통을 딛고 진경시대와 마주하다 — 유덕장의 묵죽화

모든 예술 사조는 전통의 토대에서 시작되고, 이를 극복하면서 진전한다. 진경시대 그림들도 역시 유사한 과정을 밟았는데, 사군자화의 경우는 다른 그림들에 비하여 전통의 폭과 깊이가 훨씬 넓고 깊었다. 선조(宣祖, 1552~1608)~인조(仁祖, 1595~1649) 연간을 중심으로 활동했던 탄은(灘隱) 이정(李霆, 1554~1626), 설곡(雪谷) 어몽룡(魚夢龍, 1566~1617) 등이 묵죽과 묵매에서 고유의 양식을 정립하고,

그것이 조선 사군자화의 기준으로 강고하게 자리 잡고 있었기 때문이다. 특히 탄은 묵죽화의 영향력은 대단했다. 이후 조선의 묵죽화가들이 대부분 그의 영향을 받았다고 해도 과언이 아닐 정도였다. 그중 왕실 출신 허주(虛舟) 이징(李澄, 1585~?), 탄은의 외손자인 위빈(渭濱) 김세록(金世祿, 1601~1689) 등 많은 이들이 이정의 묵죽화풍을 추종하였지만, 그 정수를 제대로 구현하지는 못했다. 구도와 형식 등은 얼핏 유사해 보이지만, 정교한 화면 구성과 필치의 내재된 기운, 그리고 묘사의 정치함과 생동감이 부족해 전체적인 격조와 울림은 현저히 떨어진다.

그런데 진경시대에 들어와 이정의 묵죽화풍을 매우 근사하게 계승한 인물이 출현한다. 수운(岫雲) 유덕장(柳德章, 1675~1759)이다. 그는 문무에 걸쳐 인재를 고루 배출한 명문가 출신의 사대부였지만, 인생행로는 순탄치 못했다. 그가 활동했던 영조(英祖, 1694~1776) 치세 기간에는 율곡학파의 정맥을 이은 노론(老論)들이 정치는 물론 사회적 · 문화적 주도권을 장악하고 있었다. 이런 상황에서 몰락한 남인(南人) 가문에서 태어난 유덕장이 벼슬로 입신출세하기는 애초에 불가능한 일이었다. 결국 타고난 예술적 재능을 살려 서화로 자오(自娛)하는 것 외는 별다른 방도가 없었다.

그러나 그림 쪽에서는 겸재(謙齋) 정선(鄭敾)과 관아재(觀我齋) 조영석(趙榮祏)으로 대별되는 이른바 백악사단(白岳詞壇) 출신들에 의해 진경산수화와 풍속화가 풍미하고 있었다. 결국 유덕장이 선택한 분야는 사군자, 그중에서도 묵죽화였다. 묵죽화는 이 시기에 다소 퇴락한 면이 없지 않았지만, 여전히 문인화로서의 고전적인 가치와 생명력을 잃지 않고 있었다. 더구나 그의 6대조가 명종 연간 묵죽화가로 화명을 떨치던 죽당(竹堂) 유진동(柳辰仝, 1497~1561)이었으니, 그가 묵죽화의 세계로 침잠한 것은 어쩌면 필연이었는지도 모르겠다.

유덕장은 사대부로서 자신의 정체성을 묵죽화를 통해 보여 주고자 하였다. 과거시험에 나가 답안을 쓰는 대신 대나무를 휘둘러 그려 놓고 왔다는 일화는 그의 호방한 성격뿐만 아니라, 그가 처한 현실적인 상황을 상징적으로 보여 주고 있다. 이는 이정이 왕손으로 태어나 당대 최고의 문사들과 교유하며 당시 문화 조류의 핵심에서 주도적으로 활동했던 것과 많은 차이를 보이고 있다. 이정과 유덕장이 묵죽화에 전일(專一)했던 표면적인 현상은 동일하지만, 그 동기와 의미는 전혀 달랐던 것이다.

그러나 유덕장의 묵죽화에는 이정의 영향이 곳곳에서 진하게 묻어난다. 유덕장의 몇몇 묵죽화는 이정의 것으로 오해받을 정도이다. 간송미술관 소장 〈통죽〉도판 1은 유덕장에 미친 이정의 영향을 여실히 보여 주고 있다. 화면 우측 하단에 바위나 흙더미를 배치하고 그 위에 상단이 부러진 왕대를 그려 넣은 형식은 이정의 〈통죽〉도판 2에서 그대로 빌려 온 것이다. 다만 줄기와 마디를 이정보다 직선적으로 묘사하여 강경함을 강조하고자 했다. 하지만 생동감이 떨어져 평면적인 느낌이 든다. 부러진 줄기의 상단 묘사도 간략하게 처리하여 여백을 많이 살린 이정과는 달리 유덕장은 상단의 갈라진 줄기를 길게 뽑아내며 적극적으로 묘사하였다. 이는 통죽의 특징을 한층 강조함과 동시에 화면 구성과 형식의 변화를 주려는 의도로 보인다. 유덕장의 의도는 일면 성공한 듯하다. 하지만 이정의 〈통죽〉에서 맛볼 수 있었던 통렬한 맛과 깊은 여운이 감소되고 말았다.

그래서 당시 사람들은 "유덕장의 대나무는 이정의 살은 얻었지만, 뼈는 얻지 못했고, 이정의 자취는 얻었지만 그 신묘함은 얻지 못했다."라고 평가했다. 또한 추사(秋史) 김정희(金正喜, 1786~1856)는 "수운(岫雲)의 대나무는 굳세고 우거졌으며, 고졸(古拙)하여 팔뚝 아래에 금강저(金剛杵)를 갖추고 있다. 탄

도판 1 〈통죽〉 | 유덕장, 지본수묵, 107.0×67.3cm, 간송미술관 소장

도판 2 〈통죽〉 | 이정, 지본수묵, 148.8×69.8cm, 국립중앙박물관 소장

은(灘隱)을 맞아서는 한 가지 양보할 점이 있지만, 근자의 천박한 무리들과는 현격한 차이를 보여 전혀 비교할 수 없다. 다만 그 포치(布置)가 막히어 판각(板刻)의 형세가 약간 보인다."라고 말했다. 이정과 유덕장의 장단처를 꿰뚫는 정확한 평가라 하지 않을 수 없다.

그러나 유덕장은 만년에 접어들면서 이정의 자장(磁場)에서 벗어나 자기만의 개성을 찾아 간다. 엄정한 필력이나 호방한 기세로는 이정을 능가하기가 어렵다고 생각한 듯, 오히려 차분하고 부드러운 필치로 서정성을 가미한 묵죽화를 그리기 시작한다. 그의 나이 79세 때인 1753년에 그린, 간송미술관 소장 〈설죽〉도판 3이 대표적인 작품이다. 눈을 가득 이고 있는 대나무를 그렸는데, 팽팽한 긴장감이나 강한 기세 대신, 여유로움과 온화함이 잔잔하게 흐른다. 또한 대나무 외에도 수묵으로 엷게 바린 어둑한 대기와 눈에 쌓여 있는 뾰쪽바위, 그 옆에 한 포기 난이 어우러진 다채로운 화면 구성이 인상적이다. 거기에 수묵이 아닌 녹색의 대나무가 서 있으니 마치 눈이 내린 대숲의 일부를 옮겨 놓은 듯하다. 과감한 생략과 강렬한 대비를 통해 대나무의 상징성을 직설적으로 강조하던 이정의 묵죽화풍과는 판연히 다르다.

유덕장이 만년에 보여준 개성과 장점을 혜환(惠寰) 이용휴(李用休, 1708~1782)는 이렇게 평가했다. "석양공자(石陽公子, 이정)의 대나무는 호방하고 빼어나며, 무성하고 장대하여 기세로 뛰어났다. 수운옹(岫雲翁, 유덕장)의 대나무는 맑고 윤택하며, 흩어지고 비어서 운치로 뛰어났다." 이용휴가 유덕장의 조카사위인 점을 감안하면, 유덕장에게 다소 후한 평가라 할 수 있다. 하지만 온아하고 유연한 필법으로 서정적인 정취를 잘 살려 낸 유덕장의 묵죽화의 장점을 제대로 짚어 낸 말이다.

유덕장이 만년에 묵죽화에서 보여 준 양식적 · 심미적 특징들은 다음 세

도판 3 〈설죽〉 | 유덕장, 지본담채, 139.8×92.0cm, 간송미술관 소장

대인 현재(玄齋) 심사정(沈師正, 1707~1769)과 표암(豹菴) 강세황(姜世晃, 1713~1791) 등에 영향을 주어 진경시대 사군자화의 주맥을 형성한다. 그런 점에서 유덕장의 묵죽화는 조선 중기 묵죽화의 강한 영향력을 보여 주며, 동시에 진경시대 사군자화의 서막을 여는 교량과 같은 존재라고 할 수 있다.

유덕장은 조선시대 사군자화의 전개에서 창작 주도층의 변화라는 점에서도 적지 않은 의미를 지니고 있다. 즉, 조선 중기의 사군자화가 이정, 어몽룡, 창강(滄江) 조속(趙涑, 1595~1668) 등 주로 율곡계 문인들에 의해서 주도되었던 것에 반하여, 조선 후기 사군자화는 남 · 소론계(南 · 少論系) 문인들이 두각을 나타내었다. 율곡학파들이 진경산수화와 풍속화 등을 통해 조선적인 고유색을 한껏 펼쳐 나가는 상황에서 문화 주도층에서 소외된 남소론계의 인사들은 묵죽화를 비롯한 사군자화에서 대안을 모색하며 문인으로서의 예술적 정체성을 확인하고자 했던 것이다. 유덕장은 이를 상징적으로 보여 주는 인물이라 할 수 있다. 남 · 소론계 문인들이 그의 묵죽화를 집착에 가까울 만큼 열광적으로 애호했던 것도 동일한 맥락에서 이해된다.

문사의 아취와 시정을 담아내다

진경시대 사군자는 영조 후반경에 이르러 새로운 전기를 맞는다. 문인 취향의 사의성(寫意性)을 중시하는 남종화풍이 화단의 전면에 부각되기 시작했기 때문이다. 이에 사군자화도 다시 활력을 찾기 시작한다. 이런 흐름의 선두에 심사정이 있다. 남종문인화에 대한 그의 각별한 애정과 관심은 자연스럽게 문인화의 정수인 사군자화로 확대되었다. 그는 조선 중기 이래 사군자화의 주축이던

도판 4 〈운근동죽(雲根冬竹)〉 | 심사정, 지본담채, 27.4×38.4cm, 간송미술관 소장

매죽화는 물론이거니와, 이전에는 자주 그려지지 않았던 난과 국화까지 적극적으로 다루어 조선시대 사군자화의 전개에서 무시할 수 없는 족적을 남겼다.

심사정이 55세 때인 1761년, 겨울에 그린 〈운근동죽(雲根冬竹)〉도판 4에서 그 구체적인 양상을 살펴보자. 바위틈에 어렵사리 뿌리를 내려 연명하다 혹독한 겨울을 만나 상처받고 움츠러든 대나무를 그렸다. 모진 겨울바람과 추위에 시달린 듯, 잎은 메마르고 갈라졌다. 얼어붙은 댓잎에는 생기를 찾아보기 어렵고, 오히려 한기(寒氣)가 화면 전체에 냉랭하게 감돈다. 겨울에도 푸름을 잃지 않는 군자의 절조를 기대하고 본다면, 실망하지 않을 수 없다.

그러나 이것이 바로 이 그림의 매력이고, 심사정 사군자화의 개성이다. 심사정은 대나무를 통해 군자적인 상징성을 표출하기보다는 자신의 모습을 담아내려 했다. 대나무의 생김새를 그럴듯하게 형상화하고, 대나무의 함의

나 상징을 굳이 전달하려 하지 않는다. 그저 자신의 심경과 감회를 어떻게 실어낼까 하는 고민이 있을 뿐이다.

명문 집안에서 태어났으나, 조부의 파렴치한 부정과 역모로 인해 평생토록 죄인처럼 숨죽여 살아야만 했던 심사정. 군자의 표상이라 하지만, 혹독한 추위에 얼어붙어 버린 대나무. 시들 수 없는 자의식과 시들지 않을 수도 없는 현실을 이 겨울 대나무를 통해 보여 주려 했던 것은 아닐는지 모르겠다. 이런 점에서 이 〈운근동죽〉은 문인화의 본령인 사의의 묘리가 잘 구현된 작품이라 하겠다.

사의성을 중시하는 심사정의 사군자화는 묵희(墨戱)의 관념과 밀접한 관련을 맺고 있다. 묵희란 글자 그대로 '먹장난'인데, 예로부터 문인들은 이 먹장난을 문인화의 핵심으로 여겼다. 어떤 구속이나 강박 없이 마치 장난하듯 자유로운 상태에서 그리는 그림이 문인화의 본질이며, 또 문인들이 그림을 그리는 이유이자 명분이라고 생각했다.

괴석과 난을 함께 그린 〈괴석형란(怪石荊蘭)〉도판 5은 이런 묵희의 관념이 잘 반영된 작품이다. 물기를 흠뻑 머금은 붓으로 무심한 듯 잡아낸 바위와 난은 단순해 보이지만 담백하고 자연스럽다. 난의 모양새도 기존의 방식에 구애받지 않고 손 가는 대로 감흥을 실어 내었다. 이런 난 그림은 특정한 법식이나 고정관념을 가지고 보면 이해하기 어렵다. 말 그대로 붓을 가지고 놀았을 뿐이기 때문이다.

심사정은 문인이었지만, 그림을 그려 생계를 꾸려야 했던 직업적 문인화가였다. 그저 여가에 취미 삼아 그리고, 스스로 만족하면 그것으로 충분한 처지가 아니었다. 묵희라 해도 많은 사람들이 공감하고 좋아하는 그림을 그려야 했다. 그래서 심사정은 서예적인 필치를 본령으로 하는 사군자화에 회

도판 5 〈**괴석형란**(怪石荊蘭)〉 | 심사정, 지본담채, 32.5×26.5cm, 간송미술관 소장

화성을 가미해 당대의 취향에 부응했다. 전반적인 필치도 그렇거니와 잡초를 지면에 넓게 펴 내고 푸른색을 올린 것도 사군자화보다는 화훼화에 더 어울리는 감각이다.

사군자도 나무이고, 풀이며, 꽃이니 화훼화의 소재로도 훌륭하다. 심사정은 이 지점을 잡았고, 이 〈석란〉 이외에도 여러 그림을 통해 사군자와 화훼화의 절충을 시도했다. 이처럼 심사정의 사군자화는 서예적 필치로 군자의 상징성을 드러내야 한다는 강박에서 완전히 벗어나 있다. 그보다는 내적인 정서와 의취를 투영시키는 사의성을 중시하고, 자유로운 필묵의 운용을 통해 회화성과 서정성을 풍부하게 실어 냈다. 따라서 심사정의 사군자화는 조선 중기 사군자화와 진정한 결별을 보여 준다.

심사정이 진경시대 사군자화의 일대 전환의 계기를 마련했다면, 강세황은 이론과 실제에서 진경시대 사군자화를 완성시킨 인물이다. 강세황은 강렬한 문인 의식의 소유자로 일생 동안 문인화풍의 진작에 힘썼다. 이런 그의 문예 지향에 비추어 보면 문인화의 정수라 할 수 있는 사군자화에 대한 적극적인 관심과 창작은 지극히 당연한 일로 생각된다. 유존작 중 사군자 계열의 작품이 상당한 비중을 차지하고 있으며, 기량과 품격 또한 여타 화과에 비하여 뒤지지 않는다. 특히 노년에 이르러서는 묵란과 묵죽을 위시한 사군자화에 많은 공력을 쏟았다. 그는 54세 때 지은 자신의 묘지명에 다음과 같은 말을 남겼다.

> 나의 묵란과 묵죽은 맑고 굳세며 티 없었지만, 세상에 이를 깊이 알아주는 사람이 없었고, 나 스스로도 잘하는 일이라 생각하지 않았다. 오직 이것으로 흥취를 담아내고 뜻에 맞으면 될 뿐이다.

세상에서 알아주지도 않고 본인 스스로도 잘한다 생각지 않는다 했지만, 겸손의 말일 뿐, 속내는 달랐다. 그는 자신의 대 그림을 판각하여 남겼을 정도로 대나무를 비롯한 사군자화에 대단한 자부심이 있었다.

> 내가 묵죽을 그리는 것은 얼추 알고 있으나 산수에 대해서는 본디 능하지 못하는 바이다. 창해옹(滄海翁)이 내가 그린 대나무를 두렵게 여기고, 산수만 그리게 하니, 이는 수염으로 내시를 질책하는 것이리라.

노년에 후배 문인인 창해(滄海) 정란(鄭瀾, 1725~1791)의 부탁으로 그림을 그려 준 후, 남긴 글이다. 이렇듯 강세황은 산수보다 오히려 묵죽과 같은 사군자에 강한 자부와 깊은 애정이 있었다. 세상을 뜨기 1년 전인 78세에 그린, 국립중앙박물관 소장 〈난죽석도(蘭竹石圖)〉도판 6는 강세황 사군자화의 정수를 보여 주는 작품이다.

가로로 펼쳐진 두루마기 화면의 좌우를 바위로 막아 널찍한 공간을 마련했다. 여기에 몇 그루의 대나무와 난이 좌우로 호응하고 있다. 이처럼 횡권 형태의 화면은 난이나 바위를 그리기는 무난하지만, 수직으로 자라는 대나무를 그리기가 부적합하다. 그래서 이런 화면에 난죽을 그린 중국 작품의 경우, 바위나 난처럼 지면에 붙여 댓잎 몇 무더기를 펼쳐 놓은 경우가 대부분이다. 유장한 느낌은 들지만 단조로울 수밖에 없다.

그런데 강세황은 독특한 시각법을 적용하여, 유장하면서도 변화감 있는 화면을 만들어 냈다. 바위와 난은 지면에 붙여 그리고, 대나무는 지면보다 훨씬 시각을 올려 대나무의 상단부만을 그려 내었다. 그래서 마치 대숲 속 정자에 앉아 한 포기 난을 내려다보는 듯한 느낌을 준다. 여유롭고 상쾌하

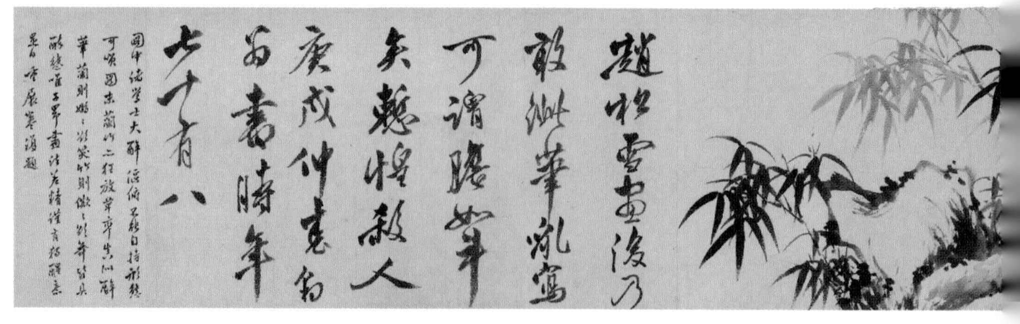

도판 6 〈**난죽석도**(蘭竹石圖)〉 | 강세황, 지본수묵, 39.3 ×283.7cm, 국립중앙박물관 소장

다. 이것이 강세황이 추구하던 공령쇄락(空靈灑落)의 경지이다.

난의 묘사에서도 그만의 개성과 특징이 잘 드러나 있다. 농담, 건습을 적절히 혼용하며 유연한 필치로 쳐 나간 난엽과 정갈한 난꽃의 묘사에서 고상하고 우아한 품격이 느껴진다. 원대 난죽화풍을 기반으로 강경한 필치로 힘찬 기세를 강조했던 조선 중기의 묵란화와는 근본적으로 다른 지향이다.

그래서 강세황은 "우리나라에는 본시 난이 없다."라고 하며 자신의 묵란에 자부심을 피력하기도 했다. 다소 과한 자긍심에서 나온 주장이지만, 그만의 생각은 아닌 듯하다. 진경시대 대수장가 중 한 명이었던 석농(石農) 김광국(金光國, 1727~1797)도 강세황의 주장에 동조하고 있기 때문이다.

> 잎이 긴 난은 우리 땅에는 없으니, 간혹 그리려는 자가 있어도 부들처럼 되거나 건초의 하나가 될 뿐이다. 강표암 세황씨(世晃氏)가 나오고부터 우리 땅에 비로소 난이 있게 되었다. 세상에 난을 보려는 자는 먼 곳에서 구할 필요가 없고, 강세황이면 될 것이다.

강세황의 사군자화는 정약용(丁若鏞, 1762~1836)처럼 사실성을 중시하는 문

인들에게는 다소의 비판을 받기도 했지만, 당시 사람들에게 공감을 불러일으켰고 많은 호평과 상찬을 받았다. 이러한 공감과 상찬은 그의 사회적 위상과 상호 상승 작용을 일으키며 더욱 고조되었다. 그런 점에서 일사(逸士)로 지내던 생애 전반부의 사군자화가 자오(自娛)와 여기(餘技)의 성격이 짙었다면, 노년기의 사군자화는 정조(正祖) 연간(1776~1800) 문예계를 주도했던 명망이 반영된 자긍과 자부의 표상이라 할 수 있을 듯하다.

이 시기 사군자화를 이야기할 때, 심사정과 강세황 이외에도 또 한 명의 잊을 수 없는 문인이 있다. 능호관(凌壺觀) 이인상(李麟祥, 1710~1760)이다. 그 역시 진경시대를 대표하는 남종문인화가로 심사정, 강세황과는 또 다른 독특한 심미 세계를 가지고 있었다. 이인상은 인조(仁祖) 때 영의정을 지낸 백강(白江) 이경여(李敬輿, 1585~1657)의 현손으로, 5명의 정승과 3대에 걸쳐 대제학을 배출한 조선 최고의 명문가 출신이었다. 하지만 그의 증조부가 서자(庶子)였기 때문에, 온전한 양반으로 살아갈 수 없었다. 이인상은 '명문가의 서출'이라는 태생의 불행과 이로부터 비롯된 심리적 강박감을 강한 자존감과 올곧음으로 극복했다. 그래서 여느 문인 사대부들이 넘보지 못할 풍부한 학식과 소양을 갖추려고 노력했으며, 탈속하고 지조 있는 삶을 견지했다. 그의 그림들에서 비쳐지는 숭고한 이념미는 그의 정체성과 삶에서 비롯된 결정들이다.

도판 7 〈**병국**(病菊)〉 | 이인상, 지본수묵, 28.5×14.5cm, 국립중앙박물관 소장

병든 국화를 그린 〈병국(病菊)〉[도판 7]도 그중 하나이다. 마르고 칼칼한 붓질로 바위 앞에 선 국화를 그렸다. 허리띠를 잘라 쌓아 놓은 것과 같은 바위는 이내 부서져 내릴 것만 같다. 바위를 훌쩍 넘어 자란 국화도 제 키를 이기지 못하고 곧 쓰러질 듯 불안하다. 댓가지를 세워 부축해 보지만, 꽃의 무게를 감당하기에는 여전히 버겁다. 줄기는 야윌 대로 야위었고, 몇 개 남지 않은 잎사귀도 마르고 찢겨져 병색이 완연하다. 그러나 고적함과 처연함 속에는 범접할 수 없는 오연한 기상과 고고한 품격이 스며 있다. 어떤 그림이든지 작가를 닮기 마련이다. 사군자화는 더욱 그렇다. 이 〈병국〉은 이인상의 정신을 무척 닮아 있고, 또 그의 일생을 담담하게 전해 주는 그림이다.

풍류 시인의 감성과 흥취를 풀어내다 – 김홍도와 임희지의 탐미적 사군자화

진경산수화와 풍속화가 그랬듯이 진경시대 사군자화도 마지막을 장식한 이들은 화원 화가와 여항 화가들이었다. 단원(檀園) 김홍도(金弘道, 1745~1806?)와 수월헌(水月軒) 임희지(林熙之, 1765~?)가 대표적인 인물이다. 이들은 비록 신분적으로는 중서층(中庶層)에 속하였지만, 이른바 '사인 의식(士人意識)'을 강하게 지니고 있었던 인물들이다. 하지만 이들에게 사군자는 지조나 절개는 물론, 문인적 아취를 담아내는 방편의 의미도 크지 않았다. 그보다는 희로애락의 감흥을 의탁하여 풀어내는 매개체일 뿐이었다. 그래서 대상이 지닌 본질의 추구보다는 표현 자체에 탐닉하는 경향을 보이고 있다.

주지하듯이 김홍도는 산수, 인물, 그리고 화훼, 영모 등 여러 화목에 걸쳐 발군의 화기를 보여 주었던 정조 연간 최고의 화원 화가이다. 산수나 인물, 화조 등에 비하면 상대적으로 빈약한 것이 사실이지만, 문인적 소양을 갖춘 화가답게 사군자화에도 적지 않은 관심을 보였다. 그가 어린 시절부터 당대 최고의 문인화가로 꼽히는 강세황에게 훈도를 받았던 사실을 상기하면, 어쩌면 당연한 일일지도 모르겠다.

하지만 그는 강세황의 이지적인 문아함보다는 심사정의 풍부한 감성과 서정성에 매료된 듯하다. 〈백매(白梅)〉도판 8가 그 대표적인 작품이다. 김홍도 특유의 주춤거리는 듯 출렁이는 필선과 부드러운 선염으로 등걸과 마들가리를 그리고, 그 위에 수줍게 맺혀 있는 꽃봉우리를 소담하게 베풀어 놓았다. 청량함과 강인함을 강조한 조선 중기의 묵매화와는 물론이거니와, 고상하고 우아한 강세황의 매화와도 분명한 거리가 있다. 이 〈백매〉를 보면, 자연스럽게 떠오르는 일화가 있다.

도판 8 〈백매(白梅)〉 | 김홍도, 지본담채, 80.2×51.3cm, 간송미술관 소장

하루는 어떤 이가 화분에 심은 매화를 파는데 매우 기이하였으나 비끌 돈이 없었다. 그러다가 마침 돈 삼천을 예물로 보낸 이가 있었으니, 그림을 그려 달라는 사례였다. 곧 이천을 던져 매화로 바꾸고 팔백으로는 술 몇 말을 사서 친구들을 모아 매화 술자리를 열었다. 그리고 남은 이백으로 쌀과 땔감을 샀으나 하루 거리도 되지 않았다. 사람됨이 이렇게 물정에 어두웠다.

추사의 제자로 잘 알려져 있는 우봉(又峰) 조희룡(趙熙龍, 1789~1866)이 쓴 『호산외기(壺山外記)』라는 책에 실려 있는 일화이다. 궁핍한 생활에도 매화음(梅花飮)을 즐기던 그의 모습에서 탈속함과 풍류가 느껴진다. 하지만 이 탈속한 풍류는 불굴의 의지로 세상과 맞서는 지조나 절개의 탈속과는 다소 거리가 있다. 그보다는 아름다움 자체를 중시하는 탐미적인 탈속이다. 그래서 이 〈백매〉에서는 지사(志士)의 결연함이나 문사의 아취보다는 풍류 넘치는 시인의 흥취가 더 강하게 전해 온다. 이것이 단원의 취향이기도 하고, 또 그가 살던 시대의 지향이었다.

진경시대 말엽, 사군자화의 경향성을 여실히 보여 주는 또 한 명의 화가가 임희지이다. 그는 역관(譯官) 출신인 여항 화가(閭巷畵家)로 난과 대를 주로 그렸는데, “대나무는 강세황과 더불어 이름을 나란히 했고 난초는 그보다 나았다(善寫竹蘭, 竹與姜豹菴并名, 而蘭則過之).”라고 평가받을 정도로 난죽으로 이름을 떨쳤다. 간송미술관 소장 〈풍죽(風竹)〉도판 9은 그 명성이 결코 과장되지 않았음을 잘 보여 주고 있다.

화면 중앙 하단에서 시작된 두 줄기의 죽간은 곧 쓰러질 듯이 누워 있고, 잔가지와 죽엽들은 강풍에 흩어져 버릴 듯 날리고 있다. 이정의 〈풍죽〉도판 10 이 바람을 견뎌 내는 강고함을 강조하고 있다면, 이 〈풍죽〉은 세찬 바람의

도판 9 〈풍죽(風竹)〉 |
임희지, 지본수묵, 108.0×53.6cm, 간송미술관 소장

도판 10 〈풍죽(風竹)〉 |
이정, 견본수묵, 127.5×71.5cm, 간송미술관 소장

기세에 중점을 두고 있는 듯한 느낌이다. 그러나 이 그림의 진가는 역시 강렬한 표현성이라 할 수 있다. 작품 곳곳의 과장된 묘사는 대나무가 결국 작가의 표현 욕구를 마음껏 드러내기 위한 수단임을 감지할 수 있다.

과감하고 화려한 붓질을 통해 감성을 마음껏 토해 내는 이러한 작화 태도는, 고려대학교 박물관 소장 〈난죽석도(蘭竹石圖)〉도판 11에서 정점을 보여 준다. 속도 있는 필치로 대담한 농담의 변화와 파발묵(破潑墨)을 구사하며 바위와 함께 어우러진 난과 대나무의 기세를 거침없이 묘사해 내었다. 또한 "원장(元章, 米芾)의 돌, 자유(子猷, 王徽之)의 대나무, 좌사(左史, 屈原)의 난을 한꺼번에 그대에게 주노니 무엇으로 보답할텐가(元章之石, 子猷之竹, 左史之蘭, 一朝贈君, 何以報之)."라는 내용의 제문은 그림보다 더 현란하고 자신감이 넘쳐난다.

도판 11 〈난죽석도(蘭竹石圖)〉 | 임희지, 지본수묵, 87×42.3cm, 고려대학교 박물관

이처럼 김홍도와 임희지의 사군자화는 사군자가 지니고 있는 상징성이나 문인화로서의 의미보다는 표현 자체를 탐닉하면서, 감성과 흥취를 한껏 분출시키고 있다. 그래서 조선 중기는 사군자화는 물론, 심사정이나 강세황의 사군자와도 확연하게 차이가 난다. 여기에는 표현주의적인 경향을 보

이던 당시 청 대 사군자화풍의 영향을 배제할 수 없지만, 그보다는 진경시대 말엽, 문예 전반에 걸쳐 노정되기 시작한 난만성(爛漫性)에서 근본적인 이유를 찾아야 할 듯하다.

김홍도와 임희지, 이들의 사군자화는 만개한 꽃이고, 만월(滿月)이며, 아름답게 물든 노을과 같다. 그래서 화려하고 원숙하며 찬연하다. 그러나 꽃이 만개하면 이내 시들고, 달이 차면 기울며, 노을이 지나가면 밤이 찾아온다. 그렇게 진경시대의 사군자화는 막바지를 향해 치달아 갔으며, 더불어 진경시대도 서서히 저물어 가고 있었다.

진경시대 탱화

탁현규

조선 탱화, 절정을 맞이하다

진경시대 탱화의 다채로운 결실은 이미 인조 대부터 열리기 시작했다. 인조 6년(1628) 안성 칠장사(七長寺) 괘불탱은 조선 전기 탱화 전통이 괘불로 확대된 사실을 보여 주는 그림이다. 칠장사 괘불은 법신(法身) 비로자나불, 보신(報身) 노사나불, 화신(化身) 석가모니불을 상단에 놓고 하단은 동방(東方) 약사불, 서방(西方) 아미타불로 구성하였다. 이런 구성은 삼신불을 더 중요시한 관념의 표현으로 볼 수 있다.

칠장사 괘불 크기의 두 배인 10미터가 넘는 괘불탱이 효종 1년 공주 갑사(甲寺)에서 완성된다. 1628년 칠장사 괘불 구성에서 약사불과 미타불을 뺀 것이 갑사 괘불탱 구성이다. 괘불탱을 모시면서 삼신불로 조성한 것은 갑사가 화엄전교(華嚴傳敎) 십찰(十刹)의 하나이기 때문에 화엄종주 비로자나불을 모시기 위해서였다. 그래서 갑사 삼신불 괘불탱은 진경시대 삼신불탱의 선구가 되는 중요한 작품이다.

갑사 괘불탱은 큰 화폭을 요령 있게 채우기가 무리였던지 삼신불 크기를 너무 크게 하는 바람에 삼신불 사이와 좌우에 여백 하나 없이 꽉 차고 위와 아래가 이어지지 않는 등 구성은 좋지 않다. 더군다나 상단에는 성중들이 너무 빽빽하게 자리해서 답답하기까지 하다. 이는 삼신불 모임을 전부 표현하기 위해 무리하게 구성했기 때문인데 이런 미숙성은 이후 고쳐진다. 화엄종 사찰에서 삼신불 괘불탱을 봉안하는 전통은 34년 후 화엄종찰인 영주 부석사(浮石寺)로 이어진다.

숙종 10년(1684) 7월 부석사에서 괘불탱을 만들 때 화엄경 연화장세계(蓮華藏世界) 교주인 비로자나불을 포함시키면서 무량수전(無量壽殿) 주불인 극락세계(極樂世界) 교주 아미타불도 같이 하는 구성을 바랐을 것이다. 그래서 비로자나, 노사나, 석가모니 삼신불과 석가, 약사, 아미타 삼계불을 같이 표현하였는데 석가모니불을 가운데 크게 그리고 위에 비로자나, 약사, 아미타불을 작게 그렸다.도판 1 칠장사 괘불탱에서 비로자나불을 중심으로 한 것과 달라진 것이다. 그리고 노사나불을 빼고 네 부처 회상으로 줄여서 간결한 압축 구성이 되었다. 이렇게 부석사 괘불탱에서 보여 준 새로운 구성은 진경시대 탱화 발달의 하나의 결실이었다. 그리고 같은 해 5월 경북 상주 용흥사(龍興寺)에서는 석가모니, 약사, 아미타불로 괘불탱을 만들어서 이후 사찰 대웅전의 석가모니, 약사, 아미타 후불탱의 선구가 되었다.

숙종 36년(1710) 칠장사에서는 괘불탱을 하나 더 그리는데 이번에는 1628년 괘불탱 구성을 압축하여 세 부처 모임으로 정리하였다.도판 2 상단에 노사나불과 아미타불, 하단에 석가모니불인데 이것은 삼신불보다 석가모니불을 강조한 구성이다. 그리고 이번에는 약사불을 빼서 더욱 요약한 구성이 되었

도판1 **부석사 괘불탱** | 1684년, 비단, 823x549cm, 국립중앙박물관 소장

도판 2 **칠장사 괘불탱** | 1710년, 삼베, 544x422cm, 경기 안성

다. 대폭의 괘불임에도 불구하고 구성을 자유자재로 변화시킨 두 개의 칠장사 괘불탱은 조선시대 불교미술이 이룩한 탁월한 성과이다. 이렇게 구성에서 종합과 압축을 이룰 수 있었던 것은 왕실 원당인 칠장사에서 풍부한 재정을 바탕으로 고승대덕과 우수한 화원들이 참여한 결과라고 봐야겠다.

경기의 법능(法能)

한강 이남 경기 지역에서 칠장사와 어깨를 나란히 한 안성 청룡사(靑龍寺)에서도 효종 9년(1658) 괘불탱을 완성한다. 청룡사는 인조의 셋째 왕자 인평대군(麟坪大君, 1622~1658) 원찰(願刹)이었는데 인평대군이 1658년 5월 13일에 돌아간다. 괘불탱 화기를 보면 5월에 그렸다고 나와 있어서 인평대군의 극락왕생을 위해 괘불을 제작했을 가능성이 크다. 대군이 돌아간 달에 청룡사에서 신속하게 괘불탱을 그릴 수 있었던 것은 도화서 화원 박란(朴蘭)을 초빙해 도움을 받았기 때문이기도 하다. 효종 대에도 왕실 원찰 탱화 불사에 도화서 화원이 참여했던 사실을 확인할 수 있다.

청룡사 괘불탱은 7미터 길이의 완벽한 영산회상(靈山會上)이다.[도판 3] 그런데 조선시대 다른 영산탱과 다른 점은 석가모니불이 항마촉지인(降魔觸地印)을 하지 않고 조선 지장탱에서 지장보살이 흔히 짓는 수인을 한 것이다. 이것은 기존 도상에서 벗어나려는 시도의 하나로 봐야 할 텐데 이런 점이 경기 지역 왕실 원찰의 선진성이다. 청룡사 괘불탱은 앞으로 진경시대 경기 지역 탱화가 도달할 수준을 미리 보여 주는 뛰어난 그림이 아닐 수 없다.

안성 청룡사 탱화의 맥은 숙종 18년(1692) 감로탱(甘露幀)으로 이어진다. 수

도판 3 **청룡사 괘불탱** | 1658년, 삼베, 739x605cm, 경기 안성

화원(首畵員)인 법능은 34년 전 괘불탱에 참여한 네 명 중 막내로 참여했던 스님이다. 이것으로 효종에서 숙종 대 청룡사를 중심으로 법능이라는 화원이 30여 년 활동했다는 사실을 알 수 있다. 같은 시기 다른 지역 감로탱과 비교하면 구성에서 혁신성, 대담함, 세련미 등을 모두 갖추었다.도판 4 그림 폭이 2

도판 4 **청룡사 감로탱** | 1692년, 삼베, 204x236cm, 경기 안성

미터가 넘어서 왕자 원찰이면서 훌륭한 괘불탱을 가졌던 청룡사의 사부대중이 큰 원력을 세워 이루었다는 것을 역시 알겠다.

청룡사 감로탱은 수륙법회(水陸法會)에 내려와 무주고혼(無主孤魂)을 맞이하는 불보살의 내영(來迎) 장면이 다른 어떤 감로탱보다도 박진감이 있다. 여러 부처와 보살들 무릎 아래는 구름으로 가려 놓고 상체를 크게 하면서 아미타삼존이 가운데 우뚝해서 실재 눈앞에서 불보살이 현현하는 듯하고 모든 불보살들이 같은 방향을 향해서 집중도는 높아졌다. 상단 불보살의 중심은 아미타불과 관음, 세지보살이다. 이들 좌우에 칠여래, 석가모니불, 아난존자, 관음보살, 지장보살, 인로왕보살 등이 있다. 이후 감로탱 기본 구성과 차이가 나는 것은 석가모니불과 아난존자가 등장한 점이다. 이것은 경전에서 석가모니불이 아난존자에게 아귀(餓鬼)를 공양하는 공덕을 설한 내용을 표현한 것이다. 한 폭에 수륙재 관련 경전 내용 일체를 종합하려는 의지가 작용한 결과이다.

청룡사 감로탱 이후에는 생략과 요약 과정을 거치면서 석가모니불은 사라지고 아난은 아귀 앞에 오거나 빠지며 아미타삼존은 생략하는 방향으로 간다. 그래서 상단 불보살군은 칠여래, 관음보살, 지장보살, 인로왕보살로 정리된다. 예를 들어 1701년 상주 남장사(南長寺) 감로탱을 보면 상단 중심은 칠여래로 바뀌었고 아미타삼존은 생략하였다. 이것은 한 단계 진전된 방식인데 아미타불은 칠여래 안에 포함되고 관음보살은 지장보살과 나란히 서 있기 때문에 아미타삼존을 빼는 것이 가능했다. 그렇다면 청룡사 감로탱은 종합 구성이고 남장사 감로탱은 요약 구성이 된다. 요약 구성이 더 발전된 양식이라 말할 수 있는데 경전과 의식집을 잘 알아야 종합할 수 있고 이후에 요약할 수 있기 때문이다. 그렇다면 진경시대 감로탱이 종합에서 요약으로 나아간 것은 자연스런 흐름이다. 물론 요약은 여기서 끝나지 않는다. 그림 크기에 따라서 아귀를 두 구에서 한 구로 줄이기도 한다. 이 점이 조선 탱화의 융통성이라 할 것이다.

전라의 의겸(義謙)과 채인(彩仁)

의겸은 숙종 대 말부터 영조 대 중반까지 40여 년 동안 전라도를 중심으로 경상남도와 충청도 탱화까지 소화해 낸 진경시대 탱화의 종장(宗匠)이었다. 의겸은 38년 동안 탱화 화기에 이름이 올라 있는데 수화원(首畵員)이었던 것이 35년이나 된다. 탱화가 봉안되었던 절은 전라도 아홉, 경상도 셋, 충청도 둘 등 총 열넷이고 작품 수는 스물여덟 점이며 종류 수는 열세 종류이다. 괘불탱을 다섯 점이나 완성했으며 모든 종류의 탱화를 그려 내면서 당대 탱화의 기준을 제시했다. 그 결과 의겸이 이끌던 화원들은 의겸 초본을 변용하여 한 시대 양식을 만들 수 있었다. 영조 대 전체를 이끌던 의겸 양식은 정조 대에 바뀌어서 의겸 양식의 유행 기간이 2세대 60년이었다는 것을 알 수 있다.

의겸이 그린 많은 탱화 가운데 특히 괘불탱, 십육나한탱, 팔상탱, 관음탱, 지장탱, 감로탱, 삼장탱(三藏幀)이 후대에 강한 영향력을 끼쳤다. 의겸이 그린 다섯 점 괘불탱의 원류가 되는 것은 흥국사(興國寺), 쌍계사(雙磎寺)에서 활동한 천신(天信)이 완성한 1700년 전남 부안 내소사(來蘇寺) 괘불탱이다. 구성은 석가모니, 다보, 아미타 세 부처와 문수, 보현, 지적, 관음 네 보살로 이루어졌는데 이런 구성은 벽암각성(碧巖覺性, 1574~1659)이 편찬한 『오종범음집(五種梵音集)』 내용에 근거를 둔 것이다. 의겸은 구성을 이으면서 도상을 새로이 창안하였다. 한편 『오종범음집』 내용은 전각 불상에도 영향을 끼쳐서 1703년 화엄사(華嚴寺) 각황전(覺皇殿) 중수 시 석가모니, 다보, 아미타 세 부처와 문수, 보현, 지적, 관음보살상을 점안하였다. 화엄사에서 수행한 벽암의 문도들이 새 의식집에 맞게 각황전 불보살상을 만든 것이다.

의겸이 전한 마지막 탱화는 구례 화엄사 대웅전 후불탱이다. 화엄사 대웅전에 1636년 목조로 비로자나, 노사나, 석가모니 세 부처를 모셨는데 대웅전에 삼신불을 모신 것은 화엄사가 화엄전교 십찰의 하나였기 때문이다. 후불탱이 봉안된 때는 1757년 3월이었다. 그런데 2월 15일에 영조 비인 정성왕후(貞聖王后, 1692~1757)가 승하하였다. 그렇다면 대웅전 후불탱은 정성왕후의 극락왕생을 위한 불사가 아니었을까. 화엄사 각황전이 숙빈 최씨와 연잉군(延仍君)의 시주에 의해서 세워진 것을 생각하면 그 가능성은 충분하다. 그렇다면 당연히 당대 최고의 화원에게 맡겼을 테니 의겸이 그 적임자였다.

화엄사 대웅전 탱화는 걸작이지만 구성이 너무 빽빽한 것이 흠이다. 보살 사이에 여백이 전혀 없고 좌우 보살들이 판박은 듯이 똑같아서 양식화 기미가 보인다. 이는 진경시대 탱화가 의겸 대에 이미 절정을 맞이했다는 것을 의미한다. 이런 양식화 현상은 1758년 여주 신륵사(神勒寺) 삼장탱에서도 나타나고 1759년 통도사(通度寺) 대광명전(大光明殿) 삼신불탱에서도 공통으로 보이는 모습이다. 그렇다면 진경시대 탱화의 극점을 영조 33~35년쯤이라 보아도 되겠다. 조선시대 화성(畵聖) 겸재(謙齋) 정선(鄭敾, 1676~1759)이 영조 35년(1759)에 돌아가니 정선과 의겸은 같은 시절 선비 화가와 스님 화가의 최고봉으로서 조선시대 그림에서 용과 호랑이였다.

의겸 탱화는 제자 대로 이어진다. 여러 제자들 가운데 채인이야말로 여러 해 동안 의겸 밑에서 작업한 수제자인데 1722년 청곡사(靑谷寺) 괘불을 시작

도판 5 **시왕탱 가운데 제5 염라대왕** | 1720~1730년, 비단, 117x73cm, 온양민속박물관 소장

으로 1723년 흥국사 탱화, 1724, 1725, 1730년 송광사(松廣寺) 탱화, 1730년 갑사, 운흥사(雲興寺) 탱화까지 같이 하였다. 채인은 수화원으로서 1726년에 안국암(安國庵) 감로탱을, 1730년에 도림사(道林寺) 보광전(普光殿) 아미타회탱을 이뤄 내었다. 1730년은 고성 운흥사, 공주 갑사, 곡성 도림사 등 대찰에서 일제히 불사가 벌어진 해이다. 4월 고성과 5월 공주 불사는 의겸이 맡았고 2월 곡성 불사는 채인이 주도하였다.

한편 동국대 박물관 소장 연대 미상 지장탱과 온양민속박물관 소장 시왕탱(十王幀)과 사자탱(使者幀)은 같은 사찰 명부전 탱화로 생각되며 각 탱화의 화기에 의하면 채인이 수화원이었다. 의겸이 그린 시왕탱이 남아 있지 않은 상황에서 채인이 그린 시왕탱은 이후 펼쳐지는 진경시대 여러 시왕탱의 원형이자 현존하는 최고의 시왕탱이다.도판 5 부드럽고 세련된 필선, 성중들의 맑고 밝은 얼굴들, 넉넉한 여백, 주종이 뚜렷한 구성, 황토를 기본으로 하는 따뜻한 색감 등이 잘 어우러진 시왕탱은 의겸의 솜씨를 넘어섰다고 해도 지나친 말이 아닐 정도로 훌륭하다. 지장탱의 경우 보살을 팔등신에 가깝게 이상화한 점이 채인이 갖는 독창성인데 팔등신 비례는 경남 지역 임한(任閑) 화풍에서 보이는 이상미(理想美)와 통한다.

1726년 안국암 감로탱도판 6은 의겸이 이끌었던 1723년 흥국사 감로탱 초본을 변용한 것이다. 채인이 안국암 감로탱을 그린 곳은 함양 금대산 금대암(金臺庵)으로 금대암과 안국암은 같은 산자락에 있다. 그런데 역시 의겸이 그린 1726년 실상사(實相寺) 지장탱도 화기에 의하면 함양군(咸陽郡)에서 그렸다고 돼 있고 안국암 감로탱을 그린 왈민(曰敏)과 태현(太玄)이 참여하였다. 그렇다면 1726년 함양군 금대암에서 실상사 지장탱과 안국암 감로탱을 그렸는데 지장탱은 의겸이, 감로탱은 채인이 주도했다는 결론이 나온다.

도판 6 안국암 감로탱 | 1726년, 비단, 141x144cm, 경남 함양

흥국사 감로탱과 비교하면 안국암 감로탱이 달라진 점은 지장보살과 관음보살 자리가 바뀌어서 흥국사 감로탱 이전 도상으로 다시 돌아간 사실이다. 이것은 의겸이 그린 1736년 선암사(仙巖寺) 서부도전 감로탱에서도 마찬가지이다. 한편 1년 뒤 원주 치악산 구룡사(九龍寺) 감로탱이 안국암 감로탱과 비슷한데 구룡사 감로탱과 같이 그려진 삼장탱은 경기 지역 승려가 담당했다는 사실을 생각하면 당시 경기 지역 탱화가 의겸 일파와 연결되었다고 볼 수 있다. 즉, 전라 지역에 근거를 둔 의겸 일파의 영향력이 1720년대 경기 지

역까지 닿아 있는 것이다.

채인 외에도 의겸 후배들은 많다. 의겸 밑에서 다보사(多寶寺)와 개암사(開巖寺) 괘불탱을 그렸던 색민(色敏)은 1764년 해남 대흥사(大興寺) 괘불탱을 맡았다. 이전 괘불탱처럼 『오종범음집』 구성을 바탕으로 했지만 다보불과 아미타불을 제외하였는데 이런 생략은 다음 세대에서 일어난 변용의 한 모습이다. 색민이 그린 1772년 충북 영동 영국사(寧國寺) 삼장탱 또한 의겸 작인 1730년 운흥사 삼장탱과 구성과 도상이 비슷해서 역시 의겸 양식이라 부를 수 있고 1758년 여주 신륵사 삼장탱도 마찬가지이다. 이것으로 의겸이 만든 탱화는 스님 혹은 초본에 의해서 충청, 경기까지 영향을 주었다는 것을 알 수 있다.

경상의 세관(世冠)과 임한(任閑)

영조 대 전라도에 의겸이 있었다면 경상좌도(경상북도)에는 직지사(直指寺) 스님이었던 세관이 있었다. 세관은 1724년부터 1744년 작품까지 약 20년 동안의 기록이 남아 있다. 영조 17년 (1741) 상주 남장사 아미타탱과 삼장탱은 진경시대 경북 지역 탱화의 집대성이었고[도판 7] 영조 20년(1744) 직지사 대웅전에 걸었던 영산회탱, 약사회탱, 아미타회탱은 그 규모에 있어서 조선시대 후불탱화의 금자탑이다. 경북 각지에서 모인(경남 쌍계사에서도 올라온) 16명 스님이 일시에 30여 탱화를 조성한 조선시대 경북 지역 최대 불사에 걸맞게 직지사 대웅전 후불탱은 세로가 무려 6미터를 넘었다. 어떻게 보면 괘불탱 세 폭이 대웅전 안으로 들어온 셈이다. 화폭이 커서 성중 수를 대거 늘린 구성이 특징인데 약사회탱에서는 기본 십이신장에 넷을 더해 십육신장이고 제자 역시 둘을 더해 십이제자이

도판 7 **남장사 삼장탱** | 1741년, 비단, 301x311.5cm, 경북 상주

다. 아미타회탱에서는 제자 여덟을 더해 열여덟로 늘렸는데 이는 십팔나한을 생각한 듯하다. 세 부처가 앉아 있는 수미단에는 정교한 문양이 가득하여 장식미의 극한을 보여 준다. 구성과 문양 모두 문화 절정기 미술의 공통 특질을 여실하게 가지고 있다.

영조 대 경상좌도 탱화에서 세관이 대표라면 경상우도(경상남도)에는 임한이 으뜸이다. 영남 제일 거찰 통도사는 금강계단(金剛戒壇)을 중심으로 수많은 전각이 있어 탱화 양이 방대했기 때문에 임한 같은 뛰어난 화원이 그림 그릴 수 있는 좋은 기회가 많았다. 1734년 영산전 영산회탱, 1740년 극락보전

도판 8 **통도사 영산회탱** | 1734년, 비단, 339x233cm, 경남 양산

아미타회탱, 1759년 대광명전 후불탱까지 한 사찰에서 25년 동안 세 번에 걸쳐 중요한 세 전각 탱화를 이루어 낸 임한은 통도사 탱화 조성 역사에서 제일가는 스님이었다.

임한이 그린 탱화는 1718년서부터 1759년까지로 의겸이 활동한 40년 기간과 거의 같다. 임한의 이름이 탱화에 처음 오른 것이 1718년 경주 기림사(祇林寺) 대적광전(大寂光殿) 비로자나, 약사, 아미타회탱이었다. 이후 수화원으로 주도한 통도사 영산회탱과 아미타회탱을 보면 불보살과 성중들의 우아한 신체와 세련된 의복은 이전에 없던 것이다.도판 8 그리고 1755년 청도 운문사(雲門寺) 비로전 삼신불탱은 세로 466센티미터 단일 폭에 삼신불 회상을 요령 있게 집약한 훌륭한 탱화이다.

임한의 마지막 탱화는 역시 통도사 작품이다. 임한은 겸재 정선이 돌아가는 해에 통도사 대광명전 삼신불탱을 세로 420센티미터, 세 폭으로 그렸다. 임한은 4년 전 삼신불을 그렸던 경험이 있었고 2년 전 의겸이 화엄사에서 세로 438센티미터, 세 폭으로 삼신불탱을 조성한 사실이 원력을 크게 세우게 한 힘이었을 것이다. 의겸이 그린 화엄사 후불탱이 의겸 화업(畵業)의 총결산이었듯이 임한의 통도사 탱화 역시 그러하다. 총 17명이 참여한 통도사 대광명전 후불탱은 진경시대 경남 지역 최고 후불탱이자 조선시대 삼신불탱화의 최고 걸작임이 틀림없다. 불보살의 상호와 비례가 완벽한 것은 물론이고 비로자나탱에는 무려 열네 보살이 세 줄로 질서정연하여 장엄함이 극에 이르렀고 노사나불 보관과 구슬 장식은 이보다 더 화려할 수 없을 만큼 찬연하여 노사나불 도상이 정점에 이르렀다. 다만 석가모니불은 어깨가 너무 넓고 사각형인 것이 흠인데 이는 통도사 삼신불탱이 양식화되기 직전 작품이라는 것을 말해 준다.

경기, 강원의 오관(悟觀)

1759년 2월에 가평 운악산(雲岳山) 현등사(懸燈寺)에서는 극락전에 아미타회탱과 지장탱을 봉안하였다. 수화원인 오관은 1년 전 신륵사 삼장탱에 참여했었고 현등사 탱화를 마치고 11월에는 치악산(雉岳山) 영원사의 비로자나회탱과 감로탱을 그렸다. 진경시대 경기 지역 탱화가 남아 있는 것이 거의 없어 화원들의 활동 상황을 알기 어려운 가운데 오관의 이름은 소중하다. 그렇다면 현전하는 탱화로만 판단해서 영조 대 경기 지역 탱화 화원의 대표로 오관을 꼽아도 무리는 없지 않을까.

현등사 극락전 아미타회탱과 지장탱은 진경시대 동류 탱화로는 최상의 작품일 뿐만 아니라 조선 500년 탱화사상 최고 작품이라고 이를 만하다. 두 탱화는 구성, 필선, 색감 모두에서 더 이상 올라갈 수 없는 지극한 경지에 도달하였다. 이것이 가평 현등사에 일어났다는 것은 현등사가 봉선사(奉先寺)와 이웃한 왕실 원찰이었기 때문이기도 하고 한양 주변 문화가 지방보다 고급일 수밖에 없었기 때문이기도 하다. 현재 진경시대 봉은사(奉恩寺), 봉선사 탱화가 봉선사 괘불을 빼고는 남아 있는 것이 없지만 현등사 탱화로 미루어 보건대 이들 사찰의 진경시대 탱화도 당대 제일 수준이었을 것이다.

오관이 지장탱을 조성하면서[도판 9] 본으로 삼았던 작품은 의겸 작품이었다. 지장보살이 반가좌를 취하고 왼발을 연꽃 씨방 위에 올려놓은 도상과 오른손 손바닥을 위로 하여 어깨까지 들어 올리고 왼손은 왼쪽 무릎에 얹어 놓은 자세는 1726년 의겸 작인 실상사 지장탱 지장보살 모습과 같은 것이다. 더군다나 지장보살의 상호 역시 같다. 화폭 가로 길이도 현등사 지장탱과 실상사 지장탱이 비슷하다. 지장탱 초본이 역시 의겸 제자들에 의해 전해졌을 것이다.

도판 9 **현등사 지장탱** | 1759년, 비단, 143x206cm, 경기 가평

지장보살은 눈, 코, 입이 한데 몰려 있지만 눈매와 콧선이 시원스럽게 벋어 있어 기운이 상쾌하고 손발도 큼지막해서 대인의 풍모가 있다. 좌우 명부중은 완벽 대칭 구도이지만 팔 모양과 지물을 달리해서 균제미가 있으면서도 변화가 풍부하다. 그리고 명부중 모두를 빠짐없이 짝 맞추었다. 조선시대 지장탱의 정점이기 때문에 구성이 이보다 좋게 갖추어지는 것은 불가능하다.

녹청과 주(朱)를 기본으로 하고 군청을 보조 색으로 하며 황토를 적절히 가미한 색 배합은 진경시대 탱화 색감에서 최적이다. 금니와 은니 문양 또한 그림에 격조를 부여했다. 지장보살 가사에는 은니 국화 문양이, 도명존자 가사와 무독귀왕과 시왕 포복에는 금니 국화 문양이 우아한데 지장보살과 앞줄 성중 의복에만 문양을 넣은 것에서 절제미를 볼 수 있다. 보살은 살집이 넉넉하지만 비만은 아니고 명부중은 팔등신에 가까운 신체이면서도 세장(細長)하지 않다. 조선 탱화에 등장하는 성중들의 신체 비례로는 최상이다. 보살 얼굴은 약간 엄숙하지만 일체 명부중 상호는 웃음을 띠며 맑다.

극락전 후불탱인 아미타회탱 또한 전대미문의 절품(絕品)이다.[도판 10] 당당하고 의젓한 아미타불 주위에는 뒤로 가면서 서서히 작아지는 성중들이 사이사이에 구름이 들어갈 정도로 여유 있게 자리하였다. 조선 탱화 가운데 이보다 배치가 아름다운 작품은 찾기 어렵다. 구성 역시 완벽하다. 팔보살, 십제자, 이천, 사천왕, 이화신불, 팔부중, 팔금강이 모두 모였다. 특히 여덟 가운데 여섯 신중만 나온 팔부중은 정확한 표현에서 보면 조선 탱화 팔부중 도상의 모범이다. 천은 여성이고 용은 용왕이니 남성 왕의 모습이다. 다른 후불탱에서 남성 왕인 용왕을 향우측에 놓는 경우도 있지만 여기에서는 자리가 올바르다. 그리고 사자 가죽과 코끼리 가죽을 쓴 두 신중 가운데 사자가 더 우위이기 때문에 향우측에 있고 이전 얼굴 가죽만 뒤집어쓰던 것에서 몸 전

도판 10 **현등사 미타탱** | 1759년, 비단, 245x278cm, 경기 가평

체까지 가죽으로 덮은 것도 실재감 있는 표현이다. 범천은 이마에 눈이 하나 더 있어 제석천과 구별되며 팔보살의 처음인 관세음보살은 백의를 입고 정병을 들고 보관에는 아미타불을 갖춘 완전한 도상이다. 사천왕 도상 역시 조선 탱화 가운데 모범으로 동방지국천의 경우 공간이 여의치 않아서 비파를 생략한 도상을 사용했다.

색감은 지장탱과 마찬가지로 녹청과 주를 기본으로 하면서 군청으로 강조를 하였다. 은은한 기품이 감도는 맑고 고운 빛깔이 오늘날까지 살아 있다. 성중들 얼굴은 이곳이 정말 극락인 듯한 환희로 충만하고 십제자들은 다양한 얼굴만큼이나 손 모양과 입은 옷이 다채로우며 팔금강도 시선이 갈지자로 이어져서 대화하듯 정겨운 모습이다.

1749년 개암사 괘불 제작에 참여한 각잠(覺岑)이 10년 후 오관과 함께 영원사 비로자나탱화를 그린 사실은 의겸 일파의 초본이 경기 지역으로까지 들어온 상황을 추정할 수 있는 중요 단서이다. 오관이 혼자 그린 영원사 감로탱은 흥국사 감로탱과 안국암 감로탱과 비슷하다. 오관의 영원사 탱화는 의겸 일파의 그림을 충실히 옮겨 온 데 반해 현등사 탱화는 의겸 일파의 수준을 뛰어넘었다.

진경시대 청화백자의 독창적 미감과 양식

간송미술관 소장 청화백자동자조어도떡메병과 청화백자양각철채동채난국초충문병을 중심으로

방병선

서론 – 조선백자의 전개

세계의 자랑거리이자 고려인의 창의력이 마음껏 발휘된 고려청자의 눈부신 비색과 화려한 상감 기법은 다양한 중국 도자 틈바구니에서도 그 기술과 장식에서 독보적인 위치를 차지한다. 송과 원 대에 걸쳐 남북방의 무수한 중국 도자, 그중에서도 중국 최고라는 여요청자와 견주어도 고려 비색[도판 1]은 비교의 대상이 아닌 독자적인 경지에 서 있는 것이다. 그뿐만이 아니다. 입사 기법이나 중국 자주요의 박지 기법 등과 비교되기도 하지만 상감청자의 정교함과 문양의 다양성은 송 · 원 대 남북방 자기의 장식을 모두 합쳐 놓은 듯하다.

고려가 망하고 조선이 들어서자 그릇의 장식과 그릇의 인식은 서서히 바뀌었다. 고려청자를 계승한 분청사기가 150여 년 간 제작되었지만 조선 사대부의 미감을 고스란히 표현한 것은 백자였다. 조선백자는 말 그대로 흰색이 주를 이룬다. 조선의 수요층들은 고려와 달리 장식성을 일부러 드러내고자

도판1 **청자오리형연적** | 12세기, 높이 8cm, 길이 12.9cm, 간송미술관 소장

하지 않았다. 조선시대 왕실용 백자를 생산했던 사옹원 분원의 가마터를 발굴한 보고서들을 보거나 실제 유적지를 둘러보면 청화백자와 같은 채색 자기는 물론이고 음각이나 양각 등의 조각이 되어 있는 편의 양은 매우 적은 편이다. 대부분 무문이며 그 형태 또한 단순하다. 이러한 단순하고 소박한 형태와 문양의 백자는 절용의 미를 대변하였고 조선시대 전 기간에 걸쳐 제작되었다.

한편 이런 무문의 백자가 대세를 이루었지만 왕실의 중요한 행사에는 청화백자가 반드시 소용되었다. 특히 조선 말기 사옹원 분원의 사기 장인들에게 민간 자기를 생산할 수 있는 사번이 허용되면서부터는 청화백자는 최고의 상품 자기로 부상하였다. 청화백자란 초벌구이한 백자 위에 코발트를 주성분으로 한 청화 안료로 그림을 그린 후 백자 유약을 바르고 1250도 이상으로 구운 것이다. 원래 중국 원 대 후기인 14세기 무렵에 처음 개발되어 조선 초기에는 명 황제의 하사품과 사신들의 진상품으로 조선에 들어왔다. 이후 조선에서도 제작하기 시작하여 조선시대 줄곧 왕실용 백자 중 최고로 자리하였다.

그러나 청화백자는 제작상 반드시 필요한 청화 안료인 코발트가 국내에서는 생산되지 않아 중국에서 수입해야 했다. 청화백자의 문양 시문은 조선 최고의 도화서 화원들이 도맡아 하는 관계로 일반 사기장들은 제작 참여에서 배제되거나 청화 시문에 익숙할 수 있는 기회가 적었다. 따라서 조선 청화백자는 극히 제한된 사용과 제작 조건으로 고려시대 비색청자나 상감청자만큼 다량으로 제작되지는 못하였다. 더욱이 17세기 들어서는 전쟁으로 인한 경제적 피폐함으로 청화백자 생산은 거의 중단되었고 왕실에서도 사용하기 어렵게 되었다.

이후 양란의 혹독함을 슬기롭게 이겨 내고 진경시대에 접어들자 조선백자는 고품격의 백색미와 조선적인 장식미를 선보였다. 금사리에서 제작된 무문의 백자는 단순미와 절제미를 선보였으며 중국이나 일본과 다른 백색으로 범접하기 어려운 극한의 경지를 보여 주었다. 고려시대 비색청자가 청옥을 연상하였다면 금사리 백자도판 2는 그 무엇도 섞이지 않은 순백의 결정을 보여 준다. 또한 이전 시기 생산이 중단되었던 청화백자가 생산 재개되었고 다채로운 장식과 기형에서 후대 청화백자의 전범이 되어 진경시대 사대부의 품위를 나타내는 고품격의 장식 자기로 자리하였다. 중국과 차별되는 순백을 위주로 한 백자 위에 청화와 철화, 심지어 가장 기술적으로 어렵다는 산화동을 안료로 사용하는 동화까지 그릇 표면에 등장하였다.

또한 이전과는 다른 문양이 등장하는데 이 중 대표적인 것이 산수문이다. 고려시대 청자의 경우 산수문양들이 워낙 윤곽선 위주로 간략화되어서 본격적인 산수문이라 하긴 무리가 있다. 상감청자 문양 가운데 고사인물문에는 주변 배경 문양으로 가옥 인물이나 산수가 배경으로 등장하긴 하지만 너무 공예 의장적인 요소가 강해서 문양 자체도 장식 소품 같은 느낌이 많이 든다. 문양은 장식적인 역할만 할 뿐 실제 산수문에서 느끼는 문인의 기질이나 여유를 찾아보기는 어렵다.

이와 달리 진경시대 청화백자는 고려 상감청자나 조선 전기 청화백자의 문양은 물론이고 동 시기 중국이나 일본의 청화백자 문양들과도 그 맥을 달리하였다. 예를 들어 사군자 형태를 기본으로 한 화훼문이 조선 전기 잠시 선보인 능화형 화창 안에 간결하게 그려졌는데 이러한 단순하고 간결한 장식 문양뿐 아니라 회화의 중요 주제였던 소상팔경문(瀟湘八景文)을 위주로 한 산수문이 왕실용 백자에 등장하였다. 이들은 당시 회화나 화보와의 연관성

도판 2 **백자달항아리** | 18세기, 일본 오사카 시립 동양도자미술관 소장

을 찾아볼 수 있으며 여러 점이 유사하게 제작되었다. 소상팔경의 여덟 장면 가운데도 동정추월(洞庭秋月)과 산시청람(山市晴嵐)이 가장 빈번하게 등장하였다. 소상팔경문은 항아리와 병뿐 아니라 연적과 주자 등에도 장식되었다.

그러면 조선시대 화원들과 사기 장인들은 순백의 백자 위에 장식 욕구를 절제하면서 보는 이로 하여금 품격을 느끼게 하기 위해 어떻게 했을까. 청렴결백을 상징하는 청화백자에 철화와 동화 안료를 추가하여 번잡하지 않으면서도 어떻게 화려한 채색 효과를 내었을까. 지금부터 이 시대 대표적인 청화백자인 두 점의 청화백자(간송미술관 소장)를 통해 진경시대 조선 도자의 위대함을 음미해 보자.

간송미술관 소장 백자를 대표하는 유물로 청화백자동자조어도떡메병도판 3이 있다. 여기서 떡메병이란 조선시대 사료에는 등장하지 않는 이름이다. 떡메병이란 벌어진 구연부와 펑퍼짐한 몸체가 떡메를 연상시킨다고 해서 현대에 와서 붙인 이름이다. 고려와 조선을 통틀어 이렇게 생긴 그릇은 진경시대 이전까지 나타나지 않았다. 자기는 아니지만 옹기의 기형 중에 간혹 항아리 일부가 이와 유사한 것이 있지만 일치하진 않는다. 조선백자 중에 떡메병은 그 수가 적어서 동 시기 이와 유사한 기형을 가진 것이 호암미술관 소장 청화백자동정추월문떡메병이 있고 19세기 들어 하반부가 더욱더 축 늘어진 떡메병 몇 점만이 남아 있을 뿐이다. 굽은 안으로 움푹 파인 속굽이고 색상은 순백에 약간 회색 기가 돈다.

이 기형의 원류를 비교할 만한 자료는 동일한 조선백자나 중국, 일본 도자에서 찾아보기 힘들다. 따라서 정확한 기형의 원류와 변천을 설명하기는 쉽지 않다. 굳이 설명한다면 조선시대 말기로 추정되는 옹기에 이와 비슷한 병이 남아 있다. 그렇다면 조선시대 가장 고귀한 그릇인 백자의 기형이 옹기나 도기에서 차용되는 것이 가능할까. 일반적으로 그릇은 고가나 희소성이 높은 그릇에서 낮은 그릇으로의 전이가 대부분이다. 이는 제작 비용이라는 경제적 이유로 인해 비롯된다. 금은기를 도자기가 모방 제작하는 예가 그것이다. 같은 흙을 원료로 하지만 용도와 제작비에서 도기와 자기는 위계가 분명하므로 자기가 우선임은 틀림없다. 따라서 정확한 그릇의 기형을 파악하는 것은 어렵다. 구연부가 넓은 통형 화병에서 변형된 것으로 여겨진다.

다음 이 병의 문양 주제는 동자가 낚시하는 장면을 그린 소위 동자조어도

도판 3 **청화백자동자조어도떡메병** | 18세기 후반, 높이 24.9cm, 굽지름 11.5cm, 구경 14.3cm, 통경 19.4cm, 간송미술관 소장

(童子釣魚圖)다. 일반적으로 조선시대 낚시 장면을 그린 어부도(漁夫圖)는 그 의미상 은둔이나 탈속(脫俗)을 상징하는 것이 대부분이다. 나이가 지긋이 든 어부가 홀로 조대(釣臺)나 낚싯배에 앉아 여유롭게 낚시를 하는 조어도(釣魚圖)와 낚시를 마치고 귀가하는 귀어도(歸漁圖), 그 와중에 나무꾼을 만나는 장면을 그린 어초문답도(漁樵問答圖)까지 대부분 문인 사대부들의 은둔과 이상향을 묘사한 것이었다. 이러한 경향은 진경시대 들어 산수 배경 등을 생략하거나 간략화하면서 실제 어민의 풍속 장면이나 낚시 장면에 담긴 시정(詩情)까지 표현하는 것으로 그 폭이 확대되었다.

이 병에 그려진 청화 문양은 바로 이러한 진경시대의 서정성과 생략의 아름다움을 백자에 옮겨 놓은 것이다. 도자기에 동자조어도 장면이 그려진 경우는 흔치 않다. 중국의 경우 금 대 12세기에 제작된 자주요 백지흑화동자조어도베개[도판 4]에 동자조어도 장면이 나타난다. 백화장토 위에 철분이 많이 함유된 안료로 낚시하는 동자의 모습을 윤곽선 위주로 그려 넣었다. 문양 구성을 살펴보면 타원형의 베개 위에 두 개의 넓고 좁은 태두리 선을 두르고 그 안에 대각선 구도로 경사진 지면을 배치하였다. 그 위에 긴 소매 옷과 바지를 걸치고 대나무 낚싯대를 드리워 막 고기를 잡은 채 서 있는 중국 동자가 나타난다. 대부분 채색은 없고 단지 하얀 바탕에 검은 윤곽선만으로 낚시 장면을 간략하게 그렸다. 가느다란 낚싯대와 그 끝에 매달린 낚시 줄 끝에는 어린 붕어 같은 한 마리의 고기가 잡혀서 발버둥을 치고 있다. 그 좌우에는 두 마리의 고기가 경쟁하듯 해엄치는 모습과 그 위에 간단한 파문을 몇 줄 선으로 표시하였다. 중국의 조어도 장면에는 대개 세 마리의 물고기가 주로 나타나는데 이는 과거시험인 대 · 중 · 소과, 즉 당시 문인들의 소망이던 과거 급제와도 상통한다. 산수 문양보다는 철저한 길상 문양으로 문인풍의 문양을 매우 간략화한 것으로 보인다. 중국의 동자 문양은 남송 대 화가인 소한신(蘇漢臣)의 영희도(嬰喜圖) 화풍과 매우 유사하다. 이 베개는 현재 하북성 박물관에 소장되어 있으며 길이 29센티미터, 높이 11.8센티미터다.

이후 중국 도자에 등장하는 조어도는 강태공조어도나 일반적으로 낚싯배를 이용한 조어도가 대부분이고 동자조어도는 거의 자취를 감추어 찾아보기 어렵다. 고려청자나 조선백자에서도 동자조어도 문양은 좀처럼 보기 어렵다. 그런 의미에서 간송미술관이 소장하고 있는 청화백자동자조어도떡메병은 희소성이 매우 크다. 기형뿐 아니라 문양에서, 회화에서 볼 수 있는 조어도 장면과도 차별성이 있다. 문양을 살펴보면 회화에 주로 등장하는 어옹(漁翁) 대신 순진무구해 보이는 떠꺼머리총각이 의자에 앉아 두 발을 물에 담근 채 대나무 낚싯대를 드리우고 고요한 강물을 무심히 응시하고 있다. 강물

도판 4 **자주요 백지흑화동자조어도베개** | 12세기, 길이 29cm, 폭 22.1cm, 높이 11.8cm, 하북성박물관 소장

은 단선의 수파묘로 묘사되었는데 필치는 동시대 겸재나 단원 등의 산수화에 등장하는 물결 표현과 흡사하다.

병의 뒷면도판 5에는 단원 김홍도의 수금도(水禽圖) 장면처럼 오리 두 마리가 총각 쪽으로 헤엄치며 다가오고 있다. 총각이 낚시에 방해될까 염려하여 약간 긴장한 듯 찡그린 얼굴 표정이 역력하다. 이는 총각의 손동작에서도 읽을 수 있다. 아직 물고기를 잡지 못하고 기다리는 과정에 예기치 않은 훼방꾼이 나타난 것이다. 수면 아래는 묘사되지 않았고 따라서 물고기는 보이지 않는다. 총각과 물오리의 팽팽한 긴장감은 순진하게 다가오는 물오리에서 느끼는 여유로 줄어들었다가 총각의 얼굴과 손에서 다시 고조되었다. 간략하면서도 상황을 충분히 이해할 수 있도록 한 사실적 표현이 돋보인다. 낚시 의자와 잔물결, 뒷면 바위 윤곽선과 절파 화풍으로 보이는 필치는 대담하면서도 순간의 동작과 감흥을 자유자재로 표출하였다. 배경 문양은 전부 생략되었고 오직 총각 뒤의 커다란 바위와 풀만이 남아 있다. 동자보다도 키가 훨씬 큰 바위는 진한 농담으로 굵게 윤곽선을 그리고 그 안에 묽게 이리저리 칠한 붓 자국이 그대로 남아 있다. 바위 좌우에는 18세기 청화백자에 자주 등장하는 초화문과 패랭이꽃이 능숙한 필치로 그려졌다. 그려진 문양을 파노라마처럼 죽 늘여서 펼쳐 놓으면 낚시하는 총각과 그를 향해 다가오는 한 쌍의 오리가 만들어 낸 평화로움이 믿음직한 바위에 둘러싸여 누구도 방해할 수 없는 자유를 만끽하게 한다. 바야흐로 조선 후기 최고라 불릴 만한 근사한 한 폭의 조어도가 된다. 회화와 도자의 완벽한 만남이 솜씨 좋은 분원 장인과 조선 최고의 화원 화가에 의해 이 병에서 이루어진 것이다.

길상적인 분위기보다는 문인 산수화에서 느끼는 와유(臥遊)와 은둔, 그러면서도 장면의 긴장감을 놓치지 않으려는 몇 가지 장치들이 배치된 구도와

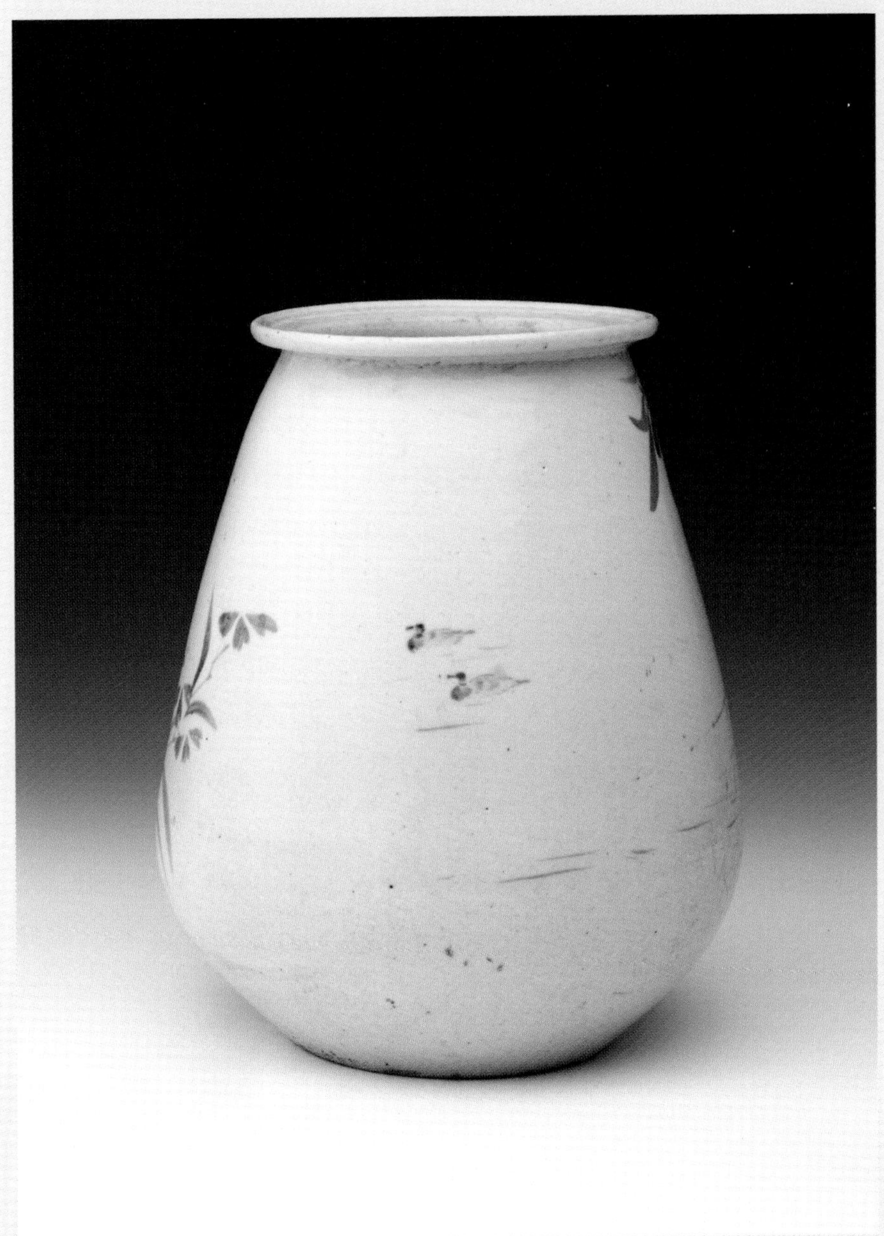

도판 5 청화백자동자조어도떡메병 뒷면

필치가 어우러진 높은 회화성은 진경시대 청화백자의 가장 큰 수확이자 동아시아 도자 어디에서도 찾아볼 수 없는 조선백자만의 정서라 할 수 있을 것이다.

백자 위에 펼쳐진 절제된 폴리크롬의 세계

—청화백자양각철채동채난국초충문병(靑畫白磁鐵彩銅彩蘭菊草蟲文甁)도판 6

절검(節儉)을 중시했던 조선의 왕실과 사대부들은 그릇의 장식에서도 절제를 요구한 것으로 보인다. 조선 초기부터 중국의 화려한 청화백자나 알록달록한 오채 그릇이 유입되어 중외에 파다하게 퍼졌지만 실제 왕실용 그릇이나 일상기명(器皿)으로는 수수한 백자나 약간의 장식이 있는 청화백자만을 고집하였다. 간혹 철화백자를 왕실 기명으로 사용하긴 했지만 한 가지 색상의 안료 장식만을 사용한 것은 변함이 없었다. 소박한 느낌의 단색조 채색의 전통을 결코 바꾸지 않은 것이다.

그러나 진경시대 들어 사옹원 분원 장인들의 생계유지를 위해 장인들의 사적인 그릇 번조가 허용되면서 장식적이고 화려한 장식을 일부나마 우리 그릇에 구현해 보고 싶었던 일반 사대부들의 기호가 그릇에 적극적으로 반영되게 되었다. 이를 계기로 우리 그릇에도 절제된 화려함이 시도되기 시작하였다. 이전에 볼 수 없었던 투각이나 양각 백자가 크게 유행하고 그릇 전면을 문양으로 꽉 채우거나 문양 주제도 십장생이나 사군자 등 길상적 주제가 점차 주류를 이루었다. 여기에 동 시기 중국과 일본 백자 장식의 주를 이루었던 유상채 자기들이 조선으로 유입되면서 다채 장식에 대한 호기심도

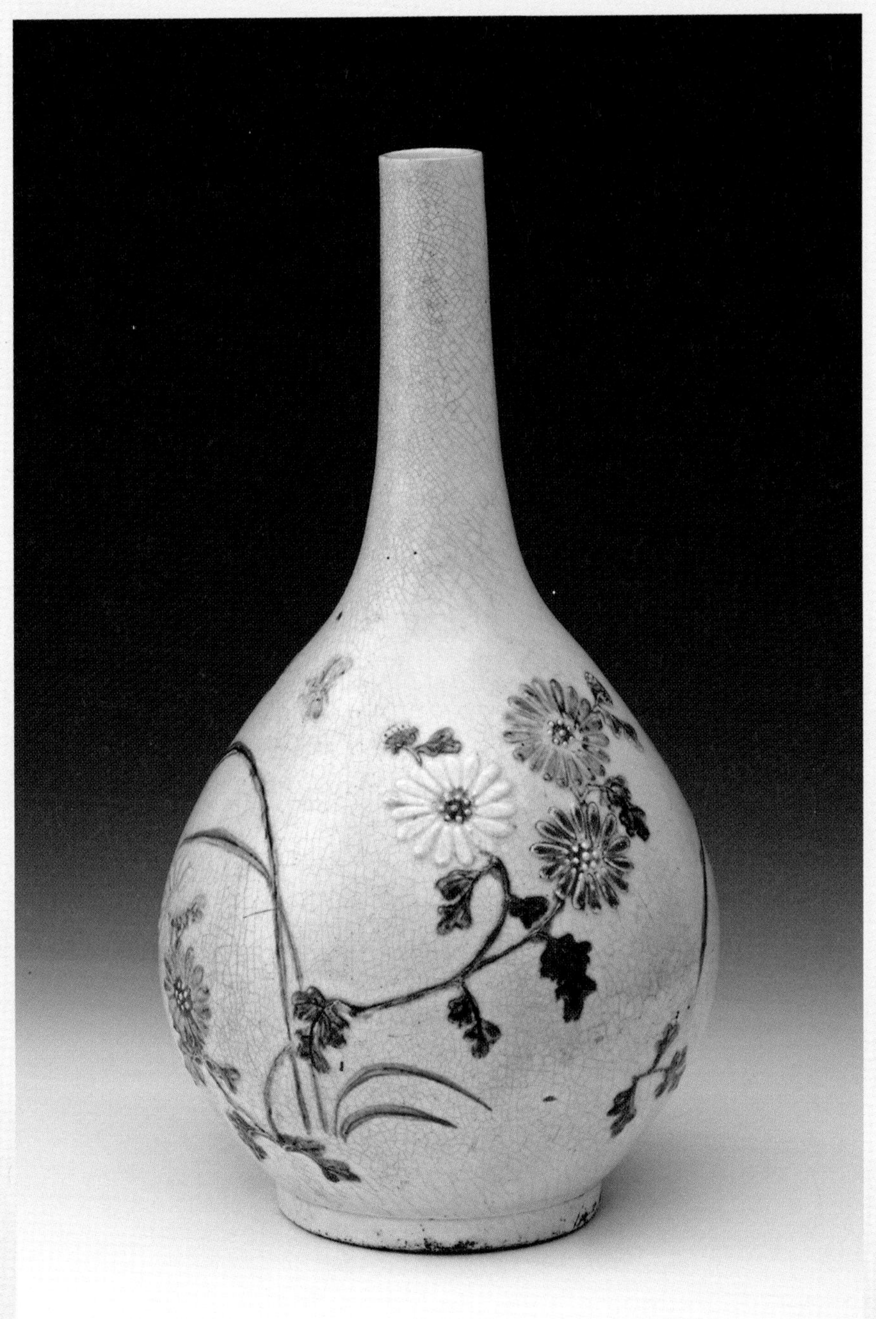

도판 6 **청화백자양각철채동채난국초충문병** | 18세기 후반, 높이 41.7cm, 구경 4cm, 굽지름 13.3cm, 통경 22.6cm, 간송미술관 소장

증폭되었다. 유상채 자기란 백자 유약 위에 납을 주성분으로 한 안료를 사용하여 다채색으로 장식한 것으로 당시 중국에 사신으로 건너갔던 많은 조선 선비와 관료들의 눈을 휘둥그레지게 만들었고 선물과 국경 무역을 통해 조선 상류 사회 전반에 퍼지게 되었다. 예를 들어 영조의 열 번째 따님이자 세 번째 옹주였던 화유옹주(和柔翁主, 1740~1777)의 무덤에서 발굴된 백자[도판 7] 중에는 황색의 분채 자기가 섞여 있는데 이는 당시 조선의 수요층들이 중국의 유상채 분채 자기를 인지하고 선호하였음을 보여 주는 것이다. 이 작품을 비롯해서 묘에서 출토된 일련의 청화홍채 자기들은 모두 중국 자기와 일본 자기들로 당시 화유옹주의 부군인 황인점(黃仁點, 1732~1802)이 중국에 사신으로 다녀오다 가져왔거나 선물로 받은 것으로 추정되는 것들이다.

참고로 당시 일본은 이미 17세기 이후 유상채 백자 생산을 개시하였고 중국이 명 · 청 교체의 혼란기에 빠져든 틈을 타 유럽 시장에 일본 자기를 널리 알리게 되었다. 청화백자는 물론이고 다양한 오채 자기, 즉 다양한 색상의 유상채 자기들을 수출하여 유럽에 일본 양식 유행에 선구에 섰다. 이 중 일부 그릇들이 조선에 유입되어 조선의 수요층들에게 알려진 것으로 보인다.

이처럼 사실상 18세기가 되면 조선을 제외한 거의 대부분 나라들에서 유상채의 다채색 자기를 제작하였다. 실제 유상채 자기를 만들기 위해서는 다구운 백자 위에 다시 납을 주원료로 하는 안료로 그림을 그린 후 재차 가마에서 구워야 한다. 그런데 조선에서는 1900년대 들어 유상채 기법을 일본이나 유럽에서 정식으로 배워 오기 위해 장인들을 유학시키거나 기술자를 초청하기 전까지 유상채 자기 제작에 대한 시도가 보이지 않는다. 19세기 들어 이를 모방하여 초벌구이한 그릇 위에 안료를 칠해 분위기만 낸 것이 전부일 뿐이다. 경제적 윤택함과 문화적 여유로 조선 문화의 부흥기라고 할 수 있는

도판 7 **황지분채장미문병**(黃地粉彩薔薇文甁) | 화유옹주 묘에서 출토, 높이 14.3cm, 국립고궁박물관 소장

진경시대조차도 유상채 자기는 제작되지 않았다.

그럼 왜 조선에서는 이러한 유상채 자기를 제작하지 않았을까. 이러한 연유를 후대 북학파 학자들이 그들의 기록에서 주장한 것처럼 기술의 문제로 볼 것인지, 아니면 조선 후기 그릇에 대한 전반적인 미감이나 그릇이 놓이는 목가구나 주택의 분위기 등과 어울리지 않는 등 조선적 분위기와는 맞지 않아서인지, 아니면 새로운 기술과 제작에 대한 큰 욕심을 내지 않은 것인지 살펴볼 일이다.

먼저 기술적 문제를 생각해 보면 중국에서 유상채 자기의 전통은 당삼채 이후로 거슬러 올라가지만 우리가 오늘날 이야기하는 일반적으로는 명대 오채 자기가 본격적인 유상채 자기라 할 수 있다. 오채 자기는 명 대 전기부터 생산되었는데 청화백자가 주류를 이루는 원 대를 지나 명 대 성화 연간(1465~1487) 들어 선을 보였다. 오채 자기는 백자 위에 다섯 가지의 안료를 위주로 채색을 하고 다시 한 번 구워 완성한 그릇이다. 명 황실용으로 많이 사랑받았으며 조선에도 유입되었다. 유상채 자기 제작의 핵심은 안료 제작과 상회용(上繪用) 가마 사용이다. 이러한 기술은 중국으로부터 배워 오지 않았다면 당시 조선의 기술에 대한 관심과 제작 상황으로 볼 때 쉽지 않았을 것이다. 상회 자기를 만들기 위해서는 장인을 중국에 파견하거나 중국의 장인들을 초빙해야 하나 그럴 여건이 되지 않았거나 굳이 그 필요성을 느끼지 않았던 것으로 보인다.

다음은 미감의 문제다. 실제 조선 후기에 많이 유입되었던 청나라의 화려한 분채도판 8나 양채 자기가 과연 조선 사대부의 사랑방에 잘 어울렸을까를 생각해 보자. 사방탁자 위에 놓인 다소곳한 문방사우들과 조화를 이루면서 그 화려한 채색과 장식미를 마음껏 발휘하였을까. 기능적으로도 일부 왕실 연회를 제외하고 정작 그만한 제작 도입 비용을 지불하고 어디에 사용할 수 있었을까를 생각해 보면 상당히 회의적일 수밖에 없다. 그릇 뿐만이 아니라 조선 전기에 비해 다채로워지는 의복이나 음식 등을 고려해도 유상채 백자는 조선의 분위기와는 어울리기 쉽지 않았을 것이다.

이와 같은 이유로 조선에서는 유상채 자기가 제작되지 않았지만 그렇다고 폴리크롬의 색상 장식을 완전히 포기하지는 않았다. 비록 유상채는 아니지만 약간의 채색 효과만으로 충분히 조선의 미감을 자아내면서도 화려한

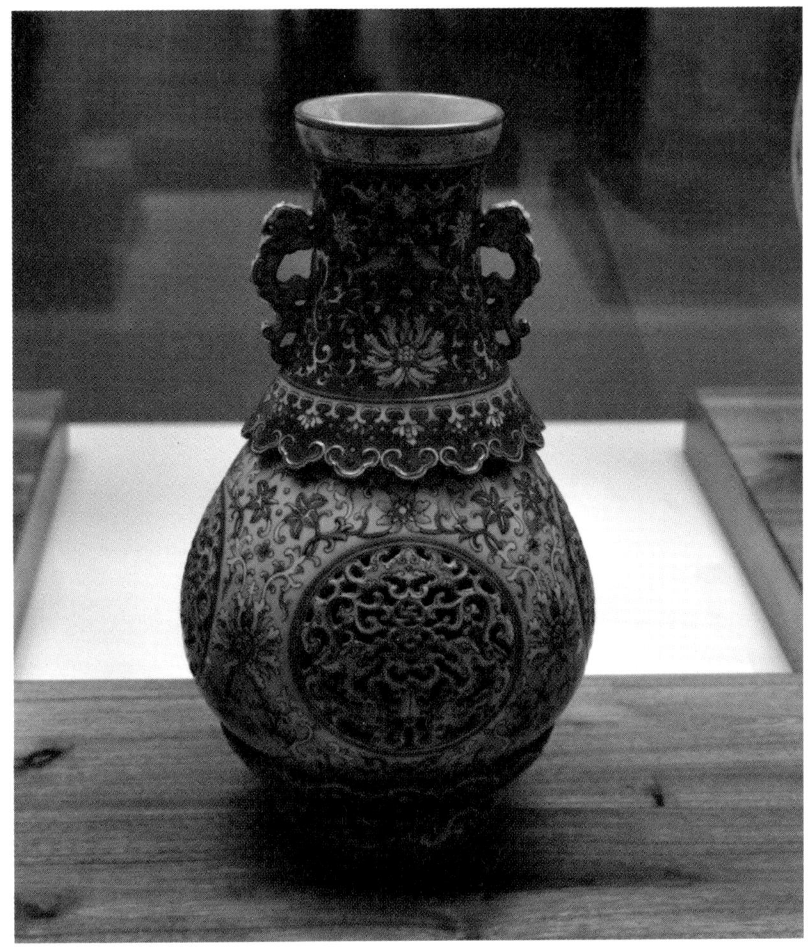

도판 8 **분채전선병**(粉彩轉旋瓶) | 청 건륭(1736~1795), 높이 30.5cm, 중국 북경 국가박물관 소장

장식미를 뽑어내도록 하였으니 유약 아래 두 가지 이상의 안료를 사용하여 장식하는 유하채 장식이 그것이었다. 이러한 백자는 조선 전기에 간혹 몇몇 청화와 철화가 병용된 작품을 통해 시도되긴 하였지만 아주 드물다. 진경시대 후반 사실성과 장식성이 주류를 이루면서 그릇에 굳이 유상채 장식을 하지 않더라도 훨씬 간결하면서도 화사한 느낌이 들도록 한 것이 바로 청화와

철화, 동화의 장식 결합이다. 이러한 장식 의도와 미감을 보여 주는 대표적인 것이 바로 간송미술관이 소장하고 있는 청화백자양각철채동채난국초충문병이다. 특히 17세기 후반 이후 제작이 개시된 산화동을 안료로 사용하는 동화백자의 동화는 검붉은 적색을 내는 것으로 제작이 수월하지 않다.

조선의 서정 — 난초·국화·나비

다시 청화백자병으로 돌아가보자. 이 병은 1936년 간송 전형필 선생이 일본인 수장가들을 제치고 거금을 지불하고 사들인 것으로 당시 고미술계에서 최고로 꼽히던 수작이다. 당당한 기형과 설백의 색상, 격조 있는 문양 장식이 이미 세간에 알려졌던 것이다. 특히 조선백자의 모든 안료가 채색에 사용되어 화려한 다채색의 세계가 구현되었고 다양한 조각 기법이 응용되어 더욱 주목을 끌었다. 병은 목이 길어 18세기 이후 병의 특징을 그대로 보여 주고 있다. 몸체는 보름달 같은 항아리 형태로 윗부분이 약간 올라간 것을 제외하고는 완전한 원에 가깝다. 17세기 후반부터 유행했던 달항아리[도판 2]를 연상케 한다. 문양은 병의 목에는 시문되지 않았고 넓은 여백을 배경으로 몸체에만 시문되었다. 문양의 주제는 겸재 정선의 초충도(草蟲圖)[도판 9]와 흡사한 초충도로 시정(詩情) 넘치는 난초와 국화, 나비 등이 다양한 색상과 기법으로 표현되었다.

먼저 난초는 솜씨 좋게 양각한 후 코발트를 원료로 하는 푸른 청화 안료로 양각된 부위를 채색하였다. 난초는 깊은 산중에서 은은한 향기를 멀리까지 퍼뜨린다는 성격 때문에 충성심과 절개의 상징으로서 또는 단순히 그 아름다움과 향기를 찬미하여 귀히 여기는 풍습으로서 그려졌다. 난초가 조선

도판 9 **초충팔폭** | 정선(鄭敾), 견본채색, 20.8x30.5cm, 간송미술관 소장

시대 미술에 등장한 것은 조선 후기의 일이다.

난초는 우리보다 중국 도자에 먼저 등장하였다. 난초는 원말명초(元末明初)까지 소나무·대나무·매화라는 삼우의 배경으로 작게 그려졌을 뿐이다. 이때에는 그 모양이 오히려 초화문(草花文)에 가까워 아직 난초를 그렸다고 보기는 어렵다. 따라서 그 상징 의미 역시 송죽매에 묻혀 보조적인 역할을 한 것에 지나지 않는다. 난초는 회화의 경우 국화보다 이른 원 대 초기 정사초(鄭思肖, 1241~1318)에 의해서 문인화의 소재로서 확립되었다. 따라서 도자기의 문양으로는 당시까지 회화에서 압도적으로 많이 그려지던 대나무와 매화가 먼저 유행할 수밖에 없었으며, 난초가 그 위에 개별적으로 등장하여 표현되기까지는 어느 정도의 시간이 필요했다. 국화의 경우도 일찌감치 도자 문양으로 나타난 것을 감안하면 난초가 이 중 가장 늦게 문양으로 등장하게 된 것이다. 조선 회화에서도 마찬가지로 난초는 사군자 중 제일 나중에 등장하였다.

중국 도자에 본격적으로 난초가 등장하는 것은 명 대 만력 연간(1573~1619)에 제작된 〈오채용문장방합자(五彩龍文長方盒子)〉의 합 내부 문양 중에서 확인할 수 있다. 합의 내부 측면에 대나무와 매화 등이 함께 표현된 것으로 보아 이 시기 난초의 표현이 군자의 품성을 비유한 사군자의 일부였음을 알 수 있다. 동시에 오조룡(五爪龍)이 시문된 합자의 뚜껑을 통해 이러한 문인적 가치관과 상징이 황실 기물에도 통용되고 있음을 확인하게 된다. 즉, 황제의 문인 지향적 취향과 난초의 상징성이 부합되면서 황실 기명의 문양에 나타난 것이다. 이후 난초는 청 대 들어 황제들이나 여러 관료들의 문인 취향에 힘입어 문인 산수화풍으로 마치 제발(題跋)과 같은 성격의 시문(詩文)과 함께 봄의 정취와 풍류를 나타내는 소재로 등장하였다. 그 상징 의미는 대체로 산수화를 표현한 전체 문양의 상징성과 궤를 같이하는데 길상적 성격보다는 산수 경물의 하나로 은은한 아름다움을 상징하거나 군자의 고귀한 품성을 드러내는 것으로 여겨진다.

조선백자에 시문되는 난초는 진경시대 들어 금사리 가마에서 제작된 것으로 추정되는 일련의 초화문 중에 처음으로 등장한다. 석죽과 국화와 더불어 표현된 난초는 청화백자항아리나 청화백자병[도판 10] 등에도 시문되었다. 이후 벌레와 함께 초충도의 형식을 띠다가 점차 수석 등과 어울려 길상적 성격이 진해지는 경향을 보이게 되었다. 그러나 난초는 그 상징 의미 탓인지 도

도판 10 **청화백자난초문항아리** | 18세기, 높이 21.1cm, 국립중앙박물관 소장

자의 장식적 분위기 속에서도 고고한 품위를 잃지 않았다.

이 청화백자철채동채난국초충문병의 난초에 청화로 채색을 가한 것도 이러한 상징성을 의식했기 때문으로 여겨진다. 난초의 향은 깊은 산골짜기에서 홀로 향을 퍼뜨리는 군자의 품성을 비유한 상징물이기도 하지만 벌레와 국화와 어울려 단지 하나의 풍광을 이루는 경물의 하나로서도 인식될 수 있다. 이는 그릇을 바라보는 관찰자에 따라 그 상징 의미가 어느 쪽으로도 기울어질 수도 있음을 암시하는 것이다. 그릇의 장식성에 주안을 둔다면 이는 다른 국화와 나비 등과 결합하여 초충도의 일부 구성 요소의 하나로 인식될 것이지만 난초의 향과 단순하고 간략한 묘사에 더 감상의 주안점을 둔다면 이는 확실히 군자의 품성을 상징하는 것이다. 결론적으로 회화와의 밀접한 관련 속에서 시문된 난초 문양이지만 그 구도나 배치는 병과 같은 굴곡진 기형의 변화에 알맞게 적절히 왜곡되어 그려지고 있으며 그 장식적 요소를 감안한다 하더라도 본래 의미에서 크게 벗어나지 않는 특징을 보여 준다.

난초는 대체로 18세기 말부터는 영지(靈芝)와 수석(壽石) 등과 어울려 시문되는 경우가 자주 눈에 뜨인다. 이때는 난초의 본래 의미인 군자와 신하로서의 충성과 절개의 의미보다는 장생을 상징하는 영지나 수석들과 함께 수고(壽古)와 가려(佳麗), 향청(香淸), 즉 장수와 고귀함을 상징하기도 한다. 18세기 전반까지 산수화의 경물로 인식되거나 문인 취향을 반영하는 상징 의미에서 점차 다른 도상과의 결합을 통해 장식성이 우선되거나 길상적 의미로의 전이가 이루어진 것이다. 이러한 경향은 도자기나 일부 회화 작품에서 공통적으로 나타나는 것으로 부귀 장생을 염원하던 시대상을 그대로 반영하는 것이다.

다음 국화의 경우 가지는 양각한 후 철화 안료로 진하게 채색하였고, 잎은 하나하나 별도로 만들어 부착한 첩화 기법을 사용하였다. 국화잎은 아래에 한 송이, 위에 세 송이를 배치하였는데 산화철을 사용하는 철화와 산화동을 원료로 하는 진사 안료로 까맣고 빨갛게 칠한 것과 아무 칠도 하지 않아 그대로 백색을 드러낸 것이 있어서 각기 백국(白菊)과 홍국(紅菊), 흑국(黑菊)을 나타낸 것을 알 수 있다.

도자에 국화가 시문된 것은 도기나 원시시대에 제작된 토기의 경우 국화로 추정되거나 국화문 자체가 간략하게 음각 및 인각되는 경우를 발견할 수 있다. 이 경우의 국화는 특정한 상징 의미보다는 관습적이거나 자연적인 문양 시문에 불과해서 상징 의미를 부여하기는 어려울 것 같다. 늦가을 첫 추위와 서리에도 늦게까지 꽃피는 국화는 도연명(陶淵明, 365~427)의 「귀거래사(歸去來辭)」를 통해 지조(志操)와 은일(隱逸)의 상징으로 굳어졌다. 그러나 고려시대 청자도판 11에 표현된 국화는 화면의 긴 둘레나 여백을 채우는 장식 도안으로서 그 역할이 중요시되었다. 표현 형식에서도 초기에 가지와 꽃봉오리를 표현한 단독 절지문(折枝文)의 형태에서 시기가 지남에 따라 연화당초나 모란당초와 마찬가지로 국화당초(菊花唐草)라는 형식으로 나타나기 시작하였다. 상징 의미 또한 지조나 은일과는 상관없는 단순히 아름다움을 나타내는 장식 요소에 지나지 않았다.

국화의 시문은 조선시대 들어 다양한 운필과 농담 표현이 어느 정도 가능해진 청화자기의 개발로 필치가 유연해지고 농담이 훨씬 자유롭게 구사되었다. 그릇의 장식성이 배가되면서 그 상징성도 더욱 뚜렷해졌다. 그 표현 역시 시대에 따라 변하였다. 조선 전기 청화백자의 경우 화조문의 일부로 국화가 표현되었다. 당초문의 형태가 아닌 잎과 가지의 형태로 보조 문양대의 일부로서 독립 문양이 들어가기 어려운 부위를 메우거나 주 문양과 주 문양을

도판 11 청자상감국모란당초문합 | 13세기, 높이 7.8cm, 지름 18.9cm, 굽지름 13.5cm, 간송미술관 소장

구획하는 역할을 하였다. 조선 후기 들어 국화는 드디어 종속 문양으로의 성격에서 벗어나 어느 정도 독립적인 구도를 갖춘 회화 형식에 따라 그려지게 된다. 이 병처럼 난초와 나비와 결합한 초충도의 일환으로 당당하게 독립된 요소로 세 가지 색의 국화가 그려지게 되었다. 이후에는 대나무와 바위를 동반하여 길상적인 의미가 더욱 강화되기도 하였다. 이처럼 회화와는 다른 흐름 속에서 성장한 도자기 위의 국화문도 회화와 도자기 시문 사이에 밀접한 관계가 형성되는 청 대에 이르러서는 상호 영향을 미치게 되었다.

결국 단순한 장식 도안에서 출발한 도자기 위의 국화문은 사군자의 일원으로서 국화가 부각되던 회화사적 흐름에 편승하여 일종의 유행을 타게 되

도판 12 **청화백자철채시문나비문연적** | 18세기, 높이 6.6cm,지름 9cm, 호림박물관 소장

어 시문되기에 이르렀다. 그러나 그 상징성은 오히려 간접적인 영향에 그쳤을 뿐 직접적으로 현자의 은일이나 군자의 정절을 나타내지는 않았던 점에서 도자기 문양만의 특징을 찾을 수 있겠다.

다음 두 마리 나비는 정교하게 양각된 후 날개 끝만 연하게 철화나 청화로 채색된 채 꽃잎 위를 한가로이 노닐고 있다. 국화와 난초는 사군자의 하나로 그 자체가 군자나 사대부의 은일이나 고고함을 상징하는 것이지만 이 병에서는 서정적이고 장식적인 초충문의 구성 요소로 만족하고 있다. 나비를 묘사한 또 다른 예로 호림박물관 소장 청화백자철채시문나비문연적도판 12이 있다. 이 연적에는 측면에 시가 쓰여 있어 전체적으로는 채색 문인화 같은 느낌을 주는데 청화의 윤곽선에 더듬이와 날개 일부를 철채로 채색하였다. 간송미술관 청화백자병과 같은 다채색을 사용하면서도 너무 번잡하거나 색에 압도되는 표현을 절제한 품격과 정서를 지니고 있다.

대개 청화, 철화, 동화의 안료는 각기 그 성분도 달라서 어느 정도 굽는 온도도 다른 법인데 이들 세 가지가 절묘하게 조화를 이루면서 화려한 발색을 하고 있는 것은 이 병을 제작한 장인들의 안료 다루는 솜씨와 불 때는 기술이 대단했음을 여실히 보여 준다. 이로 미루어 조선의 자기 제작 기술에서 장인들의 기술적 자부심을 엿보게 할 수 있으며 나아가 유상채 자기의 제작도 제작 의지와 공개적인 요청만 존재했다면 가능하지 않았을까 추정할 수 있을 것이다.

결론 – 청렴결백과 절용의 미

진경시대 청화백자에는 조선시대 중 가장 조선적이면서도 화려한 색과 형태의 정수가 나타난다. 각 시대마다 수요층의 변화에 따른 양식의 변화는 당연한 것이기도 하지만 이 시대 청화백자에는 다른 시대와 더욱 구별되는 '조선적'이라는 데에 특징이 있다. 화려한 색과 기기묘묘한 형태의 화사함(華)이 아닌 태생 그대로의 자연미를 중시한 단색의 소박한 조선 가구와 튀지 않는 은은한 색상의 옷, 강렬한 향과 색보다는 기능과 맛을 우선시한 음식 등과의 조화(和)의 아름다움이 어떤 것인지 잘 보여 준다.

간송미술관 소장 떡메병의 주제 문양인 동자조어도는 문인 산수화 중에서 은둔과 여유를 느끼게 하는 어부도의 일종이다. 어부도는 중국이나 일본의 자기에서도 많이 등장하지 않는 주제이지만 간송미술관 소장 청화백자떡메병에는 동자조어도라는 독특한 주제가 표현되었다. 일반적인 화보의 장면에 주로 나타나는 어부도와 전혀 다른 구도와 떠꺼머리총각과 두 마리의 오리가 등장하는 긴장감 넘치는 장면을 우아한 필치와 대담한 채색으로 표현한 것은 이 병 이외에선 보기 어렵다.

다음 겸재 정선의 초충도의 구도와 유사한 청화백자양각철채동채난국초충문병의 문양은 담백한 화면 위에 넓은 여백을 바탕으로 청색, 갈색, 홍색의 삼색 난초와 국화, 곤충이 그려졌다. 조선에서 사용 가능한 모든 안료를 이렇듯 한 그릇 위에 모조리 사용한 예도 드물지만, 다 모였지만 복잡하지 않고 여백을 배경으로 살짝 점채한 푸르고 빨간 채색의 조화는 조선이 왜 상회 자기에 열을 올리지 않았을까를 잘 보여 준다.

결국 품격을 갖추면서 청렴결백의 미를 추구했던 진경시대 수요층들의 그릇에 대한 절제된 장식 욕구는 조선 사대부의 심성은 물론, 가구와 음식, 의복 등의 주변과 조화를 이루는 화(和)의 정신에서 비롯된 것이다. 이를 바탕으로 한 법고창신의 창의력은 이들 청화백자에 멋스럽게 배어 오늘날까지 전해진다.

진경시대 능묘 미술의 흐름과 특징

검소함과 실용으로 조선의 얼굴을 조각하다

김민규

옛사람의 무덤을 꾸미고 유지하는 것은 동서고금의 어떤 문화를 막론하고 항상 중요한 것으로 여겨졌다. 유교 문화권에서는 선조의 공적(功績)과 후손들의 효성(孝誠)을 드러내기 위해 화려한 무덤을 만들기도 하고, 반대로 검약(儉約) 정신을 기리기 위해 무덤치레를 간단히 하기도 했다.

조선은 주자성리학(朱子性理學)을 주도 이념으로 건국된 나라로 능묘를 조성할 때 『주자가례(朱子家禮)』를 기준으로 삼았다. 이 『주자가례』에서 석실(石室) 대신에 회격(灰隔)을 사용하고, 석물로는 지석(誌石)과 작은 비석(碑石)을 설치할 것을 이야기하고 있다. 이러한 이유로 조선시대 능묘에는 비석이 주요 작품이 되었으며, 고려 공민왕릉에서 완성된 문무인석(文武人石), 장명등(長明燈), 망주석(望柱石) 등이 전래되면서 조선시대 능묘 석물의 주요한 구성 요소가 된다. 또한 동자석(童子石), 혼유석(魂遊石), 향로석(香爐石) 등이 시대에 따라서 설치되거나 사라지기도 한다.

이러한 석물들은 현대까지 이어지고 있지만 석물 변화의 의미에 대한 고찰이 없기 때문에 형식적인 모습을 답습하고 새로운 양식의 출현은 기대하기 어려운 상황이다. 그래서 조선시대 능묘 석물이 어떻게 변화했는지 중요한 몇 가지 사건을 중심으로 살펴보고 석물의 의미와 양식 변화의 원인을 알아보도록 하겠다.

조선 능묘 석물의 흐름

고려 말 공민왕(恭愍王)이 왕후인 노국공주(魯國公主)를 위해 건립한 현정릉(玄正陵)은 우리나라의 왕릉 제도가 완성된 곳이다. 이후 조선 초 능묘는 이 현정릉 석물의 종류나 형태를 모방하고 수량을 줄이거나 크기를 줄여 건립하게 된다.

조선은 건국 직후부터 능묘 제도에 큰 관심을 두어 공민왕릉의 제도를 수용한 뒤 세종 대에는 이를 조선식으로 해석하려는 시도가 있었다. 그래서 15세기는 능묘 석물의 체계가 조선식으로 정착되는 시기이다. 처음 시도된 문인석(文人石), 무인석(武人石)은 점차 조각 수준이 높아져 가고 장명등도 개석(蓋石, 지붕돌)과 체석(體石, 몸돌)으로 구조가 정리된다. 국가적으로 『국조오례의(國朝五禮儀)』(1474)를 편찬함에 따라 왕릉의 제도가 정립되기에 이른다.

16세기부터는 조선 능묘 미술에서는 중후함이 주된 미감으로 나타난다. 즉, 문무인석은 비후(肥厚) 장중(莊重)한 모습으로 만들어지고 표정은 근엄하게 변하고 조각을 매우 깊게 해서 석조물들 전반에서 강한 양감이 느껴지는 시기이다.

인조반정(1623) 이후로는 석조물에서 무게감을 점차 줄여 나가고 새로운 양식을 창출하려는 의지가 강해 다양한 실험을 하는데 대표적인 것이 '복고(復古)'였다. 그 결과로 17세기 중반부터 사대부 묘의 귀부(龜趺 : 거북받침) 신도비(神道碑)는 통일신라와 고려의 탑비를 모방해 만들게 되었다. 그래서 귀부의 머리는 거북이에서 용으로 변해 당당하고 약동하는 모습이 보인다.

왕실에서도 1673년 효종(孝宗) 영릉(寧陵)을 여주로 옮기면서 인종(仁宗) 효릉(孝陵)의 석물을 그대로 모방한 것이 그 예이다. 하지만 능묘 미술은 여전히 크고 화려한 것으로 여겨져 왔고 이것이 깨지고 검약과 실용이 적용되는 곳이 현종(顯宗) 숭릉(崇陵)이다.

석물의 재사용

1674년 8월 18일 현종이 승하하고, 9월 14일에 능지(陵地)가 건원릉(健元陵 : 태조 능. 현재 경기도 구리시 동구릉) 서쪽으로 정해졌다. 능지가 정해진 다음 날인 9월 15일 숙종(肅宗)은 모후이자 현종 비인 명성왕후(明聖王后, 1642~1683)의 말씀을 빌려 다음과 같은 하교를 한다.

> 자전(慈殿, 명성왕후)께서 근래에 민력(民力)이 고갈되어 새로운 능의 석물(石物)과 역사(役事)는 다시 큰 고통이니, 영릉(寧陵)의 옛 석물을 새 능으로 옮겨 사용하여 백성들의 역사를 없애고자 하신다는 하교를 하시니 대신들의 뜻은 어떠한가?『현종 숭릉 산릉도감의궤(顯宗 崇陵 山陵都監儀軌)』, 「계사(啓辭)」, 1674년 9월 15일)

여기에서 영릉의 옛 석물이란 1659년에 조성한 효종 영릉의 석물로 이 영

현종(顯宗) 숭릉(崇陵) 전경

릉은 현재 경기도 구리시 동구릉 내에 있었다. 1673년 영릉을 여주로 옮기면서 석물을 그 자리에 묻고 여주에는 새롭게 석물을 제작하는데 이때 땅에 묻었던 것을 발굴해서 다시 사용하라는 명을 내린 것이다.

이렇게 기존의 능에서 폐기된 석물들을 다른 능에 다시 사용하는 것을 '석물 재사용'이라고 하는데 이때 최초로 이루어진다. 일반적으로 능을 처음 조성하거나 능을 옮길 때도 석물을 새롭게 만들기 때문에 구(舊)영릉 석물 재사용은 더욱 파격적인 것이었다.

당시 정황을 살펴보면 1673년 효종릉을 여주로 옮기고, 1674년 2월 24일 효종 비 인선왕후(仁宣王后)가 승하해 효종릉 아래에 왕후의 능을 조성했다. 그리고 8월에 현종마저 승하해 만 1년 사이에 왕릉을 세 곳이나 조성하게 된 것이다.

능 한 곳을 조성하는 것은 국력을 기울이는 큰 공역이며, 더욱이 효종과 인선왕후 능의 석물은 조선 왕릉 중에서 가장 규모가 컸기 때문에 인력·물력의 소모가 컸다. 자칫 어린 숙종이 즉위해 불안정한 정국에 고된 공역으로 민심이 이반될 것을 걱정한 명성왕후가 이와 같은 결정을 내린 것이다.

명성왕후는 실용주의 정치 성향인 잠곡(潛谷) 김육(金堉, 1580~1658)의 손녀이며, 아버지 청풍부원군(淸風府院君) 김우명(金佑明, 1619~1675)과 사촌인 김석주(金錫冑, 1634~1684)는 당시 현실론의 대표였다. 이런 명성왕후는 왕실에서부터 사치를 줄이고 절약하려는 모범을 보이는데, 가장 대표적인 것이 왕릉 석물 재사용이었다. 또 명성왕후는 승하하기 전 국장(國葬)과 산릉(山陵 : 왕릉) 조성에 사용되는 여러 도구 중에서 쓸 만한 것은 새로 만들지 말고 궁중(宮中)의 물건으로 대체하고 제사에 사용되는 과일도 절반으로 줄이고 현종과 합장해 불필요하게 소모되는 물자를 아껴 백성을 보살피고 나아가 숙종이 성군이 되라는 뜻으로 유교(遺敎)를 남겼던 분이다.

그래서 현재 현종과 명성왕후 숭릉의 혼유석, 고석(鼓石) 4, 문인석 2, 무인석 2, 망주대석 2, 호석(虎石) 4, 양석(羊石) 1, 마석(馬石) 3 등은 옛 영릉의 석물로 일부분을 고쳐서 사용한 것이며, 장명등은 체석의 상단을 수리하고, 옥개석 위 연봉이 부러진 것을 보수한 것이다.

이러한 석물 재사용은 숙종으로 하여금 왕릉 석물의 크기를 줄이는 '왕릉 석물 간소화 정책'의 밑바탕이 되었으며, 왕릉 석물은 항상 새것으로 크게 만드는 것이 아닌 다시 사용하고 규모를 줄이는 진경시대 능묘 석물관(觀)이 탄생하게 된 것이다.

왕릉 석물의 간소화

조선 왕릉 조성의 기준이 되는 『국조오례의』 「치장(治葬)」에 명시된 석물들의 규모를 보면 문무인석은 높이가 9척(약 270센티미터), 석물 중 가장 큰 규모인 장명등은 10척 9촌(약 350센티미터)으로 사람 키의 두 배 가까운 크기였다. 이런 대형 석물은 돌을 캐고, 운송하고, 조각하고, 능상(陵上 : 왕릉에서 관이 모셔져 있는 언덕 위)으로 올리는 것 등에 모두 대규모 인력이 필요했다. 하지만 숙종의 왕릉 석물 간소화 정책이 자리 잡은 인현왕후 명릉(明陵, 1701년)의 석물들은 문인석은 5척 1촌, 무인석은 5척 4촌, 장명등은 7척으로 석물의 크기가 1미터 이상 작아졌다. 이로 인해 왕릉 조영에 투입되는 막대한 인력과 물자를 절약할 수 있게 되었다.

숙종은 이를 위해 재위 기간 내내 왕릉 석물 간소화를 위한 노력을 기울이는데, 한 번에 석물의 크기를 줄인 것이 아니라 점진적으로 줄여 나갔다. 특히 석물의 크기는 숙종이 임의로 줄인 것이 아니라 정종(定宗)이 왕릉 석물의 검소함을 통해 애민(愛民)을 실천하고자 했음을 배우고자 정종 후릉(厚陵)의 체제를 수용하게 된다.

왕릉의 석물 수량이나 크기는 새로 즉위한 왕에 의해서 결정되며, 새로운 능의 위치, 정치 상황 등 다양한 이유로 달라지지만 역대 왕릉 중에서 범본(範本)을 정해 실측하고 이를 반영하는 것은 조선 후기 왕릉 조영의 일반적인 모습이다. 이런 전례를 사용하여 숙종은 왕릉 석물의 크기를 조금씩 줄여 나가는데, 재위 초반에는 태조 건원릉의 석물 크기를 따라 익릉(1680)과 휘릉(1688)을 조영한다. 이 왕릉의 석물들을 『국조오례의』와 비교하면 문인석과 장명등은 각각 1척(약 30센티미터) 정도 줄어든 크기다. 다시 사릉(1699)과 명릉

조선시대 장명등 크기 비교

(1701)을 조영하면서는 조선 왕릉 중 석물이 가장 작은 정종(定宗) 후릉(厚陵)을 따르게 되는데 건원릉에 비해 2척(약 60센티미터), 『국조오례의』에 비해서는 4척(약 120센티미터) 정도 줄어든 크기였다.

이런 숙종의 왕릉 석물 간소화 정책은 우암(尤庵) 송시열(宋時烈, 1607~1689)에게서 시작되었다. 송시열은 왕릉 조영이 있을 때마다 병풍석(屛風石)을 없애고 석물을 간소하게 제작할 것을 건의했다. 마침 효종 영릉을 여주의 세종 영릉(英陵) 옆으로 옮기면서 어떤 석물을 건립할지 논의하는 과정에서 송시열은 효종릉이 세종릉 곁에 있으므로 병풍석 등을 없애 두 능의 석물을 같게 하여 검소함의 뜻을 남긴 세종대왕을 따라야 한다고 한다. 이 의견이 받아들여지면서 왕릉에서 병풍석이 100여 년 간 사라지게 되었다. 이렇게 전대 왕릉을 계승하여 석물을 바꾸는 것은 숙종이 배워 이후 왕릉 석물 간소화 때 정종 후릉을 따라 석물을 축소하게 되는 것이다.

또 송시열은 새 영릉에 표석(表石)을 건립해야 한다고 건의하는데 신라와 고려의 왕릉이 표석이 없어 묘주(墓主)를 알 수 없고, 조선은 태조, 태종, 신의왕후릉에만 신도비가 있고 다른 곳에는 표식이 없으니 간단한 표석을 세워야 한다고 했다. 그래서 전면(前面)에 '조선국(朝鮮國) 효종대왕녕릉(孝宗大王寧陵)'이라는 전서(篆書), 후면(後面)에는 간단하게 왕과 왕후의 탄신과 승하, 왕릉 조영 일자를 적은 음기(陰記)를 해서(楷書)로 새겨 놓았다. 이런 능표(陵表)를 국왕 승하 후 왕릉 조영 시 함께 세우기 시작한 것은 1724년 숙종 명릉부터이다. 이렇게 검소함과 실용을 미덕으로 하는 조선 후기, 즉 진경시대 능묘 미술이 탄생한 것이다.

용머리 거북의 신도비 귀부 — 새로운 양식의 모색과 복고

왕실에서는 솔선하여 석물을 재사용하고 크기를 줄여 나갈 때 사대부들 역시 묘소 석물에 다양한 실험을 하게 되는데 그중에서 귀부를 갖춘 신도비가 대표적이다. 조선성리학이라는 새로운 이념으로 무장한 서인들에 의해서 인조반정(1623)이 일어난 직후 여주, 원주 일대에서 조성된 신도비는 형식화된 16세기 귀부의 대안을 모색하기 위한 방법으로 인근에 산재해 있는 통일신라와 고려의 탑비를 모방하게 된다.

조린(趙遴, 1542~1627) 묘 신도비는 고려 탑비를 모방한 가장 이른 예로 거북몸에 용머리가 조각되어 있으며, 용은 머리를 지면과 수직이 되게 추켜올리고 있다. 또 귀갑(龜甲 : 거북이 등껍질)에는 방위에 맞춰 팔괘(八卦)를 조각하고 꽃 등을 조각해 인근 탑비와의 연관성을 짐작해 볼 수 있다. 이러한 경향은 인조의 장인인 서평부원군(西平府院君) 한준겸(韓浚謙, 1557~1627)이 기획한 한백겸(韓百謙) 신도비(1644)로 이어지는데 새로운 조형을 창출하기 위해 역대 탑비

홍처윤(洪處尹, 1607~1663) **묘갈** | 1697년

들을 참고해 법고창신(法古創新)하려는 의지를 보인다. 용머리 거북 신도비는 대체로 서인(西人)을 중심으로 전개되며, 갑술환국(甲戌換局, 1694) 이후 왕실에서 조영하는 신도비에까지 영향을 미친다. 대표작으로 태종(太宗) 헌릉(獻陵) 신도비(1695), 홍처윤(洪處尹, 1607~1663) 묘갈(1697) 등이 있다.

뒤이어 용머리의 거북 신도비가 줄지어 제작되는데 여기에 더해 이수(螭首) 대신에 기와지붕 형태의 옥개석을 올린 귀부개석(龜趺蓋石)형 신도비들이 제작된다. 화산군(花山君) 신도비(1747)는 궁궐의 지붕을 연상시키는 공포가 가득 조각되기도 하고, 우람하고 기운 넘치는 거북 모습의 귀부가 제작되어 진경시대 문화의 가장 화려한 모습을 보여 주고 있다. 또한 유명건(兪命健, 1664~1724) 묘갈처럼 옥개석 위에 용뉴(龍鈕)를 조각하기도 하는데 이러한 옥개석은 진경시대에만 나타나는 특별한 작품들이다.

모란과 연꽃을 조각한 병풍석

조선이 건국되어 300여 년이 지난 진경시대에는 묵은 것을 새롭게 바꿀 필요가 있었기 때문에 능묘 석물도 크기를 줄이고 신도비 귀부의 거북이 머리도 용처럼 바꾼 것이다. 병풍석 역시 십이지신상이 300년 가까이 조각되는데 진경시대 사대부들은 이 십이지신상이 불교에서 유래했으며 다른 문양으로 바꾸어야 한다고 생각했다. 그래서 1731년 인조와 인열왕후의 장릉(長陵)을 옮기면서 병풍석을 새로 만들 때 십이지신상 대신에 모란과 연꽃을 조각한다. 이것을 주도하는 것은 진경시대 조선 서체(書體)인 동국진체(東國眞體)의 대가인 백하(白下) 윤순(尹淳, 1680~1741)이었다.

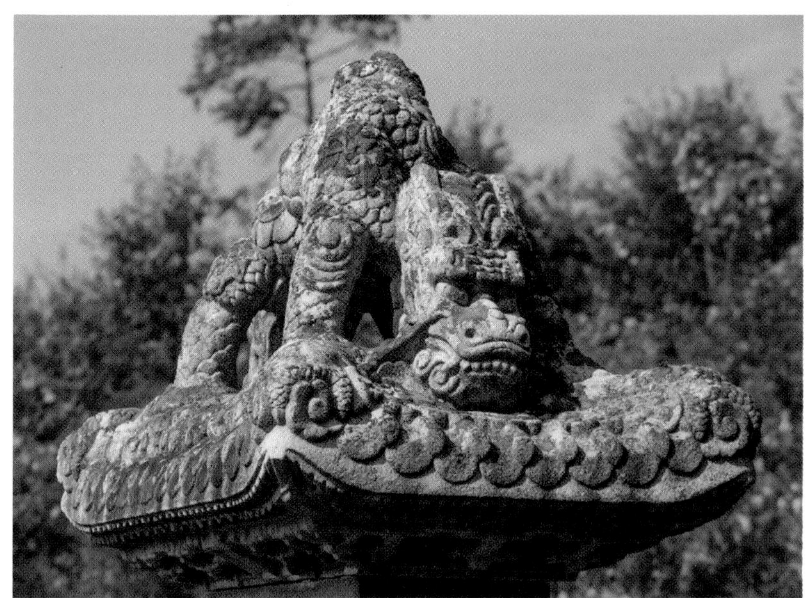

유명건(俞命健, 1664~1724) **묘갈** | 1758년 건립, 옥개석 1724년경 제작

윤순은 공민왕릉부터 역대 조선 왕릉의 제도를 꿰뚫고 있으면서 장릉 천봉을 막힘없이 진행시키는데 병풍석 등 석물 설계를 최천약(崔天若, 1684경~1755)으로 하여금 담당하게 한다. 무인(武人) 출신의 최천약은 1713년 이후 왕실의 어보(御寶) 제작을 도맡아 하고 있었는데 사대부 묘 석물 제작에도 참가하고 있었던 듯 이때 최초로 왕릉 석물 제작에 참여하면서 가장 중요한 병풍석 설계를 담당한다. 여기에 화원(畵員) 함세휘(咸世輝)가 초(草 : 밑그림)를 내고, 최천약의 후배인 김하정(金夏鼎)이 조각해 장릉 병풍석을 완성했다. 모란은 꽃들의 왕(花中王)으로 부귀를 상징하고 연꽃은 더러움에 물들지 않는 군자(君子)의 상징이며 다산(多産)의 뜻도 있었으니 왕릉에 잘 어울리는 소재였다. 절대 권위의 상징인 왕릉도 점차 진경시대정신이 담긴 석조물로 채워지기 시작한 것이다.

인조 장릉 병풍석 모란 조각 | 1731년, 최천약 설계, 함세휘 초, 김하정 조각

진경시대 초상 조각을 완성하다

능묘 문무인석의 얼굴은 피장자를 닮았을 것이라는 관념적인 생각들이 있었는데 초상화와 문인석들을 살펴보면, 피장자보다는 그 시대가 선호하던 얼굴이 문인석에 반영되었던 것으로 보인다. 그래서 조선시대는 각 시기별 문인석의 표현이 다른데 14세기 말~15세기는 얼굴이 대체로 편평하며 눈이 동그랗고 크게 조각되고 광대뼈가 두드러진다. 16세기는 얼굴에 살이 오르고 코, 광대뼈, 이마, 턱 등이 모두 강조되어 강한 인상이 느껴진다. 더욱이 눈썹과 미골(眉骨)을 강조해 위압감을 주기도 한다. 17세기에는 볼륨이 다소 누그러지는 대신 입이 크게 돌출되고, 눈은 미간 쪽이 둥글고 눈꼬리 부분으로 가면서 가늘어지는 형태로 얼굴에 비해 크게 표현되는 것이 특징이다. 그리고 18세기에는 얼굴 각 부분의 비례가 실제 얼굴과 닮아 있고, 실제적인 느낌이 강한 문인석이 제작된다.

그래서 초상 조각이라고 부를 수 있을 정도의 작품이 만들어지는 것이

의소세손 묘 문인석 | 1752년, 최천약 감동, 김천석 조각

1752년 의소세손 의소묘(懿昭墓, 현재 懿寧園)이다. 의소세손(1750~1752)은 영조가 지극히 사랑한 손자로 서대문 밖에 묘소(현재 중앙여자고등학교 자리)를 정해 언제든지 찾아갈 수 있게 하고, 석재는 대부분 민간에서 구입해 사용(私儲取用)하여 세 살짜리 손자가 백성들의 원성을 사지 않게 했다. 한편 석물의 규모는 작아도 최고의 작품으로 만들기 위해 최천약으로 하여금 석물감동(監董)을 맡겼는데 문인석, 석호(石虎)는 조선 왕릉 중 손에 꼽히는 수작으로 남게 되었다.

1752년 의소묘에 최천약이 감동하여 제작한 문인석은 동서(東西) 두 상의 얼굴이 조금 다르지만 10대 중반 소년의 모습을 하고 있다. 높이 140센티미터의 작은 이 문인석들은 총명함이 살아 있는 얼굴로 당시 사람들이 원하던 세손의 모습이 아니었을까 하는 생각이 든다. 봉분 뒤쪽에 배치된 석호 두 마리는 세 살배기 세손과 놀아 주기 위해서 만든 것처럼 장난기 넘치고 친근해서 영조가 묘소에 올 때마다 이 작품들을 보면서 눈물을 흘리지 않았을까 싶다.

이런 석물들이 만들어질 수 있었던 이유는 윤순처럼 진경시대 예술관을 정확히 이해한 사대부가 있고, 이를 석물에 적용할 수 있었던 최천약, 김하정 등의 감동(監董), 또 돌에 이들의 계획을 옮길 수 있는 기술이 있는 석수(石手) 우성득(禹聖得, 1739년 온릉), 김천석(金千碩, 1752년 의소묘, 1762년 수은묘), 박필심(朴弼深, 1757년 홍릉, 명릉), 김대휘(金大輝, 1776년 원릉, 1786년 효창묘, 1789년 현륭원) 등이 있었기 때문이다. 또 당시 문화 흐름과 이들의 능력을 완벽히 이해하고 능묘에 적용하게 한 국왕과 위정자들이 있었기 때문에 가능한 것이었다.

천재 조각가 최천약과 조현명 묘 무인석

조선 후기 능묘 석물에 있어서 최천약은 매우 중요한 위치를 점하고 있다. 앞서 살펴본 인조 장릉 병풍석에 모란과 연꽃을 조각하고 기와지붕 형태의 상석(裳石)을 두른 것이나, 의소세손 묘 문인석을 초상 조각에 가깝게 만들었던 것도 최천약이었다.

또 이유원(李裕元, 1814~1888)이 "십자각형(十字閣形) 비석 옥개석을 최천약이 창제했다."라고 말한 것처럼 18세기의 화려한 십자각형 옥개석 역시 최천약이 만들었다고 알려져 있던 것으로 보인다. 여기에 최천약은 고려 말 조선 초 무인석의 갑주(甲冑) 형태를 빌려 오고 사실적인 초상 조각을 융합시켜 진경시대 문인석의 새로운 양식을 만들게 된다.

문무석(文武石)은 요즘 만드는 사람이 없는데 풍원군(豊原君, 조현명) 묘에 홀로 세웠

오두인(吳斗寅) **부인 상주 황씨**(尙州黃氏, 1646~1704) **묘갈 옥개석** | 1705년

다고 하니, 풍원군은 항상 장수(將帥)로 자처했는데, 그 아들 재득(載得)이 아버지의 기풍을 무석(武石)으로 만든 것인가? 최천약이 풍원군이 남긴 뜻을 알아서 한 것인가?(『승정원일기』, 영조 30년, 1753년 7월 7일)

이 내용은 1752년 최천약이 의소묘 석물감동을 마친 뒤 귀록(歸鹿) 조현명(趙顯命, 1691~1752) 묘소에 무인석을 제작했다는 것을 알 수 있는 자료이다. 조현명 묘는 1791년 서울에서 보령으로 옮기는데 다행히 무인석도 상처 하나 없이 옮겨서 조선시대 사대부 묘 무인석 중에서 작가와 제작 시기가 밝혀진 첫 작품이 되었다.

조현명 묘 무인석과 고려 말 조선 초 무인석들의 갑주 형태를 비교해 보면 갑옷의 문양, 소매인 충갑(衷甲)의 형태가 공민왕릉에 가장 가깝다는 것을 알 수 있다. 태조나 태종 등 조선 왕릉은 함부로 출입할 수 있는 곳이 아니었으며, 당시 왕조의 왕릉을 모사한다는 것은 불가능한 일이었으므로 최천약은 조현명 묘 무인석의 모델로 역대 무인석 중 가장 뛰어난 공민왕릉을 선택했던 것으로 보인다.

이러한 배경에는 최천약의 솜씨로 왕릉 무인석을 만들고자 했던 영조의 깊은 뜻이 있었다고 생각한다. 1755년 최천약이 왕릉 무인석을 제작하지 못하고 죽자 조현명 묘 무인석은 최천약의 제자인 김하정(金夏鼎)을 통해 박문수 묘 무인석, 정성왕후 홍릉과 인원왕후 명릉 무인석으로 계승되어 진경시대 무인석의 기준이 된다.

그래서 정우량(鄭羽良, 1692~1754)은 "최천약은 형태가 없는 물건을 잘 창조합니다(無形之物, 天若善創矣)."라는 말로 최천약을 높게 평가하기도 하고, 서평군(西平君) 이요(李橈)는 "최천약의 재주는 수백 년 안에 다시 얻을 수 없는 것

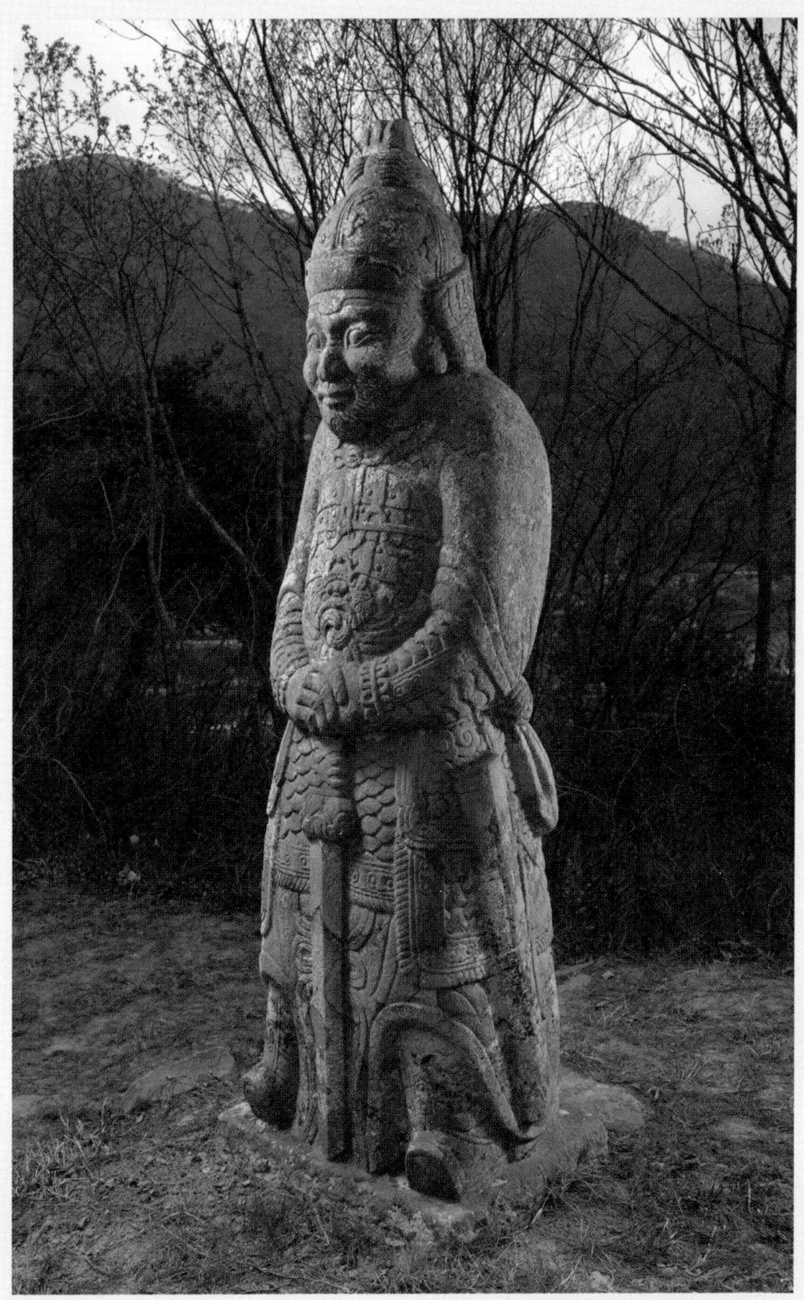

조현명(趙顯命, 1691~1752) **묘 무인석** | 1752년, 최천약 제작

입니다."라고 하며 그의 재주를 찬탄했다. 또한 최천약의 가장 큰 후원자인 영조는 "최천약이 나라의 역사(役事)에 수없이 참여했는데 죽어서 안타깝다." 라는 말을 남기기도 했다.

화려한 장명등과 단순한 향로석

조선시대 능묘 석물 중에서 장명등은 그 기원이 불교에 있는 작품이다. 사원에 건립된 등을 장명등이라고 부르던 것은 당나라까지 거슬러 올라가는데 점차 설치 장소가 확대되면서 고려 말에 이르면 승탑(僧塔) 앞이나 왕릉에도 장명등이 제작된다. 이것이 조선으로 전해지면서 왕릉에서는 주로 8각형, 사대부 묘에서는 4각형 장명등이 만들어진다. 조선 사대부들은 장명등이 불교에서 유래한 것을 알고 있었으며, 등불을 켜기 위해서는 값비싼 기름이 많이 소모되기 때문에 장명등을 제작하지 말아야 한다고 했지만 실제로 장명등은 많이 제작되었다.

왕릉에서는 재궁(梓宮 : 왕의 관을 높여 부르는 말)을 산릉에 안장(安葬)하고 소상(小祥, 1년) 때까지 아침, 저녁 상식(上食)과 주다례(晝茶禮) 때 장명등에 등불을 켠다는 기록이 남아 있다. 이때 기름은 주로 참기름(眞油)을 사용하고 바람이 불어도 등불이 꺼지지 않게 종이를 바른 창문과 창틀을 달았다고 한다.

진경시대 이전에는 왕릉과 사대부 묘 장명등이 평면 형태도 다르고 지붕이나 공포, 문양 등이 다르게 변천하다가 숙종 대에 왕릉 석물을 간소화하면서 왕릉 장명등이 4각으로 변하면서 왕릉과 사대부 묘의 장명등이 동일한 형태로 제작되기 시작한다. 형태적으로 장명등의 하대는 진경시대 이전 여

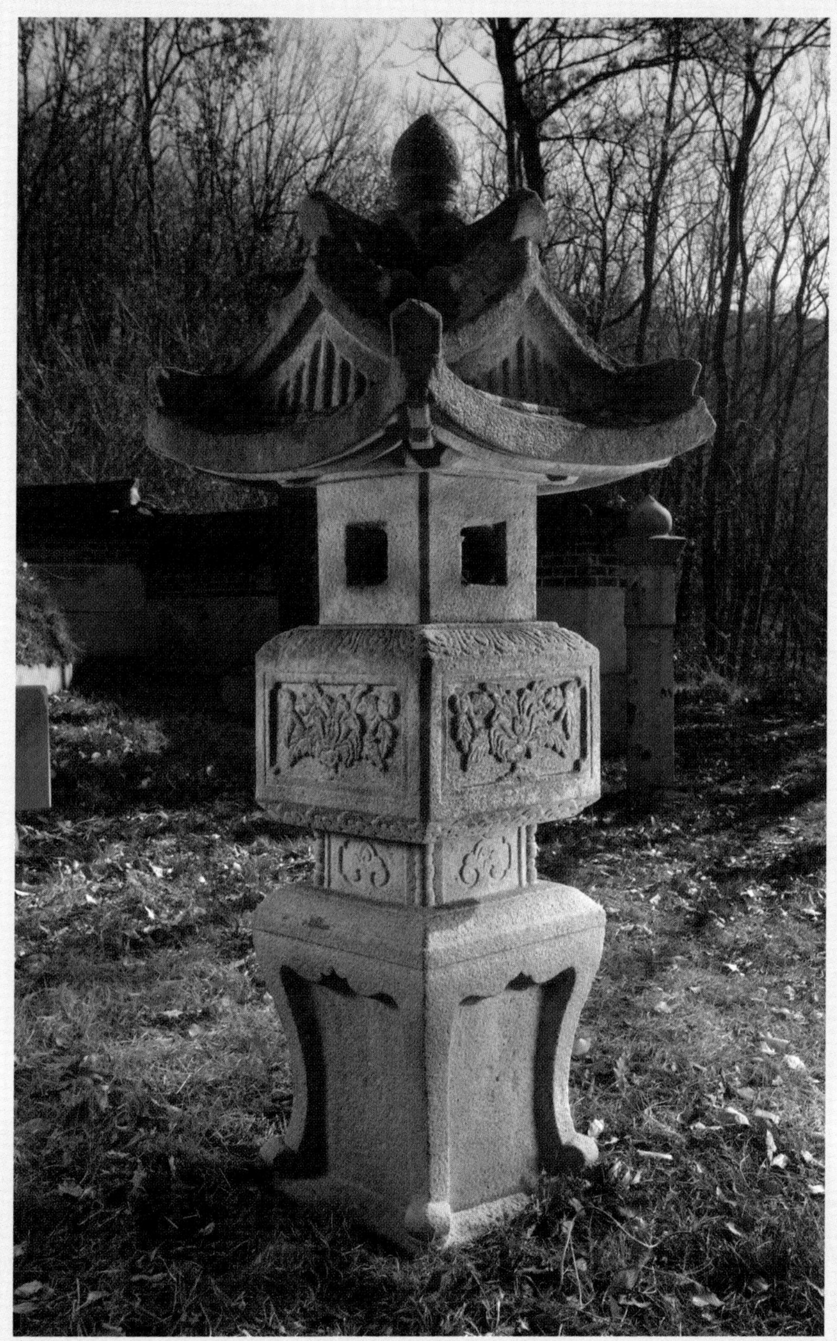

김재로(金在魯, 1682~1759) 묘 장명등 | 1759년

의두(如意頭)처럼 작고 장식에 불과했다면 진경시대 이후 탁자의 다리처럼 변해 장명등의 한 부분으로 자리매김하였다. 더불어 옥개석은 실제 기와지붕을 번안한 뒤 장식적으로 극대화해서 각 모서리 부분, 즉 지붕의 마루 부분을 크게 조각했다. 여기에 모란, 연꽃, 초룡(草龍) 등의 장식 문양이 베풀어지기도 했다. 이렇게 장명등이 장식적으로 변화했다면 향로석은 장식화와 단순화가 동시에 진행되었다.

향로석은 정자각(丁字閣)이라는 별도의 제향 공간이 있는 왕릉에는 제작되지 않는데 사대부 묘에서는 대체로 봉분 앞에 묘표(墓表), 혼유석(魂遊石), 상석(床石), 향로석, 장명등 순으로 석물을 배치한다. 향로석은 이름처럼 향로를 올려놓는 석조물로 평면은 8각, 6각, 4각으로 다양하지만 탁자처럼 생긴 것이 공통점이다. 시대에 따라서 향로석의 다리 길이가 변화하고 문양이 달라지기도 하며 아무 문양도 없는 장방형 향로석이 등장하기도 한다.

아무 문양이 없는 장방형 향로석은 도곡(陶谷) 이의현(李宜顯, 1669~1745), 청사(淸沙) 김재로(金在魯, 1682~1759), 진암(晋菴) 이천보(李天輔, 1698~1761), 오흥부원군(鰲興府院君) 김한구(金漢龜, 1723~1769) 묘 등에 설치되어 있다. 이러한 향로석은 현대에 새롭게 만든 것으로 착각할 정도로 단순한 형태이다. 이들이 모두 당대 최고의 지위에 있었던 인물임을 생각한다면 이러한 형태의 향로석 제작은 비용의 문제가 아니라 주문자의 취향이 반영되었다는 것을 알 수 있다. 더불어 상석을 받치는 고석(鼓石)은 귀면(鬼面, 羅魚頭) 대신 단순한 문고리가 조각되거나 아예 고석이 사라지기도 한다. 비좌(碑座) 역시 아무 문양을 새기지 않아 단순하게 되는데 이렇게 장명등의 세부 요소나 비석의 옥개석은 더 현실감 있고 장식적으로 바꾸려고 하는 한편 석물을 화려하게 치장하는 문양들을 제거해 조형적 아름다움을 최대화하려고 했던 것으로 보인다.

망주석을 뛰어 노는 세호(細虎)

망주석은 비석만큼이나 능묘에 많이 건립되는 석조물이다. 그 기원은 신도(神道)에 건립되던 화표(華表, 華表柱)에 있으며, 공민왕릉 이후로 봉분 좌우에 설치되는 망주석으로 바뀌었다. 이 공민왕릉 망주석에는 리본 모양 장식이 달려 있는데 이것을 『국조오례의』에서는 '귀(耳)'라고 명시하고 있지만 이 '귀'의 용도에 대해서는 상세한 설명이 없다. 아마도 고려 말 조선 초에 행해진 제례 의식과 관련이 있다고 생각하지만 정확한 기록이 남아 있지 않다. 다만 이 '귀'는

김유경(金有慶, 1669~1748) **묘 망주석과 세호** | 18세기 중반

시간이 흐르면서 점차 장식적으로 변화하면서 17세기 초반부터 동물의 형상으로 바뀐다.

이 세호들은 처음에는 모두 위를 향해 있다가 점차 하나는 위로, 하나는 아래로 향하게 되고, 18세기 후반에는 고개를 돌리거나 망주석의 기둥 부분이 아니라 김유경(金有慶, 1669~1748) 묘 망주석의 세호처럼 염의(簾衣)에 올라타 있는 모습으로까지 조각된다.

왕실 기록에서는 『국조상례보편』(1752)에서 처음 이것을 '세호'라고 명명하고 있다. 이 세호를 왕릉에서는 서기(瑞氣)를 내뿜는 상서로운 동물(瑞獸)로 조각하고 있지만 사대부 묘에서는 다람쥐 등의 형상으로 조각해 서로 다른 모습이다. 이로 인해 현재는 이 세호를 다람쥐나 청설모, 쥐 등으로 오해하기도 한다.

하지만 이러한 세호 형태의 차이는 망주석을 제작한 석공들의 기량과 이 석공들에게 석역을 맡길 수 있는 사대부들의 경제력과 밀접한 관계가 있다. 즉, 경제력과 사회적 지위가 있어야 정밀한 작품을 만드는 장인을 부를 수 있었기 때문이다.

진경시대 조각의 황혼 – 사실성과 장식성의 절정

진경시대 능묘 조각 중 조형적 아름다움이 절정에 이른 때는 1750년대라고 할 수 있다. 의소세손 묘, 정성왕후 홍릉, 인원왕후 명릉 등에서 초상 조각에 가까운 문무인석과 맵시 있게 만들어진 장명등은 대표적인 작품들이다. 이 작품들에서 조형미의 절정을 맛보자 사실성과 장식성에 눈길을 돌린다. 특히 정조

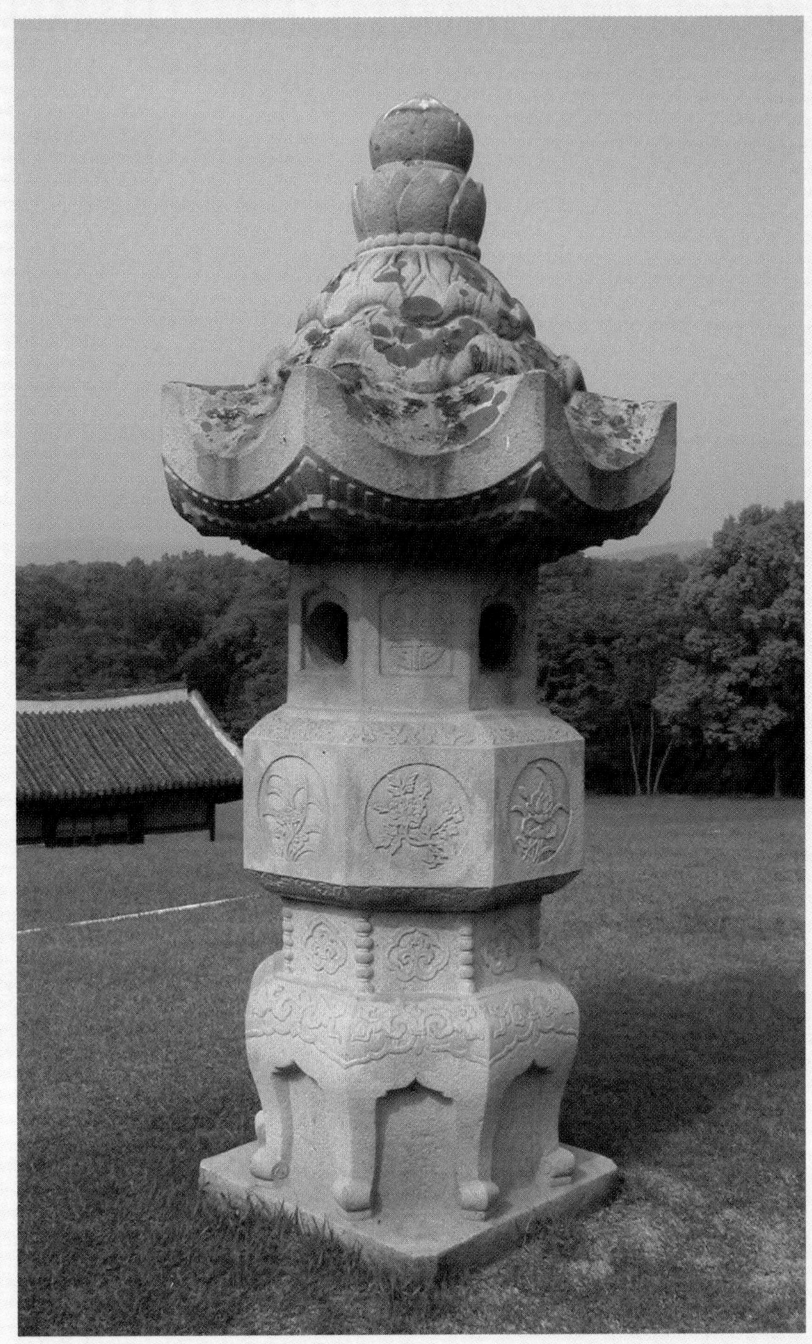

사도세자 현륭원(추존 장조 융릉) **장명등** | 1789년, 정우태 감동, 김대휘 조각

는 역대 왕릉의 능제와 석물 양식 등에 깊은 관심을 두고 아버지인 사도세자(思悼世子) 현륭원(顯隆園)을 새롭게 조영(1789)하면서 진경시대 능묘 조각의 대미를 장식하게 된다.

정조는 평생의 숙원인 사도세자 현륭원 조영을 위해 인재를 길러 내는 데도 큰 힘을 기울인다. 즉, 영조 대에 최천약이 인조 장릉의 병풍석에 모란과 연꽃을 조각하고 의소세손 묘 문인석을 초상 조각의 경지에 이르게 했던 것을 알고 있는 정조는 정우태(丁遇泰, ?~1809)를 등용해 궁궐과 능묘 조영, 공예 분야까지 폭넓게 활동하게 하여 역량을 키웠다. 그래서 정우태는 원빈 홍씨 묘, 문효세자 묘, 사도세자 현륭원, 정조 건릉까지 수많은 왕실의 석역(石役)을 담당하게 된다. 여기에 당대 최고의 석공인 김대휘(金大輝)까지 가세해 아름다운 작품들을 만들어 내었는데 그 결정체가 현륭원이다.

현륭원 병풍석은 정조의 명으로 인조 장릉(1731년 천봉)을 모델로 만들게 되는데 모란과 연꽃을 새긴 장릉 병풍석이 진경시대 능묘 석물을 대표할 수 있다는 뜻이었다. 더불어 세밀한 조각과 장식 문양이 많이 등장하는데 문인석과 무인석은 홍채(紅彩)와 눈썹, 수염 등이 새겨지고, 양관(梁冠), 패옥(佩玉), 후수(後綬), 갑주 장식 등이 화려하게 표현되었다. 숙종 때 왕릉 석물 간소화로 크기가 작아지고 평면 형태도 4각으로 변했던 장명등은 다시 8각으로 변하고 상대(上臺) 각 면에 영지(靈芝), 모란, 연꽃, 국화를 조각하고 '수(壽)' 자(字)와 당초문 등을 곳곳에 조각하여 진경시대의 대미를 장식하는 화려한 석물들을 이루어 내었다.

이러한 경향은 사대부 묘 등에도 그대로 적용되어 사실성 넘치는 문인석에 장식적인 후수(後綬) 등이 표현되는데 정조의 장인인 청원부원군(淸原府院君) 김시묵(金時默, 1722~1772) 묘의 문인석 등이 대표 작품들이다.

청원부원군(淸原府院君) **김시묵**(金時默, 1722~1772) **묘 문인석** | 18세기 후반

1800년 정조가 승하하자 왕릉 석물은 급격하게 형식화되기 시작하는데 그 예가 역설적이게도 정조 건릉(健陵)이다. 11년 전 현륭원에서는 최고의 안목을 가진 정조와 이를 표현할 수 있는 석공 김대휘, 석역을 총괄하는 별간역인 정우태 등 여러 조건이 최상의 조화를 이루어 진경시대 능묘 석물의 대미를 장식했다면 정우태만 남아 조영을 감독한 건릉에서는 문무인석의 얼굴에서부터 긴장감이 떨어지고 형식화가 급격히 진행된다.

즉, 진경시대의 능묘 석물은 조선성리학을 바탕으로 우리의 모습을 돌에 담아내려고 했던 국왕과 사대부들의 안목과 이를 석물에 반영할 수 있는 최천약, 정우태 등의 별간역, 조각 솜씨가 뛰어난 김천석, 박필심, 김대휘 등 석공들이 함께 있었기 때문에 완성될 수 있었다. 우리가 쉽게 지나칠 수 있는 병풍석의 문양이나 향로석의 형태 등은 모두 오랜 고민과 수없이 많은 실험의 결과였다는 것도 잊지 말아야 할 것이다.

진경시대 서풍(書風)과 정조의 서체반정

이민식

진경시대 서풍의 다양한 전개

조선은 주자성리학을 국시(國是)로 천명하여 국가 운영의 기본 이념으로 삼고, 사대부가 지배층으로서 피지배층인 농(農) · 공(工) · 상(商)을 다스리던 양반관료제 사회였다. 조선 초기에는 주자성리학이 일부 선진적인 지식 계층에 의해서만 이해되던 수준이었으나 퇴계(退溪) 이황(李滉, 1501~1570)에 이르러서 주자성리학이 완전히 이해되고, 율곡(栗谷) 이이(李珥, 1536~1584)에 의해서 주자의 이기이원론(理氣二元論)이 이기일원론(理氣一元論)으로 심화발전되면서 주자성리학은 이제 조선성리학이라는 조선의 고유 이념으로 뿌리를 내리게 되었다.

이 시기 조선의 지식층들은 조선주자학이 발생지인 중국에서보다 크게 발전한 것에 대해 무한한 긍지를 갖고 조선이 주자학의 적통임을 자부하였다. 그리고 한족(漢族)인 명(明)이 오랑캐인 만주족의 청(淸)에 의해 멸망당하자 중화문화(中華文化)가 중국 대륙에서 소멸한 것으로 보고 중화문화의 맥을 조선이 계승해야 한다는 생각을 하게 되었다. 이는 병자호란(1636)으로 국토가 유린되고 인조(仁祖)가 직접 청 태종(清太宗)에게 무릎 꿇어 항복했던 치욕과 절망감을 치료해 나가는 명분론(名分論)이기도 하였다.

이러한 명분론 위에 꽃피운 조선 문화에 대한 자긍심과 청에 대한 적개심은 병자호란 이후 조선을 지탱해 가는 정신적 지주가 되었다. 이로부터 조선은 명의 후계자임을 자처하며 조선이 곧 중화라는 조선중화사상(朝鮮中華思想)을 표방하고 조선제일주의에 입각하여 제반 문화 현상에 조선 고유색을 현양해 나가니 모든 미술 분야에서도 조선의 고유한 양상이 유감없이 드러나게 되었는데 가장 먼저 서예에서 변화가 일어났다.

우선 우암(尤庵) 송시열(宋時烈, 1607~1689)과 동춘당(同春堂) 송준길(宋浚吉, 1606~1672), 미수(眉叟) 허목(許穆, 1595~1682) 등 당시 정계와 학계를 이끌던 최고의 지식인들에 의해 양송체(兩宋體)와 미수체(眉叟體)가 출현하였다. 그리고 뒤이어 조선화(朝鮮化)된 송설체(松雪體)인 촉체(蜀體)와 조선화된 왕희지체(王羲之體)인 진체(晋體)가 등장하였다.

양송체는 송시열과 송준길, 두 사람의 서체를 함께 부르는 용어다.도판 1 양송은 조선성리학의 체제를 완비하고 그 이상을 과감하게 실행해 나간 백세유림(百世儒林)의 태두답게 기질이 웅혼하고 행의(行儀)가 장중하였으므로 석봉(石峯) 한호(韓濩, 1543~1605) 서체의 골격을 가지면서도 웅건하고 장중한 무게와 기품을 더한 독자적인 필법을 이루었다. 이 같은 이유로 학예일치(學藝一致)를 추구하던 조선시대 지식인들이 양송체를 가장 선호하며 광범위한 지지를 보냈던 것이다. 이는 양송의 높은 학문과 뛰어난 인품이 빚어낸 결과이기도 하다.

또한 송준길은 묘비 글씨에서, 그리고 송시열은 묘비문 찬술에서 조선시

도판 1 〈신씨어하도발(申氏魚鰕圖跋)〉 | 송시열, 지본묵서, 32.8×22.5㎝, 간송미술관 소장

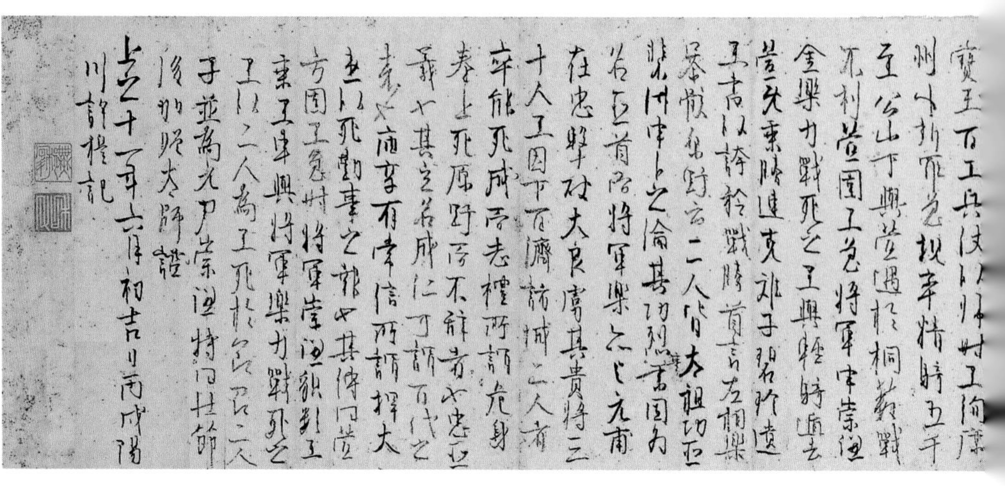

도판 2 〈**도산사기**(道山祠記)〉 | 허목, 지본묵서, 34.8×164.5㎝, 간송미술관 소장

대 역사상 가장 많은 수량의 작품을 남겼다. 공자 이래 그를 추종하던 유학자들에게는 조상의 훌륭한 공(功)과 덕(德)을 종정(鐘鼎)과 묘비에 새겨 후세에 귀감이 되도록 하는 것이, 도학자로서 행해야 될 중요한 본분 중의 하나로 인식되어 왔다. 양송은 이러한 유학자의 도리를 충실히 수행한 대표적인 인물들이다.

이에 양송을 추종하는 도곡(陶谷) 이의현(李宜顯, 1669~1745), 외암(巍巖) 이간(李柬, 1677~1727), 도암(陶庵) 이재(李縡, 1680~1746), 섬촌(蟾村) 민우수(閔遇洙, 1694~1756) 등이 모두 양송체를 따라 쓰게 되어 양송서파(兩宋書派)를 이루고, 양송의 필법을 그들의 학문처럼 서법 정전(正典)으로 추앙하여 그 영향이 후대까지 미치게 되었다.

미수체는 남인(南人)의 영수였던 허목의 서체로 그의 학문이 주자 이전의 원시유학(原始儒學)을 지향한 것처럼 서법 또한 삼대(三代) 문자로의 복고를 신념으로 하였다.[도판 2] 그에 따라 당송 대(唐宋代) 내지 명 대(明代)의 위작(僞作)일

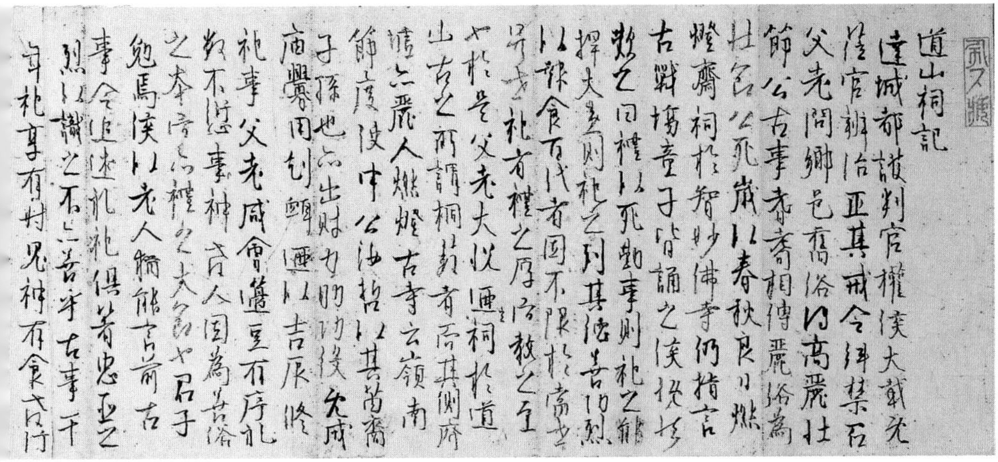

수 있는 「형상신우비(衡山神禹碑)」의 기괴한 서체를 근간으로 고전체(古篆體)의 특징을 취하여 고문전(古文篆)이란 새로운 서체를 창안해 내었다. 기고창경(奇古蒼勁)한 이 서체는 그 전거(典據)가 불분명하고 글씨체가 기이하다 하여 당시에 이를 금지하자는 논의가 있을 정도였으나 중국에서도 볼 수 없었던 조선 고유의 서체임은 분명했다. 이 서체는 미수를 추종하는 송곡(松谷) 이서우(李瑞雨, 1633~1709), 남록(南麓) 권규(權珪, 1648~1722), 식산(息山) 이만부(李萬敷, 1664~1732) 등의 남인계 인물들에 의해 계승되었다.

한편 국초부터 유행하다가 안평대군(安平大君, 1418~1453)에 의해 조선의 국서체(國書體)로 자리를 굳혀 온 송설체가 16세기 후반기 조선성리학의 확립에 따라 나타난 석봉체(石峰體)에게 국서체의 자리를 내어주고 말았다.[도판 3] 그러나 일부 보수성 있는 명문구가(名門舊家)에서는 오히려 이를 가법(家法)으로 지켜 나가기도 하였다. 한석봉과 필명을 다투던 남창(南窓) 김현성(金玄成, 1542~1621)을 비롯하여 동회(東淮) 신익성(申翊聖, 1588~1644), 설정(雪汀) 조문수(曺文

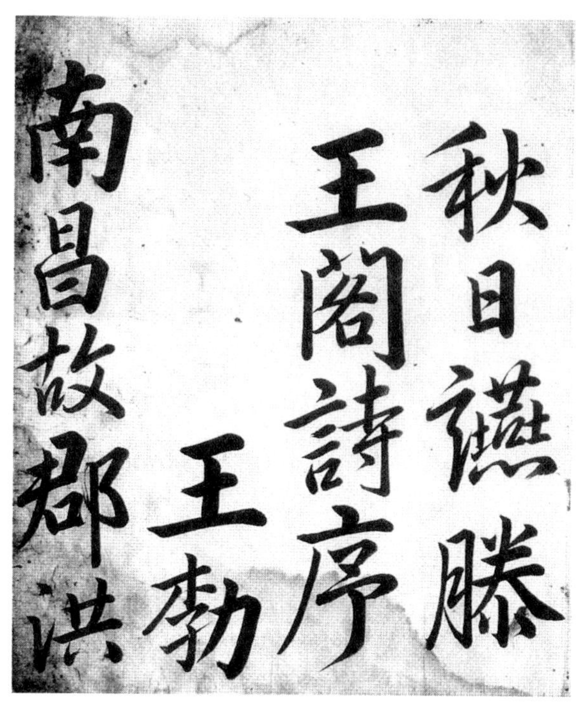

도판 3 〈등왕각시서(騰王閣詩序)〉 | 한호, 지본묵서, 30.5×27.0㎝, 간송미술관 소장

秀, 1590~1647), 백주(白洲) 이명한(李明漢, 1595~1645) 등이 송설체 대가들이다. 이들의 송설체는 석봉체의 영향을 받아 그 연미성(姸媚性)을 많이 배제해 가더니 결국 본면목을 일탈하여 유려(流麗)하고 단아(端雅)한 조선식 송설체인 촉체(蜀體)로 탄생하게 되었다.

진경시대의 촉체 대가로는 영조(英祖, 1694~1776), 귀계(歸溪) 김좌명(金佐明, 1616~1671), 성재(醒齋) 신익상(申翼相, 1634~1697), 죽오(竹塢) 심익현(沈益顯, 1641~1683), 취몽헌(醉夢軒) 오태주(吳泰周, 1668~1716) 등을 들 수 있다. 하지만 진경시대까지 왕실 주변에서 겨우 명맥을 유지해 나가던 촉체는 양송체와 진체(晋體) 그리고 동국진체(東國眞體)에 밀려 더 이상 지탱하지 못하고 소멸하고

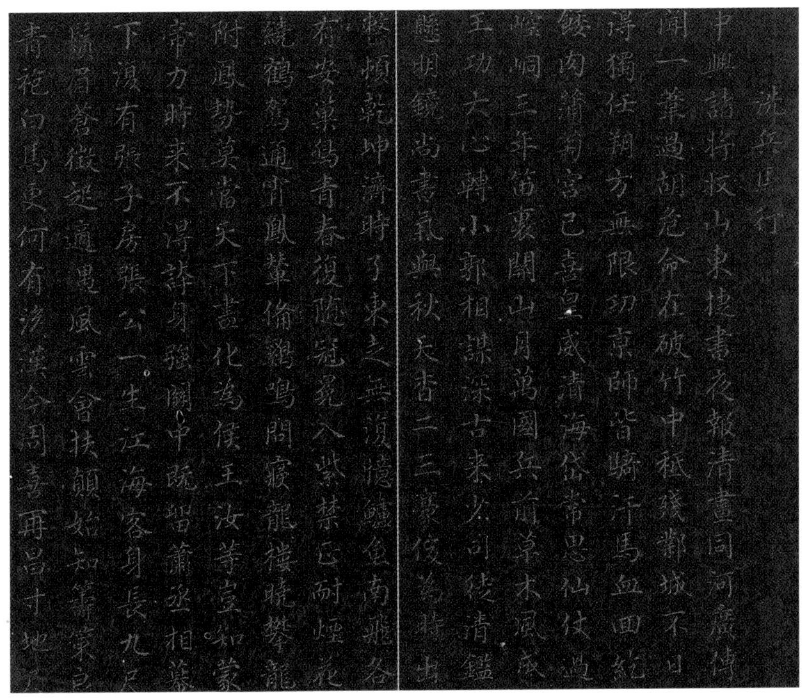

도판 4 〈**세병마행**(洗兵馬行)〉 | 이우, 지본, 28.0×17.5㎝, 간송미술관 소장

만다.

진체(晋體)는 왕희지(王羲之)가 살던 동진(東晋) 시대의 서체, 즉 왕희지 서체라는 의미를 지니고 있다. 대표적인 서가로는 왕희지체의 신수를 얻어 일가를 이룬 낭선군(郎善君) 이우(李俁, 1637~1693)인데, 서법 연구를 위해 우리나라 역대 금석문 탁본 155종을 모아 『대동금석첩(大東金石帖)』을 편찬하기도 하였다.도판 4 낭선군 이우의 서체는 동강(東岡) 조상우(趙相愚, 1640~1718)와 소고(嘯皐) 서명균(徐命均, 1680~1745) 등이 계승하여 명서가로 일세를 풍미하였으나 양송체와 동국진체에 밀려 주류를 이루지는 못하였다.

이 같은 서풍의 변화를 간파한 조구명(趙龜命, 1693~1737)은 그의 문집인 『동계집(東谿集)』에서 "우리나라 서법(書法)은 대략 세 번 크게 변하니 국초에는 촉체를 배우고 선조(宣祖)와 인조(仁祖) 이후에는 한체(韓體)를 배우고 근래에는 진체(晋體)를 배운다."라고 언급하여 진경시대 초기를 전후한 시기의 서풍을 알 수 있다. 여기서 촉체는 송설체이고 한체는 한석봉체이며 진체는 왕희지체를 의미한다.

진경시대 절정기의 동국진체 유행

기호(畿湖) 남인(南人)의 명문 집안 출신인 옥동(玉洞) 이서(李漵, 1662~1723)는 미수 허목이 창안한 서체가 세상에 용납되지 못하는 것을 만회하고 양송체에 맞서고자 『주역』의 이치에 바탕을 둔 새로운 서법을 창안하였다. 그리고 자신의 서법 이론을 정리해 한국서예사상 최초의 서예 이론서인 『필결(筆訣)』을 저술하였다. 이렇게 창안된 옥동의 서체를 세상에서는 동국진체(東國眞體)라고 지칭하였다.

같은 시대의 겸재(謙齋) 정선(鄭敾, 1676~1759)이 주역의 원리에 바탕을 두고 동국(東國) 진경산수화풍(眞景山水畵風)을 창안해 낸 것과 동일한 현상이다. 겸재가 율곡계의 조선성리학에 바탕을 두었고 옥동이 퇴계계의 조선성리학에 바탕을 둔 것이 다를 뿐이다. 동국진체는 옥동을 따르던 공재(恭齋) 윤두서(尹斗緖, 1668~1715)에게 전해지고 다시 공재의 이질(姨姪)인 백하(白下) 윤순(尹淳, 1680~1741)에게 전해져서 원교(員嶠) 이광사(李匡師, 1705~1777)에 의해 완성되었다.[도판 5]

윤순은 현실주의적인 생각을 지녔던 소론계(少論系) 출신이었다. 당시 소

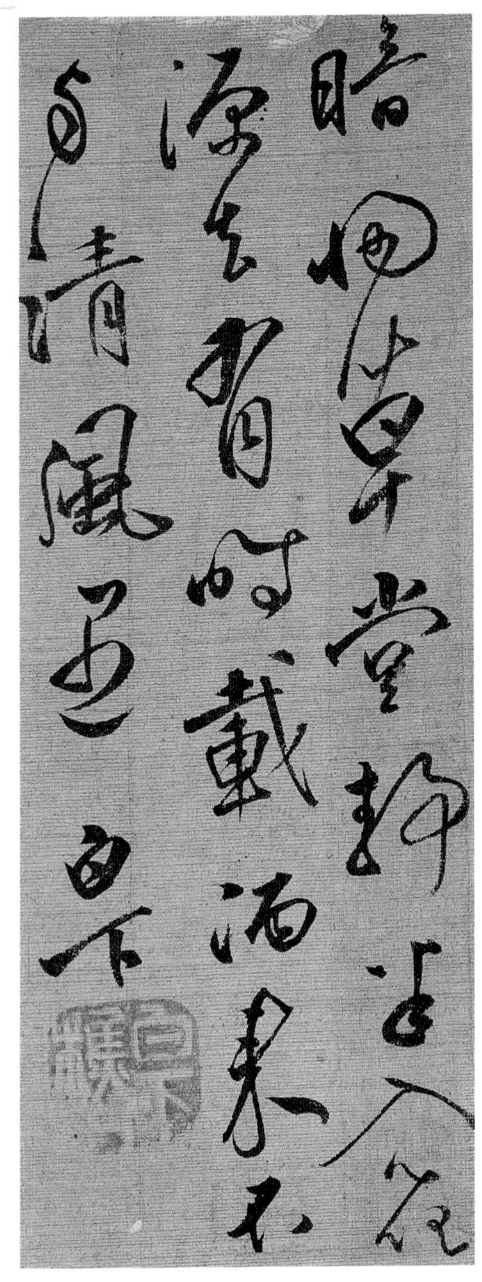
도판 5 〈죽간로(竹間路)〉 | 윤순, 지본묵서, 25.5×9.6cm, 간송미술관 소장

론들이 일반적으로 주장하던 명(明) 문화의 실질적 계승론(繼承論)에 따라 미불(米芾, 1051~1107) 서체의 토대 아래 문징명(文徵明, 1470~1559)의 필법을 수용하여 동국진체의 조선 고유색에 명조풍(明朝風)의 중국색을 상당히 가미해 유려하고도 단아한 조선 고유의 서체로 한 단계 더 발전시켰다. 이후 조선을 대표하는 서체로 떠올라 일세를 울리니 글씨 쓰는 모든 이들이 윤순의 서체를 한결같이 뒤쫓아 추종하지 않음이 없었다. 그래서 세상에서는 윤순의 글씨를 일러 '시체(時體)'라 불렀다. 과거 시험장에서도 이 글씨가 아니면 합격하기 어려웠다고 전하니 당시 윤순의 명성이 어느 정도였는지 짐작할 수 있다.

이광사는 일찍부터 윤순에게 나아가 서법을 익혔으며 스승과 달리 조선 고유색을 더욱 강조시켜 윤순 서법에 배어 있던 명조풍의 중국색을 바로잡아 조선의 미감이 스며든

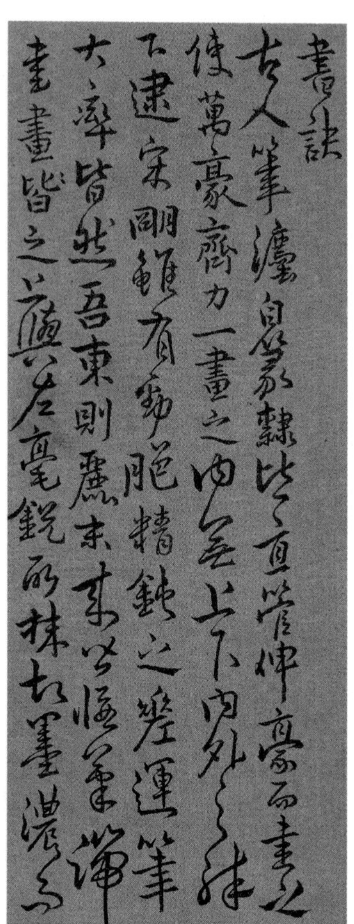

도판 6 〈서결(書訣)〉 | 이광사, 견본묵서, 22.6×9.0cm, 간송미술관 소장

한석봉체 서풍의 단아하고도 전중(典重)한 서체인 동국진체를 완성하였다. 그리고 자신의 방대한 서론을 담은 『서결(書訣)』도 저술하였다.[도판 6] 동국진체는 조선의 문화와 예술이 화려하게 꽃을 피우던 진경시대의 절정기에 가장 많이 애용되던 우리 민족 고유의 대표적인 서체이므로 명칭도 그냥 진체가 아닌 '동국진체(東國眞體)'라 불렸던 것이다.

진경시대 후반기 정조의 서체반정

진경시대 문화는 숙종 대(肅宗代, 1675~1720)의 초창기를 거쳐 영조 대(英祖代, 1724~1776)에 활짝 꽃을 피운 다음, 정조 대(正祖代, 1776~1800)에 이르러 대미를 장식하였다. 진경시대 후반기를 담당하였던 정조는 『홍재전서(弘齋全書)』라는 역대 왕 가운데 가장 방대한 분량의 문집을 남겼을 만큼, 만백성 위에 군림하는 군주이자 스승의 역할까지 수행하는 군사(君師)임을 자처하였다.

이러한 자신감을 바탕으로 정조는 각종 문화 정책을 추진하였는데, 특히 숙종과 영조 대에 걸쳐 제기되어 오던 문풍(文風) 문제를 표면화시킨 문체반정(文體反正) 정책이 주목된다. 당시의 문체(文體)가 양란(兩亂) 이후 유행하게 된 명청(明淸)의 패관소설류(稗官小說類)와 신체문(新體文) 그리고 서학(西學)에 젖어 들어 크게 변질되었다고 판단했기 때문이다. 정조는 일련의 조치를 통해서 조선의 문체를 국초의 질박(質樸)한 문풍으로 회귀시키고자 하였다.

또한 정조는 문풍의 반정에만 만족하지 않고, 당시 문장과 함께 중국의 순정(純正)치 못한 서풍(書風)을 그대로 흉내 내던 조선의 서예계를 강력히 비판하면서 역시 서풍(書風)이 순박(淳樸)하였던 안평대군과 석봉 한호의 시대로 서체를 반정시키고자 서체반정(書體反正)을 주장하고 일단의 여러 조치들을 단행하여 큰 반향을 일으켰다.[도판 7]

정조는 역대 조선 왕들 중에서 제일가는 명필이었으며 중국과 우리나라 서법에 정통한 서예가이기도 하였다. 글씨를 잘 썼던 할아버지 영조와 사도세자의 재능을 이어받아 어려서부터 글씨에 남다른 재능을 타고났는데 정조 사후에 어머니 혜경궁 홍씨(1735~1815)가 내린 행록(行錄)에 의하면 정조는 글씨 쓰기를 좋아하여 두 살 때 이미 글자 모양을 만들었고, 서너 살 때에는 필획

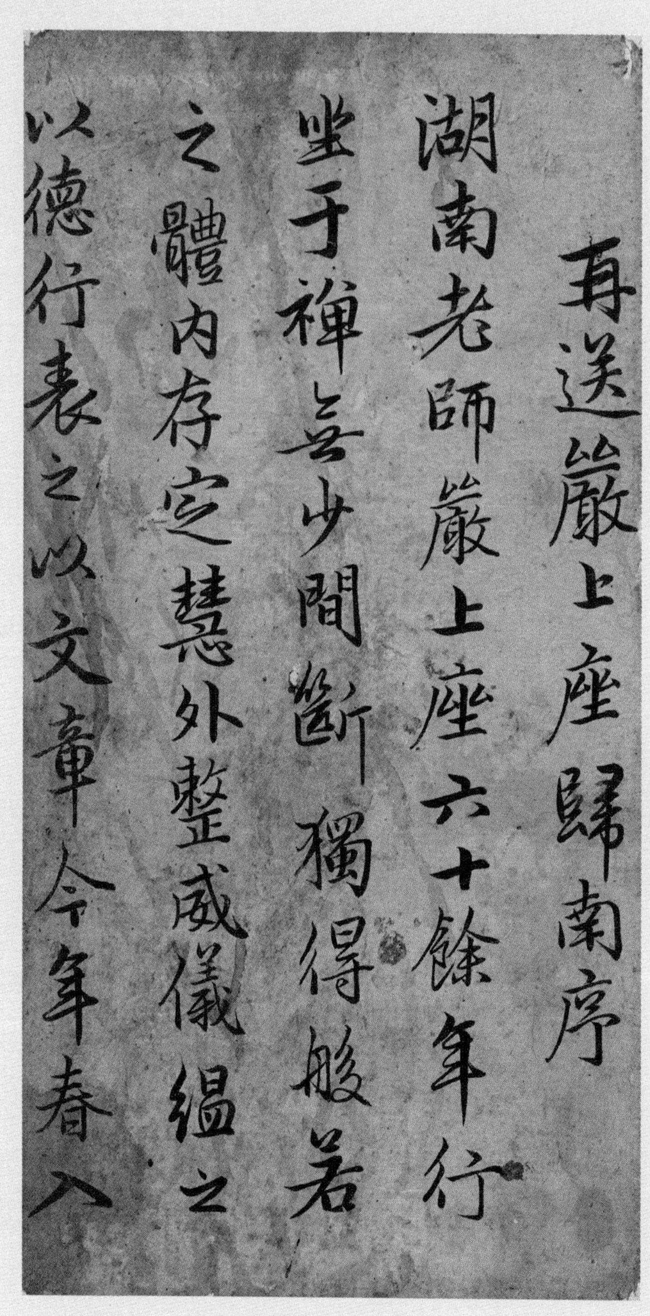
再送嚴上座歸南序
湖南老師嚴上座六十餘年行
坐于禪定少間斷獨得般若
之體內存定慧外整威儀縕之
以德行表之以文章今年春入

도판 7 〈재송엄상좌귀남서(再送嚴上座歸南序)〉 | 안평대군, 지본묵서, 27.9×14.3㎝, 간송미술관 소장

(筆劃)이 이루어져 날마다 그것으로 장난을 삼았으며 대여섯 살 때 쓴 글씨로 병풍을 만든 사람도 있었다고 한다. 이렇게 타고난 천품(天稟) 위에 성실하고 근면하게 학문을 닦고 필법도 끊임없이 연마하여 즉위할 무렵에는 이미 글씨에 일가(一家)를 이룰 정도가 되었다.

그러면 정조의 서예관(書藝觀), 즉 글씨에 대한 관점은 어떠하였을까? 우선 정조는 글씨와 서자(書者)의 마음을 동일시하여 "붓을 사용하는 것은 마음에 달려 있으니, 마음이 바르면 필법도 바르게 됩니다(用筆在心 心正則筆正)."라고 주장한 중국 당(唐)의 유공권(柳公權, 778~865) 서론(書論)에 크게 공감하였다. 그래서 글씨를 논할 때마다 자주 인용하곤 하였는데 이는 "글씨가 그 사람이다(書與其人)."라는 동양의 전통적인 서예관에 입각한 것이다. 정조가 임란 때 의병장인 김덕령(金德齡, 1567~1596)의 글씨를 본 후 "그 글을 읽고 그 글씨를 보니 왕성하게 생기가 있어 마치 그 사람을 보는 것 같다."라고 내린 전교에서도 이를 확인할 수 있다.

이 같은 서예관은 사람을 볼 때 선함과 악함을 보듯이 글씨도 그렇게 관찰해야 한다는 '성품론(性品論)'으로까지 발전하였으며 더 나아가 유학자들이 마음을 잡기 위해 '경(敬)' 공부를 하듯이 글씨도 그렇게 써야 한다고 주장하기에 이르렀다. 그리고 대표적 유학자인 퇴계 이황과 율곡 이이의 글씨를 순일(純一)하고 바른 글씨라고 평하면서 이는 이들의 마음이 바르기 때문에 그러한 것이라면서 심획(心劃)을 강조하였다.[도판 8]

심획이란 마음에서 자연스럽게 우러나는 곧고 바른 글씨를 말한다. 그래서 글씨의 기운과 모양을 깊이 이해하면 그 인물의 마음, 즉 성정(性情)을 살펴볼 수 있으니 평소 성정을 바르게 단련시켜야 한다는 것이다. 이렇듯 정조는 심획에도 큰 의미를 두었으며, 스스로도 이에 매우 충실하여 자신의 글씨

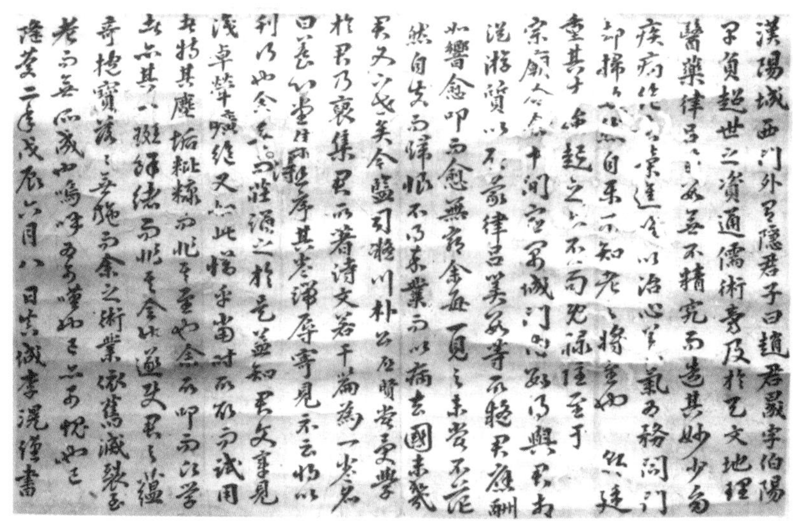

도판 8 〈양심당집발(養心堂集跋)〉 | 이황, 지본묵서, 24.0×38.2㎝, 간송미술관 소장

를 보는 자가 심획이라는 것을 안다면 소기의 목적은 달성한 것이라고 할 만큼, 심획이 나오도록 많은 노력을 기울였고 이를 서법의 궁극적인 지향점으로 삼았다.

이렇듯 정조는 확실한 서예관을 지니고 있었고, 스스로 일가를 이룰 만큼 글씨에 뛰어난 군주였다. 그리고 평소 필법에 대해 지대한 관심을 가졌었던 만큼 서체반정은 이미 문체반정을 시도할 때 예견된 일이기도 하였다.

정조는 우선, 당시 유행하던 필체에 관해 "대개 무게가 없고 경박스러워서 삐딱하게 기울어지거나 날카롭고 약해 보이지 않으면 사납고 거칠다."라고 지적하면서 "필체가 참모습을 잃어버려 구제하고 바로잡을 방법이 없는 지경에 이르렀다."라고 혹평하였다. 더불어 당시의 지식인들이 문장과 필획을 억지로 중국 사람들과 비슷하게 흉내 낼 뿐만 아니라, 문방구나 복식 등도 수입하여 쓴다고 강력하게 비난하였다.

그리고 우리나라 서예가들이 필법의 묘리를 깨달은 안평대군과 석봉 한호의 문호(門戶)를 벗어나지 않았었는데 윤순이 등장하자 온 나라 사람들이 쏠리듯 그 뒤를 따랐으니, 이에 서도(書道)가 한 번 크게 변하여 진기(眞氣)가 없어져 점차 마르고 껄끄러운 병통을 열어 놓게 되었다고 정확하게 지적하면서 서풍(書風)을 순박한 쪽으로 돌려놓고자 한다며 서체반정의 의지를 천명하였다.

이어 근래 선비의 서법도 한쪽으로 기울어지는 경향을 보이고 있다면서 학궁(學宮)에 올릴 때부터 일체 엄금토록 하고, 성균관에서 시행하는 승보시(陞補試)에서 필법이 바르지 못한 선비는 불합격시키도록 하였다. 이에 따라 1791년(정조 21) 감제시(柑製試)에서 김명육(金命堉)이 제출한 답안지의 자체(字體)가 바르지 않다 하여 장원급제를 했음에도 불구하고 낙방시키는 특단의 조치를 내렸다. 이때의 시험 감독관이었던 우의정 이병모(李秉模, 1742~1806)가 정조에게 죄를 청하며 "지금 문체를 바로잡고, 필법을 바로 하는 때(當此矯文體正筆法之時)에 글씨가 기울고 삐뚤어진 괴이한 시험지를 합격시켜 죽을죄를 지었다."라고 아뢰는 사실에서도 당시 문체와 더불어 서체도 반정하고 있음을 명확히 파악할 수 있다.

또한 정조는 규장각 검서관을 선발할 때 글씨를 시험 보도록 법식을 정하여 필체를 교정시켜 나갔고 출판하던 책들의 판각체(板刻體)에도 깊은 관심을 가져 자신의 의도대로 바른 글씨체를 새기어 도서를 간행하였다. 그리고 당시 관청의 문서를 쓰는 이서(吏胥)들의 장부에 쓴 글씨까지도 살펴보는 등 서체반정에 엄청난 열정을 기울였다.

그러면 정조가 바라던 필체는 과연 어떠한 것이었을까? 정조는 기교가 현란한 글씨보다는 참된 기운이 담긴 글씨를 써야 한다고 주장하였다. 정조

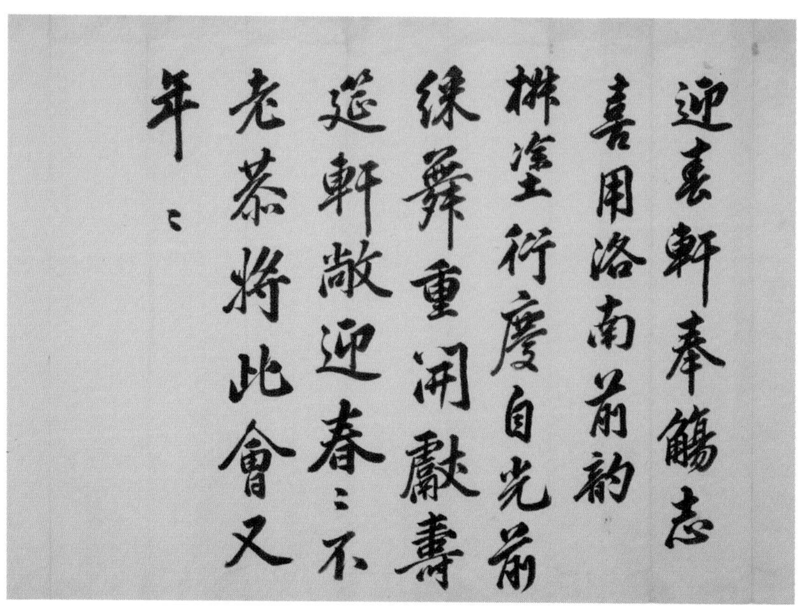

도판 9 〈**영춘헌축수시**(迎春軒祝壽詩)〉 | 정조, 지본묵서, 42.8×60.4㎝, 수원화성박물관 소장

는 안진경(顔眞卿)과 유공권의 글씨를 높이 평가하였는데, 특히 글씨와 관련된 하교를 내릴 적에는 매양 유공권의 '마음이 바르면 글씨도 바르게 된다.'라는 고사를 인용하였으며 자신이 직접 안진경체를 즐겨 쓰기도 하였다. 지금까지 확인된 정조의 진적(眞蹟)과 금석문(金石文)을 살펴보면, 정조는 안유체(顔柳體)의 바탕 위에 우리나라 역대 명필의 장점을 더하여 자신만의 독특한 어필체를 이룩하였는데, 그 필체가 늘 주장하던 것처럼 돈실원후(惇實圓厚)한 모양에다가 웅건장중(雄健壯重)한 맛이 가미된 것이었다. 이러한 사실은 그가 남긴 여러 어필비(御筆碑)를 통해서도 확인할 수 있다. 이렇게 갖춰진 정조의 어필체는 당대의 명필인 송하(松下) 조윤형(曹允亨, 1725~1799)이 "어필의 필력이 웅건하고 자세(字勢)가 정심(精深)하여 그 신령스러운 운필(運筆)을 얻기가 쉽지 않다."라고 평할 정도로 이미 명필의 수준에 이르렀다.도판 9

도판 10 〈계산무진(谿山無盡)〉 | 김정희, 지본묵서, 62.5×165.5㎝, 간송미술관 소장

정조에게 서체반정을 요구받은 신료들이 그 까다로운 주문에 힘들어했을 것은 어렵지 않게 추정할 수 있다. 그래도 정조가 추진한 서체반정에 공감하고 그 뜻을 충실히 받들었던 인물로 조윤형을 비롯하여 봉헌(奉軒) 서유방(徐有防, 1741~1798), 금릉(金陵) 남공철(南公轍, 1760~1840), 정수재(靜修齋) 이병모(李秉模 1742~1806), 극옹(屐翁) 이만수(李晩秀, 1752~1820) 등을 들 수가 있다. 특히 정조는 이만수의 글씨에 대해서 심획이 진실하여 요즘의 방정맞은 글씨체와 같지 않다며 매우 흡족해하였다.

이 밖에 정조 대 왕실의 각종 행사에서 서사관(書寫官)으로 참여한 인물들도 서체반정에 동참한 것으로 판단할 수 있는데 팔무당(八無堂) 윤동섬(尹東暹, 1710~1795), 죽석(竹石) 조돈(趙暾, 1716~1790), 번암(樊巖) 채제공(蔡濟恭, 1720~1799), 이계(耳溪) 홍양호(洪良浩, 1724~1802), 직암(直庵) 윤사국(尹師國, 1728~1809), 풍고(楓皐) 김조순(金祖純, 1765~1831) 등을 꼽을 수 있다. 또 규장각 각신 출신의 아정(雅亭) 이덕무(李德懋, 1741~1793), 척재(惕齋) 이서구(李書九, 1754~1825) 등도 정조의 어필과 방불한 서체를 쓰게 되니 당대의 서풍(書風)이 정조가 의도한 대로 일신하였다.

서체반정의 성공 배경에는 문체반정 때처럼 강하게 반발하는 신하들이 없었던 이유도 있지만, 근본적으로 정조가 지방 서리의 장부까지 거론하면서 집요하게 서체반정을 요구하고 측근 신료들과 서사관(書寫官)들을 계속 독려한 것이 주효하였기 때문인 것으로 생각된다. 그러나 정조의 지속적인 관심과 힘겨운 노력으로 인해서 힘겹게 변화된 조선의 서풍도, 정조 사후 겨우 명맥을 유지해 오다가 추사(秋史) 김정희(金正喜, 1786~1856)라는 불세출의 대서예가가 출현함에 따라 크게 혁신되는 엄청난 변화를 맞이하게 된다.도판 10

정조 대는 북학과 서학을 통해 외래문화를 적극 받아들임으로써 문화의 폭이 더욱 다양해지고 수준도 높아지던 시기로 서예, 회화, 문학, 음악 등의 여러 분야에서 개성적인 발전을 이루었다. 그러나 지식인과 예술인들의 자유분방한 태도는 순정함을 추구하던 조선의 문화 전통과 대립하게 되었고 정조는 이를 해결하고자 문체반정을 비롯한 서체반정 그리고 악풍반정(樂風反正) 등의 문화 정책을 강력하게 추진하였다. 하지만 정조의 죽음과 동시에 조선 사회를 이끌어 오던 정통주자학의 영향력이 급격히 약화되고 청나라의 선진 문물이 물밀듯이 몰려오자 조선중화의식과 문화자존의식은 더 이상 설 자리를 잃게 되어 조선 고유의 문화를 꽃피웠던 진경문화는 쇠퇴의 길로 들어서게 되었던 것이다.

조선시대 종이 이야기*

이승철

우리나라 역사에서 손으로 만든 우리 종이의 종류와 사용처, 생산 공장이 제일 많고 품질 제일 좋았던 시기는 단언하건대 조선시대일 것이다.

종이 문화에 있어 조선시대는 우리나라 종이의 완성기이자 쇠퇴가 공존하는 시대이며 완성과 쇠퇴의 분수령이 되는 시기는 임진왜란이다. 임진왜란은 수년간의 전란으로 전 국토가 황폐화되어 조선 종이의 원료, 생산 시설, 장인 등 여러 가지 면에서 종이 생산에 변화를 가져온 시기였다.

조선시대 전기는 종이 제조 통제 기관의 설치, 기술과 원료의 다양화, 용도의 대중화 등으로 조선종이의 발전에서 제지술의 숙성기이자 완성된 시기이다. 조선 전기의 종이는 현재 많이 남아 있어 후대 사람도 그 품질을 쉽게 알 수 있다. 지질의 종류가 제일 많고 다양하며 서책 간행량도 조선시대 전체를 보아 제일 많고 종이의 종류와 품질도 최상인 시기였다.

조선시대 종이 제조의 특징은 원료를 갈지 않고 두들기기만 하여 지료(紙料)를 발 위로 흘려 보내는 방식[유부법(流浮法), 또는 유록법(流漉法)]으로 지료를 발에

종이옷

걸러서 만들었기 때문에 지면에 여러 겹의 결이 생기고 자연스럽게 합지가 되어 매우 질긴 특징을 지니며, 표면에 도침(搗砧)이라는 가공을 하여 종이의 번짐을 방지하고 광택도를 높이는 효과를 주었다.

대개 그 당시 중국 종이는 지료를 발효한 후 맷돌로 가늘게 갈아서 번짐이 좋은 종이를 만들었으며, 우리나라는 지료를 가늘게 갈지 않아 직물 섬유가 그대로 지면에 남아 있게 되어 지면이 다소 거칠었기 때문에 도침을 한 종이를 만들었던 것이다. 지료를 맷돌로 가늘게 갈아서 만드는 종이보다는 이와 같이 그냥 두들겨서 만든 종이가 더 질기고 강하며 윤택하다. 이러한 점은 조선종이 전반에 걸친 특징이 되어 그 질기고 강함이 종이를 새롭게 변화시켜 우리 민족만의 여러 가지 종이 문화를 만들어 냈고, 생활 속에 사용되는 갖가지 형태의 기구를 만들어 사용하였다.

과연 세계 어느 민족이 우리 민족처럼 방바닥에 장판지라는 노란 종이 카

종이로 만든 촛대

펫을 깔고 불까지 때 가며 종이옷을 입고 살아 본 적이 있겠는가! 비바람 몰아치는 황야에 유둔지(油芚紙)로 군용 천막을 만들고, 전시에는 갑의지(甲衣紙)로 화살을 막는 종이 갑옷을 만들어 입으며, 종이 요강, 종이 신, 종이 우의, 종이 옷장, 종이 책장, 종이로 만든 촛대, 종이 수통 등 모든 생활용품을 종이로 만들어 쓴 민족은 인류 역사상 그 유례를 찾아보기 힘들 것이다.

조선시대 종이의 우수성

조선시대 종이의 우수함은 당시 문인들이나 중국인들에게 잘 알려져 있었으며 매우 귀하게 여겨졌음을 여러 글에서 확인할 수 있다.

이수광(李睟光, 1563~1628)은 우리나라의 경면지(鏡面紙)와 죽엽지(竹葉紙)를 중국 사람들이 무척 귀하게 여겼다고 전한다. 그가 경인년(1590)에 중국 사신으로 갔을 때의 경험을 『지봉유설(芝峯類說)』에서 다음과 같이 기술하였다. "예부시랑 한세능(韓世能)이 죽엽지 한 장을 보이며 말하기를 '이것은 내가 사신이 되어 조선에 갔을 때 얻은 것인데, 만일 이와 같은 종이를 갖고 왔다면 내가 얻기를 원하오.' 하였다. 그 종이는 품질이 정교하고 조금 푸른빛이 돌아서 죽정지(竹精紙)와 같으면서도 좀 두껍다."라고 되어 있다.

『열하일기(熱河日記)』「동란섭필(銅蘭涉筆)」에는 "왕원미〔王元美 : 명나라 왕세정(王世貞)〕는 조선종이를 칭찬했고, 서문장〔徐文長 : 명나라 서위(徐謂)〕은 조선종이 가운데 돈같이 두꺼운 것을 심히 사랑했으며, 종백경〔鍾伯敬 : 명나라 문학가 종성(鍾惺)〕은 일찍이 조선종이에 유신허(劉愼虛 : 당나라 문학가)의 시 14수를 썼다."라는 기록이 있다. 또 청나라의 소자상(邵子湘)이 동기창의 〈강산추제도(江山秋霽

색지 벽지

圖)〉에 제(題)하여 만당〔청나라 송락(宋犖)〕 선생에게 화답해 올린 시에도 조선종이를 칭찬한 내용이 있다.

중국 기록을 보면, 조선종이 견지(繭紙)를 면견지(綿繭紙)라고 부르고 있다. 명 대 사람 도륭(屠隆)의 『고반여사(考槃餘事)』 2권에는 조선종이를 가리켜 "누에고치의 솜으로 만들어 색은 희기가 능(綾)과 같고 견고하기가 백(帛)과 같아 이것을 사용하여 글씨를 쓰면 발묵이 매우 좋은데, 이것은 중국에는 없으니 또한 진기한 물건이다."라고 쓰여 있다.

우리나라 종이의 우수함은 중국 종이와의 제조상의 차이에서 기인한 것으로 볼 수 있다. 즉, 중국의 종이는 나무껍질 · 풀 등을 발효시켜 원료를 맷돌에 갈아 만들기 때문에 섬유가 짧게 끊겨 부드럽고 연한 반면 쉽게 찢어지는 결점이 있다. 우리나라는 원료를 방망이로 쳐서 만들므로 섬유의 올이 길어 매우 질기며, 종이를 떠(浮)낸 후에는 도련(擣鍊 : 다듬이질)을 정성스럽게 하

황촉규

므로 매끄럽고 빛이 난다. 특히 우리나라에서 주원료로 삼는 닥은 섬유질이 길고 결합력이 커 종이를 제조하는 데 최상의 원료이다. 여기에 황촉규(黃蜀葵)의 뿌리에서 채취한 즙을 분산제[전충제(塡充劑)]로 써서 종이를 만들어 내구력이 뛰어나고 광택이 있다. 그런 까닭에 중국인들은 조선종이를 누에고치로 만드는 것으로 알았으며 명나라의 『일통지(一統志)』에서 비로소 닥나무로 만든 것이라고 확인한 기록이 남아 있다.

명 대(明代) 사람 심덕부(沈德符)는 『비부어략(飛鳧語略)』에서 "고려의 공전(貢牋 : 중국 밖에서 사용하는 종이 중 고려가 바친 전)이 제일"이라고 추천했다.

명 대(明代)의 서화가 동기창(董其昌, 1555~1636)은 특히 고려 경면전에 글씨 쓰기를 좋아했다. 실제로 대만 고궁박물관에 소장된 동기창의 〈관산설제도권(關山雪霽圖卷)〉은 본 폭(幅)이 "고려 경면전"으로 되어 있어 검사해 보니 상피지(桑皮紙)로 백색이며 굵게 가로지른 조선의 발 무늬가 있었다.

그렇다고 조선종이에 대한 칭송만 남아 있는 것은 아니다. 조선 후기로 내려올수록 종이의 생산도 다른 수공업품과 같이 쇠퇴하기 시작하였다. 박제가는 중국을 다녀와 『북학의(北學議)』를 저술하였는데, 그 내편(內偏)에서 중국과 우리나라의 지물을 비교면서 지질에 관하여 상세하게 기술하였다.

> 종이는 먹을 잘 받아서 글씨를 쓰거나 그림 그리기에 적당해야 좋은 것이며, 찢어지지 않는 것만으로 반드시 좋은 것은 아니다. 어떤 사람은 '우리나라 종이가 천하에 제일이다.'라고 하나 그렇지 않다. 그 사람은 도대체 글씨를 쓸 줄 아는 사람인지 의심스럽다.

박지원도 『열하일기』에서 "종이는 먹빛을 잘 받고 붓을 잘 움직일 수 있는 것이 좋은 것이다. 질겨서 찢기지 않는 것만으로 좋은 것은 아니다."라고 비슷하게 지적하였다.

이러한 평은 어떤 면으로 보면 우리나라 종이의 강도와 질김이, 서화용으로는 번짐이 적고 정교하지 못해 다소 부족한 점은 있으나 우리만의 회화 양식을 만들어 내는 바탕이 되었음을 뜻한다.

조선종이에 대하여 좋지 않게 글을 쓴 대부분의 인물들은 청의 선진 문물을 받아들이는 선두 역할을 한 북학파 학자들이다. 이러한 주장이 나올 당시 우리나라의 수공업은 침체되기 시작했던 때여서 질이 나쁜 종이가 만들어졌기 때문에 더욱 그와 같이 생각한 듯싶다. 임진왜란을 계기로 기존의 문화시설이 파괴되고 명으로부터 들어오던 각종 원료의 수입이 중단되어 국내의 모든 수공업이 침체되기 시작하였으며, 지물 생산을 담당하던 조지소(造紙所)의 기능도 마비되고 지장도 뿔뿔이 흩어져 국가에서 요구하는 지물을 생산

할 수 없는 시기였다. 그리고 이들 대부분이 사고의 기준에 청의 선진 문물을 두고 우리의 것을 맞추어서 보았기 때문에 그들의 생각에는 다소간의 오류가 있었다. 아마도 수차례의 전란과 환란으로 수공업이 피폐되었기 때문에 새로운 청 대 문물을 신봉하는 북학파들의 시각에서는 당시 한지의 지질이 맞지 않았을 것이다. 실제로도 조선종이의 지질이 많이 나쁘기도 했지만, 조선 후기의 종이 품질을 가지고 우리나라의 종이 전체를 평하는 것은 옳지 않다.

조선종이의 종류와 명칭

조선종이의 종류와 명칭은 대개 원료, 두께, 길이, 너비, 색, 외양의 형태, 용도 등에 따라서 정해진다. 이것들 중에는 동질이명(同質異名)인 것도 많다. 조선종이의 종류를 『세종실록지리지』, 『전라도궐공조(全羅道厥貢條)』 등에 나오는 것으로 분류해 보면 다음과 같다.

원료에 따른 종류

저와지(楮注紙), 고정지(藁精紙), 상지(桑紙), 백태지(白苔紙), 송피지(松皮紙), 유엽지(柳葉紙), 유목지(柳木紙), 의이지(薏苡紙), 마골지(麻骨紙), 백면지(白綿紙), 노화지(蘆花紙) 등이 있다. 저와지는 닥나무로 만든 것이고, 고정지는 귀리짚으로 만든 것이다. 상지는 뽕나무로 만든 종이이며, 백태지는 닥나무에 이끼를 섞은 종이이고, 송피지는 소나무 껍질로 만든 종이다. 유엽지와 유목지는 버드나무 잎으로 만든 종이이며, 의이지는 율무를 원료로 한 종이이고, 마골지는 마의

지승멜빵

목피를 원료로 한 것이며, 백면지는 목화를 섞어 만든 종이다. 노화지는 갈대나무를 원료로 하여 만든 것이다.

색채에 따른 종류

설화지(雪花紙), 백로지(白鷺紙), 죽청지(竹淸紙) 등이 있다. 설화지는 백색의 닥종이로 눈과 같이 희고, 죽청지는 대나무 속과 같이 희다고 한 데서 온 말로 아주 얇으나 질기고 단단한 닥종이다.

두께, 광택, 질에 따른 종류

장지(壯紙), 간지(簡紙), 주지(周紙), 상지(上紙), 중지(中紙), 유둔지(油芚紙), 상품(上品), 중품 도련지(中品搗練紙) 등이 있다. 장지는 상용하는 후지로서 지질이 두껍고 질기며 지면에 윤기가 흐른다. 유둔지는 유지(油紙)다. 상품 · 중품 · 하품

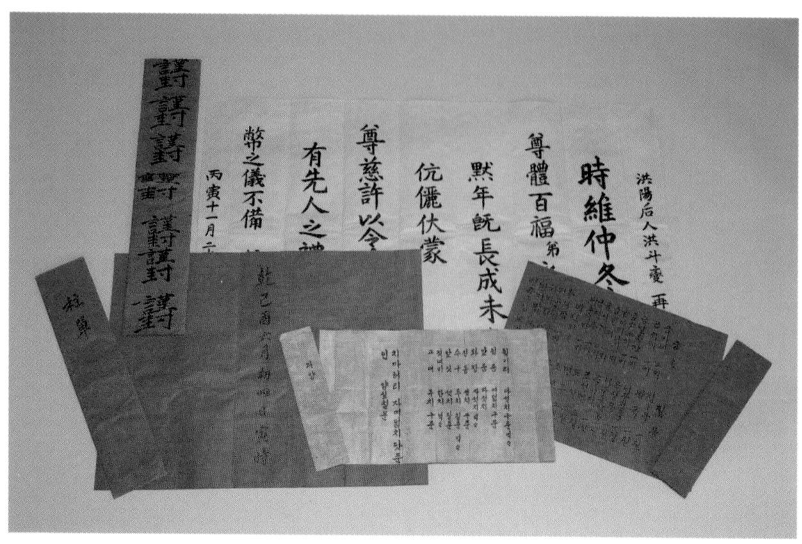

혼례용지

도련지는 마른 종이 위에 젖은 종이를 서로 끼워서 다듬이질을 하면 유지와 같이 지면에 광택이 생기고 매끄럽게 되어 모필이 잘 움직이는 종이이다.

용도에 따른 종류

표전지(表箋紙), 자문지(咨文紙), 반봉지(半封紙), 서계지(書契紙), 축문지(祝文紙), 봉본지(奉本紙), 상표지(上表紙), 갑의지(甲衣紙), 안지(眼紙), 세화지(歲畵紙), 화약면지(火藥棉紙), 창호지(窓戶紙), 편자지(扁子紙), 시지(試紙), 명지(明紙), 노공지(老功紙), 장판지(壯板紙), 화본지(畵本紙), 계목지(啓目紙), 등도백지(燈塗白紙), 백지(白紙), 창지(窓紙), 견양지(見樣紙), 후지(厚紙), 장지(壯紙), 온돌지(溫突紙), 공물지(供物紙), 대산지(大山紙) 등이 있다.

자문지는 칠을 입혀 학생들이 습자를 한 지석판(紙石板)이다. 봉본지는 임금님께 올리는 문서에 특별히 사용하기 위하여 만들어진 종이이고, 세화지

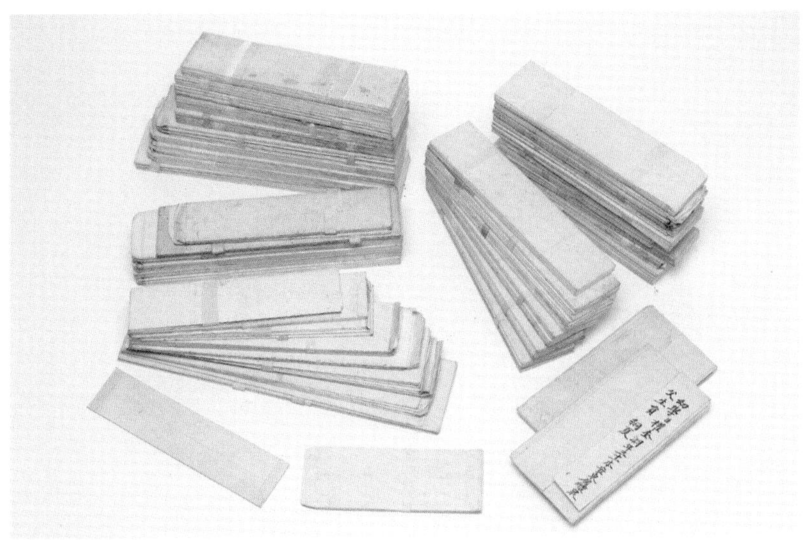

서간지

는 신년을 축복하는 뜻으로 그림을 그리는 종이다. 창호지는 견양지(見樣紙), 별완지(別浣紙), 삼첩지(三貼紙)라고도 하며 주로 바르는 공문(公文)에 사용되었다. 편자지는 얄팍하고 깨끗하고 매끄러운 것으로, 부채, 연을 만들 때 사용되었다. 계목지는 임금님에게 올리는 화목(化目)을 쓰는 용지이다. 백지는 서적, 한약 포장, 창, 도배지, 장지문, 장판 초배지에 쓰였고, 창지는 제책, 창, 도배지, 장지문, 표장지로 쓰였으며, 견양지는 창과 도배지, 서적, 포장, 인쇄에 쓰였고, 후지는 장판의 유지, 창문에 쓰였다. 장지는 제책용, 창, 장판에 쓰였고, 온돌지는 온돌 장판용으로, 공물지는 창, 포장, 족보, 서책용으로, 대산지는 도배, 장지문, 책자에 쓰였다.

그 외에도 오사란지(烏絲欄紙), 혼례용지(婚禮用紙), 조문지(弔問紙), 서간지(書簡紙) 등이 있다. 오사란지는 승문원에서 사대문서(事大文書)를 초 잡는 종이로 사용할 정도로 지질이 훌륭하다.

두루마리 색지

일반 민간용에서 사용하던 여러 종류의 중에서도 혼례용지는 품질이 최상이다. 우리나라 풍습으로서 혼례 때 쌍방 간에 의사가 합의되면 남자 측에서 청간(請簡 : 혼인을 청하고자 할 때 보내는 사주단자)을 보내고 이에 여자 측에서 뜻이 있으면 허혼장(許婚章)을 보낸다. 결납(結納) 때 남자 쪽에서 예장(禮狀)을 보내며 포백(布帛) 등의 결납 목록을 적어 두는데, 이는 결혼 때 절반하여 결혼 증거품으로 영구히 보존하였으니 민간에서 최상의 종이를 구입하여 사용한 것으로 보인다.

또한 조문지와 서간지도 양질지를 사용하였다. 특히 서간지의 종류가 많다. 서간지에 촘촘히 적은 편지를 좁고 긴 봉투에 넣어서 보내곤 했다. 서간지는 적색으로 인화(印畵)한 것도 있고, 감지(紺紙)를 많이 사용하였는데 약 2~3센티미터 정도의 간격으로 종선(縱線)을 넣고 끝에는 산, 수목, 난초 등을 목판 인쇄한 것을 많이 볼 수 있다.

색실함

우리나라 서간지 중에 색지권(色紙券)이라는 것이 있다. 이것은 황(黃), 청(靑), 적(赤), 엽색(葉色), 녹(綠) 등을 염색한 양질지를 이어 붙여서 만든 것으로 훌륭한 종이다. 이 지물은 중국에 보내는 세공품(細工品)이었으며, 궁정 용품이기도 했다. 관리, 학자, 여관(女官) 등이 왕에게 하사받아 비장(秘藏)하고 있었다. 이는 장식 문방구이기도 하며 또 미신용으로 사용하기도 하였다.

그 밖에도 조선시대에 민간의 생활 속에서 사용되던 종이가 많은데 창호지와 벽지, 온돌지 등이 그 예이다.

벽지는 다양한 문양과 색을 넣어 만들었고 창호지는 투명하고 엷게 만들었다. 온돌지는 두껍게 만들어 거기에 기름을 먹여 습기 침투를 막고 광택을 내 바닥 장판지로 사용하였다.

조선종이 제작 방법

조선종이의 새로운 원료 개발은 고려시대부터 시작된 것으로 보이기는 하지만 본격적으로 미려한 종이를 만드는 노력이 관민 모두에 의하여 이루어지기 시작한 것은 조선시대 전기부터이다. 조선시대에는 종이 원료로 갖가지 원료, 잡초가 사용되었고 기술도 상당히 발달하였다.

조선시대 종이를 검사해 보면, 닥나무가 종이의 기본 원료였지만 원료의 다양화로 인하여 실질적으로 닥만을 사용한 것은 많지 않다. 기본적으로 식물로는 모두 종이 제조가 가능하므로 갖가지 종류가 원료로 사용되었다. 특히 세종 연간에 간행된 서책의 용지에는 가장 많은 원료가 사용되었다.

세종 16년(1434)『자치통감(資治通鑑)』을 인쇄할 종이를 조지서를 비롯하여 경상도, 전라도, 충청도, 강원도 등지에서 나누어 만들게 하고, 아울러 그에

온돌뜨기

필요한 닥은 국고의 쌀로 바꾸어 쓰게 하되 쑥대, 밀 · 보릿짚, 대껍질, 삼대 등을 닥과 혼용해 종이 만드는 데 쓰도록 지시한 일도 있다. 즉, 닥과 이들 혼용 지료의 비율을 1대 5로 섞어 쓰면 종이의 힘이 강하고 닥을 쓰는 일도 많지 않을 것이라고 하여 부족한 닥의 보완책을 강구한 것이다. 예컨대 부득이 닥나무를 써야 할 곳을 제외하고 항상 쓰는 종이는 잡초지를 쓰도록 하고, 초절목피(草絕木皮) 1근에 저피(楮皮) 3양(兩)을 섞어서 종이를 만들어도 쓸 수 있으니 그렇게 하도록 지시를 내린 것은 비록 단편적이기는 하지만 혼용 지료의 실용화가 이루어지고 있었음을 짐작하게 한다.

그러나 시대가 내려올수록 사용 원료의 종류가 줄어든다. 조선 초기에는 종이의 생산 지역과 원료 산지가 분리되어 있지 않았으므로 산지에서 산출되는 구하기 쉬운 재료를 사용하여 초조(抄造)하였다.

간행자별 사용 원료를 보면 관간본(官刊本)에는 비교적 고급 원료를 사용

한지 조직 사진

하였으며, 사간본(私刊本)은 그 지방에서 산출되는 원료를 사용하였다. 제조 과정에서는 우수한 전충제인 황촉규(黃蜀葵)가 이 시기에 이르러 보편적으로 사용되었다.

지장은 종이 만드는 과정 중에서 가장 어려운 기술을 요하는 물질(지통에서 대발로 닥섬유를 건져 내는 일), 즉 초지(抄紙) 과정을 할 줄 아는 사람을 말하는 것이다.

제지 기술 가운데 종이 뜨는 일이 가장 어려운 작업이고, 또 숙련된 기술을 요한다. 그리고 가장 많은 노동력이 필요한 것은 닥을 펄프화하는 작업과 도침인데, 이는 비교적 단순한 작업에 속한다. 오늘날은 이 과정을 고해(叩解)라 하여 칼비터로 처리하지만, 전통적인 방법은 방망이로 두드려야 하는 고된 작업이다. 도침은 표면이 거칠게 건조 과정을 거친 종이를 디딜방아를 이용하여 표면을 다듬거나 두꺼운 종이를 매끄럽게 다듬질하는 작업을 말한다. 두 작업 과정 모두 단순 작업이지만 힘든 노동력을 필요로 한다. 이 고해와 도침 작업은 힘들기 때문에 조지소의 상시직이 아닌 도역자(盜役者)나 도년자(盜姩者)와 같은 도침군 범법자들로 그 노역을 충당하였다. 이 도침군들은 죄를 범한 대가로서 그 죄과에 해당되는 기간 동안 노역했다.

고려와 조선시대에 후지(厚紙)를 선호했던 이유는 우리나라 종이의 주요 원료가 닥(楮)이라는 점과 유부법(또는 유록법)에서 유래한 듯하다. 닥 원료는 섬유 자체의 물리적 성질이 두껍고 질긴 종이를 만드는 데 유리하며 특히 우리의 전통 제법인 고해법(叩解法)에 적합하다. 게다가 이러한 후지를 중국에서 좋아하였을 뿐 아니라 제반 공사용지에 후지가 사용되었다는 점 등으로 미루어 보아 결국 심리적으로 후지를 선호하도록 만든 것이 아닌가 싶다.

이렇게 우리나라의 종이는 고려의 백추지(白硾紙)로부터 조선의 견지(繭紙),

감지사경

경면지(鏡面紙) 등으로 그 맥이 이어져 왔음을 알 수 있는 데, 품질 면에서는 전 시대를 통하여 변함이 없었다. 즉, 조선 초기까지의 재래지가 질기고 광택이 있으며 희고 두껍다는 점은 우리나라 종이의 품질을 논하는 데 있어서 하나의 척도가 된다.

조선시대는 초기부터 경제적인 종이의 사용과 양질의 종이 제조에 심혈을 기울였으며 서책의 인출이 급증하자 닥만을 이용한 종래의 조지법으로는 책지의 수요를 충당하기 어려워 새로운 제지법과 대체 원료에 대한 대책으로 조선 초기 왕들은 중국과 일본의 조지법도 도입하였음이 『조선왕조실록(朝鮮王朝實錄)』에 잘 나타나 있다. 태종 12년 7월 9일조에 "요동 사람 신득재(申得財)가 화지(華紙)를 만들어 바치니 득재에게 쌀과 면포를 하사하고 지공(紙工)에게 전습하도록 하였다."라는 기록은 양질의 종이를 제조하고자 하는 의지를 보이는 예라 할 수 있다.

또한 『성종실록』 6년 1월 19일(己巳) 조에 의하면, 일찍이 지장(紙匠) 박비

회(朴非會)로 하여금 사은사(謝恩寺)를 따라 북경에 가서 중국의 제지법을 배워 오도록 하였는데, 이는 이후의 종이 품질의 향상과도 무관하지 않다고 생각된다.

이와 같은 외국 제지 기술의 도입으로 품질 면에서는 7세기 중엽 이후 처음으로 새로운 제지법을 사용하여 얇고 균일한 종이를 제조할 수 있게 되었는데, 이는 조선 초기와 그 전후 시기를 구분하는 중요한 관건이 된다. 일본, 중국의 조지법이 전습되었지만 당시의 중국과 일본의 제지 기술은 모두 수록법(手漉法)이었던 데 비하여 우리나라 재래의 조지법은 유부법(또는 유록법)이었다. 이러한 조지법의 차이는 원료 및 초지 방법의 차이일 뿐, 다른 나라의 조지법을 받아들여 우리화했다는 사실은 주목할 만한 일이다.

생산지와 판매처

조선의 종이 생산은 문물제도의 개혁과 문화적 관심과 맞닿아 있어 태종 때는 국영 조지소를 설치하여 관영화하였고, 닥종이를 이용한 저화(楮貨) 제도의 정착에 고심하는 등 제지 공업의 중흥에 전력하기 시작했다. 세조 때 조지소를 조지서(造紙署)로 개칭하였으며 역대 왕은 이 조지서를 통하여 당시 급격한 수요 증대에 따른 원료의 조달, 종이의 규격화, 그리고 품질 개량을 도모하였다.

수공업 중 제지 생산은 가장 활발했다. 조선시대 경장(京匠), 외장(外匠) 중 지장수(紙匠數)의 비율이 높아 제지업의 비중이 상당히 높았음을 알 수 있다.

태종 15년(1415)에 호조의 청으로 만들어진 조지소에서 조지서의 유래를 찾을 수 있다. 이것은 한때 폐지되었다가 세종 2년에 다시 설치하여 관공서에서 필요한 종이를 조달했다. 세조 12년(1466)에 이름이 바뀐 조지서는 조선 후기 고종 19년까지 존속했다.

조지소는 서울 창의문(彰義門) 밖 장의사동(莊義寺洞 : 현재 서울의 세검정)에 설치되었으며 기구 편제는 종1품과 2품의 제조(提調) 2명이 있었고 그 밑에 사지(司紙) 1명(종6품), 별제(別提) 4명이 있어 기술을 관장하게 하였으며 서사(書司) 8명, 공조(工造) 8명, 목장(木匠) 2명, 염장(染匠) 8명을 두었다. 그 밖에 잡역부로서 95명을 두었는데 근수노(根隨奴) 5명, 차비노(差備奴) 90명이 그것이다. 지장(紙匠)은 81명이었다.

이 밖에도 조선시대에는 각 지방의 조지소가 설치되었으며, 지방의 대표적인 종이 생산처로는 전라도 전주, 남원, 경상도 경주, 의령을 들 수 있다.

조지소는 조선 초기에는 그 기능을 다하였으나 시간이 지남에 따라 다음과 같은 관리상의 문제점이 나타나기 시작했다. 첫째, 관원의 부패와 관리 허술, 둘째, 지품의 질적 저하, 셋째, 인력 수급 차질 등 세 가지 유형으로 요약된다. 이 셋은 서로 밀접한 상관관계가 있다. 즉, 관원의 부패와 관리 허술은 지장의 통제와 직결되었기에 곧바로 종이 생산에 차질이 생기게 되었고, 거기에 선상노(選上奴)와 같은 보충 인력이 제대로 확보되지 못함에 따라 결국 조지소는 정상적인 생산 활동을 할 수 없게 되었다.

조선시대에 관직에 종사하는 사람들은 종이를 왕으로부터 하사받아 사용하기도 했지만 대부분은 종로 근처에 있는 지전(紙錢 : 육의전(六矣廛)의 하나로 현재의 종로 1가에 동 · 서 지전이 있었음)에서 구입하였으며, 그 밖에 여러 곳에 있는 지상전(紙床廛 : 종이를 상 위에 놓고 팔아 붙여진 명칭) 또는 지필묵연(紙筆墨鉛)을 함께 파는 필방(筆房)에서 구입해 사용하였다.

주

* 조선종이를 '한지'라는 명칭으로 부르지 않은 이유는 조선시대 우리 종이의 명칭은 단지 '종이'이기 때문이다. '한지'라는 명칭은 근대 이후 생긴 새로운 명칭이다.

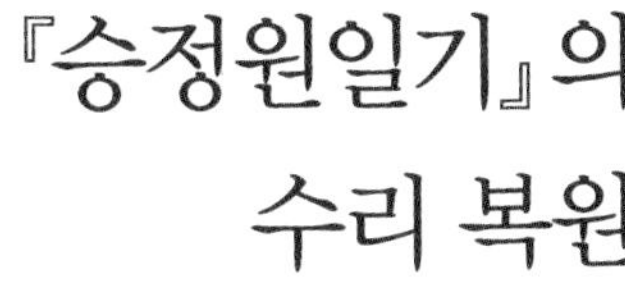

『승정원일기』의 수리 복원

이상현

규장각 소장 자료는 선조들이 남긴 우리 모두의 귀중한 문화재이다. 우리의 과거사만큼이나 열악한 환경에 처해졌던 유물에 대해 보존적 수리와 최적의 보존 환경을 구비해 수명을 연장시키는 노력이 필요하다. 이번 문화재 수리는 손상된 『승정원일기(承政院日記)』(국보 303호)의 원형을 유지하고 나아가 자연 수명을 연장하는 것을 목적으로 하였다.

왕실 문서의 특징 중 하나는 매우 두껍고 단단한 종이로 제작되었다는 점이다. 『승정원일기』 또한 낱장의 두께가 일반적인 고서적에 비해 몇 배에 이르기 때문에 책이 매우 두껍고 무게도 상당하다. 과거의 수리는 이와 같은 자료의 특성을 고려하지 않고 결손부에 메움을 하지 않은 상태로 배접해 완성했다. 그 결과 또 다른 손상 원인이 되었으며, 여기에 장시간 수분에 노출된 부위가 산화되고 섬유질의 결합이 이완되어 지력을 상실한 부분이 전체에 산재해 있다. 두꺼운 종이의 결손은 서적을 펴고 닫는 과정에서 결손부의 단차로 경계 부분이 마모되거나 들뜨는 현상으로 이어진다. 이러한 손상들

『승정원일기』

조선시대 국왕의 비서 기관인 승정원(承政院)에서 국왕과 관료들의 국정 논의 내용, 국왕에게 보고된 각종 문서, 승정원에서 처리한 행정 사무 내용 등을 날마다 정리하여 작성한 일기체 형식의 기록물이다. 『승정원일기』는 승정원의 7품 관리인 주서(注書)가 작성했는데, 정리된 일기를 1개월 단위로 책으로 묶어서 승지(承旨)에게 제출하면 승지가 내용을 검토한 후 국왕에게 보고하여 재가를 받았다. 국왕의 비서실에서 작성한 자료인 만큼 국왕의 동정과 관련된 내용들이 매우 자세하며, 특히 국왕과 신하들의 국정 논의 내용, 국왕에게 보고된 상소문 내용 등이 축약 없이 원문 그대로 수록되어 있다. 이 때문에 조선시대 당시에도 『시정기(時政記)』 등과 함께 『조선왕조실록(朝鮮王朝實錄)』 편찬의 기본 자료로 이용되었으며, 현재는 조선 후기사 연구의 핵심 자료로 활용되는 등 자료적 가치가 매우 높다.

『승정원일기』는 조선 초기 세종 대(世宗代)부터 작성되었으나, 선조(宣祖) 이전의 『승정원일기』는 임진왜란으로 인해 소실되었다. 또 선조~경종 대(景宗代)의 『승정원일기』도 1744년(영조 20) 궁궐 화재로 소실됨에 따라 이후 『춘방일기(春坊日記)』·『당후일기(堂後日記)』·『조보(朝報)』 등을 이용하여 보완했지만, 자료 부족으로 인해 선조~광해군 대(光海君代)의 『승정원일기』는 끝내 보완하지 못하였다. 그 결과 현재는 1623년(인조 1) 3월부터 1910년(융희 4) 8월까지 288년간의 『승정원일기』 3,243책만이 전해지고 있다. 1999년 4월 9일 국보 제303호로 지정되었고, 2001년 9월에 유네스코 세계기록유산으로 등록되었다. (글 강문식)

을 방치할 경우 마모가 급격히 진행되며 향후 수리 복원은 몇 배나 많은 시간과 비용이 들게 된다.

지금까지 『승정원일기』는 몇 차례 수리를 거쳐 지금에 이르고 있다. 과거의 잘못된 수리를 통해 새로운 수리 방향을 잡을 수 있었으며, 무엇보다도 급격히 진행되는 손상을 막고, 약한 곳은 보강해 주며, 잘못된 수리는 원형을 되찾게 되었다.

유물의 원형을 유지시키고, 앞으로도 온전한 상태로 이어질 수 있도록 정기적인 수리 복원은 꾸준히 진행되어야 할 것이다.

수리 복원 방침

문화재의 수리 복원은 보존과 공개라는 상충되는 두 가지 사항을 모두 고려하여 완수해야 하는 일이다. 보존을 최우선 목표로 한다면 수리 복원 후 진공 공간에 보관하면 되지만, 연구나 전시를 위해 공개가 필연적으로 이어지는 상황이다. 결국 문화재는 보존과 전시를 모두 충족시킬 수 있는 상태로 보강되어야 하고 시각적으로도 위화감이 없도록 처리되어야 한다. 이 두 가지 사항을 모두 충족시키기 위해서는 원본의 진정성을 존중하고 가역성을 갖도록 수리 복원의 방향을 최우선 방침으로 삼았다. 따라서 수리자의 판단으로 원형을 변형시킬 수 있는 부분을 배제하고 원본의 현상을 유지하는 데에 중점을 두었으며 검증된 전통 재료와 기법 사용을 원칙으로 하였다. 또한 과거 잘못 수리된 부분은 원래의 모습으로 되돌리고 약화된 부분은 보강하여 수명 연장을 극대화하는 방향으로 수리 방침을 세웠다.

- 학술 · 역사 · 예술적 가치를 지니는 원본의 현상 유지를 최우선 원칙으로 한다.
- 원본의 가치를 존중하여 가필이나 복원 수리는 하지 않는다.
- 원본을 훼손하지 않고 가역성을 띠는 수리를 한다.

- 해당 문화재 분야의 전문가 3인 이상으로 구성된 자문회의를 통해 지도·자문을 받는다.
- 수리 방법이나 사용 재료는 관계 자문위원의 검토를 받아서 정한다.
- 사진 촬영 및 지질 분석 등으로 사전 조사를 실시한다.
- 각 작업 과정을 촬영하고 상세히 기록한다.
- 수리가 완료되면 수리 기록을 묵서로 제작한다.
- 작업 과정을 사진과 함께 기록하고 사진이 첨부된 보고서를 작성해 제출한다.

수리 복원 과정

수리 복원 대상 중 『승정원일기』는 총 8책이다. 이 중 일곱 책은 표지에 신축(辛丑)년 개장된 기록이 남아 있다. 책의 장정 형태는 1720년 전후를 기준으로 4

	유물명	연대	개장 여부	세로(cm)	가로(cm)	높이(cm)	매수	장정
1	『승정원일기』 vol.128	효종 4년(1653), 癸巳, 順治 10	신축(辛丑) 개장	38.8	27.4	4.2	160	5침
2	『승정원일기』 vol.175	현종 3년(1662), 壬寅, 康熙 1	신축(辛丑) 개장	38.4	27.3	4.0	146	5침
3	『승정원일기』 vol.197	현종 7년(1666), 丙午, 康熙 5	기록 없음	38.6	27.8	4.0	152	5침
4	『승정원일기』 vol.542	경종 2년(1722), 壬寅, 康熙 61	신축(辛丑) 개장	36.0	28.6	5.5	216	4침
5	『승정원일기』 vol.588	영조 1년(1725), 乙巳, 擁正 3	신축(辛丑) 개장	36.5	29.0	5.8	209	4침
6	『승정원일기』 vol.675	영조 4년(1728), 戊申, 擁正 6	신축(辛丑) 개장	37.3	29.1	4.5	150	4침
7	『승정원일기』 vol.715	영조 6년(1730), 庚戌, 擁正 8	신축(辛丑) 개장	36.5	28.6	3.9	125	4침
8	『승정원일기』 vol.1425	정조 2년(1778), 戊戌, 乾隆43	신축(辛丑) 개장	40.5	30.0	6.3	183	4침

침선장과 5침 선장이 혼재되어 나타난다.

작업 방법

사전 조사

- 상태 조사 : 육안으로 관찰한 결과를 기록지로 작성하고 그 내용을 사진으로 촬영하여 첨부한다.
- 지질 조사 : 바탕재의 종류, 두께, 밀도, 촉수 측정, 현미경 관찰(C염색의 정색 반응 관찰)을 통해 섬유질의 종류와 초지법, 가공 여부 등의 분석이 가능하므로 원본과 동일 조건의 종이를 제작할 수 있다.

수리 재료 준비

모든 재료는 분석, 관찰 결과를 토대로 유물의 보존을 고려하여 결정한다.

- 메움 한지 : 섬유 분석 결과에 따라 메움 한지를 제작한다.
  마지막 단계에 색 맞춤이 필요한 부분은 조절한다.
- 제본 끈 : 동일 조건의 끈을 천연염색하여 사용한다.

해체 및 크리닝

- 해체 : 종이 끈과 면 끈을 제거하고 표지와 내지를 분리 · 해체하면서 내지는 낱장으로 순서에 맞게 번호를 매긴다.
- 이물질 제거 및 박락 막기 : 먹 번짐 테스트를 한 후 먹색의 변색이나 이동

이 예상될 경우는 묽은 아교로 박락 막기를 하고 이물질을 제거한다.

- 클리닝 : 한 차례 여과시킨 중성의 미온수를 사용하여 습식 클리닝을 한다.

보수지 염색 및 결손부 보강

- 자연염색 : 결손부 보강지를 제작하고 자연염색한다.
- 결손부 메움 : 결손부는 소맥전분풀, 우뭇가사리풀과 닥종이를 사용하여 메운다.

배접 · 가배접 및 건조

- 배접 : 배접지는 내지의 바탕색조와 비슷한 한지에 소맥전분풀을 사용하여 배접한다.
- 가배접 : 유물의 조건에 따라서는 물과 한지를 사용하여 임시 배접을 하고 충분히 건조하여 가배접지를 떼어 낸다.
- 건조 : 표지 및 내지가 잘 펴지도록 간접적 투습으로 약하게 힘을 가해 장시간 충분히 건조시킨다.

표지 제작 및 장책

- 표지 · 장정 끈 제작 : 표지용 한지를 천연염색(황벽 · 오리목)하여 준비한다.
- 염색된 한지를 3~4회 배접하여 일정 두께를 만들어 준다.
- 원본과 동일한 문양이 새겨진 납전지를 제작한다.
- 장정용 끈은 색과 굵기가 원본과 유사한 것을 제작하여 사용한다.
- 제작한 장정 끈은 소목이나 홍화로 염색하여 사용한다.
- 장책 · 마무리 : 건조 후 접어서 페이지가 흐트러지지 않도록 지정(紙釘)으

로 묶은 후 미리 제작된 표지(납전지)를 붙이고 장정 끈으로 장책하여 마무리한다.

재료 확보 방법

사전 작업 – 지질 분석(표지, 내지, 장정끈 등)

- 표면 상태는 휴대용 디지털 현미경을 이용하여 확대 관찰하고 촬영한다.
- 전체 크기(세로×가로)는 자를 이용하여 측정하고, 두께는 두께측정기를 이용하여 측정한 후 기록한다.
- 종이에 나타난 발끈 폭은 자를 이용하여 측정하고, 발촉 수는 특성에 따라 고안된 투명필름을 이용하여 측정한 후 일지에 기록한다.
- 산성도는 pH측정기를 이용하여 측정한 후 일지에 기록한다.
- 색도는 색도측정기를 이용하여 측정하고, CIELAB 표색계의 L*, a*, b*와 먼셀 (Munsell)표색계의 H, V, C의 두 가지 색상 체계로 표시한다.
- 섬유 조성과 형태는 그라프 "C" 염색 시험(Graff "C" staininh test, C–stain 시험)을

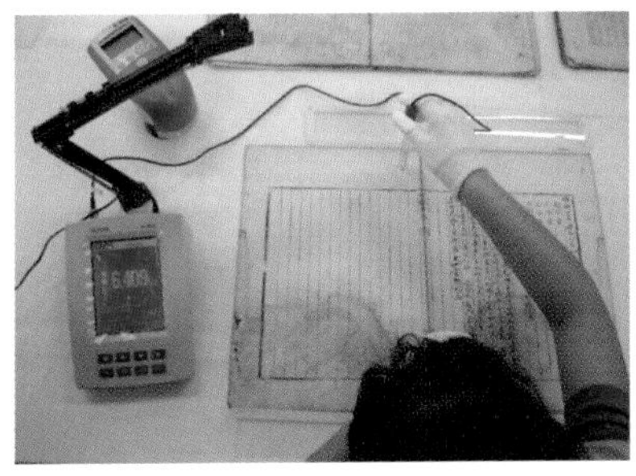

산성도 측정

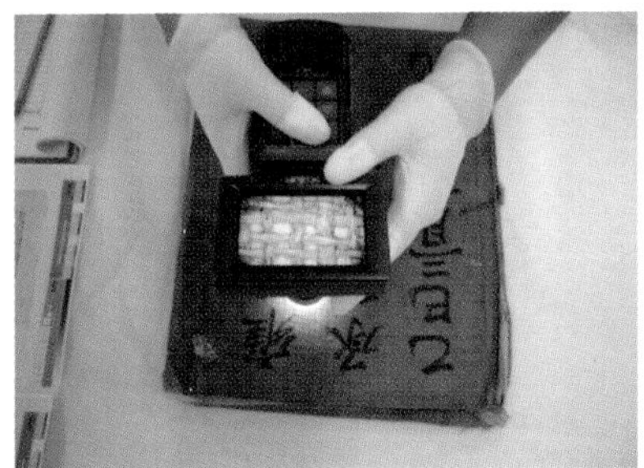

섬유 특성 측정

이용하여 섬유 정색 반응을 실시하고, 휴대용 생물 현미경을 이용하여 형태학적 특징과 섬유 크기를 측정한다.

재료별 확보 방법

1) 풀

- 물에 담가 1년 정도 발효시킨 소맥전분을 끓여 1주~1년 6개월을 숙성시킨 풀을 결손부 접착제로 사용하였다.
- 종이가 얇고 밀도가 낮은 유물에 대해서는 숙성 기간이 상대적으로 오래된 풀을 사용하지만, 『승정원일기』처럼 종이의 밀도가 높고 매우 두꺼운 종이에는 풀을 끓인 후 3~4주를 상온에서 숙성시킨 풀을 사용하였다. 여기에 우뭇가사리풀(수용액 4%)을 전분풀 대비 10:1로 희석하여 사용한다.
- 우뭇가사리는 전분풀을 과다하게 사용하지 않도록 조절할 수 있게 해 주며 건조 속도를 지연시켜 주기 때문에 작업을 용이하게 할 수 있다. 그리고 풀 얼룩이 생기는 것을 방지하고 건조 후 유연성에도 많은 역할을 한다.

2) 종이

지질 분석 결과에 따라 평량별 메움지는 한지 공방에 주문하였다.

-요구 조건

- 섬유 배합 비율 : 국산 닥 100% 사용
- 증해 조건 : 육재, 소다회
- 표백 방법 : 일광유수표백
- 고해 방법 : 타고해
- 점질물(첨제) : 닥풀(황촉규 뿌리 점액)

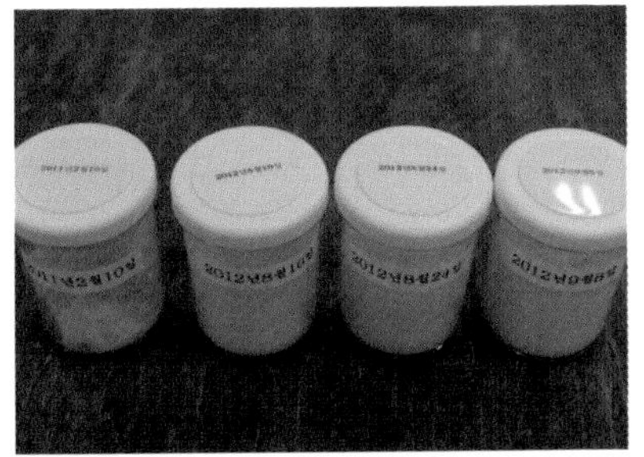
숙성풀

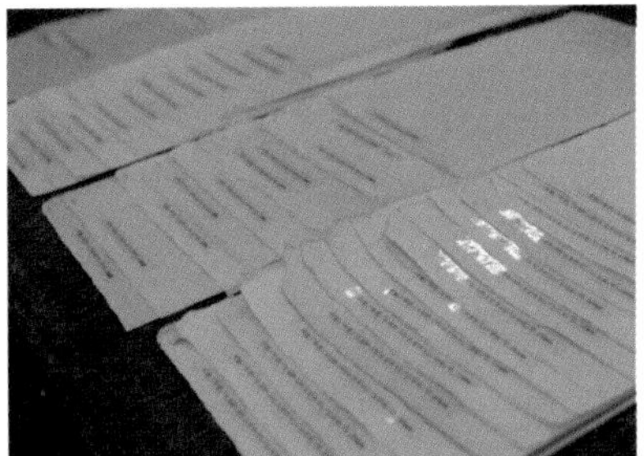
제작된 메움 한지

- 초지 방법 : 흘림뜨기
- 건조 방법 : 목판 건조 및 걸어서 건조(두께가 두꺼운 것)
- 도침 여부 : 도침(1~10단계 중 10단계로 밀도를 높임)

제작된 종이의 기초적인 물성을 파악하기 위해 두께측정기를 이용하여 두께를 조사하였다. 또한 종이의 산화 정도를 평가하기 위해 산성측정기(HI 4221, HANNA, ITALY)를 이용하여 산성도를 측정하였다. 각 특성별 측정값은 3회 측정 후 평균값을 산출하였다.

색상을 평가하기 위해 색차계(DE 6834, BYK, GERMANY)를 이용하여 색도를 측정하였다. 분석 조건은 표준 광원 D65, 시야각 10°, 분석면적 8㎜이며, 측정값은 3회 측정 후 평균값과 표준편차를 산출하였다. 색도 측정 결과는 명도, 채도를 나타내는 데 유용한 CIELAB 표색계의 L*, a*, b*와 색채를 시각적으로 나타내는 데 유용한 먼셀 표색계의 H, V, C의 두 가지 색상 체계로 표시하였다.

3) 섬유

『승정원일기』 표지

- 표지 직물 섬유는 육안 관찰과 현미경 측정 등 사전 조사를 통해 마섬유로 확인되었다.
- 이를 토대로 시중에 제작되고 있는 여러 지방의 삼베를 수집하였으며, 유물과 가장 흡사한 삼베를 선택하여 표지 메움에 사용하였다.

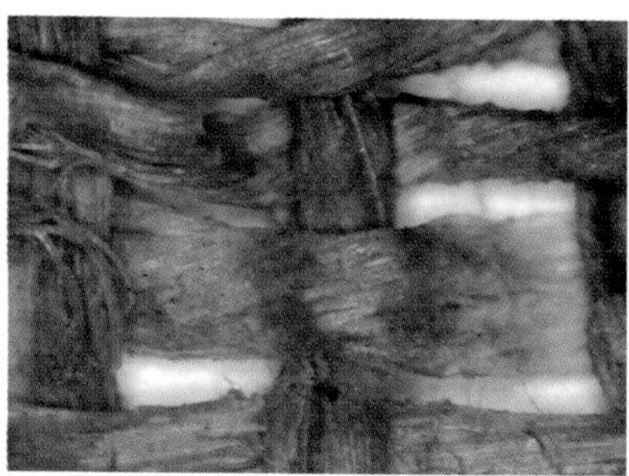

표지 현미경 촬영

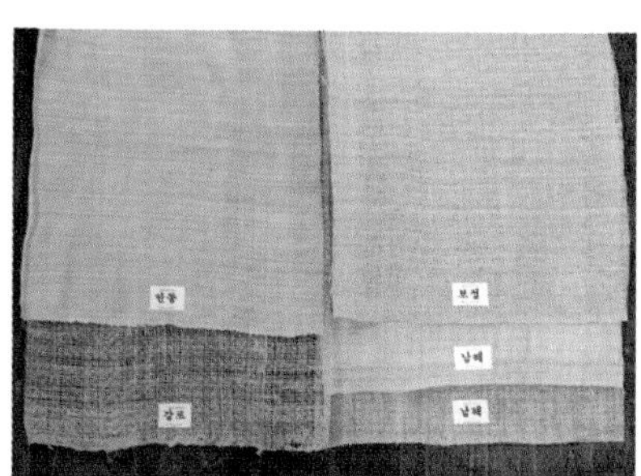

표지 메움용 마섬유

『승정원일기』 장정끈

- 장정용 끈(紅絲)은 색과 굵기가 원본과 유사한 것을 제작하여 사용하였다.
- 색상은 적색 계열인 소방(蘇芳)으로 염색하여 사용하였다.

마끈을 소목 염액에 담그기

다양하게 염색된 장정끈

수리 복원 과정

육안 관찰

- 처리 전 세부 치수 측정(단위 : cm) 및 훼손 상태와 정도를 파악하였다.
- 세 책(vol.128, vol.175, vol.197)은 4침 안정으로, 다섯 책(vol.542, vol.588, vol.675, vol.715, vol.1425)은 5침 안정의 서책으로 장정되어 있다.
- 내지는 닥지로 되어 있다.
- 표지의 재질은 마로 결손이 심하며, 탈락 부분이 많이 관찰된다.(라벨지, 오염부, 결손부, 꺾임, 올풀림, 장정 끈, 메움 흔적)

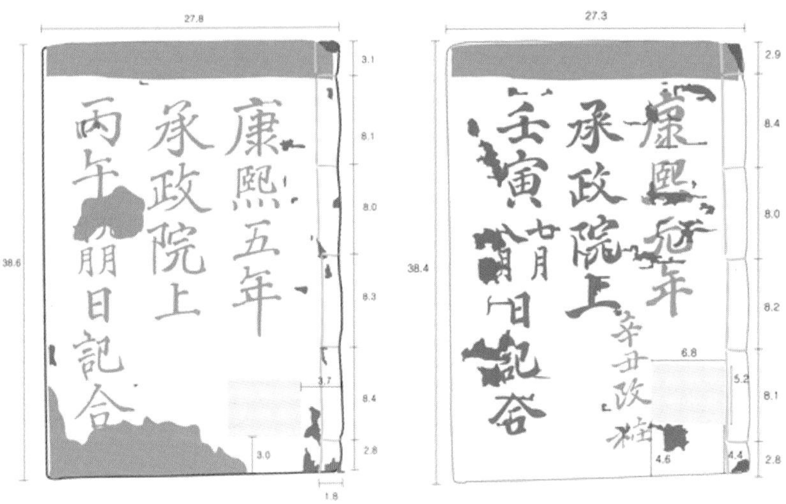

『승정원일기』 vol.197 육안 관찰

『승정원일기』 vol.175 육안 관찰

1)『승정원일기』 vol.128

- 표지와 내지에 충해로 인한 결손부가 있다.

- 침수된 흔적이 있는 부위에 검은 곰팡이가 뭉쳐 있는 곳이 많은 페이지에서 확인된다.
- 서책의 하단부에 지력의 약화로 구멍이 나 있는 곳이 있으며 찢어진 곳도 있다(뒷부분 51~62장).
- 페이지별 두께 차이가 있다.
- 표지에 라벨지가 글씨를 덮고 있다.
- 배접지로(50장) 인한 앞 · 뒷부분 측면에서 색 차이가 관찰된다.

2)『승정원일기』 vol. 175

- 첫 번째 장과 마지막 부분의 결손이 가장 심하다.
- 앞부분 5장, 뒷부분 10장, 총 25장이 배접되어 있다.
- 6~18장 결손 부위 감물 장식지로 메움 되어 있다.
- 전체적으로 상단 약 10cm가량 침수된 흔적이 관찰되며 이 부분(앞부분 1~8장, 뒷부분 12~34장)은 지력이 현저하게 저하되어 있다.
- 표지 재질은 마로 결손이 심하며 탈락이 많이 관찰된다.
- 표지 상단 약 3.5cm가량 까맣게 변색이 심하며, 뒷면 가장자리의 접착된 부분의 풀이 떨어져 올이 풀려 나온 상태이다.
- 페이지별 두께의 변화가 심하게 관찰된다.(4~8, 9몽매까지 있음)

3)『승정원일기』 vol. 197

- 앞표지 상단부는 오랫동안 올려놓은 책으로 인한 노출 부분에 흑화 현상이 관찰되며, 하단부에는 얼룩이 관찰되고 있다.
- 표지 충해 결실 부분이 있으며, 속지(감물 장식지)의 풀 접착 부분이 떨어져

있다.

- 내지 1장에 전분(밀기울)의 잔존물이 있다.
- 결손부 메움(21~52장)이 일부 있으나 형태를 만들지 않고 크게 붙여져 있다.
- 내지 뒷부분에서 충해로 인한 결실부와 습기로 인한 심한 얼룩이 관찰된다.
- 배접지로 인한 앞 · 뒷부분 측면에서 색 차이가 관찰된다.(앞면 42장, 뒷면 20장)
- 지첨이 책 측면으로 돌출되어 있으며, 측면에 보푸라기가 많이 관찰되고 있다.

4)『승정원일기』 vol. 542

- 내지의 앞부분 10장, 뒷부분 4장이 배접되어 있다.
- 내지의 11~51장까지는 결손부에 형태를 맞추지 않고 적당히 잘라서 메워져 있다.
- 표지의 속지는 풀이 떨어져 가장자리 한 곳만 붙어 있다.
- 내지 표면에 풀 덩어리가 부착되어 있다.
- 내지의 앞 · 뒷부분에 보푸라기가 많이 생겨 글자의 형태를 알아보기 어렵다.
- 장정 끈 두께가 1.2mm 정도로 매우 얇으며, 색상도 많이 퇴색되어 있다.
- 책의 측면에 하얀 보푸라기가 많이 관찰되고 있다.
- 이전 수리 시 표시한 연필 가필 흔적이 남아 있다.

5)『승정원일기』 vol. 588

- 뒷부분 종이가 산화되어 구배 접지에서 이탈된 부분이 있다.

- 표지 앞 · 뒷면의 모서리 부분에 마모가 심하다.
- 표지 앞면 상단에 결실부가 있고 결실 사이로 펜글씨 '196'이 보인다.
- 장정 끈은 2mm 정도의 두께이며 퇴색되어 연한 선홍빛을 띤다.
- 내지 앞부분 12장, 뒷부분 6장이 배접되어 있다.
- 판심이 분리되어 있는 곳이 많으며, 일부 판심을 연결하는 연결 띠는 절단된 형태로 두껍게 붙여져 있다.
- 책 측면에 붉은색 잉크가 묻어 있다.
- 책 측면으로 섬유질이 관찰되며, 내지 앞부분과 뒷부분에서 보푸라기가 많이 관찰된다.

6)『승정원일기』 vol. 675

- 표지는 부분적으로 충해와 결손이 있으나 비교적 양호한 상태이다.
- 장정 끈은 색이 변해 탁한 분홍빛이다.
- 섬유질이 책 측면으로 돌출되어 있다.
- 내지 앞부분 1장에 이전 풀의 잔해가 남아 있으며, 1장 상단 부분이 표지의 속지에 붙어 있다.
- 내지의 열화가 심해 떨어질 정도로 위험한 부분(1장 뒷면, 2장)이 있다.
- 앞부분 2장, 뒷부분 1장이 배접되어 있으며, 배접지에 주름이 생겨 구겨진 상태이다.
- 수리 이전 표지의 마섬유가 곰팡이 얼룩과 같이 내지로 옮겨져 있다.
- 내지에 주름이 심한 곳이 있다(뒷부분 1~3장).

7)『승정원일기』 vol. 715

- 표지는 이전 수리 때 결손부 메움이 있으나 직조의 방향이 다르게 붙여져 있다.
- 표지의 충해 결손과 모서리 부분의 마모가 매우 심하다.
- 내지의 표면에 보푸라기가 많으며 습기로 인한 얼룩이 심하다.
- 내지에 먹 반점(앞부분 1장)이 인장 주변에 퍼져 있다.
- 내지의 앞부분 3장, 뒷부분 3장이 배접되어 있다.
- 장정 부분에 이전 풀의 잔해가 있다.
- 내지에 곰팡이 얼룩의 잔해가 작은 입자로 퍼져 있으며, 묽게 큰 면적으로 번져 있다.
- 지정은 이전 장정 때 박은 것으로 추정된다(길이 4.2mm, 굵기 3mm).

8)『승정원일기』 vol. 1425

- 구개장(舊改裝) 때 결손부 메움을 하지 않았다.
- 뒷면(뒷부분 1장)은 표면이 매우 손상되어 글씨 판독이 어려운 곳이 있다.
- 내지 앞부분에 판심이 떨어져 있는 곳이 관찰된다.
- 부분적 침수로 인해 내지 열화 정도가 심하며, 이로 인해 찢어지거나 결실 부분이 관찰된다.
- 내지 안쪽에 나뭇잎 조각(향나무)과 오염물이 관찰된다.
- 여러 장에 걸쳐 이용 표시를 나타내는 지첨(白, 上)이 떨어져 여러 곳에 산재되어 있다.
- 내지 글자 수정 부분에서 칼로 오려 낸 뒤 뒷면에서 종이를 덧대어 가필한 흔적이 관찰된다.

• 가제본에 사용된 지정이 책의 중간까지만 잔존해 있다.

해체

• 유물을 낱장으로 해체하였으며, 이때 표지의 라벨도 함께 분리해 주었다.

• 라벨 분리는 라벨지 주변에 붓으로 증류수를 적당량 도포하고, 일정 시간이 지난 뒤 접착제가 유연해지면 떼어 내었다. 이때 본드 등의 접착제 사용으로 표지와 라벨지가 고착되어 분리되지 않는 것은 무리하게 떼어 내지 않았다.

라벨지 유 · 무	
표지 앞면 [청색] 분리 가능	vol.128, vol.175, vol.542, vol.588, vol.675, vol.715, vol.1425 (7책)
표지 앞면 [청색] 분리 불가능	vol.197 (1책)
표지 안쪽 [백색] 있는 것	vol.128, vol.175, vol.197 (3책)
표지 안쪽 [백색] 없는 것	vol.542, vol.588, vol.675, vol.715, vol.1425 (5책)

『승정원일기』 vol.175 낱장 분리

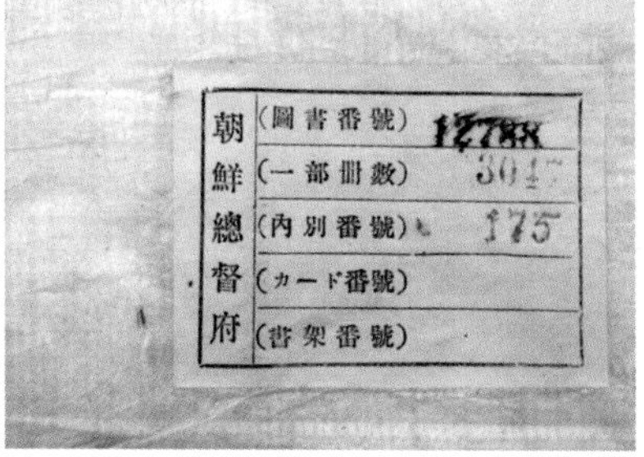

『승정원일기』 vol.175 표지 안쪽 라벨지

사진 촬영 및 넘버링

• 보존 처리 전 유물의 결손 부분, 손상 상태 등을 파악하여 사전 기록 및 사

진 촬영을 하였다.

- 낱장의 유물은 순서가 바뀌지 않도록 넘버링을 해 주었다.
- 넘버링은 레이온지 위에 연필로 번호를 적은 번호표를 만든 뒤, M · C(Methyl Cellulose)를 이용해 내지 안쪽(장정 구멍 부분)에 붙여 주었다.
- 사진 촬영 및 넘버링 작업은 『승정원일기』 총 8책에 대해 전 과정을 동일하게 진행하였다.
- 촬영 기종 및 렌즈 – Canon EOS 5D, EF24–70㎜ f/2.8L usm.

처리 전 사진 촬영

넘버링

지질 분석

표지와 내지의 거시적 · 물리적 특성, 광학적 특성, 섬유적 특성을 살펴보았다.

- 표면 상태는 휴대용 디지털 현미경을 이용하여 확대 관찰하고 촬영하였다.
- 전체 크기(세로×가로)는 자를 이용하여 측정하고, 두께는 두께측정기를 이용하여 측정한 후 기록하였다.
- 종이에 나타난 발끈 폭은 자를 이용하여 측정하고, 발촉 수는 특성에 따라 고안된 투명 필름을 이용하여 측정한 후 일지에 기록하였다.

• 산성도는 pH측정기를 이용하여 측정한 후 일지에 기록하였다.

• 색도는 색도측정기를 이용하여 측정하고, CIELAB 표색계의 L*, a*, b*와 먼셀(Munsell) 표색계의 H, V, C의 두 가지 색상 체계로 표시하였다.

• 섬유 조성과 형태는 그라프 "C" 염색 시험(Graff "C" staininh test, C-stain 시험)을 이용하여 섬유 정색 반응을 실시하고, 휴대용 생물 현미경을 이용하여 형태학적 특징과 섬유 크기를 측정하였다.

분석 기기	
두께측정기	Peacock model H, 0.01×10㎜ jeweled, made in japan.
휴대용현미경	Digital Microscope, Scalar Corp. DG-2, made in Japan.
색도측정기	BYK Gardner DE6834, made in Germany.
PH측정기	HANNA HI4221, made in Romania.
고분해능 주사전자현미경 (HR FE-SEM)	High resolution field emission scanning microscope, MIRA3, TESCAN.

두께 측정

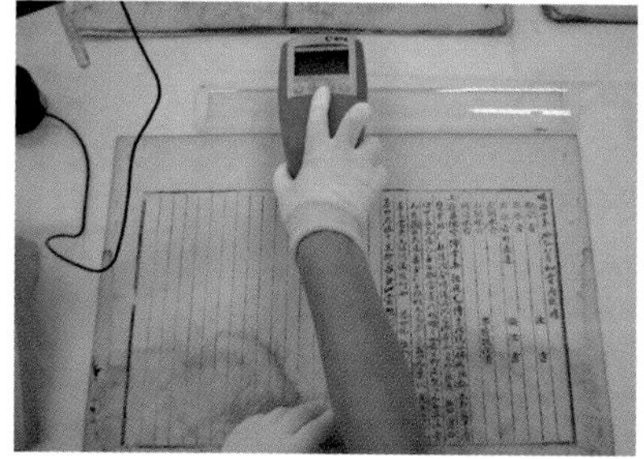
색도 측정

건식 클리닝 및 박락 방지

• 붓을 사용하여 건식으로 먼지, 이물질 등을 제거하고 글씨와 인장 부분은 열화의 정도와 번짐의 위험 정도에 따라 아교 수용액(1~3%)과 반수액(1~2%)

을 사용하여 박락 방지를 하였다.

- 습기로 인한 곰팡이의 가루 입자 등은 휴대용 에어브러시(Air Brush)와 붓, 메스 등을 이용하여 조심스럽게 제거해 주었다. 이때 섬유 깊숙이 침투된 곰팡이 얼룩은 무리하여 제거하지 않았다.

건식 클리닝

박락 방지

습식 클리닝 및 건조

습식 클리닝은 다음과 같은 방법으로 시행하며, 각 단계마다 글자의 유실이나 번짐 등을 면밀히 관찰하여 조심스럽게 처리하였다.

- 특수 제작된 미세 구멍 철망 위에 아크릴판을 (약 15~20°) 경사지게 올려놓는다.
- 레이온지 위에 유물(내지 1장)을 올린 뒤 다시 레이온지로 덮어 준다.
- 유물을 충분히 적실 정도로 증류수를 분무하여 오염물이 흘러내려 가도록 한다.
- 깨끗하게 세정된 붓을 이용해 오염물을 쓸어 내어 준다.
- 흡습지를 이용하여 표면에 남은 오염물을 흡수시킨다.
- 위와 같은 방법을 2~3회 반복하여 클리닝해 준다.

- 클리닝이 완료되면 유물 표면 위에 덮인 레이온지를 조심스럽게 떼어 내어 준다.
- 건조판 위에 모포를 놓은 뒤 유물이 겹쳐지거나 구겨지지 않도록 해 준 뒤 자연 건조시킨다.

증류수 분무

유물 건조

배접지 제거 및 판심 보강

- 이전 수리 때 사용된 배접지와 판심 보강용 종이는 모두 제거하였다.

유물명	페이지 수	배접지		판심	
		전체	부분	전체	부분
vol. 128	160매	50매	–	–	24매
vol. 175	146매	15매	13매	3매	98매
vol. 197	152매	24매	31매	4매	111매
vol. 542	216매	14매	41매	7매	169매
vol. 588	209매	18매	–	9매	148매
vol. 675	150매	3매	–	4매	26매
vol. 715	125매	6매	–	–	77매
vol. 1425	183매	–	–	2매	100매

※전체는 유물 전체 면적의 90~100%, 부분은 유물 전체 면적의 20~90%까지의 범위를 의미한다.

- 안정된 상태로 구배 접지를 조금씩 제거하도록 하였다. 여러 겹의 배접지가 있는 경우 한 겹씩 조심스럽게 제거하였다.
- 판심이 훼손되어 부분적으로 떨어진 경우와 분리된 경우, 유물과 재질이 비슷한 종이를 가는 띠로 잘라 판심을 보강하였다.

결손부 메움

- 내지의 지질 분석 결과를 바탕으로 내지와 가장 근접하게 제작된 메움용 한지를 사용해 발끈 폭, 발촉 수 및 두께를 맞추어 처리하였다.
- 접착용 풀은 고풀과 우뭇가사리 추출액을 10:1 비율로 혼합해 사용하였다.

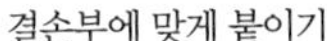

결손부에 맞게 붙이기

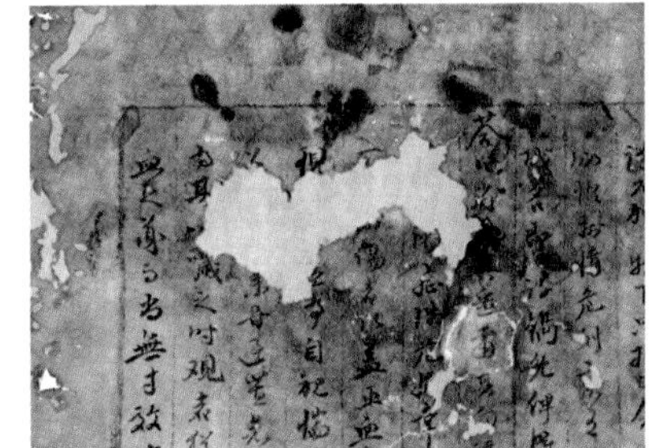

메움 완료 후

주름 펴기 및 외곽선 정리

- 원상태의 밀도와 평활도를 유지하기 위해 낱장마다 스프레이로 약간의 수분을 분무한다.
- 목판, 흡습지, 레이온지 순으로 놓고 그 위에 유물을 올린 다음 역순으로 다시 올려놓는다.
- 특수 제작된 프레스에 넣어 균일한 힘으로 눌러 주어 건조시킨다.

역순으로 다시 올려놓기

압착

표지 습식 클리닝 및 배접지 염색

- 레이온지를 앞 · 뒷면에 대고 증류수를 분무하여 자연적으로 오염물이 흡습지에 스며 나가도록 하였다.
- 이전 수리 때 사용된 배접지는 평량 30~35g/㎡ 정도로 필요 이상 두꺼워진 상태이기 때문에 조금씩 찢어 가며 조심스럽게 제거하였다.
- 비교적 성글게 짜인 직조로 인해 앞면 글씨 부분의 먹이 묻어 나오므로, 글씨 부분은 얇게 남기고 제거하였다.
- 유물은 오랜 시간 변 · 퇴색이 진행되었기 때문에 유물색과 유사하게 색 맞춤하여 배접하였다.
- 염색은 흑자색에서 적갈색의 색상을 띠는 천연 유기 안료인 오리나무 열매와 석회석 산화칼슘(CaO) 매염제를 사용하였다(염액 1500g : 매염제 1g).
- 유기 안료 염색은 동일한 염액과 매염제를 사용하더라도 공기 중 환경(온도, 습도, 광원 등)과 물리적 환경(붓의 강약 등)에 따라 색상 차가 있게 되므로, 필요한 배접지의 양보다 많은 양을 염색하여 준비하였다.

표지 배접지 제거

초배지 염색

배접 및 메움 보강

- 염색된 배접지를 사용하여 초배하고 건조시킨 후, 2차 배접을 하였다.
- 표지에 사용된 마의 두께는 매우 두꺼워 충분한 접착력이 필요하기 때문에 신풀을 사용하였다.
- 메움용 마 염색 – 유물은 오랜 시간 변 · 퇴색이 진행되었기 때문에 유물 색과 유사한 색 맞춤을 위해 오리나무 열매와 먹으로 염색해 사용하였다.
- 메움용 마 배접 – 전면에 수분을 주어 씨실과 날실의 수평을 맞춘 후 신풀을 이용해 배접하였다.
- 메움 – 씨실과 날실의 수평을 맞춘 뒤 결손부 모양과 동일한 크기로 잘라 메움하였다. 이때 접착용 풀은 충분한 접착력이 필요하기 때문에 신풀을 사용하였다.
- 메움용 마 색 비교 및 색 맞춤 – 메움용 마는 유물 색과 밝기의 약 70% 정도로 색을 맞추어 주었다.

초배하기

표지 메움

촬영 및 장정

- 처리 전 사진 촬영 때와 같은 조건으로 사진을 촬영하였다.
- 낱장의 유물은 처리 후 사진 촬영을 위해 넘버링을 제거해 주었으며, 사진 촬영이 끝나는 각 권마다 순서가 바뀌지 않도록 종이 끈을 만들어 가제본해 묶어 주었다.
- 처리 후 사진 촬영은 『승정원일기』 총 8책에 대해 전 과정을 동일하게 진행하였다.
- 촬영 기종 및 렌즈 – Nikon D800E, MACRO 50㎜ f/2.8L.
- 건조 후 접어서 페이지가 흐트러지지 않도록 가제본된 책의 내지 위에 표지를 맞추고, 소방(蘇芳)으로 염색된 장정용 끈(紅絲)을 사용하여 장정하였다.
- 장정은 초기 제작 때 묶은 원래의 형태와 이전 수리 때 뚫은 장정 구멍을 기본으로 하였다〔5침선장(3책)–vol.128, vol.175, vol.197, 4침선장(5책)–vol.542, vol.588, vol.675, vol.715, vol.1425〕.

내지 가제본

장정 후 표지

마무리

- 장정 후, 핀셋 및 소도구를 이용해 책의 측면에 있는 섬유질 보푸라기 등을 제거해 주었다.
- 장정 후 표지 앞 · 뒷면을 사진 촬영하였다. 이때 촬영 조건은 처리 전 사진 촬영 때 조건과 동일하게 하였다.
- 수리 후 실측 및 보존 수리 전 과정에 대한 상세한 내용을 수리 기록 카드에 기록하였다.

장정 후 사진 촬영

보존 처리 기록 카드 작성

수리 복원 전후 분석 결과

『승정원일기』 총 8책의 보존 처리 전후 분석 결과는 다음과 같다

전체적인 기초 물성의 변화는 평균적으로 두께가 -0.05~0.02, 무게가 -2.76~0.35, 평량이 -13.38~12.90, 밀도가 -0.03~0.07로 나타났다. 이는 클리닝 작업에 의하여 먼지, 이물질 등의 표면 오염 물질이 제거되었기 때문으로 추정할 수 있다.

전체적인 산성도의 변화는 평균적으로 0.19~0.50으로 나타났다. 이는 한지의 재료적 특성상으로 큰 차이는 없으나 클리닝 작업에 의하여 표면 산성도가 다소 향상하였음을 의미한다.

전체적인 색도의 변화는 CIELAB 표색계에서 0.66~4.20으로 나타났다. 이는 미국표준기술원(NIST)에 의한 색차 단위 수치에 근거하여 판단하면 근소한 정도(slight)에서 감지할 정도(appreciable)에 해당한다. 상대적으로 L*값의 변화가 높아졌는데 이는 먼지, 이물질 등의 표면 오염 물질이 제거되었음을 의미한다. 먼셀 표색계에도 색상의 변화가 크게 두드러지지 않았다. 명도가 미미하게 증가하였을 뿐 채도는 변화가 없었는데 이는 본래의 색상 변화 없이 상대적인 밝기가 다소 향상되었음을 의미한다.

표면 상태

『승정원일기』 총 8책의 전체적인 표면 상태는 '표지'에서는 S 꼬임의 평직물을 사용하였으며, 표면에 많은 이물질이 도포되어 있음을 확인하였다. 또한 섬유의 절단과 손상을 동반한 피브릴화와 각종 얼룩 및 충해로 오염된 상태를 확인하였다. '내지'에서는 종이의 비정형적인 섬유 배열과 각종 얼룩 및 충해로 오

『승정원일기』 vol.175의 표면 상태 관찰 결과

번호	위치	배율	
		×100	×200
1	표지		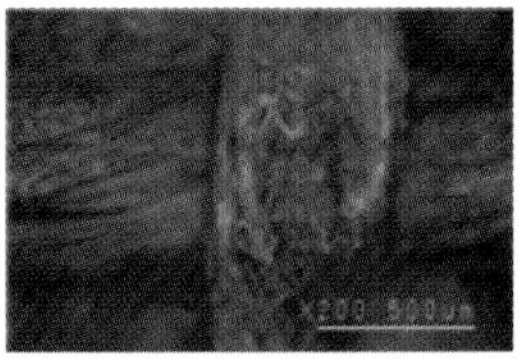
2	내지	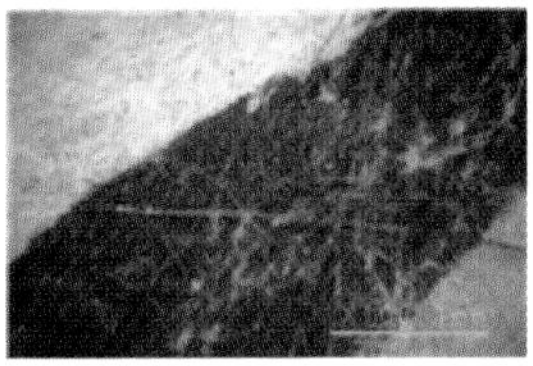	

염된 상태를 확인하였다. '서체'에서는 접착력이 상당히 약화된 잔존 상태를 확인하였고, 필사일 경우에는 먹의 번짐 정도를, 인쇄일 경우에는 먹의 농담 정도를 확인하였다. 인장에서는 인주의 잔존 상태, 번짐 정도와 색상을 확인하였다.

섬유 상태

『승정원일기』 총 8책의 섬유 조성 및 형태는 표지, 내지, 장정 끈, 구장정 끈에서 조사하였다.

● 표지

『승정원일기』 vol.197, 『승정원일기』 vol.715의 표지는 마섬유로 확인되었다. C-stain 시험에서 연한 노란색을 띠었으며, 섬유 장은 5~40㎜, 섬유 폭은

8~30㎛로 나타났다. 섬유 형태는 마디, 횡조흔이 존재하였으며, 섬유 끝은 뾰족하거나 둥근 형태가 일부 관찰되나 대부분은 섬유 다발이 흩어지거나 잘라져 있어 식별이 어려웠다. 식별이 어려운 이유로는 섬유의 열화, 섬유 제조 기법의 문제 등을 들 수 있다. 전체적으로 섬유의 피브릴화, 팽윤, 길이 방향으로의 크랙 등과 같은 손상과 오염이 두드러지게 확인되었다.

● 내지

『승정원일기』 vol.175, 『승정원일기』 vol.197, 『승정원일기』 vol.542, 『승정원일기』 vol.1425, 『승정원일기』 vol.128, 『승정원일기』 vol.588, 『승정원일기』 vol.675, 『승정원일기』 vol.715의 내지는 모두 닥 섬유로 확인되었다. C-stain 시험에서 적갈색을 띠었으며, 섬유 장은 3~40㎜, 섬유 폭은 7~30㎛로 나타났다. 섬유

표지/내지 섬유 조성 및 형태 사진

번호	위치	배율(×100)	
		(a)	(b)
『승정원일기』 vol.715			
1	내지	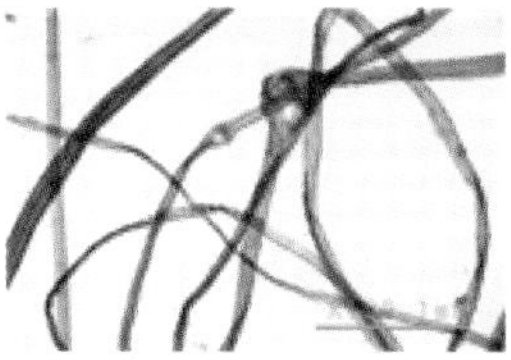	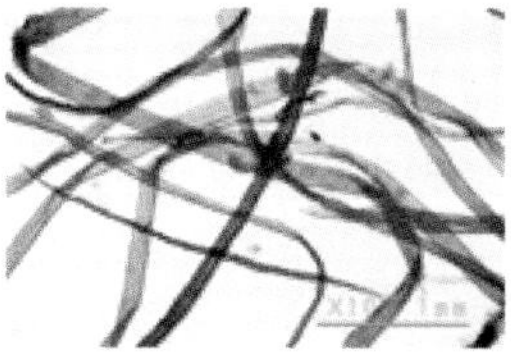
『승정원일기』 vol.715			
2	표지	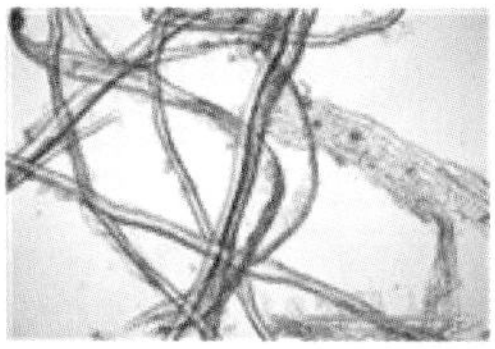	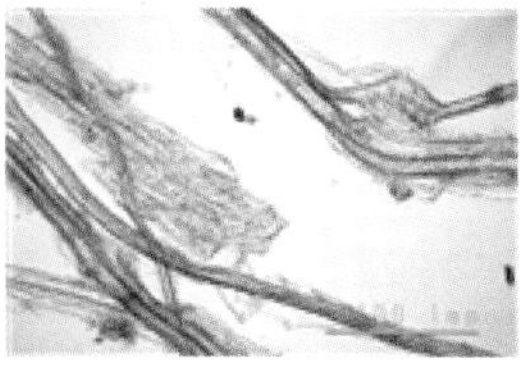

형태는 투명 막, 마디, 단층이 존재하였으며, 섬유 끝은 대체로 둥근 편이었다. 전체적으로 섬유의 피브릴화, 팽윤, 길이 방향으로의 크랙 등과 같은 손상과 오염이 확인되었다.

● 장정 끈

『승정원일기』 vol.542, 『승정원일기』 vol.715의 구장정 끈은 마섬유로 확인되었다. C-stain 시험에서 연한 노란색, 갈색을 띠었으며, 섬유 장은 10~40㎜, 섬유 폭은 8~30㎛로 나타났다. 섬유 형태는 횡조흔이 존재하였으며, 섬유 끝은 뾰족하거나 둥근 형태가 일부 관찰되나 대부분 섬유 다발이 흩어지거나 잘라져 있어 식별이 어려웠다. 식별이 어려운 이유로는 섬유의 열화, 섬유 제조 기법의 문제 등을 들 수 있다. 전체적으로 섬유의 피브릴화, 팽윤, 길이 방향으로의 크랙 등과 같은 손상과 오염이 두드러지게 확인되었다.

『승정원일기』 vol.197, 『승정원일기』 vol.588의 장정 끈은 면섬유로 확인하였다. C-stain 시험에서 갈색, 적갈색을 띠었으며, 섬유 장은 10~40㎜, 섬유 폭은 7~30㎛로 나타났다. 섬유 형태에서는 꼬인 리본상이 존재하였으며, 섬유 끝은 뭉툭하거나 끝이 개방된 형태였다. 전체적으로 섬유의 팽윤, 길이 방향으로의 크랙 등과 같은 손상과 오염이 확인되었다

● 섬유의 미세 조직 상태

『승정원일기』 총 8책의 섬유 상태는 『승정원일기』 vol.675의 '표지', 『승정원일기』 vol.542의 '표지', '내지', '구장정 끈'에서 나온 종이 편과 직물 편을 조사하였다.

『승정원일기』 vol.675, 『승정원일기』 vol.542의 '표지'는 피브릴화, 손상, 팽

윤, 균열 등의 열화 현상이 다양하게 나타나고 있으며, 섬유가 많이 손상되어 형태를 잘 알아볼 수 없는 상태이다. 그러나 횡조흔과 섬유의 열화가 진행되면서 섬유 다발이 흩어지는 현상이 관찰되는 것으로 보아 마섬유를 사용하였음을 알 수 있다. 그 외에 이물질과 분말 형태의 입자가 관찰되는데, 이는 오염 물질 및 제작 과정에서 사용한 광물로 추정할 수 있다.

『승정원일기』 vol.542의 '내지'는 지질이 많이 손상되어 형태를 잘 알아볼 수 없는 상태이다. 그러나 절단면과 섬유를 감싸고 있는 피막이 떨어져 나간 모습이 관찰되는 것으로 보아 닥나무를 사용하였음을 알 수 있다. 그 외에 이물질과 많은 분말 형태의 입자가 관찰되는데, 이는 오염 물질 및 제작 과정에서 사용한 광물로 추정할 수 있다. 또한 섬유의 형태가 찌그러지고 교차

장정 끈 및 표지의 섬유 조성 및 형태 사진

번호	위치	배율(×100),(×1000),(×2000)	
		(a)	(b)
『승정원일기』 vol.542			
1	구장정끈(미세 조직)	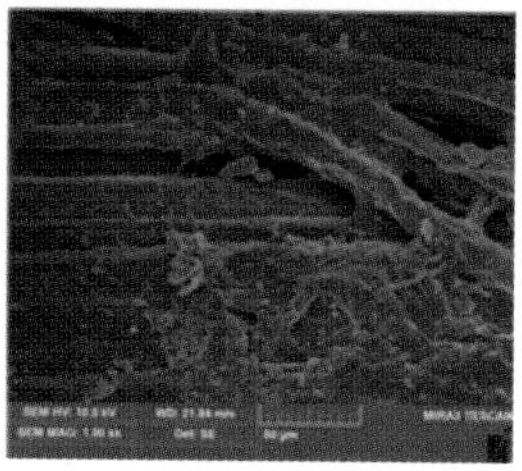	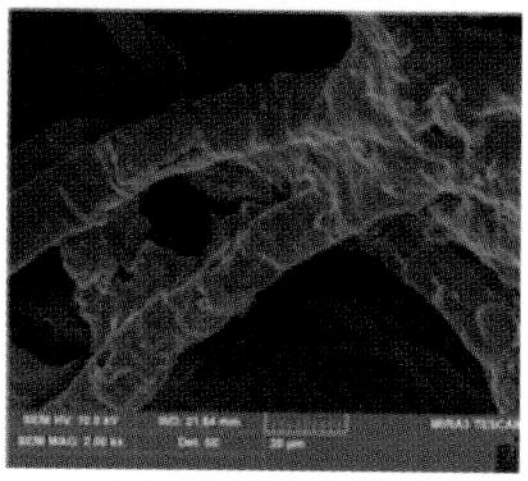
『승정원일기』 vol.715			
2	구장정끈	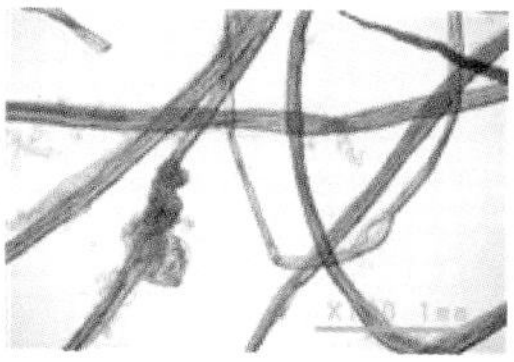	

한 곳의 형태가 변형된 것으로 보아 도침이 되었음을 알 수 있다.

『승정원일기』 vol.542의 '구장정 끈'은 피브릴화, 손상, 팽윤, 균열 등의 열화 현상이 다양하게 나타나고 있으며, 섬유가 많이 손상되어 있어 형태를 잘 알아볼 수 없는 상태이다. 그러나 횡조흔과 섬유의 열화가 진행되면서 섬유다발이 흩어지는 현상이 관찰되는 것으로 보아 마섬유를 사용하였음을 알 수 있다.

기초 물성 및 산성도

『승정원일기』 총 8책의 전체적인 기초 물성은 가로 크기가 평균 53.81~58.30㎜(표준편차 0.06~0.84), 세로 크기는 평균 35.63~40.24㎜(표준편차 0.06~0.26)로 나타났다. 발끈 폭은 평균 1.74~2.00㎝(표준편차 0.08~0.32)로 나타났고, 발초 수는 평균 17.44~18.25개/촌(寸)(표준편차 0.45~0.71)로 나타났다. 크기, 발끈 폭, 발초 수는 각 책마다 다소 차이가 있지만 비교적 일정하고, 규칙적인 것으로 확인되었다. 발초 수가 17개 내외인 것은 조선 초기의 책지에서 주로 보이는 특징이다. 두께는 평균 0.15~0.18㎜(표준편차 0.02~0.06)로 나타났고, 무게는 평균 12.77~19.32g(표준편차 1.37~4.26)으로 나타났으며, 평량은 평균 62.80~84.70g/㎡(표준편차 6.54~20.28)로 나타났고, 밀도는 평균 0.34~0.51g/㎡(표준편차 0.04~0.08)로 나타났다. 두께는 비교적 일정하지 않으나, 밀도가 높은 것으로 보아 도침지로 추정된다. 또한 수초지는 특성상 섬유의 분산 상태가 일정하지 않기 때문에 지합이 불균일하고, 두께 및 무게에 차이가 있었다.

『승정원일기』 총 8책의 전체적인 산성도는 평균 6.32~6.55, 표준편차 0.02~0.10로 나타났다. 이를 통해 약산성으로 산화 정도가 다소 불안정한 것을 확인하였다.

색도

● L*A*B* 표색계의 색도

『승정원일기』 총 8책의 전체적인 색도는 CIELAB 표색계에서 L*은 평균 72.68~83.76, 표준편차 0.89~24.62로 나타났고, a*는 평균 2.44~4.57, 표준편차 0.35~1.03으로 나타났으며, b*는 평균 16.54~20.04, 표준편차 0.81~5.49로 나타났다. 이는 명도(0~100)는 50을 기준으로 하여 흑색보다 백색에 가깝고, 채도(−60 ~ +60)는 0을 기준으로 하여 적색, 황색에 가까운 것을 보여 준다. 또한 L*과 b*의 범위와 산포도가 다소 넓으므로 밝기와 채도의 황색 계열에 차이가 있음을 확인하였다.

● 먼셀 표색계의 색도

『승정원일기』 총 8책의 전체적인 색도는 먼셀 표색계에서 H는 평균 8.79YR~9.68로 나타났고, V는 평균 7.65~8.25로 나타났으며, C는 평균 2.50~3.27로 나타났다. 이는 색상(eg, 5.6R)은 황적색이며, 명도(1~10)는 5를 기준으로 하여 백색에 가깝고, 채도는 순색보다 무채색에 가까운 것을 보여 준다. 또한 색상 표시에서 각 권의 밝기와 황색 계열의 차이가 다소 있음을 확인하였다.

보존 처리 전후 비교

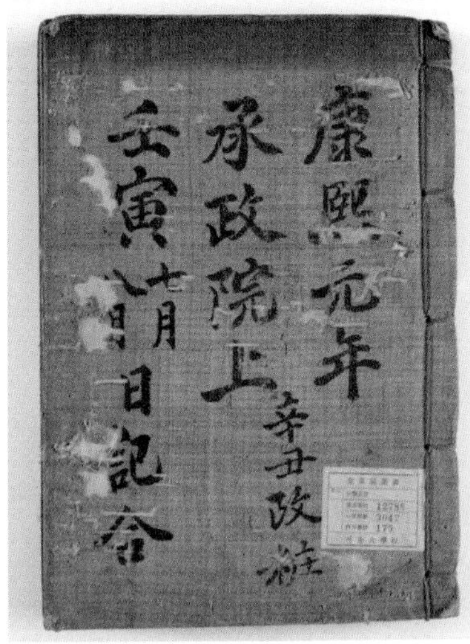

보존 처리 전

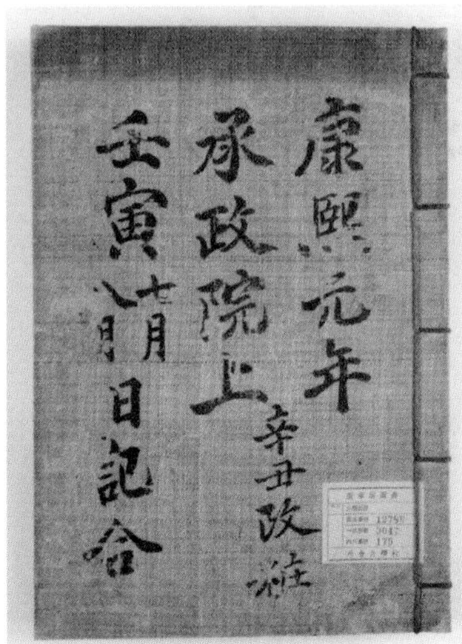

보존 처리 후

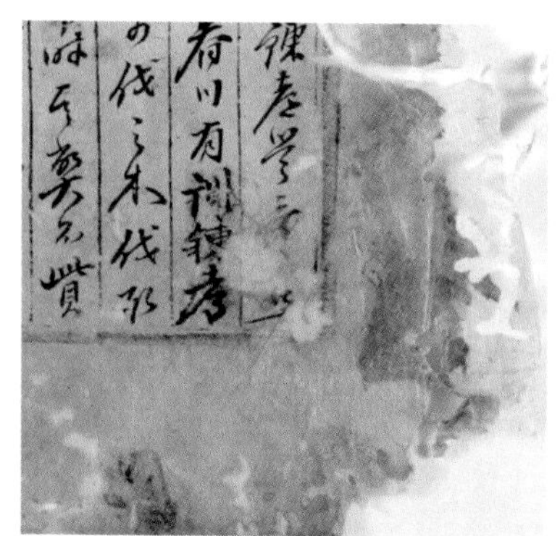

보존 처리 전(vol. 197, 1페이지 세부)

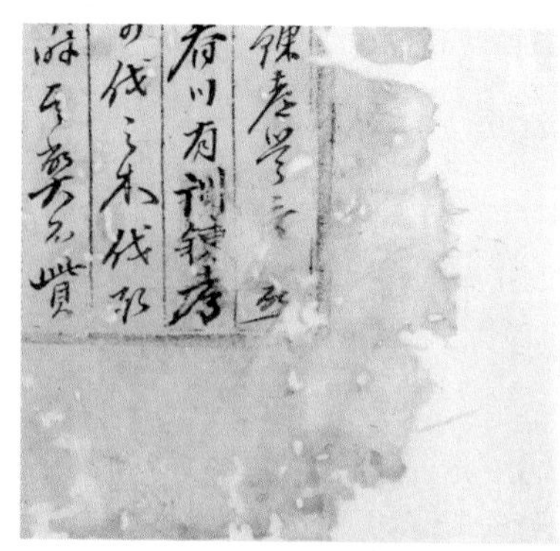

보존 처리 후(vol. 197, 1페이지 세부)

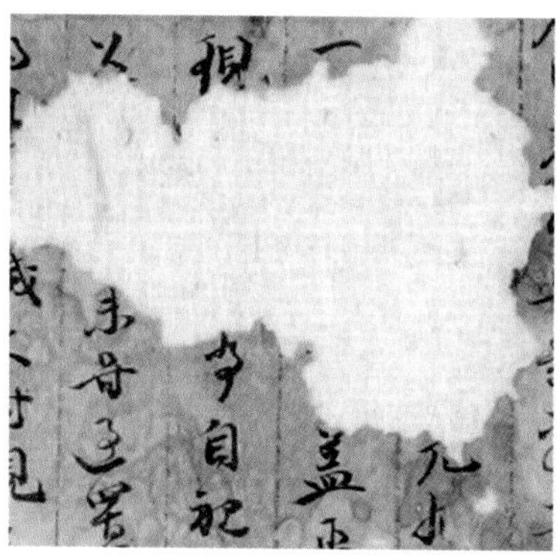

보존 처리 전(vol. 675, 149페이지 세부)

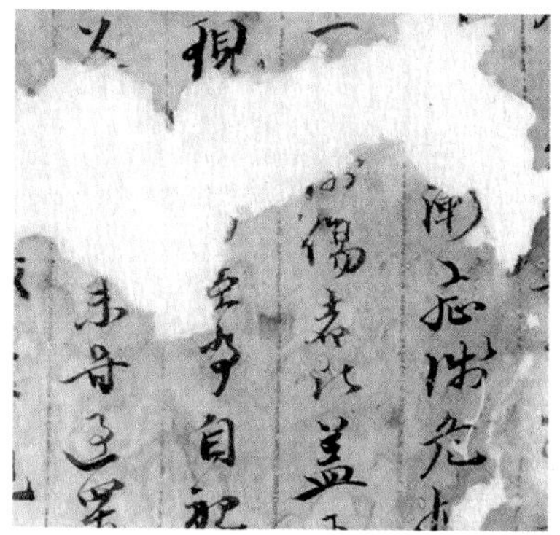

보존 처리 후(vol. 675, 149페이지 세부)

보존 처리 전(vol. 675, 1페이지 세부)

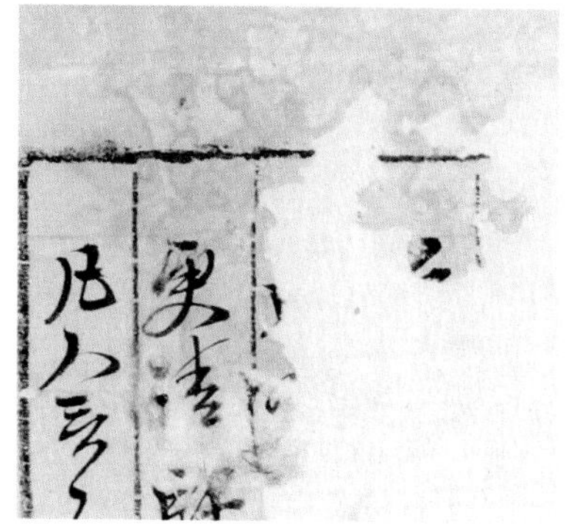

보존 처리 후(vol. 675, 1페이지 세부)

진경시대의 우리 의학

차웅석

조선 숙종 대부터 시작하여 영조 대와 정조 대를 지나는 시기를 예전에는 조선 문화의 중흥기라고 불렀고, 최근에는 진경시대라고 부르기도 한다. 사회와 문화 전반에서 조선의 고유색이 드러나는 시기이며, 의학에서도 이러한 경향은 확연히 드러난다. 진경시대의 특징이 우리 고유의 것에 대한 자부심의 반영이라면, 의학계에서 보여 준 모습은 진경시대의 정신이 그대로 투영된 형태이다. 의학은 다른 문화적인 현상과는 달라서, 유행에 의해서 만들어지기 어렵다. 우리의 의학을 하고 싶어도, 그에 걸맞은 수준이 되지 않으면 안 된다. 당시 우리나라뿐 아니라 동아시아 의학은 최고의 전성기를 구가하고 있었다. 동아시아 특유의 자연철학과 결부된 의학은 치료의 핵심을 자연 약재의 조합과 침구술에 집중시키면서 무수한 노하우를 집약시켜 가고 있었다. 동아시아의 침구술이 일본을 통해 유럽에 전해진 시기도 이때이고, 유럽인들이 중국풍의 고급 가옥을 꾸미는 것을 동경하던 시기도 이때이다. 청나라의 강희제는 유럽 예수교 출신 의사들을 궁중에 상주시켜서 종종 주치의 역할을 하게 하였는데,

그들에게서 얻는 의학은 남미에서 수입해서 들여온 말라리아 치료제 정도였다. 당시 동아시아 의학에는 없었던 해부학 책들이 소개되어 회자되기도 하였지만, 그 그림들이 호기심의 대상 그 이상의 역할은 할 수 없었다. 유럽의 정교한 해부학이 실제 의학에서 조직학이라는 분야로 확대되어서 임상에 활용되는 것은 유럽에서도 20세기가 다 되어서이기 때문이다.

무엇이 우리 의학에서 진경시대를 가능하게 했을까?

향약의학과 『향약집성방』

우리 의학, 좀 더 구체적으로 이야기하면 한국 의학, 줄여서 한의학은 동아시아 의학의 한 범주이다. 지금의 국가주의적인 구분법에 의해서, 중국의 중의학, 일본의 감포의학, 베트남의 한남의학과 구별되는 한국의 한의학이라고 부르지만, 역사적으로는 수천 년 동안 동아시아 여러 문화권의 국가들이 공유했던 의학이다. 본고에서 말하고자 하는 '우리 의학'은 동아시아 문화권들이 공유하고 있던 의학이 특히 조선의 국가 의료 시스템 및 국민의 의료 수요와 맞물려 가면서 만들어진, 그래서 지금의 우리 의학 문화의 저변을 형성하고 있고, 지금 한의학의 근간을 만들었던 의학을 말한다. 그런 의미에서 본고에서 말하는 의학은 단군 이래 이 지역에서 자생했던 의료와 밀접한 관계가 있지만, 그러한 자생적인 토착 의료와는 구별되는 동아시아 의학의 정수를 집약한 의학적 형태를 의미하는 것으로 이해하면 좋을 듯하다.

우리 의학이 토속적인 한계를 벗어나서 어떤 질적인 변화를 겪게 되는 것은, 고려 중엽으로 거슬러 올라간다. 의학사에서는 이 시기의 변화에 대해서

'향약의학(鄕藥醫學)'이라고 설명한다. '향약(鄕藥)'은 중국 약재를 당약(唐藥)이라고 한 것과 구별해야 한다는 의미에서 붙여진 이름이며, 고려 중기 이후 중국 약재에 대응하는 국산 약재에 대한 개발 붐이 이후 수백 년의 한국 의학을 주도했던 하나의 흐름을 말한다. 이 시기에 갑자기 국산 약재에 대한 관심이 증가하게 된 배경은 당시 중국 송나라와의 무역이 증가한 것과 무관하지 않으며, 당시 중국에서 들여온 의학서의 영향이기도 했다. 『태평성혜방(太平聖惠方)』 등으로 대표되는 중국 의학이 한반도에 전래되면서 촉발된 반사적인 반응이다. 중국 북송 정부는 당시의 중앙집권력과 인쇄술의 발달에 힘입어 의학 부분에서 대규모 정리 사업을 단행하게 된다. 그 사업의 일환으로 간행된 『태평성혜방』은 전국에 관리를 파견해서 각지의 유용한 치료 기술을 모아 정리한 다음 100권 규모의 약 1만 6,000개의 처방을 담아 이른바 의료 정보 데이터베이스 성격을 갖는 처방집이다. 이러한 의서들은 상선을 통해 고려에 전해지면서 많은 영향을 주었고, 이 처방집에 나온 치료 기술을 이용하기 위한 약재의 수입 또한 폭발적으로 증가하게 된다. 그와 동시에 한반도에서 전통적으로 내려온 치료 기술을 정리한 『어의촬요방(御醫撮要方)』, 『비예백요방(備預百要方)』, 『제중입효방(濟衆立效方)』과 같은 의서의 간행과 보급도 당시의 의학이 지역적 색채를 탈피하게 되는 중요한 계기가 된다. 수요를 대지 못하거나 고가의 수입 약재를 국산 약재로 대체하려는 자연스러운 반응, 지역에서 전해 오는 단편적인 의학 기술을 벗어나 국제적인 고급 의료 혜택을 받고자 하는 기대가 어우러져 '국산 약재의 개발과 이용'이라는 트렌드를 형성하게 된다. 즉, 고려 말기까지의 한국의 의학계는 중국 의학과 한국 의학의 치료 기술이 국산 약재라는 매개를 통해 융합되면서, 양적으로나 질적으로 한 단계 진보해 가는 시기이다.

이 시대의 이러한 의학적 특색을 한국의학사에서는 '향약의학 시대'라고 달리 부르기도 하는데, 정확하게 이 시기와 맞물려 이성계의 조선 정부가 개국하게 된다. 태조 이성계와 그의 통치 관료들은 여느 개국 정부가 그러했듯이, 국가 질서를 새롭게 세워야 하는 당위성을 갖게 된다. 무엇보다 혁신적이어야 했고, 일반 국민들의 환영을 받을 만한 그런 질서여야 했다. 통치 권력의 정당성 확보를 필두로 민생 안정을 위한, 외적 방비, 신분제도 정립, 법질서 확립, 조세 혜택, 의료 혜택 등 조선 초기에 시행된 정책들은 모두 그러한 일관된 기조를 갖는다. 의료정책에서는 무엇보다도, 당시 고급 의학 기술을 정립함과 동시에 그 혜택이 백성들에게 고루 돌아가도록 체제를 정비해야 했다. 1433년(세종15년)에 정부 관료들이 중심이 되어 완성한 『향약집성방(鄕藥集成方)』은 그러한 조선 정부의 첫 결실인 셈이다. 이 책은 집현전과 전의감의 관리들이 3년간의 작업 끝에 완성한 국산 약재 이용을 기반으로 하는 의학 기술을 종합한 의서이다. 30대 중 · 후반의 세종은 『농사직설』을 배포하고, 아악을 정리하며, 토지 조사 사업을 실시하고 압록강 변 국경선을 확정해 가는 그 시기에 주요 대신들을 시켜 이 책을 간행하게 하였다. 따라서 조선조의 기틀을 마련해 가는 여러 가지 사업의 연장선상에 이 책의 완성과 간행이 있다고 본다.

밀려오는 중국의 고급 의학에 버금가는 우리 의학을 만들고 그것을 국가의 의료 시스템으로 정착시키기 위해서는 수준 있는 의료인을 양성하고 그에 상응하는 의료 정보 데이터베이스가 무엇보다도 절실했을 것인데, 태조 대에 전국적으로 의료인 양성 기관인 '의원(醫院, 1393년 설치)'을 설치하고 급한 대로 『향약혜민경험방(鄕藥惠民經驗方)』이라는 책을 교육 교재로 채택했지만, 내용은 다소 부실했던 것으로 보인다. 1398년에 다시 『향약제생집성방(鄕藥濟

生集成方)』을 강원도에서 다시 편찬했지만, 1433년에 『향약집성방』을 중앙정부에서 간행하면서 과도기의 책이 되고 말았다. 의료인 양성 기관의 교재로 편찬한 책들의 이름에 들어가는 '향약'은 중국산 약재에 대응하는 국산 약재를 지칭하는 것인데, 향약이라는 이름이 들어간 이 책들이 갖는 의미는, 중국 의서에 나와 있는 치료 기술 중에서 국산 약재로 사용할 수 있는 내용들을 추려서 만든 것을 말한다. 그리고 『향약집성방』의 간행에 앞서 조선 정부는 사신을 중국에 보내 약효가 의심스러운 같은 이름의 중국산 · 국내산 약재 몇 가지를 비교하였고, 『팔도지리지』를 통해 전국의 약재 산지에 대한 조사 보고도 완료하였다. 그리고 『향약채취월령(鄕藥採取月令)』을 간행하여 약재를 채취하는 시기에 대한 지침서까지도 만들었다. 959종의 병증과 1만 706종의 처방 및 1,416종의 침구법이 실려 있는 『향약집성방』의 간행 배경에는 중국 고급 의학의 정수를 일반인들이 국산 약재를 이용해서 저렴한 가격으로 손쉽게 접할 수 있도록 하겠다는 정부 의료정책자의 고심이 담겨 있다. 즉, 조선 초기 우리 의학은 정부의 국가 경영과 밀접하게 관련되어 있다.

『의방유취』와 의학 기술의 독립

한반도에서 자생한 우리나라 토착 의학이 나름의 우수한 전통을 유지하고 있었다고 하지만, 당시 선진국이었던 중국권의 의학 기술과는 다소 격차가 있었다는 것이 전문가들의 공통된 견해이다. 고려 말에서 시작하여 조선 초에 완성되는 향약의학은 그러한 기술 격차를 줄이기 위한 과정으로 평가한다. 중국에서 쏟아져 들어오는 우수한 의학 기술을 국내에 도입하기 위해서는 약재의 수급을 국내에서 조달할 수 있어야 했다. 삽주뿌리가 백출(白朮 : 삽주뿌리의 중국식 이름)이 되고 도라지가 길경(桔梗 : 도라지의 중국식 이름)으로 되는 단순한 과정에서부터 궁극에는 중국에 사신을 파견하고 나서야 국산 단삼, 방기로는 단삼과 방기가 포함된 중국 처방을 그대로 사용할 수 없는 것을 확인하는 과정까지, 국내에서 자생하는 약재로 쓸 수 있는 중국 처방의 한계를 정하는 과정이 필요했다.

그럼에도 불구하고 마황, 계지, 황연 등 몇 가지 주요한 약재의 국산화는 성공하지 못하지만, 1433년 700여 종의 국산 약재로 운용할 수 있는 959종의 병증 및 16만 706종의 처방을 기록한 『향약집성방』은 이제 국산화는 더 이상 이슈화되지 않는다는 것을 알려 주는 중요한 전환점이다. 이 책을 끝으로 조선에서는 더 이상 '향약(鄕藥)'이라고 이름 붙은 의서는 등장하지 않는다. 『향약집성방』이 후대에 몇 차례 다시 간행되기도 하고 언해본도 간행되기는 하지만, 이제 새로운 의서를 만들면서 향약이라고 이름 붙이는 추세는 여기까지였다. 중국의 수입 약재와 구별한다는 강한 의미를 담고 있는 '향약'이라는 용어의 종식은 중국 의학을 본격적으로 수입하기 시작한 12세기부터 시작된 약재의 자립화가 이제 더 이상의 이슈가 되지 않는다는 것을 의미했고, 국산 약재 700여 종의 규모라면, 어떤 중국 의학의 치료 처방도 충분히 응용해 볼 수 있겠다는 자신감을 반영한다. 그렇다고 해서 약재의 국산화 노력까지 종식된 것은 아니다. 이후에 나오는 거의 모든 한국 의서는 토산 약재에 대한 명칭과 해설을 빼놓지 않고 있다. 『동의보감(東醫寶鑑)』도 그렇고 『광제비급(廣濟祕笈)』도 그렇고 『급유방(及幼方)』도 그렇다. 그리고 그 이후에 늘어난 향약 약재도 적지 않다. 다만 의학계의 가장 큰 이슈가 '국산 약재 개발'에서 다른 곳으로 옮겨 갔다는 것을 의미한다. 그렇다면 이후의 의학계의 가장 큰 이슈는 무엇이었을까?

1433년을 전후하여 『향약집성방』을 간행하고 『팔도지리지』를 펴내면서,

국민 의료를 위한 약재 수급과 기본 치료 지침서 확보까지 마친 국가 의료정책 입안자들이 추구해야 할 방향은 분명했다. 시급히 고급 의료 기술을 중심으로 하는 국가 의료 데이터베이스를 구축하는 일이었다. 국가 의료를 좀 더 주도적으로 이끌어 가기 위해서는 중국 의서에 나오는 처방을 가져다 써 보는 것이 아닌 자국민에 맞는 치료 기술을 고민할 수 있는 총체적인 데이터베이스와 인력 양성이 필요했다. 이렇게 해서 만들어진 것이 바로 『의방유취(醫方類聚)』이다.

『조선왕조실록』 1445년(세종 27년) 10월 27일의 기사는 『의방유취』의 완성에 대해서 다음과 같이 전하고 있다.

> 집현전 부교리(副校理) 김예몽(金禮蒙), 저작랑(著作郎) 유성원(柳誠源), 사직(司直) 민보화(閔普和) 등에게 명하여 여러 방서(方書)를 수집해서 문(門)을 나누고 각 문에 해당하는 유(類)를 모아 합해 한 책을 만들게 하고, 뒤에 또 집현전 직제학(直提學) 김문(金汶), 신석조(辛碩祖), 부교리(副校理) 이예(李芮), 승문원(承文院) 교리(校理) 김수온(金守溫)에게 명하여 의관(醫官) 전순의(全循義), 최윤(崔閏), 김유지(金有智) 등을 모아서 편집하게 하고, 안평대군 이용(李瑢)과 도승지(都承旨) 이사철(李思哲), 우부승지(右副承旨) 이사순(李師純), 첨지중추원사(僉知中樞院事) 노중례(盧仲禮)로 하여금 감수(監修)하게 하여 3년에 걸쳐 완성하였으니, 무릇 365권이었다. 이름을 『의방유취』라고 하사하였다.

기사의 내용에 의하면, 집현전의 주요 학사들뿐 아니라 세종의 3남 안평대군까지 참여하여 3년 만에 완성한 국가의 주요 사업이 끝을 보게 된 것이다. 3년에 걸쳐 완성했다면 1443년에 시작하였을 터인데 그해는 한글이 창제된 해이다. 기사에 열거된 정부 관료들의 면목을 보면 아마도 한글 창제에 참여한 집현전의 주력이 그대로 이 사업에 투입된 듯하며, 『의방유취』 사업에 이용된 의서 200여 종은 중국 의서 『태평성혜방』과 『성제총록(聖濟總錄)』 및 한국 의서 『비예백요방』을 포함한, 당대까지 알려진 중국과 조선 의서의 총합이다. 그리고 '의서습독관(醫書習讀官)'이라는 동서 의학 역사상 유례없는 '의학 서적 전문 연구원' 성격의 직종이 등장한 것도 이때이다. 『향약집성방』의 간행보다 한 차원 높은 수준의 인력과 시간이 투입된 사업이었음은 분명하다. 세종 27년(1445) 10월 27일 『의방유취』가 완성되었다는 사실을 보고할 때만 해도 곧 간행될 것 같았던 『의방유취』는 결국 당대에 간행되지 못하였고 1477년(성종 8년)에 가서야 세상의 빛을 보게 된다. 조선 왕 5대조 34년에 걸친 긴 시간이었다. 『의방유취』의 간행 과정에 가장 깊이 관여한 군왕은 세조이다. 그러나 그 자신도 『의방유취』 간행을 보지 못한 채 세상을 뜨고 말았고, 그의 뒤를 이은 예종은 병약해서 1년을 채우지 못했으며, 나이 어린 성종에게 제위를 물려주어야 했다. 성종은 어린 나이에 정희왕후의 섭정을 받다가 성종 6년(1475)에 수렴청정을 마치고 스스로의 정치 행로를 시작한다. 『의방유취』는 그가 섭정을 마친 바로 그해에 간행을 시작하는데, 성종이 국왕으로서 한 첫 국가사업이 『의방유취』의 간행이었던 셈이다. 3년 뒤인 1477년 금속활자 을해활자본으로 된 『의방유취』 266권 264책 30질이 간행되었다. 현존하는 동아시아 의학 문헌 중에서 단행본으로는 가장 방대한 분량인 이 책은 불행히도 국내에 남아 있지 않고 임진왜란 때 일본 장수 가토 기요마사가 약탈해 간 한 질이 일본 궁내성 도서관에 남아 있다(국내에서는 201째 권 단 한 권이 발견되어 보물 1234호로 지정됨).

『의방유취』의 완성을 계기로 조선 정부는 명실상부한 국가 의료 데이터베이스를 갖추게 되었으며, 이 데이터베이스는 이후 조선 정부가 주관하는 교육, 정책, 구료 등에서 다양하게 활용되었다. 그리고 당초 그것을 기대하지는 않았겠지만, 이 데이터베이스를 구축하면서 쌓은 노하우는 한국 의학계가 중국 의학에 대한 이해의 폭을 넓히고, 중국 의학을 선택적으로 활용할 수 있는 기반을 조성하는 데 크게 기여하였다.

허준과 『동의보감』

1613년 간행된 『동의보감』은 광해군 대의 내의원 수석의사인 허준이 지은 의학서이다. 2009년에 유네스코 세계기록문화유산으로 등재되었고, 지금까지도 한국의 한의학에서는 여전히 유용한 치료 기술을 담고 있는 의학서로 평가받고 있다. 시대적으로는 진경시대보다 앞서지만, 이 『동의보감』을 중심으로 하는 한국 의학계의 재편은 곧 진경시대 우리 의학의 특징을 규정하는 키워드이며, 의학 역사에서 우리 고유의 의학이 시작하는 지점이기 때문이다. 『동의보감』에서 허준은 '동의'에 대한 설명을 중국에 북의와 남의가 있는 것처럼 우리에게는 동의가 있다고 설명한다. 우리 의학에 대한 자신감의 표명이며, 실제로 『동의보감』은 중국과 일본, 베트남 등지에 널리 알려졌으며, 중국과 일본에서는 수십 차례 간행되었다. 의학 역사에서 『동의보감』의 간행이 갖는 의미는 우리 의학이 더 이상 중국 의학에 의존적이지 않게 되는 하나의 전환점이 되었다는 점이다.

왜 이 시기의 『동의보감』이 중요한 의미를 갖는가에 대해서는 동아시아 의학의 전후 관계에 대한 이해가 필요할 듯하다. 의학의 핵심은 치료 기술이다. 동아시아 의학사에서 한동안은 누가 얼마나 많은 치료 기술을 확보하고 있느냐가 관건인 시절이 있었다. 사마씨가 세운 진나라가 멸망한 뒤 300년 만에 중국을 통일한 수나라(581~618)는 여러 국가 정비 사업을 실시하였다. 의학에서도 소원방(巢元方)이라는 관리를 시켜 지금의 '국가표준질병분류집'에 해당하는 『소씨제병원후론(巢氏諸病源候論)』(610)을 만들게 하는데, 여기에 실린 병증은 1,739종이다. 북송(960~1126)이 개국하면서 만든 『태평성혜방』(992)에는 1,670종의 병증에 1만 6,834개의 처방이 수록되어 있다. 그로부터 500년이 지난 후 명나라가 개국하면서 만든 관찬 의서 『보제방(普濟方)』에는 병증 분류가 2,000종이 넘고 처방도 6만 개를 웃돌게 된다. 1477년에 조선에서 간행된 『의방유취』에는 이보다 더 많은 의료 정보가 담겨 있다. 그러나 1515년에 간행된, 당대 의학계의 베스트셀러였을 뿐 아니라 동아시아 전역에 광범위한 독자층까지 형성해 갔던 『의학정전(醫學正傳)』(1515)은 단 71개의 병증 분류에 928개의 처방만을 수록하고 있다. 온 · 오프라인의 다양한 루트를 통해 넘쳐나는 정보 홍수를 경험하고 있는 오늘날의 우리가 직감하는 일이겠지만, 정보의 절대량은 그다지 중요하지 않은 경우가 많다. 필요한 정보를 어떻게 찾아갈 수 있을까가 훨씬 중요해진다. 두통을 앓고 있는 사람에게 「두통문(頭痛門)」에 있는 몇백 개의 처방은 아무 의미가 없다. 오히려 그 두통이 왜 생겼는지, 대대로 유명한 분들은 어떻게 치료했는지에 대해서 간단하게 설명하고, 그중에서 가장 널리 이용되고 효과 있는 처방 몇 개를 골라 주는 것이 필요하다. 『의학정전』은 그러한 로직을 설명한 책이다.

이미 고려 말부터 약용 가능한 국산 약재를 적극적으로 개발하고 자생하지 않는 수입 약재의 양도 점차 늘려 갔으며, 중국 의료 기술을 포함한 기존의 의료 기술을 토대로 『의방유취』라는 국가 의료 데이터베이스도 구축하였고, 자국산 약재 및 수입 약재의 수급을 위한 장치들도 나름대로 안정적으로 마련해 왔지만, 그래서 더 이상의 큰 이슈는 없는 듯해 보였지만, 조선 중기의 의학계는 1515년 『의학정전』을 필두로 하는 중국발 트렌드에 적극적으로 대응하지 않을 수 없었다. 당시 내의원에 근무하던 양예수와 허준은 이 트렌드에 직면한 당시 조선 의학계의 중심에 있었고, 그 역할을 충실히 수행했다. 양예수는 『의림촬요(醫林撮要)』를 저술해서 당시 트렌드에 부합하는 우리식 의서의 가능성을 타진했고, 허준은 내의원에서 축적한 중국 의학의 정수를 이어받아 『동의보감』을 완성할 수 있었다. 이렇게 완성된 『동의보감』이 동아시아 전역에 널리 알려질 수 있었던 것은 여느 중국 의서에 비교해 볼 때, 원하는 치료 정보를 쉽게 찾을 수 있게 만들어졌고 엄선한 처방들도 대부분 효과가 좋았기 때문이다.

진경시대 우리 의학의 모습

진경시대의 동아시아 국가들의 의학

동아시아 국가들이라고하면, 전통적으로 한자 문화권에 속한 나라들을 말하며, 지금의 한국과 중국, 일본, 베트남이 이에 해당한다. 한자를 사용하고 중국과의 관계 속에서 자신들의 문화적인 정체성을 이루어 온 국가들이며, 의학적으로 본다면 질병 인식에서나 침과 뜸 및 약을 달여서 복용하는 등에서 유사한 패턴을 이루어 온 국가들을 말한다. 이 국가들의 의학이 조금씩 변하기 시작한 것은 16세기가 지나면서부터이다. 국가 간의 교류가 확대되고 의료 정보가 책을 통해서 빈번하게 전해지면서, 점차 중국 의학의 정수에 다가가기가 용이해졌다. 그러나 약재의 수급과 의학의 미묘한 기술을 현지 사정에 맞춰서 조정하는 데는 다소 시행착오가 있었다. 우리나라에서 고려 말부터 시작된 약재의 국산화가 조선 초에 가서야 일단락되었으며, 『의방유취』의 간행을 통해서 중국 의학의 고급 기술을 조선화하는 데는 『의방유취』 간행 이후 『동의보감』이 간행될 때까지 약 150년의 시간이 필요했다. 원래는 중국 의학의 정수를 받아들이겠다고 시작한 흐름이지만, 궁극적으로 이러한 방향은 동아시아 국가들이 중국 의학으로부터 독립해서 독자적인 의학을 만들어 가는 바탕이 되었다. 이렇게 중국 의학과 궤를 같이하면서 의료 기술을 자국에서 재생산할 수 있는 토대가 17세기부터 18세기까지 중국의 주변국들에게서 동시에 일어났다. 즉, 17세기 이전 동아시아 국가들의 의학 발전의 축이 중국이었다면, 그 이후부터는 각자 자국의 특색이 조금씩 드러나게 된다. 우리나라 의학의 경향이 조선 후기에 체질 의학으로 기울게 된 것, 일본 의학이 『상한론(傷寒論)』의 고방 연구에 집중하게 된 것도 모두 이러한 자국적 특색이 반영된 결과이다. 바로 이러한 전반적인 분위기가 진경시대가 시작되는 시점의 의학적 경향이다.

『광제비급』과 『제중신편』

진경시대 우리나라의 대표적인 의학서를 꼽으라면 『광제비급』(1790)과 『제중신편(濟衆新編)』(1799)을 꼽는다. 공교롭게도 이 두 책은 모두 이병모(1742~1806)가 서문을 달았다. 이병모가 함경도 관찰사로 부임하는 그해에 관북 지방의 홍수로 인해 흉년이 들고 기근과 전염병으로 유랑민들이 대량으로 발생하였다. 그는 1790년 2월 그 책임을 물어 파직될 위기를 맞게 되었다. 왕의 측근으로 있으면서 지방 관찰사로 파견된 그로서는 함경도 일대의 민생 안정에 절대적인 책임을 느꼈을 것인데, 관찰사 이병모가 『광제비급』의 저자 이경화라는 사람을 만난 때가 아마 이때로 생각된다. 의료인이 절대적으로 부족한 지역에서 기근과 겹쳐 전염병이 돌 때 제대로 된 의료 지침서의 보급은 절대적이었을 것이다. 그래서 그 책을 급하게 써 줄 사람을 찾았고 마침 평안도 출신 이경화를 소개받았으며, 이경화는 함경도 관영의 관사에서 머물면서 3개월 만에 이 책을 탈고하였다. 『제중신편』은 정조 때 내의원 수의였던 강명길이 지은 것으로 강명길은 정조의 주치의였으면서 동시에 최측근이었다. 정조는 영조가 말년에 병석에 있을 때 거의 하루도 빠짐없이 영조의 병간호를 한 것으로 유명하다. 그 때부터 몸으로 알아 간 의학적인 식견이, 조선 왕으로서는 유일하게 재위 기간 중에 『수민묘전(壽民妙詮)』이라는 의학서의 저술도 가능하게 하였을 텐데, 이 책의 저술에도 강명길은 깊이 관여했던 것으로 보인다.

진경시대의 대표 의서 『광제비급』과 『제중신편』을 관통하는 키워드는 『동의보감』이다. 평안도 궁촌 벽지의 의사와 왕실 의학을 대표하는 의사가 비슷한 시기에 쓴 의학서가 공교롭게도 『동의보감』을 바탕으로 쓴 의학서라는 점이 흥미롭다. 『광제비급』은 위급한 상황에 맞게 즉각적으로 쓸 수 있는 내용들을 선별해서 만든 것인데, 3개월의 짧은 기간에 『동의보감』에서 그만한 정보를 추출해 낼 수 있었다는 것은 평소에 『동의보감』에 대한 식견이 대단히 깊었다는 것을 보여 준다. 『제중신편』은 『동의보감』의 치료 기술 중에서 궁중에서 자주 사용하는 처방들을 골라서 만든 것이다. 최고의 의학 치료를 한다는 궁중에서 선별한 내용이었기 때문인지, 『동의보감』과 함께 중국과 일본에까지 널리 알려진 의학서 중 하나이다. 물론 이 책들에는 『동의보감』 내용만 있는 것은 아니다. 『동의보감』 간행 이후 중국에서 나온 신지견, 예를 들면 『본초강목(本草綱目)』이나 『수세보원(壽世保元)』의 내용들이 『동의보감』이라는 필터를 통해서 이 책들 속에 고스란히 녹아 있다.

『동의보감』은 단지 우리나라 사람이 만든 의학서라는 의미를 넘어서 중국

의학의 정수를 우리식으로 받아들이는 과정에서 만들어진 의학서이다. 질병을 치료하기 위해서 번거롭게 중국 의서를 뒤지지 않아도, 굳이 중국의 의사를 불러들이지 않아도, 옆에 있는 책 한 권을 펼치는 것만으로도 당대의 수준 있는 치료를 할 수 있는 바탕이 마련되었다는 것을 의미한다. 『동의보감』이 조선 후기 의학계에서 갖는 의미는 그만큼 막중하다. 질병을 치료하고 병에 대해서 알아 가는 과정에서 우리의 것을 한다는 생각은 틀림없이 없었을 것이다. 의료의 핵심은 치료이지, 우리의 것이라는 의식이 끼어들 여지는 없기 때문이다. 그러나 의식하지 않는 사이에 전국적으로 그러한 행위를 반복하는 것을 통해서 진경시대의 우리 선조들은 우리의 의학을 하고 있었다.

진경시대 의학이 우리 의학에 미친 영향

진경시대에 우리는 동아시아 의학의 정수가 담긴 『동의보감』을 우리의 의학 문화로 정착시켜 가고 있었다. 병이 들어 의원을 찾아가면 『동의보감』을 펴 들고 처방하는 것이 너무나 당연한 풍경이었다. 『동의보감』에 나온 천여 종의 약재를 공급하기 위한 시장이 형성되었고, 전국 주요 집산지였던 개성, 대구, 산청 등에 지금도 이름이 남아 있는 유명한 약령 시장은 모두 그때 형성된 것들이다. 국제적으로 이름이 알려진 우리나라 산삼의 재배에 성공해서 가삼(家蔘 : 지금의 재배 인삼)이라는 이름으로 전국적으로 유통시켰던 것도 이때였고, 조선통신사가 일본으로 건너갔을 때, 일본인 의사들이 조선인 의사를 만나려고 몇 날 며칠 줄을 서서 기다리는 장면을 연출한 때도 이때였다. 지금은 조금씩 잊히고 있지만, 어디가 아프면 뭐를 먹으면 좋다든지, 여기가 아플 때는 이렇게 해야 한다고 하면서 보기와 다르게 박식함을 쏟아 내던 우리 할머니들의 모습도 진경시대 우리 의학의 유산이라고 해야 할 것이다. 질병의 고통에서 벗어나는 것이 절실한 인간의 욕망이고, 그 방법은 효과적일수록 좋은 것이며, 또 그것을 간편하게 구할 수 있으면 더할 나위 없는 것이다. 그래서 끊임없이 생활 속에서 의학과 치료에 관한 이야기를 만들어 가고 있었다.

그리고 진경시대 의학이 우리에게 남긴 또 하나의 유산은 우리의 건강에 대한 의식이다. 병은 마음 씀씀이에서 시작하며, 질병을 치료하는 데는 마음을 다스리는 것이 가장 중요하고, 건강의 출발은 의약을 가까이하는 것이 아니라, 주색잡기를 멀리하고 규칙적인 생활과 바람직한 자세에서 시작한다는 생각에 공감한다면, 그것은 진경시대에 우리 선현들이 대대로 물려 내리고 싶어 했던 건강과 질병에 대한 의식이라고 여길 수 있을지도 모른다. 그리고 우리나라에서 지금 서구의 의학과 동아시아 전통 의학이 하나의 바람직한 접점을 만들어 가고 있다면, 그것도 진경시대 우리 조상들이 우리 문화 구석구석에 심어 놓은 우리 의학에 관한 유산인 셈이다.

조선시대 사상체질 식이요법

김종덕

음식으로 질병을 예방하고 치료하는 식치(食治)는 인류의 역사와 함께해 왔다. 우리나라 최초의 식이요법서라 할 수 있는 『식료찬요(食療纂要)』(1460)가 편찬되면서 식치(食治)에 대한 개념이 정리되었는데, 개인의 특성보다는 질병을 기준으로 식치를 하였고 이러한 과정에서 식품의 품성을 고려하였다. 조선 중기 조선성리학(朝鮮性理學)이 일반화되면서 나온 『동의보감(東醫寶鑑)』(1610)은 우리나라의 시각으로 당시 의학 지식을 집대성한 것으로 중국이나 일본에서도 여러 번 인쇄된 바 있다. 진경시대를 거치면서 심화된 사단칠정 논쟁, 인물성동이론(人物性同異論) 논쟁 등으로 인하여 심성학의 비약적인 발전이 있었다. 『동의보감』 이후 축적된 의학 지식과 심화된 심성학의 만남으로 인하여 개인의 품성을 중시하는 사상체질의학이 나오게 되었다. 이러한 과정에서 식품의 품성을 수곡지기(水穀之氣) 대사와 기액지기(氣液之氣) 대사, 두 가지 기준으로 분류한 다음 개인의 체질과 명맥(命脈) 본상지기(本常之氣 : 본래의 기운) 병증 등을 고려하여 식치하는 사상체질 식이요법으로 발전하게 된다. 이에 우리나라에서 식치에 대한 인식 변화 및 사상체질 식이요법의 대강을 살펴보기로 하자.

식의(食醫)와 식치(食治)

식의의 개념

중국 주(周)나라의 기록에 의하면 '식의(食醫)'라는 관직을 두어 질병에 걸리지 않도록 음식을 관장하도록 하였다고 하였는데, 『주례집설(周禮集說)』에서는 식의를 둔 이유에 대하여 "식의는 임금의 음식이 조화가 맞는지 전담하였다. 『주역(周易)』에 군자는 음식을 절도 있게 먹는다고 하였듯이 대개 질병의 시작은 기(氣)와 몸의 부조화에 근본을 두고 있기 때문에 음식에 절도가 없을 때 나타난다. 대개 음식은 사람의 근본이 되니 근본이 잘 양생되면 잘 자라지 않는 것이 없고 근본이 잘 양생되지 않으면 소멸하지 않는 것이 없다. 병이 없을 때 순응하여 잘 섭생하면 질병이 어찌 올 수 있겠는가! 이 때문에 식의라는 제도가 설치된 까닭이다."라고 하여 평소에 음식을 절도 있게 양생하여 질병이 없도록 하기 위함이라고 하였다. 우리나라에서도 예외는 아니어서 태조(太祖) 1년(1392) 식의를 두어 식치를 담당하도록 하였다는 기록이 나온다.

식의에 대한 세조(世祖)의 설명이 널리 알려졌는데, 세조는 심의(心醫), 식의(食醫), 약의(藥醫), 혼의(昏醫), 광의(狂醫), 망의(妄醫), 사의(詐醫), 살의(殺醫) 등 여덟 종류의 의원(醫員)을 분류하면서 "식의는 입[口]으로 음식을 맛있게 먹을 수 있게 한다. 입이 달면(음식을 맛있게 먹으면) 기운이 편안하고, 입이 쓰면(음식을 맛없게 먹으면) 몸이 괴로워지는 것이다. 음식에도 차고 더운 것이 있으므로 증상에 맞추어 치료할 수 있으니(질병의 한열에 맞추어 음식의 한열을 이용함) 어찌 쓰고 매운 마른 풀이나 썩은 뿌리에 의지하겠는가!(건조된 약재보다 신선한 음식으로 치료가 가능하다.) 과식을 금지하지 않는 자가 있는데 이러한 의원은 식의가 아니다."라고 하였다. 이와 같이 식의는 무조건 단맛 나는 음식을 주는 것이 아니고 음식의 한열(寒熱)에 대한 성질을 제대로 알고 이를 질병의 한열에 맞추어 주되 음식을 맛있게 먹도록 하는 것이 중요하고, 절대 과식하지 않는 것이 중요하다고 하였다.

『식료찬요』의 식치 정신

세조 6년(1460) 어의(御醫) 전순의(全循義)에 의해 편찬된 『식료찬요』는 세종대왕 때 편찬된 『향약집성방(鄕藥集成方)』(1433), 『의방유취(醫方類聚)』(1445) 등에서 식치에 관련된 내용을 주로 뽑아 정리한 책으로 우리나라 최초의 식이요법서라 할 수 있다. 전순의는 서문에서 "사람이 세상을 살아감에 있어서 음식이 으뜸이고 약이(藥餌 : 질병을 치료하는 약과 음식)가 다음이 된다. 처방을 내리는 데 있어서 먼저 식품으로 치료하는(食療) 것을 우선하고, 식품으로 치료가 되지 않으면 약으로 치료한다."라고 하여 약물로 치료하기 전에 먼저 음식으로 치료하는 식치를 강조하였다.

질병이 생기는 이유에 대하여 "시기에 맞추어 풍한서습(風寒暑濕)을 막아주고 음식과 남녀 간의 관계를 한도가 있게 절제한다면 병이 어떤 이유로 생길 수 있겠는가! 그러나 간혹 사계절이 순서를 어겨 이상 기후가 있으며, 평일(平日 : 평온한 날)이 오히려 적고 난일(亂日 : 어지러운 날)이 오히려 많으면 비정상적(乖戾)인 기운에 감응되지 않을 수 있겠는가!" 라고 하여 평소 생활 양생을 제대로 지키지 못하는 경우와 이상 기후를 그 원인으로 보았다.

식품으로 질병을 먼저 치료해야 하는 당위성에 대하여 "식품에서 얻는 힘

농촌진흥청에서 낸 『식료찬요』 번역본 초판

이 약에서 얻는 힘의 절반 정도가 된다. 병을 치료하는 데 있어서 당연히 오곡(五穀), 오육(五肉), 오과(五果), 오채(五菜)로 다스려야지, 어찌 마른 풀과 죽은 나무의 뿌리에 치료 방법이 있을 수 있겠는가!"라고 하여 약에 비하여 식품의 효능이 절반 정도이지만 생명력이 있기 때문이라고 하였다.

이와 같이 『식료찬요』에서는 식품의 품성을 중시하고 평소의 양생을 중시하였지만 개인의 품성에 대한 차이를 인식하지는 못하였다.

우리나라의 독창적인 사상체질의학

조선성리학과 『동의보감』의 만남

송(宋)나라 주자에 의해 정리된 주자성리학(朱子性理學)은 우주의 생성 원리를 불변적 요소인 이(理)와 가변적 요소인 기(氣)의 상호작용으로 보고, 인성(人性)과 물성(物性)이 모두 그에 의해 결정되니 선(善)을 부양하고 악(惡)을 억제함으로서 성정(性情)을 다스려야 한다고 하는 유교 철학이다. 고려 말 본격적으로 도입된 주자성리학은 퇴계(退溪) 이황(李滉, 1501~1570)에 의해 이기(理氣)의 상호작용 시에 불변적 요소인 이(理) 자체도 기(氣)의 작용에 감응하여 변화한다는 이기이원론(理氣二元論)을 완벽하게 이해하게 된다. 이와 같이 주자성리학이 조선의 주도 이념이 됨에 따라 민족의식이 강화되고 우리나라 실정에 맞게 정리된

『향약집성방』(1433), 『의방유취』(1445), 『식료찬요』 등이 조선 초에 나오게 된다.

주자성리학의 완벽한 이해에 힘입어 율곡(栗谷) 이이(李珥, 1536~1584)에 의해 우리나라 고유색을 드러내는 조선성리학으로 승화 발전하게 된다. 율곡은 퇴계의 이기이원론을 발전적으로 계승하여, 이기(理氣)가 서로 작용할 때라 할지라도 기(氣)만이 작동하고 이(理)는 기에 편승할 뿐이라는 기발이승설(氣發理乘說)을 주장하여 만물의 성정이 기(氣)의 변화에 따라 결정된다는 이기일원론(理氣一元論)으로 심화시킨다. 결국 이(理)는 만물이 공통적으로 소유하고 있는 것인데 기(氣)만 대상에 따라 국한됨으로써 만물의 차별상이 나타난다는 주장이니, 이를 이통기국설(理通氣局說)이라 하는데, 이는 중국에는 없는 우리나라만의 새로운 사상으로 발전된 것이다. 이러한 조선성리학의 영향을 받아 우리나라 전통 의학을 강조하는 『동의보감』 등이 나오게 된다.

조선성리학의 찬란한 문화가 만개한 진경시대 이후 사서삼경에 대한 주자(朱子)의 해석을 우선하는 수주자학파(守朱子學派)와 주자와 다르게 경서를 해석하는 탈주자학파(脫朱子學派)로 나뉘는데, 이들은 양명학자와 같이 '성(性)=이(理)'로 보는 데 일치하기 때문에 넓은 의미로 성리학자에 속한다. 이후 심성(心性)이 사단칠정(四端七情)으로 나타나는 것에 대한 해석 방법을 둘러싸고 일어난 사단칠정 논쟁과 인간의 성품과 동물의 성품이 같은가 아니면 다른가에 대한 인물성동이론(人物性同異論) 논쟁이 일어나 심성학(心性學) 연구의 비약적인 발전이 있어 왔다. 조선 후기에 이르러 다소 공리공담으로 흐르는 말폐 현상이 나타나기도 하였으나, 성리학 논쟁으로 인하여 인간의 마음을 구조적으로 분석 관찰하는 심성학은 더욱 비약적인 발전을 이루었다. 이러한 문화적 토대 위에 『동의보감』 이후 더욱 축적된 의학 지식과 고도로 발달한 심성학과의 만남으로 인하여 『동의수세보원(東醫壽世保元)』(1894)이 나오

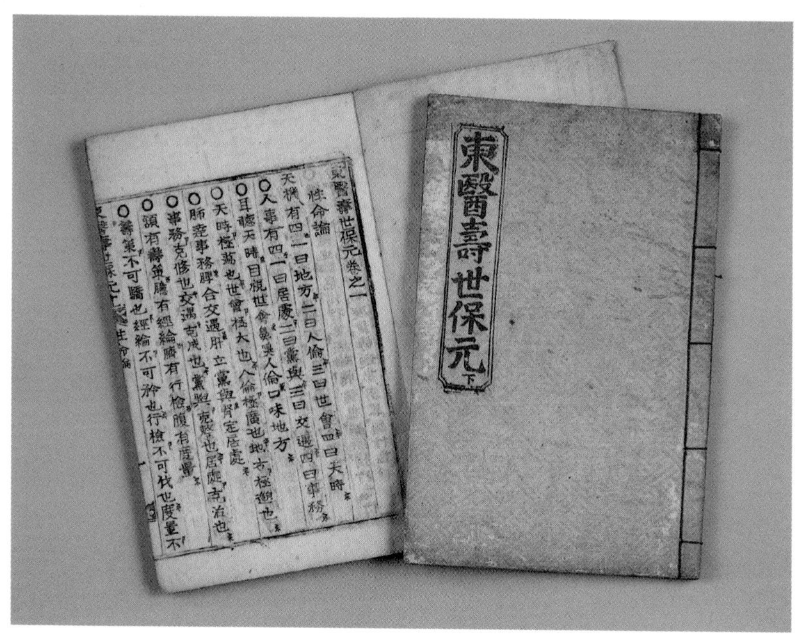

『동의수세보원』 | 한독의약박물관 소장

게 되었는데, 이는 중국 의학과는 확연히 다른 우리나라만의 독창적 의학인 사상체질의학이다.

사상체질의학 창시자인 동무(東武) 이제마(李濟馬, 1837~1900)가 어떠한 사상의 영향을 받았느냐에 대하여 논란의 소지가 있으나, 고원 군수 재직 시 관찰사에게 보낸 편지에 "기자(箕子) 성인의 유훈을 따른다."라고 하여 단군에서 기자로 이어지는 정통론을 주장하고 있으며, 사농공상 중에서 공업과 상업보다는 선비와 농업을 중시하는 농업 중심 사회를 구상했다는 면에서 조선성리학의 영향을 받았다고 할 수 있으며, 주자의 해석을 따르지 않고 경서를 해석하려는 모습에서 탈주자학적 조선성리학자라고도 할 수 있다. 한편 오행설(五行說)을 부정하고 성(性)을 애로희락(哀怒喜樂)에 연결해 보았다는 면에서 동무가 북학파의 영향을 받았다는 반론도 있으나, 많은 조선성리학자가 오랜 세월 연구한 심성학을 의학에 접목해 사상체질의학을 만들었다는 것에는 이론이 없다.

사상체질(四象體質)

사상체질의학에서는 인간을 품성의 차이로 인하여 태양인(太陽人), 소양인(少陽人), 태음인(太陰人), 소음인(少陰人)의 네 가지 체질로 구분하고 있으며, 각 체질에 따른 생리, 병리 등이 각각 다르기 때문에 각 체질에 따라 진단과 치료, 양생법을 달리해야 한다고 주장하고 있다. 인간의 체질을 구분하는 데 육체의 특징뿐만 아니라 심성(心性)을 중시하기 때문에 사상체질의학은 기존 의학과는 차별성 있는 심신의학(心身醫學)이다. 오장(五臟)에서 심장은 중앙의 태극(太極)으로 인식하여 별도로 치고, 나머지 장부의 대소(大小)에 따라 태양인은 폐대간소(肺大肝小), 소양인은 비대신소(脾大腎小), 태음인은 간대폐소(肝大肺小), 소음인은 신대비소(腎大脾小)하다고 보았다. 참고로 여기에서 말하는 폐비간신(肺脾肝腎)은 해부학적 장기만의 개념이 아니라 상초(上焦), 중상초(中上焦), 중하초(中下焦), 하초(下焦)를 의미하는 넓은 개념이다.

사상체질의학에서 기본적이면서도 가장 어려운 것 중의 하나가 체질 감별인데, 일반적으로 신체 부위별 기상을 보는 체형기상론(體形氣像論), 용모에서 나오는 기운을 느끼는 용모사기론(容貌詞氣論), 체질의 속성상 잘 유발되는 행동을 보는 성질재간론(性質材幹論), 평상시의 마음과 욕심을 보는 항심심욕론(恒心心慾論), 체질별 질병의 상태가 다른 것을 보는 체질병증론(體質病證論), 약물을 복용하였을 때 나타나는 반응을 보고 판단하는 체질약물론(體質藥物論) 등이 있다. 사상체질을 판단할 때 한 가지 방법론만으로 접근하는 것보다는 여러 방법론을 종합적이고 유기적으로 분석하여 판단하되, 숨겨져 있는 개개인의 성정(性情)을 파악하고 이해하는 것을 기본으로 삼고 있다.

사상체질을 판단하는 데 각 체질별 특징이 해당 체질에만 있고 다른 체질에 없는 것은 아니다. 예를 들면 급박한 마음이 태양인에게만 나타나는 것이 아니라 모든 사람에게 나타날 수 있지만 다른 체질에 비하여 태양인에게 상대적으로 많이 나타난다는 것이다. 사람의 심성을 살펴보려면 성질재간론과 항심심욕론으로 접근하는 것이 좋지만 사람의 심성이 항상 잘 드러나는 것은 아니어서 이를 알기가 어렵다. 자라 온 환경이나 교육 정도, 자신의 수양에 따라 어떤 성격은 감춰져 나타나지 않고, 어떤 성격은 오히려 더 잘 드러나는 경우도 있다. 성품이 복합적으로 나타나는 경우 체질을 판단하기가 더욱 어려운 경우가 많기 때문에 세심한 주의가 필요하다.

체질 식이요법의 방향성

사람은 모든 장부(臟腑)의 기능이 균형을 이루어야 하지만, 체질에 따라 어떤 장부는 기능이 지나치게 왕성하고 어떤 장부는 부족해지는 기능 편차가 나타난다는 것이 사상체질의학의 체질론이다. 부족하거나 약해진 장부(偏小之臟)로 인해 질병이 나타나므로, 기능이 항진된 장부는 적당히 억제시키고, 기능이 부족한 장부는 도와주어 각 장부(臟腑) 간의 균형이 자연스럽게 이루어지게 해야 한다. 예를 들어 태양인은 다른 장부에 비해 상대적으로 간장(肝臟)의 기능이 약해져서 수명에 영향을 줄 수 있으므로 이를 잘 다스려 주는 것이 중요하다. 같은 논리로 태음인은 폐장(肺臟), 소양인은 신장(腎臟), 소음인은 비장(脾臟)이 편소지장(偏小之臟)이므로 편소지장의 기능에 따라 수명이 좌우된다고 본다.

사상체질의학에서는, 편소지장이 질병을 일으킬 정도로 손상되어도 사람에게는 이를 스스로 회복하고 보충하는 자연 치유 능력이 있으므로 이 능력을 자연스럽게 도와주는 것이 매우 중요하다고 보았다. 따라서 몸이 냉해지기 쉬운 소음인은 비장이 상하기 쉬우므로 따뜻한 기운이 있는 음식이 좋으며, 열이 오르기 쉬운 소양인은 신장이 상하기 쉬우므로 시원한 기운이 있는 음식이 좋고, 발산(發散)하기 쉬운 태양인은 간장이 상하기 쉬우므로 수렴 기운이 있는 음식이 좋으며, 울결(鬱結)되기 쉬운 태음인은 폐장이 상하기 쉬우니 발산 기운이 있는 음식이 좋다는 것이다.

사상체질의학에서 체질에 맞는 음식으로 양생하는 것을 강조하고 있지만, 더 중요한 것은 음식을 대할 때 즐겁고 감사한 마음으로 먹는 것이다. 아무리 맛있고 몸에 좋은 음식이라 해도 기분이 나쁠 때 먹으면 소화가 되지 않고 체하는 경우가 많으며, 아무리 거친 음식이라 하여도 친구들과 놀러 가서 즐겁게 먹으면 맛도 좋고 소화가 잘되는 경우가 많다. 즉, 체질에 따른 음식의 분류도 중요하지만 먹는 사람의 마음가짐에 따라 소화가 잘되어 몸에 도움이 되기도 하고, 먹은 음식으로 인해 오히려 고생하는 경우도 있다. 이처럼 편소지장의 약점을 음식으로 보완하는 것도 중요하지만, 평소 마음을 청정하게 다스리고 주색(酒色)을 멀리하며 규칙적으로 생활하는 양생이 더 중요하다고 본다. 하찮은 음식 재료라도 정성스럽게 요리하고 정갈한 그릇에 분위기 있게 상을 차리면 식욕이 동하지만, 아무리 좋은 음식이라도 성의 없이 지저분한 그릇에 담으면 먹고 싶은 생각이 사라질 것이다. 즉, 음식을 먹을 때 미각도 중요하지만, 시각 · 후각 · 분위기 등도 소화 기능에 상당 부분 작용한다.

일반적으로 체질 식이요법을 할 때 어떤 음식은 나에게 좋고 어떤 음식은 나쁘다는 강박관념을 갖고 음식을 먹으면 몸이 경직되어 오히려 손해를 보는 경우가 많다. 따라서 자신의 체질에 맞추어 음식을 먹되 강박관념을 갖지 않고 편한 마음으로 즐겁게 먹는 것이 더 중요하다. 예를 들어 사상체질의학에서는 소음인에게 마늘이 좋다고 분류하지만, 음식에 마늘이 들어가지 않는 것을 찾기 힘들 정도로 많이 사용하는데 소음인이 아닌 다른 체질 사람에게 마늘이 들어간 음식을 먹지 말라고 할 수 있을까? 소음인의 경우 이질 설사가 있거나 정력이 떨어질 때 마늘을 꿀에 넣어 먹으면 더욱 좋은 효과를 낼 수 있으나, 다른 체질인 경우 마늘을 장기간 과용하면 오히려 안 좋을 수 있다는 의미일 뿐이다.

몸이 쇠약하거나 저항력이 떨어져 치료를 받을 때에는 체질에 맞는 식이요법을 하는 것이 좋지만, 몸이 건강할 때에는 체질에 구애받지 않고 음식을 즐겁고 감사하게 먹는 것이 오히려 더 중요하다. 예를 들어 건강하고 젊을 때는 냉수로 목욕해도 감기에 걸리지 않고 피부가 오히려 단련되지만, 노쇠하거나 질병을 앓는 경우에 한기(寒氣)가 많은 곳에서 지내거나 냉수로 목욕한다면 오히려 차가운 한기에 몸이 더 약해질 것이다. 이와 같이 자신의 몸 상태에 맞추어 건강을 관리하듯이 자신의 체질과 건강 상태에 따른 식이요법을 적절히 활용하는 것이 좋다.

사상 식품 분류의 기준

사당론(四黨論)

사당론은 폐비간신(肺脾肝腎)의 사당(四黨)에 따라 같은 무리를 묶어 보기 때문에, 각 체질별 편소지장을 도와주는 음식이나 약물을 묶어 태양인에게는 간약

(肝藥), 소양인에게는 신약(腎藥), 태음인에게는 폐약(肺藥), 소음인에게는 비약(脾藥)으로 보았다. 여기에서 말하는 간약은 간(肝)에 좋은 약의 의미라기보다는 태양인에게 좋은 약이라는 의미이며, 신약, 폐약, 비약의 경우도 소양인, 태음인, 소음인에게 좋은 약으로 보아야 한다. 참고로 사상체질의학에서 심(心)은 태극으로 오행에 배속하지 않고 폐(肺)는 목(木), 비(脾)는 화(火), 간(肝)은 금(金), 신(腎)

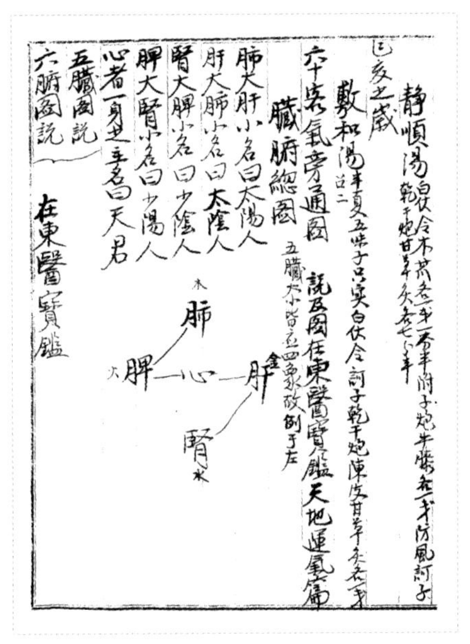
靜順湯
己亥之歲
敷和湯
六十年客氣旁通圖 說及圖在東醫寶鑑天地運氣篇
臟腑總圖 五臟大小皆在四象放例于左
肺大肝小名曰太陽人
肝大肺小名曰太陰人
腎大脾小名曰少陰人
脾大腎小名曰少陽人
心者一身之主名曰天君
五臟圖說
六腑圖說
在東醫寶鑑

『보제연설(普濟演說)』에서의 오행 배속

은 수(水)로 배속하고 있는데, 간(肝)이 목(木), 심(心)이 화(火), 비(脾)가 토(土), 폐(肺)가 금(金), 신(腎)이 수(水)라고 보는 기존 한의학 오행장부설과는 차별성이 있다. 이와 같은 시각은 다음 도판과 같이 후대에 출간된 『보제연설(普濟演說)』에서도 기존의 오행 배속과 달리 서술된 사당론(四黨論)을 확인할 수 있다.

호흡 출납(呼吸出納)

사상체질의학에서는 사람이 살아가는 데 있어서 음식물이 소화되면서 생기는 정기(精氣)인 수곡지기(水穀之氣)와 진액(津液)이 호흡(呼吸)으로 인하여 기화(氣化)된 기액지기(氣液之氣) 두 가지 대사 과정이 있다고 보고 있다. 수곡지기는 비(脾)에서 음식물(水穀)을 받아들이고(納) 신(腎)에서 내보내는(出) 과정의 대사이고, 기액지기는 폐(肺)에서 기액(氣液)을 내뿜고(呼) 간(肝)에서 기액을 빨아들이

표 1 체질별 사당론(四黨論)

체질	편소지장	체질약	편소지장의 오행 배속
태양인	肝	肝藥	金
소양인	腎	腎藥	水
태음인	肺	肺藥	木
소음인	脾	脾藥	火

는(吸) 대사이다. 따라서 폐대간소(肺大肝小)한 태양인은 기액을 내뿜는 기운은 강하지만 빨아들여 모으려는 기운은 약해지며, 간대폐소(肝大肺小)한 태음인은 빨아들여 모으려는 기운은 강하지만 기액을 내뿜는 기운은 약하다. 비대신소(脾大腎小)한 소양인은 음식물을 받아들여 쌓으려는 기운은 강하지만 내보내는 기운은 약하며, 신대비소(腎大脾小)한 소음인은 내보내는 기운은 강하지만 받아들여 쌓으려는 기운은 약하다.

기존 의학에서 이미 사용되던 수곡지기의 출납(出納)은 소음인과 소양인의 경우에 해당되며 새로운 개념인 기액지기의 호흡(呼吸)은 태양인과 태음인의 경우에 해당된다.

승강개합(升降開闔)

기존의 한의학에서는 약물의 기운이 작용하는 방향을 위로 올라가는 승(升), 아래로 내려가는 강(降), 체표(體表)로 펼쳐 나가는 부(浮), 심부(深部)로 잠겨 들어가는 침(沈)의 승강부침(升降浮沈)으로 보았다. 이를 넓은 개념으로 보면 승강(升降)으로 볼 수 있으며 소양인과 소음인의 경우 상하(上下)의 관점으로 볼 때 위로 상승하는 기운이 많아 열이 생기기 쉬운 소양인에게는 강(降)한 약물이 필요하고, 내려가는 기운이 많아 냉하기 쉬운 소음인에게는 승(升)한 약물이

표 2 체질별 호흡 출납

체질	편소지장	체질약	호흡 출납	대사 종류
태양인	肝小	肝藥	呼多 吸少	氣液之氣
소양인	腎小	腎藥	納多 出少	水穀之氣
태음인	肺小	肺藥	吸多 呼少	氣液之氣
소음인	脾小	脾藥	出多 納少	水穀之氣

필요하다. 내외(內外)의 관점으로 보면, 겉으로 발산하는 기운이 너무 강해 수렴 기운이 부족한 태양인에게는 닫히는 기운(闔氣)이 필요하고, 안으로 수렴하는 기운이 너무 강해 발산 기운이 부족한 태음인에게는 열리는 기운(開氣)이 필요하므로 기존에 없던 개념인 개합(開闔 : 열고 닫음)을 사용하였다.

이와 같은 시각의 연장으로 『동무유고(東武遺藁)』에서는 "태음인의 병은 닫히는 기운이 많고 열리는 기운이 적기 때문에 생기고, 태양인의 병은 열리는 기운이 많고 닫히는 기운이 적기 때문에 생기고, 소음인의 병은 내려가는 기운(降氣)이 많고 올라가는 기운(升氣)이 적기 때문에 생기고, 소양인의 병은 올라가는 기운이 많고 내려가는 기운이 적기 때문에 생긴다. 따라서 태음인에게는 뚫고 나가는 힘(通力)이 좋은 약이 좋고, 태양인에게는 막는 힘(塞力)이 좋은 약이 좋고, 소음인에게는 올리는 힘(升力)이 좋은 약이 좋고, 소양인에게는 내리는 힘(降力)이 좋은 약이 좋다."라고 정리되어 있으며, 『사상초본권(四象草本卷)』에서는 이를 달리 표현하여 "태음인은 밖으로 통하는 약(通外)이 마땅하고, 소양인은 장의 열을 내리는 약(淸腸)이 마땅하고, 태양인은 중심을 지키는 약(固中)이 마땅하고, 소음인은 속을 따뜻하게 하는 약(溫裏)이 마땅하다."라고 하였으며, 『동의수세보원』에서는 "소음인은 기운을 올려야(升) 하고, 소양인은 기운을 내려야(降) 하고, 태음인은 뭉쳐진 기운을 느슨하

표 3 승강개합(升降開闔)

체질	편소지장	체질약	승강개합	승강완속	치료 방법	치료 방법
태양인	肝小	肝藥	開多 闔少	緩多 束少	塞力	固中
소양인	腎小	腎藥	升多 降少	좌동	降力	淸腸
태음인	肺小	肺藥	闔多 開少	束多 緩少	通力	通外
소음인	脾小	脾藥	降多 升少	좌동	升力	溫裏

게〔緩〕 하여야 하고, 태양인은 뻗치는 기운을 단속〔束〕하여야 한다."라고 하였다. 여기에서의 완속(緩束)은 개합(開闔)보다 약한 개념으로 사상체질의학에서 사용하고 있는데, 이를 정리하면 〈표 3〉과 같다.

보명지주(保命之主)

사상체질의학에서 태양인은 간(肝)에서 음량지기(陰凉之氣)를 흡취(吸聚)하는 것이 부족하면 폐(肺)에서 양온지기(陽溫之氣)를 호산(呼散)하는 것이 많아지고, 태음인은 폐(肺)에서 양온지기를 호산하는 것이 부족하면 간(肝)에서 음량지기(陰凉之氣)를 흡취하는 것이 많아지며, 소양인은 신(腎)에서 음한지기(陰寒之氣)를 출방(出放)하는 것이 부족하면 비(脾)에서 양열지기(陽熱之氣)를 납적(納積)하는 것이 많아지고, 소음인은 비(脾)에서 양열지기를 납적하는 것이 부족하면 신(腎)의 음한지기를 출방(出放)하는 것이 많아진다고 보고 있다. 따라서 생명〔命〕을 유지하고 보존하는〔保〕 주된〔主〕 기운인 보명지주(保命之主)로 태양인은 흡취지기(吸聚之氣 : 빨아들여 모이는 기운), 소양인은 음청지기(陰淸之氣 : 차가운 기운), 태음인은 호산지기(呼散之氣 : 내뿜는 기운), 소음인은 양난지기(陽煖之氣 : 따뜻한 기운)가 된다.

사상체질 식이요법 = 사상 식치(四象食治)

사상 식치의 기준

사상 식치는 사상체질 식이요법이라고도 표현하는데, 사상(四象)의 개념에 맞추어 식품을 분류하고 체질에 맞추어 식이요법을 하는 것을 원칙으로 삼고 있다. 음식의 성질에 대하여 기존 의학에서는 기미〔氣味 : 사기(四氣)와 오미(五味)〕의 관점으로 보았지만, 사기〔四氣 : 한열온량(寒熱溫涼)한 약성(藥性)〕에서 차갑고 서늘한 것은 많이 차갑고 덜 차가운 차이일 뿐이며, 뜨겁고 따뜻한 것은 많이 뜨겁고 덜 뜨거운 차이일 뿐이므로 넓은 개념으로 보면 한열(寒熱)이라고 할 수 있으며 이는 소양인과 소음인의 수곡지기 대사에 해당된다.

기액지기 대사의 관점으로 보았을 때, 태음인의 경우 개(開), 완(緩), 통력(通力), 통외(通外)한 약물로 치료하고, 태양인은 합(闔), 속(束), 색력(塞力), 고중(固中)한 약물로 치료한다고 하였지만, 많이 발산하고 통력(通力)하며 통외(通外)하는 것을 개(開), 발산은 하되 느슨하고 완만한 것을 완(緩), 수렴 기운이 매우 강하며 색력(塞力)하고 고중(固中)하는 것을 합(闔), 약하게 수렴하는 것은 속(束)으로 정리된다.

수곡지기 대사를 x축으로 놓고 기액지기 대사를 y축으로 놓아 2차원의 관점으로 정리하면 다음의 〈그림 1〉와 같다.

한쪽으로 치우친 경우도 있으나 식품의 경우 수곡지기와 기액지기의 품성을 동시에 가지고 있는 경우가 많으므로 y=x선과 y=−x선을 그려 종합적으로 살펴보면 다음의 〈그림 2〉과 같이 열(熱)이 많은 식품이지만 약하게 발산(發散)하는 성질이 있는 경우(熱中緩)와, 약하게 수렴(收斂)하는 성질이 있는 경우(熱中束)가 있으며, 차가운 성질이 많은 식품이지만 약하게 발산하는 성

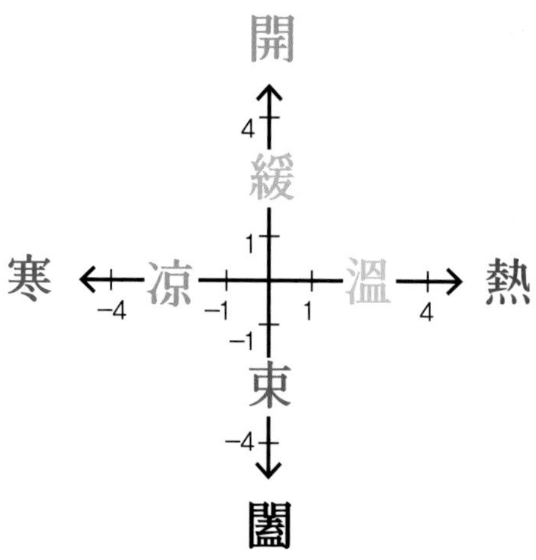

그림 1 수곡지기 + 기액지기

질이 있는 경우(寒中緩)와, 약하게 수렴하는 성질이 있는 경우(寒中束)가 있다. 또한 발산하는 성질이 강한 식품이지만 서늘한 기운이 있는 경우(開中涼)와 따뜻한 기운이 있는 경우(開中溫)가 있으며, 수렴하는 성질이 강한 식품이지만 서늘한 기운이 있는 식품(闔中涼)과 따뜻한 기운이 있는 경우(闔中溫)로 나눌 수 있다.

〈그림 2〉와 같이 식품의 성질에 따라 배치해 보면 원점에서 x축의 양(陽) 방향으로 멀리 떨어질수록 열(熱)한 식품이므로 소음인에게 좋고 음(陰) 방향으로 멀리 떨어질수록 한(寒)한 식품이므로 소양인에게 좋으며, y축의 양(陽) 방향으로 멀리 떨어질수록 개(開)한 식품으로 태음인에게 좋고 음(陰) 방향으로 멀리 떨어질수록 합(闔)한 식품으로 태양인에게 좋다고 할 수 있다. 그러나 y=x선이나 y=−x선 가깝게 배속되는 경우 어느 한 체질보다는 두 체질에 모두 좋은 경우가 발생할 수 있다. 1사분면에서 y=x선에 가까운 경우는 소음인과 태음인에게 좋고, 2사분면에서 y=−x선에 가까운 경우는 소양인과 태

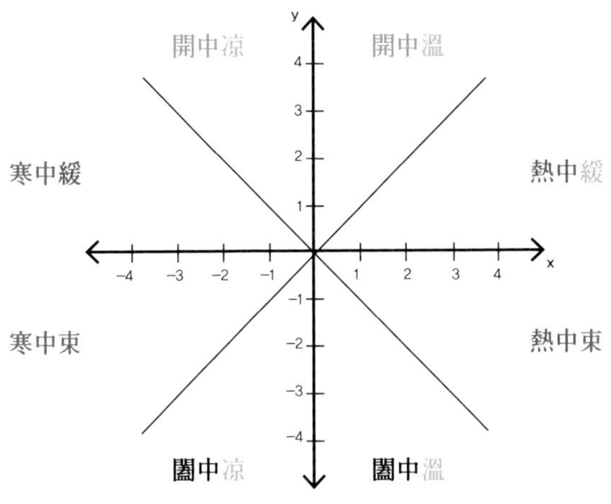

그림 2 식품의 성질

음인에게 좋고, 3사분면에서 y=x선에 가까운 경우는 소양인과 태양인에게 좋고, 4사분면에서 y=−x선에 가까운 경우는 소음인과 태양인에게 좋을 수 있어 사상체질 식품 분류에서 학자마다 다른 주장을 펼치기 쉽다.

건강인과 병약자의 식이요법

음식을 수곡지기 또는 기액지기의 개념으로 보았을 때 성질이 매우 약하여 특성이 미미한 경우에 위 〈그림 2〉로 보면 거의 원점에 가까운 곳에 배치된다. 이러한 경우 체질과 무관하게 누구나 먹을 수 있으며, 인체에 큰 영향을 주지 않기 때문에 평(平)한 식품이라고 할 수 있다. 평한 식품은 수곡지기 대사인 한열(寒熱)이나 기액지기 대사인 개합(開闔)으로 볼 때 성질이 매우 미약하여 체질에 상관없이 누구나 먹어도 무난하다.

같은 체질이지만 똑같은 음식을 복용했음에도 불구하고 건강인과 병약자에 따라 달리 반응하는 경우가 있다. 다음의 〈그림 3〉와 같이 병약자(病弱者)

의 경우 평의 범위가 매우 작으나, 질병 상태는 아니지만 건강하지 않은 미병인(未病人)의 경우 상대적으로 더 커지고, 건강인의 경우 평의 범위가 더욱 커진다. 일반적으로 식품에 따라 평(平)의 범위가 정해지지만 사상 식치에서는 개인의 건강과 비건강의 상태에 따라 평의 범위가 달라진다고 본다. 따라서 체질에 맞지 않는 음식이라 하여도 건강인(健康人)이 복용하면 무난하나 병약자나 미병인의 경우는 경우에 따라 정기(精氣)가 손상되는 경우가 있을 수 있다.

그러면 평의 범위를 넘어가는 식품을 체질에 맞추어 어떻게 복용하는 것이 좋을까? 다음 〈그림 4〉에 보이듯이 발산하는 식품은 대부분 태음인에게 좋지만 서늘한 기운(開中凉)이 있는 경우 일정 부분 소양인에게 좋은 식품으로 볼 수도 있으며, 따뜻한 기운(開中溫)이 있는 경우 일정 부분 소음인에게 좋은 식품으로 볼 수도 있다. 수렴하는 식품은 대부분 태양인에게 좋지만 서늘한 기운(闔中凉)이 있는 경우 일정 부분 소양인에게 좋은 식품으로 볼 수 있으며, 따뜻한 기운(闔中溫)이 있는 경우 일정 부분 소음인에게 좋은 식품으로 볼 수도 있다.

마찬가지로 열(熱)이 많은 식품은 대부분 소음인에게 좋지만 발산하는 성질(熱中緩)이 있는 경우 일정 부분 태음인에게 좋은 식품으로 볼 수 있으며, 수렴하는 성질(熱中束)이 있는 경우 일정 부분 태양인에게 좋은 식품으로 볼 수 있다. 차가운(寒) 성질이 많은 식품은 대부분 소양인에게 좋지만 발산하는 성질(寒中緩)이 있는 경우 일정 부분 태음인에게 좋은 식품으로 볼 수도 있으며, 수렴하는 성질(寒中束)이 있는 경우 일정 부분 태양인에게 좋은 식품으로 볼 수 있다.

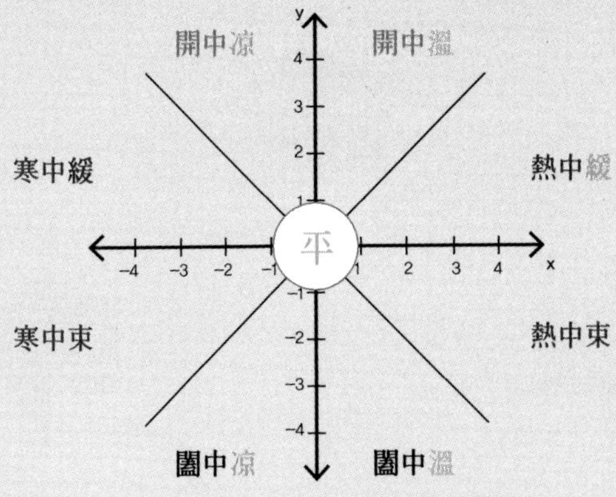

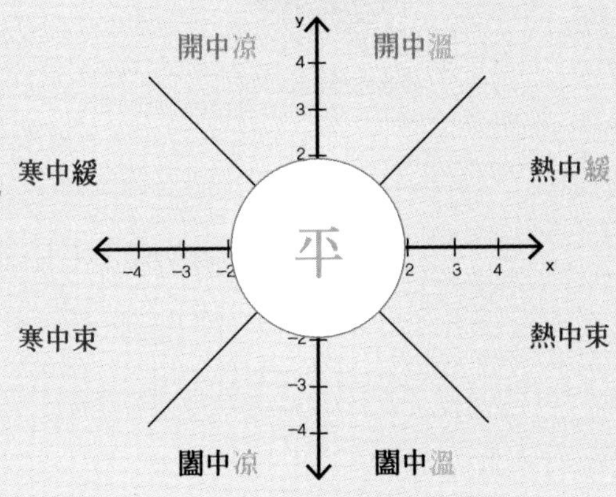

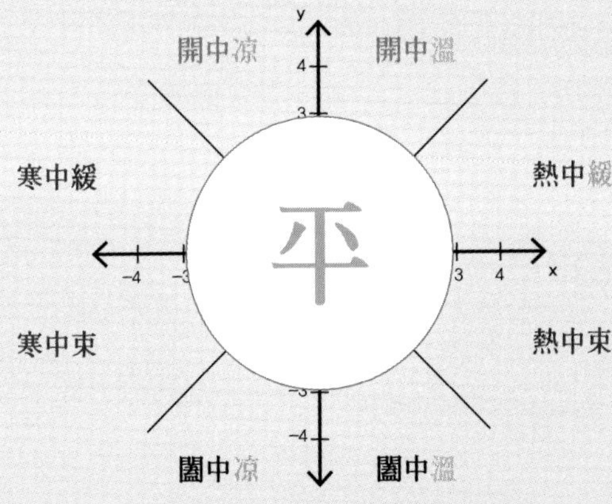

그림 3 위부터 병약자, 미병인, 건강인의 평(平)

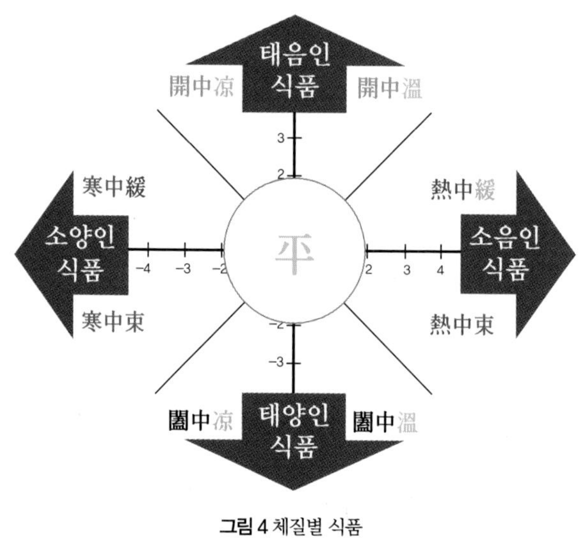

그림 4 체질별 식품

결론

우리나라 식치는 매우 오래전부터 있어 왔으나 현존하는 문헌 중 가장 오래된 것은『식료찬요』로 질병에 따라 식치의 방법을 제시하였다. 조선성리학이 일반화되면서 우리나라 치료 방법을 강조한『동의보감』에서 식품의 품성을 구체적으로 분석하였으나 기존 의학 관점인 사기(四氣)의 방법으로 보았다. 사단칠정 논쟁 인물성동이론 논쟁 등으로 심화된 심성학의 발달과『동의보감』이후 축적된 의학 지식이 서로 만나 개인의 심성과 체질을 중시하는『동의수세보원』이 나오게 됨에 따라 수곡지기 대사와 기액지기 대사를 종합하여 식품을 분석하는 사상 식치로 발달되어 현재 사상체질 식이요법으로 발전하는 기초가 되었다.

찾아보기

ㄱ

ㅅ

ㅇ

ㅊ

ㅌ

ㅍ

ㅎ

지은이 약력(가나다순)

강관식(姜寬植)

서울대학교 회화과, 한국학대학원 문학박사(한국미술사). 현재 한성대학교 회화과 교수.

주요 논저 『조선후기 궁중화원 연구』, 『중국회화이론사』(역서), 「조선시대 초상화의 도상과 심상」.

김민규(金玟圭)

용인대학교 문화재 보존학과, 동국대학교 미술사학과 석사. 박사 수료. 현재 간송미술관 연구원.

주요 논저 「조선 왕릉 장명등 연구」, 「조선 18세기 조각가 최천약 연구」, 「경복궁 인수형 서수상의 제작 시기와 별간역 연구」.

김정찬(金正讚)

한국교원대학교 박사과정 수료. 한국교원대학교 강사. 현재 공주대학교사범대학부설중학교 교사, 간송미술관 연구원.

주요 논저 『아틀라스 한국사』(공저), 「중종 초기의 토론문화」, 『논어』·『맹자』·『대학』·『중용』(공역).

김종덕(金鍾德)

서울대학교 농과대학 농생물학과, 경희대학교 한의과대학 및 동대학원. 한의학 박사. 현재 사당한의원 원장, 원광디지털대학교 얼굴경영학과 겸임교수.

주요 논저 『한의학에서 바라본 농산물』, 『한의학에서 바라본 먹거리』, 『왕실의 식이요법』.

방병선(方炳善)

서울대학교 기계설계학과 학사 · 석사 · 동국대학교 미술사학과 석사 · 박사. 현재 고려대학교 고고미술사학과 교수.

주요 논저 『중국도자사연구』, 『왕조실록을 통해 본 조선도자사』, 『조선후기 백자 연구』.

백인산(白仁山)

서강대학교 사학과, 동국대학교 미술사학과 박사. 현재 간송미술관 연구실장.

주요 논저 『조선의 묵죽』, 『선비의 향기 그림으로 만나다』, 『추사와 그의 시대』.

오세현(吳世炫)

서울대학교 국사학과 박사. 현재 간송미술관 연구원, 규장각한국학연구원 선임연구원.

주요 논저 「조선중기 성리학의 위상과 계곡 장유(1587~1638)의 사상적 면모」, 「상촌 신흠(1566~1628)의 도문관과 사상적 특징」, 「규장각 소장 택당집의 간행과 다양한 이본 연구」.

유봉학(劉奉學)

서울대학교 인문대학 국사학과, 서울대학교 대학원 문학박사. 현재 한신대학교 명예교수, 역사문화연구소 소장.

주요 논저 『한국문화와 역사의식』, 『실학과 진경문화』, 『개혁과 갈등의 시대—정조와 19세기』, 『조선후기 학계와 지식인』.

이민식(李敏植)

한신대학교 국사학과, 한성대학교 대학원 사학과 석사, 한국학중앙연구원 대학원 박사 수료. 현재 수원화성박물관 학예팀장.

주요 논저 「추사서파의 금석문」, 「양송서파고」, 「송하 조윤형 연구」.

이상현(李相鉉)

홍익대학교 미술대학 학사, 동경예술대학교 문화재보존학과 석사 · 박사. 현재 한국전통문화대학교 조교수, 간송미술관 객원연구원.

주요 논저 『전통회화의 색』, 『문화재보존과 기법』, 「명—청시대의 백죽지 재현연구」.

이세영(李世永)

서울대학교 인문대학 국사학과 졸업. 현재 한신대학교 한국사학과 교수.

주요 논저 『한국사연구와 과학성』, 『조선후기 정치경제사』, 『역사적 유물론을 위한 변명』(역서).

이승철(李承哲)

서울대학교 미술대학 동양화과, 서울대학교 대학원 졸업. 현재 동덕여자대학교 예술대학 회화전공 교수, 간송미술관 상임연구위원.

주요 논저 『종이 만들기(papermaking)』, 『자연염색』, 『우리한지』(『한지 : 아름다운 우리 종이』로 개정).

정병삼(鄭炳三)

서울대학교 인문대학 국사학과, 서울대학교 대학원 문학박사. 현재 숙명여자대학교 역사문화학과 교수, 간송미술관 연구위원.

주요 논저 『의상화엄사상 연구』, 『일연과 삼국유사』, 『우리 문화의 황금기 진경시대』(공저), 『추사와 그 시대』(공저), 『신앙과 사상으로 본 불교전통의 흐름』(공저).

정재훈(鄭在薰)

서울대학교 국사학과 학사 · 석사 · 박사. 현재 경북대학교 사학과 교수, 간송미술관 연구위원.

주요 논저 『조선전기 유교정치사상연구』, 『조선시대의 학파와 사상』, 『조선의 국왕과 의례』 등.

조명화(曺明和)

서울대학교 문리과대학, 서울대학교 대학원 문학박사. 현재 서원대학교 명예교수, 간송미술관 연구위원.

주요 논저 『불교와 돈황의 강창문학』, 『漢字 표준 새김』, 「論語釋疑補論」.

지두환(池斗煥)

서울대학교 인문대학 국사학과, 서울대학교 대학원 문학박사. 현재 국민대학교 사학과 교수.

주요 논저 『조선의 왕실』, 『조선시대 사상과 문화』, 『한국사상사』.

차웅석(車雄碩)

경희대학교 한의학박사. 현재 경희대학교 한의과대학 부교수.

주요 논저 『한의학통사』(2006), 『한의학 서양의학을 만나다』(2010), 『영문판 동의보감』(2013).

탁현규(卓賢奎)

서강대학교 사학과, 한국학중앙연구원 한국학대학원 미술사 전공 박사. 현재 간송미술관 연구원.

주요 논저 『그림소담』, 『조선시대 삼장탱화 연구』, 「대한제국시기의 회화」, 「불교미술로 보는 조선왕실 불교 이야기」.